KB175086

【육친론】

滴天髓闡微

적천수천미 下

【 육친론 】

경도 撰 · 유성의 註 · 임철초 增註 / 김정혜 · 서소옥 · 안명순 譯

원전 현토 완역

滴天髓闡微

적천수천미 下

이담
Books

『적천수천미』는 명리학의 주요 저서 중 하나로 명리학 이론을 학습하는 사람이라면 누구나 한 번쯤은 접하게 되는 명리학 필독서라 할 수 있다. 『자평진전』, 『궁통보감』과 함께 명리학 3대 저서로 꼽히며, 명리학 이론의 상세하고 명쾌한 설명과 실제 사주 사례를 들어 이론을 설명한 점이 높이 평가되고 있는 책이다.

경도(京圖)가 찬술하고 유성의(劉誠意)가 주석한 『적천수(滴天髓)』에 임철초(任鐵樵)가 증주한 것을 영인하여 출간한 책이 『적천수천미(滴天髓闡微)』이다. 원수산(袁樹珊)은 이 책을, 고본 『적천수정문(滴天髓正文)』을 근본으로 삼고 고주(古註)를 조목으로 삼았으며, 고주 외에 다시 신주(新註)를 더하여 중요한 뜻을 분명하게 밝히고 아울러 조목마다 명조를 배열하여 증거를 갖추었는데, 학통은 진소암과 심효첨을 종주로 삼았으며, 문장은 품격이 있고 이론은 반드시 정밀함을 추구하며 말은 대충대충 늘어놓은 것이 없어서, 진실로 명리학서 중에 보기 드문 고본(孤本)이라고 소개하고 있다.

『적천수천미』는 오랜 세월이 지난 지금까지도 훌륭한 명리학

교재로 사용되고 있는데, 이 책이 매우 논리적인 이론 체계를 담고 있으면서도 또 그 이론에 합당한 512명의 명조 분석을 제시하여 이론을 한층 더 이해하기 쉽게 해주고 논리를 확증하고 있는 점이 최고의 명리학습서로 각광받고 있는 이유가 될 것이다.

이렇듯 명리학 학습자나 전문가들에게는 반드시 필독해야 할 서적인 이유로 무엇보다도 원서의 충실한 해독과 이해가 요구되는 바, 원서를 바르게 읽고 그 뜻을 왜곡하지 않도록 도와주는 책이 반드시 필요하다. 이러한 필요성에 역자 3인은 원서에 충실한 번역으로 한 자 한 자 놓치지 않고 원문의 뜻을 올바르게 전달하고자 하였다.

『적천수천미』는 상, 하 두 권으로 나뉘어 각각 「통신론」과 「육친론」으로 편명이 분리되어 있다. 이 책은 불필요한 설명이나 번역자의 자의적인 해석이 일체 없이, 원서 그대로를 꾸밈없이 바르게 전달하려 노력한 것으로, 명리학 초보자에서부터 전문가에 이르기까지 『적천수천미』라는 책을 원서 그대로 만날 수 있는 기회가 될 것이다.

김정혜 · 서소옥 · 안명순 공역

일러두기

* 명리학의 기초적인 한자는 한글로 옮겨 적지 않았다.
* 원문의 글자대로 직역함을 원칙으로 하였고, 원문에는 없는 글자이지만 번역상 필요한 글자는 괄호로 표시하였다.
* 이 책에 사용한 원서는 다음과 같다.

  『適天髓闡微』, 任鐵樵 增注, 袁樹珊 撰輯, 武陵出版有限公司, 2003.

目 錄

袁序 · 11

孫序 · 22

六親論

1. 夫妻 부처 · 31
2. 子女 자녀 · 41
3. 父母 부모 · 56
4. 兄弟 형제 · 66
5. 何知章 어떻게 아는가 · 73
6. 女命章 여명장 · 132
7. 小兒 소아 · 174
8. 才德 재덕 · 187
9. 奮鬱 분발과 침울 · 195
10. 恩怨 은혜와 원한 · 204
11. 閑神 한신 · 212
12. 從象 종의 상 · 227
13. 化象 화의 상 · 242
14. 假從 가종 · 254
15. 假化 가화 · 263
16. 順局 순국 · 274
17. 反局 반국 · 286

18. 戰局 전국·314

19. 合局 합국·324

20. 君象 군상·336

21. 臣象 신상·341

22. 母象 모상·349

23. 子象 자상·354

24. 性情 성정·359

25. 疾病 질병·415

26. 出身 출신·464

27. 地位 지위·501

28. 歲運 세운·523

29. 貞元 끝맺음과 시작·545

역자 후기·552

壬申孟冬，句章蘅園主人，偕其哲嗣簫齋，及老友陳君莘莊，林君茹香，因事來鎮．乃蒙謬採虛聲，引爲知命，召余讌飲於李氏挹江樓上．一見傾心，知爲豪傑之士．余贈詩有句云，相逢邂逅渾如舊，閑話陰陽共樂天．簫齋工詩能文，其酬詩有云，媿我十年初學易，心欣康節樂追陪．虛懷若谷，令人心折．翌日，孫君偶以精鈔本任鐵樵先生增註之滴天髓闡微見示．余披閱至再，知其以古本滴天髓正文爲綱，古註爲目．古註外，復增新註，闡發要旨．並於逐條，排列命造，以資佐證．學宗陳沈，筆有鑪錘，理必求精，語無泛設，誠命學中罕見之孤本也．及觀觀復居士原跋，乃知此書爲海甯陳氏藏本，並謂安得有心人，壽諸梨棗，以廣流傳．余遂起謂主人曰，嘗聞張文襄公云，立名不朽，莫如刊布古書．其書終古不廢，則刻書之人, 終古不泯. 且刻書者, 傳先哲之精蘊, 啟後學之顓蒙, 亦利濟之先務, 積善之雅談, 君其留意及之. 語未竟. 主人躍然曰, 此書, 論命有道, 寫作俱佳, 余早有影印出版, 公諸同好之心. 簏齋又曰, 家大人謀印此書, 籌之熟矣. 陳君林君復謂余曰, 吾等力任校讎, 乞先生以言弁其首, 可乎? 余頷之. 今歲初夏, 簏齋果以是書影印本四卷, 郵寄至鎮, 並函索序言以踐前約. 余廻環盟誦, 至卷二第四十五葉, 載有鐵樵先生命造, 為癸巳戊午丙午壬辰. 始知先生乃乾隆廿八年四月十八日辰時生. 觀其敍述本命有曰, 上不能繼父志以成名, 下不能守田園而務本. 始知先生之先德, 必為名宦, 先生之家產, 必為中人. 又曰, 至卯運, 壬水絕地, 陽刃逢生, 變生骨肉, 家產蕩然. 又曰, 先嚴逝後, 潛心命學, 計為餬口. 始知先生學命之年, 已逾三旬矣. 又曰, 予賦性古拙, 無謟態, 多傲骨, 交游往來, 落落寡合. 所凜凜者, 吾祖若父, 忠厚之訓, 不敢失墜. 吾於是知先生之人格, 必為亮節高風. 安貧樂道也. 再證以卷三第十二葉某君癸巳命有曰, 余造年月日皆同, 換一壬辰時, 弱殺不能相制, 亦有六弟, 得力者早亡, 其餘皆不肖, 以致受累破家. 吾於是知先生之友于兄弟, 困苦不辭也. 再證以卷二第七十四葉某餼生壬子命有云, 丁巳運, 連遭回祿. 查該生之命, 五十六歲, 始行丁運, 適在道光二十七年, 歲次丁未. 可以知先生壽已七十有五, 猶垂簾賣卜, 勤勤懇懇, 爲人推命也. 觀復居士原跋, 謂陳君言, 任先生, 何時人, 吾生也晚, 不及知, 此殆未觀全書而不譜命學之故. 至任先生里居, 原書未載, 不敢臆斷. 然觀其書中增註, 大都採自命理約言子平眞詮, 約言, 爲海甯陳相國素菴著, 眞詮, 爲山陰沈進士孝瞻著, 二公皆浙人也. 其書世無刊本, 間有私家傳鈔, 亦必浙人爲多. 且陳相國, 謝世於康熙五年, 沈進士, 通籍於乾隆四年. 以先生乾隆三十八年誕生計之, 其相距, 遠亦不過甫逾百年, 近僅數十年耳. 由是觀之, 先生殆亦爲浙乎. 約言眞詮學說, 余素所服膺, 曩著命理探原, 採錄不少. 然以鐵樵先生之闡微較之, 又有泰山培塿之判矣. 蓋先生研精覃思, 匪伊朝夕, 故能綜貫本末, 發爲文章. 其論五行生尅衰旺顛倒之理, 固極玄妙, 而尤以旺者宜尅, 旺極宜洩, 弱者宜生, 弱極宜尅二條, 最爲精湛. 至云人有厚薄, 山川不同, 命有貴賤, 世德懸殊. 此又以天命而合地利人事言也. 故其爲人論命, 嘗曰, 某造純粹中和, 太平宰相. 某造仕路清高, 才華卓越. 某造經營獲利, 勤儉成功. 某造背井離鄉, 潤身富屋. 某造貪婪無厭, 性情乖張. 某造揮金如土, 破家亡身. 某造不事生產, 必有後災. 某造出身貧寒, 爲人賢淑. 某造青年守節, 教子成名. 某造愛富嫌貧, 背夫棄子. 某造若不急流勇退, 能無意外風波. 某造蒲柳望秋而彫, 松柏經霜彌茂, 衰褒斧貶. 莫不各具苦心, 大義微言, 要皆有關世道. 古之君子, 所謂旣沒而言立者, 其在斯人乎. 讀者若徒以命學觀之, 舉一遺二, 見寸昧尺, 其亦有負蘅園喬梓影印流傳之盛意也已.

民國二十二年歲次癸酉夏五月庚寅朔越二十有一日庚戌
　　　　　　　　　　　　鎮江袁樹珊撰

원 서

壬申年 10월에 구장 형원주인이 그의 아들 보재 및 노우
(老友)인 진신장 임여향 등과 함께 일 때문에 진(鎭)에 왔
다가, 마침내 나에 대한 헛된 명성을 잘못 듣게 되어, 이로
인하여 命을 안다고 여기고 나를 불러 이씨 읍강루에서 연
회를 베풀고 술을 마셨다. 한 번 보고 마음이 끌려 호걸지
사임을 알고, 내가 시를 지어 선물하기를, "서로 우연히 만났
는데도 완전히 오랜 친구 같으니, 한가로이 음양을 이야기
하며 함께 천명(天命)을 즐기네" 하자, 보재도 시문에 능하
므로 시를 지어 답하기를, "내가 십 년 전 처음 역(易)을 배
울 때처럼 부끄러우니, 기쁜 마음으로 강절 선생을 받들듯
이 즐겁게 따르겠습니다" 하여 허심탄회함이 빈 골짜기 같
아서 사람으로 하여금 진심으로 감탄하게 하였다.

다음 날 형원주인 손군이 임철초 선생이 증주한 『적천수
천미(滴天髓闡微)』 정초본을 가지고 와서 보여주므로, 내

가 펼쳐 읽어 보기를 거듭하고 나서, 고본『적천수정문(滴天髓正文)』을 근본으로 삼고 고주(古註)를 조목으로 삼았으며, 고주 외에 다시 신주(新註)를 더하여 중요한 뜻을 분명하게 밝히고 아울러 조목마다 명조를 배열하여 증거를 갖추었는데, 학통은 진소암과 심효첨을 종주로 삼았으며, 문장은 품격이 있고 이론은 반드시 정밀함을 추구하며 말은 대충대충 늘어놓은 것이 없어서, 진실로 명리학서 중에 보기 드문 고본(孤本)임을 알게 되었다.

이어서 관복거사의 원발문을 보고, 마침내 이 책이 해녕 진씨 소장본이며, 아울러 어떻게 하면 뜻이 있는 사람이 이것을 판목에 새겨서 세상에 널리 전해지게 할 수 있을까 하고 말한 것을 알았으므로, 내가 일어나서 형원주인에게 말했다. "장문양공이 '이름을 세워 영원히 전해지게 하는 것은 고서를 간행하여 펴내는 것만 한 것이 없다'고 말한 것을 들은 적이 있는데, 그 책이 영구히 없어지지 않으면 책을 출판한 사람도 영구히 없어지지 않을 것이며, 또 책을 출판하는 것은 선현의 정밀하고 심오한 뜻을 전하여, 후학의 어리석음을 깨우쳐 인도하는 것이므로 또한 세상을 이롭게 구제하는 급선무이며, 선행을 쌓는 바른 말이니, 그대도 틀림없이 마음에 두고 있는 뜻이 이와 같을 것입니다."

말이 끝나기도 전에 주인이 기뻐하면서, "이 책은 명(命)을 논하는 데 도가 있으며, 필사하여 제작한 것이 모두 아름다워서 내가 일찍이 영인 출판하여, 이것을 동호인들에게 공개하려는 마음을 가지고 있었습니다" 하니, 보재가 또 "가대인께서 이 책을 인쇄할 것을 생각하여 계획을 충분히 하셨습니다"라고 하였다. 진군과 임군도 다시 나에게 말하기를, "우리들이 힘을 다하여 책임지고 교정하여 선생께 책머리에 서문을 써줄 것을 청할 것이니, 해주실 수 있겠습니까?" 하여 나도 그것을 승낙했는데, 금년 초여름에 보재가 정말로 이 책의 영인본 네 권을 우편으로 보내서 진(鎭)에 도착했으며, 서문을 써서 전날의 약속을 실천하기를 바란다는 편지도 함께 넣었다.

나는 두루 돌아보다가 손을 씻고 읽어 보니, 2권 45페이지에 철초 선생의 명조가 실려 있는데, 癸巳 · 戊午 · 丙午 · 壬辰이므로, 비로소 선생이 곧 건륭 38년(1773년) 4월 18일 辰시생임을 알게 되었으며, 그 본명을 서술한 것을 보니 "위로는 父의 뜻을 이어서 이름을 이루지 못하고, 아래로는 전원을 지켜 근본에 힘쓰지 못했다"고 했으므로, 비로소 선생의 부친이 틀림없이 고위 관리였으며, 선생의 가산은 틀림없이 중인 정도가 됨을 알게 되었다.

또 "卯운에 이르러 壬水는 절지이고 양인이 生을 만나니 골육에게 변고가 생기고 가산이 허물어졌다"고 했으며, 또 "선친이 돌아가신 뒤에는 명학에 마음을 기울여 호구지책으로 삼았다"고 했으니 선생이 命을 배운 나이가 이미 삼십이 넘었다는 것도 처음 알았으며, 또 "나는 타고난 성품이 고지식하며 아첨하는 태도가 없고 오만한 의기가 많아서 교유하고 왕래할 때 뜻이 높고 커서 세상과 서로 맞지 않았는데, 몸과 마음을 꿋꿋하고 의젓하게 한 까닭은 내 祖와 父의 충후한 가르침을 감히 실추시킬 수 없었기 때문이다"라고 했으니, 나는 이에 선생의 인격이 틀림없이 맑은 절개와 높은 지조로 가난한 생활 속에서 편안히 도를 즐겼음을 알았다.

다시 3권 12페이지에 모군 癸巳생 명조로 증명하면서 말하기를 "내 사주와 연월일이 모두 같고 壬辰시 하나만 바뀌었는데 약한 殺로는 상대를 제압할 수 없으므로, 나 역시 여섯 아우가 있었으나 능력이 있는 자는 일찍 죽고 그 나머지는 모두 어리석어서 근심거리를 끌어 들여 집안을 망치기에 이르렀다"고 했으니, 나는 이에 선생의 형제에 대한 우애가 돈독하여 곤고함을 사양하지 않았음을 알았다.

다시 2권 74페이지의 모 희생 壬子생 명조로 증명하기를 "丁巳운에 연달아 화재를 만났다"고 했는데, 그 사람의 명을 조사해 보면 56세에 비로소 丁운으로 행하며, 마침

도광 27년 丁未년에 해당하니, 선생의 나이가 이미 75세인데도 오히려 발을 쳐 놓고 점을 팔면서 부지런히 정성스럽게 사람들을 위하여 추명하였음을 알 수 있다.

관복거사의 원발문에서 진군에게 말하기를 "임 선생이 어느 때 사람인지 내가 태어난 것이 늦어서 알지 못한다"고 했는데, 그것은 아마도 책 전체를 보지 않고 명학을 익숙하게 알지 않았기 때문일 것이다.

임 선생의 거처에 이르러서는 원서에 기재되지 않았으니 감히 억측하여 판단할 수 없으나, 그 책 가운데의 증주를 보면 대체로 『명리약언』과 『자평진전』에서 채록했는데, 『명리약언』은 해녕 진상국 소암이 저술하고 『자평진전』은 산음 심진사 효첨이 저술한 것이며, 두 공은 모두 절강 사람들이다. 그 책이 세상에는 간행본이 없고 간혹 사가에 전해지는 초본만 있는데, 역시 반드시 절강 사람이 가장 많으며, 또 진상국은 강희 5년에 세상을 떠나고, 심진사는 건륭 4년에 처음 관리(진사)가 되었으니, 임철초 선생이 건륭 38년에 탄생한 것을 가지고 이것을 계산하면, 그 서로 간의 거리가 멀리는 또한 백년을 넘는 데 불과하고 가까이는 겨우 수십 년일 뿐이므로 이것을 통하여 본다면 선생은 아마도 또한 절강 사람일 것이다.

『명리약언』과 『자평진전』의 학설은 내가 평소에 가슴에 간직하고 있던 바로써, 지난번 『명리탐원』을 저술할 때 채록한 것이 적지 않은데, 그러나 철초 선생의 『적천수천미』를 가지고 그것과 비교하면 또한 태산과 작은 무덤만큼 차이가 있다. 무릇 선생은 정밀하게 연구하고 깊게 생각하여 밤낮을 가리지 않았으므로, 본말을 종합하고 관통하여 문장으로 나타낼 수가 있었으니, 그 오행의 생극·쇠왕·전도의 이치를 논한 것은 진실로 지극히 현묘하며, 왕한 것은 마땅히 극해야 하지만 왕이 지극하면 설해야 하며, 약한 것은 마땅히 생해야 하지만 약이 지극하면 극해야 한다는 두 조항은 가장 정밀하고 뜻이 깊다고 하겠다. "사람에게 후하고 박함이 있는 것은 산천에 따라 같지 않으며, 명에 귀하고 천함이 있는 것은 세덕(世德)에 따라 현격하게 다르다"고 말함에 이르러서는, 이것은 또한 천명(天命)을 지리(地利)와 인사(人事)에 부합시켜서 말한 것이다.

　그러므로 사람을 위하여 명을 논함에 있어서 "어떤 명조는 순수하고 중화되었으니 태평한 세상에 재상이 되며, 어떤 명조는 벼슬길이 청고하고 재주가 탁월하며, 어떤 명조는 경영하여 이득을 얻고 근검하여 성공하며, 어떤 명조는 마을을 등지고 고향을 떠나 몸을 윤택하게 하고 집을 부유하게 하며, 어떤 명조는 욕심이 많아 싫증냄이 없고 성정이 비뚤어지며, 어떤 명조는 돈 쓰기를 흙처럼 하여 파가망신 하며, 어떤 명조는 생산을 일삼지 않아 반드시 후재(後災) 가 있으며, 어떤 명조는 출신이 빈한한데도 사람됨이 현숙 하며, 어떤 명조는 젊은 나이에 수절하여 자식을 가르쳐 명 성을 이루며, 어떤 명조는 부유함을 좋아하고 가난함을 꺼 려서 남편을 배반하고 자식을 버리며, 어떤 명조는 혹 급류 에도 용감히 물러서지 않아서 의외의 풍파를 없앨 수 있으 며, 어떤 명조는 갯버들은 가을이 되면 시들지만 송백은 서 리를 맞아도 더욱 무성하다"고 말하여, 칭찬하기도 하고 깎 아내리기도 했는데 각각 빠짐없이 고심하지 않음이 없어서 큰 뜻과 미묘한 말들이 반드시 모두 세상의 도리와 관계됨 이 있으니, 옛 군자들의 이른바 죽은 뒤에도 훌륭한 말은 전 해진다는 뜻이 아마도 이 사람에게 있을 것이다.

독자들이 만약 이 책을 명학으로만 본다면 하나를 얻고 둘을 빠뜨리며 한 치만 알고 한 자에는 어두울 것이니, 그 렇다면 또한 형원 부자가 영인하여 세상에 전한 훌륭한 뜻 을 저버림이 있을 뿐이다.

민국 22년 계유년 5월 21(庚戌)일 진강 원수산 찬

孫 序

命理之學, 由來久矣. 古之言命者, 簡而賅, 故庖犧曰
正命, 仲尼曰天命, 老聃曰復命. 類皆以得之於天, 賦之
於人者, 正其性, 循其理, 以安其命而已. 後世不安於天
理之自然, 旁趨曲解, 以取悅當世. 蓋騖於理之外, 而流
於術, 牽引附會, 學者遂愈趨而愈岐. 雖然以理定命者,
所謂以簡御繁, 周爲順天之正. 而以術合理者, 果能以
繁就簡, 亦足探命之原, 特精斯道者之不數覯耳. 滴天
髓一書, 相傳爲京圖撰, 劉誠意註. 取通神六親, 爲兩大
綱. 自天道至貞元, 凡分六十二章, 析理竟原, 悉臻微
妙. 第其辭旨古奧, 學者病之. 余夙好星命之學, 暇輒披
覽, 亦患小心得, 去歲有持示是編者. 讀任鐵樵先生增
註, 喜其分篇詮釋, 援格舉證. 於天地陰陽之分化, 三元
五行之推旋, 反覆引申, 辭明理達. 使曩所捍格者, 罔不

觸類旁通，翕歸於理．其爲作者功臣，而足以津梁後學信矣．逮觀觀復居士書後，始知書藏海甯陳氏，爲觀復假於陳，而手錄之者．原刻已燬於火，則斯篇已爲海內孤本，彌可寶貴．向使陳氏秘藏，不以示人，雖示人而無若觀復之樂爲手錄者，是書，安得復見於世耶？今旣幸見之，苟無以善其後，終至若陳氏原本之歸於湮沒，且繹觀復書後語意，非廣爲流傳，壽諸梨棗．不大負增註者，啟發古書之精蘊，手錄者嘉惠後學之苦心乎？爰付影印，公諸同好，署曰闡微，異於衆也．惜觀復居士，不詳其時代姓氏，僅於文字間，繹其言，而察其行，殆亦古之安命達理，好術數，而邃於學，所謂隱君子之流亞歟．方斯人欲橫流之世，使讀者，鑒其盈虛消長之理，示天心之黙運，範世道於隱微，俾頑者儆，靡者奮，豈不足爲覺世牗民之一助哉？天下事，莫非緣法，茲編，秘藏於陳氏有年矣．旣得鐵樵之增註，觀復之手錄，復及余爲之刊行．數子者，生不並代，而志同道合，此中之展轉引致．雖曰人事，夫豈偶然哉？

中華民國二十二年歲次癸酉五月蘅園主人識

명리학은 그 유래가 오래되었다. 옛날에 명(命)을 말한 자들은 간단하면서도 널리 갖추어 말했으므로, 포희는 정명(正命)이라 하고, 중니는 천명(天命)이라 하고, 노담은 복명(復命)이라 했으니, 대체로 모두 하늘에서 얻고 사람에게 부여된 것을 가지고 그 본성을 바르게 하고 그 이치를 따라서 그 명(命)을 편안히 여기는 것일 뿐이었는데, 후세에는 천리의 자연을 편안히 여기지 않고 분별없이 두루 따르고 잘못 이해하여 당세를 기쁘게 하는 자세를 취하고 있으니, 그것은 이치의 밖으로 달려 술(術)에서 유랑하며 다른 이론을 억지로 끌어 붙여서 학자들이 마침내 따라갈수록 더욱 갈림길이 되게 하는 것이다.

그러나 이치로써 명(命)을 정하는 것은 이른바 간략한 것으로 번거로움을 다스리는 것이니, 두루 천리의 정도에 순응하게 되며, 술(術)을 이치에 부합시키는 것은 진실로 번거로운 것을 가지고 간략함에 나갈 수 있으므로 역시 명(命)의 근원을 탐구할 수 있는데, 다만 이 도(道)에 정통한 자를 자주 만나지 못할 뿐이다.

『적천수(滴天髓)』라는 책은 경도(京圖)가 찬술하고 유성의(劉誠意)가 주석한 것이라고 전해지며, 통신(通神)과 육친(六親)을 취하여 두 가지 큰 강령으로 삼고, 천도(天道)로부터 정원(貞元)까지 모두 62장으로 나누어, 이치를 분석하고 근원을 궁구하여 모두 미묘한 경지에 이르렀는데, 다만 문사의 취지가 예스럽고 심오하여 배우는 자들이 그것을 어렵게 여길 뿐이다.

나는 어려서부터 성명의 학술을 좋아하여 틈날 때마다 펼쳐보았으나 또한 마음속에 얻어짐이 적음을 걱정했는데, 지난해에 이 책을 가지고 와서 보여주는 자가 있었으므로 임철초 선생의 증주를 읽고 나서 그 편을 나누어 자세히 해석하고 격을 취하여 증거를 제시한 것을 좋게 생각하였다.

천지음양의 분화(分化)와 삼원오행의 추선(推旋)에 있어서는 반복 인용하여 설명했는데, 말이 분명하고 이치가 갖추어져서 이전에 막혀서 가까이하지 못하던 것들로 하여금 부류에 따라 두루 자세히 하여 이치에 부합되어 귀착하지 않음이 없게 했으니, 그 저작자의 공신이 되어 후학들을 이끌어줄 수 있음이 분명하다.

　관복거사의 글을 보게 된 뒤에 비로소 이 책이 해녕 진씨에게 소장된 것을 관복거사가 진씨에게 빌려서 손으로 기록한 것임을 알았으며, 원래의 판본이 이미 불에 타서 없어졌으니 그렇다면 이 책이 이미 해내의 고본이 되어 더욱 보배로써 귀하게 여길 만한 것이다. 가령 진씨가 비밀히 간직하고 사람들에게 보여주지 않았거나, 비록 사람들에게 보여주더라도 관복거사처럼 수록하기를 좋아하는 자가 없었다면, 이 책을 어찌 다시 세상에서 볼 수 있겠는가? 이제 이미 다행히 이 책을 보게 되었으니 만일 그 뒷일을 잘할 수 없어서 마침내 진 씨의 원본이 사라져 없어지게 되거나, 또 관복거사가 쓴 글 뒤의 말뜻을 풀어서 널리 세상에 전하기 위하여 이것을 판목에 새기지 않기에 이른다면, 증주자의 고서를 계발한 정밀하고 심오한 뜻과 수록자의 후학들에게 아름답게 은혜를 베푼 고심을 크게 저버리는 것이 아니겠는가?

　이에 영인하여 이것을 동호인에게 공개하며, 제목을 '천미'라고 하여 여러 책들과 다르게 하였다. 애석하게도 관복거사는 그 시대와 성씨를 자세히 알 수 없는데, 겨우 글 속에서 그 말을 풀어 그 행적을 살펴보니 아마도 옛날에 명

(命)을 편안히 여기고 천리(天理)에 통달하며 술수를 좋아하고 학문이 깊은 이른바 은둔한 군자의 부류일 것이다. 바야흐로 이 인욕(人欲)이 멋대로 흘러가는 세상에서 독자들로 하여금 그 영허소장의 이치를 보고 천심(天心)의 묵묵히 운행함을 보아서 은미한 가운데에서 세상의 도리를 본받게 하여, 완고하고 어리석은 자로 하여금 경계하게 하고, 쓰러지는 자로 하여금 떨쳐 일어나게 했으니, 어찌 세상을 깨우치고 백성을 인도하는 데 일조함이 될 수 없겠는가?

　천하의 일은 인연으로 맺어지지 않는 것이 없어서 이 책이 진 씨에게 몇 년 동안 비밀히 간직되었는데도, 이미 철초의 증주와 관복의 수록을 만나고 다시 내가 그것을 간행하기에 이르렀으니, 이 몇 사람들이 태어난 것은 시대를 함께하지 않았으나 뜻이 같고 도가 합치되어 이 가운데로 여기저기에서 모여들었으니, 비록 사람의 일이라 할지라도 이것이 어찌 우연이겠는가?

　　　　　　　　　중화민국 22년 癸酉 5월 형원주인

六親論

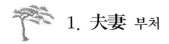

1. 夫妻 부처

夫妻因緣宿世來니 喜神有意傍天財니라

부처의 인연은 전생에서 온 것이니, 희신에 뜻을
두고 天財(財星)에 의지한다.

[原注] 妻與子一也니 局中有喜神이면 一生富貴在于是요
妻子在于是라 大率依財看妻니 如喜神卽是財神이면 其妻美
而且富貴며 喜神與財神不相妒忌亦好니 否則剋妻커나 亦或
不美커나 或欠和라 然看財神엔 又須活法이니 如財神薄엔
須用助財요 財旺身弱엔 又喜比刦이요 財神傷印者엔 要官
星이요 財薄官多者엔 要傷官이며 財氣未行엔 要沖者沖이
요 泄者泄이며 財氣流通엔 要合者合이요 庫者庫라 若財神
泄氣太重이요 比刦透露커나 及身旺無財者엔 必非夫婦全美
者也며 至於財旺身强者엔 必富貴而多妻妾이니 看者當審辨

輕重何如니라

　처와 자는 한가지이니, 局 중에 희신이 있으면 일생동안 부귀
가 여기에 있으며, 처자도 여기에 있는 것이다. 대체로 財를 근
거로 처를 보는 것이니, 가령 희신이 곧 재신이면 그 처가 아름
답고 또 부귀하며, 희신과 재신이 서로 투기하지 않아도 역시
좋은데, 그렇지 않으면 극처하거나 혹은 아름답지 않거나 화합
이 부족하다. 그러나 재신을 볼 때에는 다시 또 활법을 써야 하
니, 예컨대 재신이 박하면 財를 돕는 神을 써야 하고 財가 왕하
고 身이 약하면 또한 비겁이 좋으며, 재신이 인수를 손상하는
경우에는 관성이 필요하고, 財가 적고 官이 많은 경우에는 상관
이 필요하며, 재의 기운이 유행하지 않을 때에는 충해야 할 것
은 충하고 설해야 할 것은 설해야 하며, 재의 기운이 유통할 때
에는 합이 필요하면 합하고 고(庫)가 필요하면 고를 만나야 한다.
　만약 재신이 설기가 너무 중하고 비겁이 투출하거나 身이 왕
하고 재가 없는 경우에는 반드시 부부가 아름다움을 갖출 수 있
는 것이 아니며, 재가 왕하고 身이 강한 경우에는 반드시 부귀
하고 처첩이 많은 것이니, 命을 보는 자는 마땅히 경중이 어떠
한가를 자세히 분별해야 한다.

　【任注】子平之法, 以財爲妻. 財是我剋, 人以財來侍
我, 此理出於正論. 又以財爲父者, 乃後人之謬也. 若據

此爲碻論, 則翁婦同宗, 豈不失倫常乎? 雖分偏正之說,
究竟勉强. 財之偏正, 無非陰陽之別, 並不換他氣, 且世
無犯上之理, 宜辨而闢之.

자평의 법에서는 財를 처로 삼는데, 財는 내가 극하는
것이므로 사람들은 財가 나를 받들어 모신다고 여긴 것이
니, 이러한 이치는 바른 논리에서 나온 것이며, 또한 財를
父로 삼는 것은 곧 후인의 잘못이다. 만약 이것을 근거로
확고한 논리로 삼는다면 시아버지와 며느리가 같은 종파
가 되니 어찌 인륜의 상도를 잃지 않겠는가? 비록 偏과 正
이라는 말로 나누어 샅샅이 연구하기에 힘쓰지만, 재의 偏
과 正은 음양의 구별이 아닌 것이 없고 아울러 다른 氣로
바뀌지 않으며, 또 세상에는 윗사람을 범하는 도리가 없으
니 마땅히 분별하여 이러한 것을 물리쳐야 한다.

如果財爲父, 官爲子, 則人倫滅矣. 不特翁婦同宗, 而
顯然祖去生孫, 有是理乎? 是以六親之法, 今當更定. 生
我者爲父母, 偏正印綬是也. 我生者爲子女, 食神傷官是
也. 我克者爲婦妾, 偏正財星是也. 剋我者爲官鬼, 祖父
是也. 同我者爲兄弟, 比肩劫財是也. 此理正名順, 乃不

易之法.

만약 財를 父로 삼고 官을 子로 삼는다면 인륜이 소멸할 것이니, 시아버지와 며느리가 같은 종파가 될 뿐만 아니라 공공연히 조부가 손자를 낳는 격이니 이러한 이치가 있겠는가? 이 때문에 육친의 법을 이제 고쳐서 정하니, 나를 생하는 것은 父와 母이니 偏과 正의 인수가 그것이며, 내가 낳는 것은 子와 女이니 식신과 상관이 그것이며, 내가 극하는 것은 처와 첩이니 偏과 正의 재성이 그것이며, 나를 극하는 것은 官과 鬼이니 祖와 父가 그것이며, 나와 같은 것은 형제이니 비견과 겁재가 그것이다. 이것은 이치가 올바르고 명분이 거스르지 않으니 곧 바꿀 수 없는 법이다.

夫財以妻論, 財神淸, 則中饋賢能. 財神濁, 則河東獅吼. 淸者, 喜神卽是財星, 不爭不妒是也. 濁者, 生煞壞印, 爭妒無情是也.

무릇 財를 妻로 논하므로 재신이 청하면 처가 어질고 유능하며, 재신이 탁하면 처가 사납고 질투심이 많은 것이니, 청하다는 것은 희신이 곧 재성이고 다투지 않고 투기하지 않는 것이 그것이며, 탁하다는 것은 殺을 생하고 인수를 파괴하며, 다투고 투기하여 무정한 것이 그것이다.

舊書不管日主之衰旺, 總以陽刃劫財主剋妻, 究其理則實非. 須分日主衰旺喜忌之別, 四柱配合活看爲是. 如財神輕而無官, 比劫多, 主剋妻. 財神重而身弱, 無比劫, 主剋妻. 官殺旺而用印, 見財星, 主妻陋而剋. 官殺輕而身旺, 見財星, 遇比刦, 主妻美而剋. 劫刃重, 財星輕, 有食傷, 逢梟印, 主妻遭凶死. 財星微, 官殺旺, 無食傷, 有印綬, 主妻有弱病. 劫刃旺而無財, 有食傷, 妻賢必剋, 妻陋不傷. 劫刃旺, 而財輕, 有食傷, 妻賢不剋, 妻陋必亡. 官星弱, 遇食傷, 有財星, 妻賢不剋. 官星輕, 食傷重, 有印綬, 遇財星, 妻陋不剋.

구서(舊書)에서는 일주의 왕쇠를 살펴보지 않고 총괄하여 양인과 겁재가 극처를 주관한다고 했는데, 그 이치를 연구해 보면 실제로 잘못된 것이니, 반드시 日主의 쇠왕과 희기의 분별을 분명히 하고 사주 배합의 관계를 활용하여 보는 것이 옳다. 예컨대 재신이 가볍고 官이 없을 때 비겁이 많으면 대체로 극처하며, 재신이 중하고 일주가 약할 때 비겁이 없으면 극처하며, 관살이 왕하여 인수를 쓰는데 재성을 만나면 처가 누추하면서 극하게 되며, 관살이 경하고 일주가 왕하며 재성을 만났을 때 비겁을 만나면 처가 아름다우면서 극하게 되며, 비겁과 양인이 중하고 재성이 경하며 식상이 있을 때 효인을 만나면 처가 흉사를 당하며, 재성이 미약하고 관살이 왕할 때 식상이 없고 인수가 있으면 처가 병약하며, 비겁과 양인이 왕할 때 재가 없고 식상이 있으면 처가 어진 경우에는 반드시 극하게 되고 처가 누추한 경우에는 손상되지 않으며, 비겁과 양인이 왕할 때 재가 경미하고 식상이 있으면 처가 어진 경우에는 극하지 않고 처가 누추한 경우에는 반드시 잃으며, 관성이 약하고 식상을 만났을 때 재성이 있으면 처가 어진 경우에는 극하지 않으며, 관성이 경미하고 식상이 중하고 인수가 있을 때 재성을 만나면 처가 누추한 경우에는 극하지 않는다.

　　身强煞淺, 財星滋殺, 官輕傷重, 財星化傷, 印綬重疊, 財星得氣者, 主妻賢而美, 或得妻財致富. 殺重身輕, 財星黨殺, 官多用印, 財星壞印, 傷官佩印, 財星得局者, 主妻不賢而陋, 或因妻招禍傷身, 日主坐財, 財爲喜用者, 必得妻財.

　일주가 강하고 살이 약할 때 재성이 살을 자양하거나, 관이 경하고 상관이 중할 때 재성이 상관을 인화하거나, 인수가 중첩되고 재성이 氣를 얻으면 처가 어질고 아름다운데 혹 妻財(처의 재물)를 만나 치부하기도 하며, 살이 중하고 일주가 가벼울 때 재성이 살을 돕거나 관이 많아서 인수를 써야 할 때 재성이 인수를 파괴하거나, 상관이 인수를 대동 했을 때 재성이 국을 이루면 처가 어질지 않고 누추한데 혹 처로 인하여 재앙을 초래하여 몸을 상하기도 한다.

日主喜財, 財合閑神而化財者, 必得妻力. 日主喜財, 財合閑神而化忌神者, 主妻有外情. 日主忌財, 財合閑神 而化財者, 主琴瑟不和. 皆以四柱情勢日主喜忌而論, 若 財星浮泛, 宜財庫以收藏. 財星深伏, 宜沖動而引助, 須 細究之.

일주가 재에 앉고 재가 희신이나 용신인 경우에는 반드 시 처재를 얻으며, 일주가 재를 좋아할 때 재가 한신과 합 하여 재로 化하게 하는 경우에는 반드시 처의 힘을 얻으 며, 일주가 재를 좋아할 때 재가 한신과 합하여 기신으로 화하는 경우에는 처에게 외정(外情)이 있으며, 일주가 재를 꺼릴 때 재가 한신과 합하여 재로 화하는 경우에는 부부의 금실이 화목하지 못한 것인데, 모두 사주의 정세와 일주의 희기로 논한 것이니, 만약 재성이 뿌리가 없이 떠 있으면 마땅히 재고(財庫)로 거두어 간직해야 하며, 재성이 깊이 잠복해 있으면 마땅히 충동하여 이끌어 도와야 하므로, 반드시 이러한 것을 자세히 연구해야 한다.

丁 庚 乙 癸

丑 申 丑 卯

己 庚 辛 壬 癸 甲

未 申 酉 戌 亥 子

　此造, 寒金坐祿, 印綬當權, 足以用火敵寒. 所忌者, 年干癸水剋丁爲病, 全賴月干乙木通根, 洩水生火, 此喜神即是財星也. 更喜財星逢合, 謂財來就我, 其妻賢淑勤能, 生三子, 皆就書香.

　이 사주는 寒金이 녹에 앉고 인수가 권세를 잡았으니 火를 써서 한기를 대적할 수 있는데, 꺼리는 것은 年干의 癸水가 丁火를 극하여 病이 되는 것이므로 완전히 月干 乙木이 통근하여 水를 설하고 火를 생하는 데에 의지해야 하니, 이 희신이 바로 재성이다. 다시 또 기쁜 것은 재성이 합을 만나는 것이니, 이른바 재가 나를 성취시키는 것으로 그 처가 현숙하고 근면하고 유능하며, 세 아들을 낳았는데 모두 학업에 나아갔다.

```
癸 丁 乙 丁
卯 酉 巳 未
己 庚 辛 壬 癸 甲
亥 子 丑 寅 卯 辰
```

丁火生於孟夏, 柱中梟刦當權, 一點癸水, 不足相制. 最喜坐下酉金, 沖去卯木, 生起癸水. 出身貧寒, 癸運入學, 又得妻財萬仞. 壬運登科, 辛丑選知縣, 仕至郡守. 此造若無酉金, 不但無妻財, 而且名亦不成矣.

丁火가 孟夏에 生하고 주중에 효신과 비겁이 권세를 잡았으며 한 점의 癸水는 상대를 제압할 수 없는데, 가장 기쁜 것은 좌하의 酉金이 卯木을 충거하고 癸水를 생하여 일으키는 것이므로, 빈한한 집안 출신이지만 癸운에 입학하고 또 재물이 많은 처를 만났으며, 壬운에 등과하여 辛丑운에 지현에 선발되고 벼슬이 군수에 이르렀다. 이 사주에 만약 酉金이 없었다면 妻財가 없을 뿐 아니라, 또한 명예도 이루어지지 않았을 것이다.

壬　丙　庚　乙

辰　申　辰　亥

甲　乙　丙　丁　戊　己

戌　亥　子　丑　寅　卯

丙火生於季春, 印綬通根生旺, 日主坐財, 時干又透壬
水, 必以乙木爲用. 可嫌者, 乙庚化金, 生殺壞印. 其妻
不賢, 妬悍異常, 無子而絶. 財之爲害, 可畏哉.

丙火가 季春에 生하고 인수가 통근하여 생왕한데, 일주
는 재에 앉고 時干에 다시 또 壬水가 투출했으니, 반드시
乙木을 용신으로 삼아야 한다. 꺼리는 것은 乙庚이 金으로
化하여 살을 생하고 인수를 파괴하는 것이므로, 그 처가
어질지 않고 투기와 사나움이 보통과 달랐으며, 자식이 없
어 대가 끊어졌으니, 財의 해로움이 두려워할 만하다.

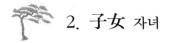

2. 子女 자녀

子女根枝一世傳이니 喜神看與殺相連이니라

자녀는 뿌리와 가지로 한 세대를 전하는 것이니,
희신이 殺과 서로 연결됨을 보아야한다.

[原注] 大率依官看子니 如喜神卽是官星이면 其子賢俊하
며 喜神與官星不相妒亦好니 否則無子커나 或不肖커나 或
有剋이라 然看官星엔 又要活法이니 如官輕須要助官이요
殺重身輕엔 只要印比며 無官星엔 只論財요 若官星阻滯엔
要生扶沖發이며 官星泄氣太重엔 須合助遙會요 若殺重身輕
而無制者엔 多女니라

대체로 관성을 근거로 자식을 보는 것이니 가령 희신이 관성
이면 그 자식이 현명하고 빼어나며, 희신과 관성이 서로 투기하
지 않아도 또한 좋은 것인데, 그렇지 않으면 자식이 없거나 혹

은 불초하거나 해침이 있다. 그러나 관성을 볼 때에는 또한 활법이 필요하니 예컨대 관성이 가벼우면 반드시 관성을 도와야 하고, 殺이 중하고 身이 가벼우면 다만 인수나 비겁이 필요하며, 관성이 없으면 다만 재를 논하고, 만약 관성이 막혔으면 생부나 충발이 필요하며, 관성의 설기가 매우 심하면 반드시 합하여 돕거나 멀리서 회합해야 하고, 만약 殺이 중하고 身이 가벼운데 제압함이 없으면 딸이 많다.

【任注】以官爲子之說, 細究之, 終有犯上之嫌. 夫官者管也. 朝廷設官, 管治萬民, 則不敢妄爲, 循守規矩. 家庭必以尊長爲管, 出入動作, 皆遵祖父之訓是也. 不服官府之治者, 則爲賊寇, 不遵祖父之訓者, 則爲逆子. 夫命者理也. 豈可以官爲子而犯上乎? 莫非論命竟可無君無父乎?

官을 자식으로 간주한다는 말은 그것을 자세히 연구해 보면 마침내 위를 범하는 혐의가 있다. 무릇 官이란 관리한다는 뜻이니, 조정에서 관을 설치하여 만민을 맡아 다스리면 감히 함부로 행동하지 못하고 법도를 따르고 지키게 되며, 가정에서는 반드시 존장(어른)을 관리자로 삼아서 출입과 동작에 모두 조부의 가르침을 따라야 하는 것이 이것이므로, 관부의 다스림에 복종하지 않는 자는 역적이나 도적이 되고, 조부의 가르침을 따르지 않는 자는 패역자가 되는 것인데, 무릇 命이란 도리이니, 어찌 官을 자식으로 간주하여 위를 범할 수 있겠으며, 설마 命을 논하면서 마침내 군주를 무시하고 아비를 무시할 수 있겠는가?

諺云, 父在子不得自專.[1] 若以官爲子, 父反以子爲管治, 顯見父不得自專矣. 故俗以剋父剋母爲是, 有是理乎? 今更定以食傷爲子女.

속담에 아버지가 살아계시면 자식이 자기 마음대로 할 수 없다고 했으니, 만약 官을 자식으로 간주한다면 아비가 도리어 자식에게 다스림을 당하여 공공연히 아비가 자기 마음대로 하지 못함을 보게 될 것이다. 그러므로 세속에서 父를 극하고 母를 극하는 것을 옳다고 여기는 이러한 이치가 있을 수 있겠는가? 이제 바르게 고쳐서 정하여 식상을 자녀로 간주해야 한다.

書云, 食神有壽妻多子, 時逢七煞本無兒, 食神有制定多兒. 此兩說, 可謂確據矣. 然此亦死法, 倘局中無食傷

1) 『論語』「學而편」 11장 주자 주 '父在, 子不得自專,…'.

無官殺者, 又作何論? 故命理不可執一.

　書에 식신은 수명과 처와 많은 자식이 있다 했으며, 時
에 칠살을 만나면 본래 자식이 없으나 식신의 극제함이 있
으면 반드시 자식이 많다고 했는데, 이 두 가지 설은 확실
한 근거라고 말할 만하지만, 그러나 이것도 역시 실제로
시행되지 않는 법이니 만일 局 중에 식상도 없고 관살도
없는 경우에는 또한 무엇으로 논할 것인가? 그러므로 命理
는 한 가지만을 고집해서는 안 된다.

**總要變通爲是, 先將食傷認定, 然後再看日主之衰旺四
柱之喜忌而用之. 故喜神看與殺相連者, 乃通變之至論也.**

　총괄하자면 변통을 옳은 것으로 여기니, 먼저 식상을 가
지고 인정한 연후에 다시 일주의 쇠왕과 사주의 희기를 보
아서 그것을 써야 한다. 그러므로 희신이 殺과 서로 연결
됨을 보아야 한다는 것이 곧 통변의 지극한 논리이다.

**如日主旺, 無印綬, 有食傷, 子必多. 日主旺, 印綬重,
食傷輕, 子必少. 日主旺, 印綬重, 食傷輕, 有財星, 子
多而賢. 日主旺, 印綬多, 無食傷, 有財星, 子多而能.**

　예컨대 일주가 왕할 때 인수가 없고 식상이 있으면 자식

이 반드시 많고, 일주가 왕할 때 인수가 중하고 식상이 경하면 자식이 반드시 적으며, 일주가 왕할 때 인수가 중하고 식상이 경한데 재성이 있으면 자식이 많고 어질며, 일주가 왕할 때 인수가 많고 식상이 없는데 재성이 있으면 자식이 많고 유능하다.

日主弱, 有印綬, 無食傷, 子必多. 日主弱, 印綬輕, 食傷重, 子必少. 日主弱, 印綬輕, 有財星, 子必無. 日主弱, 食傷重, 印綬無, 亦無子. 日主弱, 食傷輕, 無比劫, 有官星, 子必無. 日主弱, 官殺重, 印綬輕, 微伏財, 必多女. 日主弱, 七殺重, 食傷輕, 有比劫, 女多子少. 日主弱, 官殺重, 無印比, 子必無.

일주가 약할 때 인수가 있고 식상이 없으면 자식이 반드시 많고, 일주가 약할 때 인수가 경하고 식상이 중하면 자식이 반드시 적으며, 일주가 약할 때 인수가 경하고 재성이 있으면 자식이 반드시 없으며, 일주가 약할 때 식상이 중하고 인수가 없어도 자식이 없으며, 일주가 약할 때 식상이 경하고 비겁이 없고 관성이 있으면 자식이 없으며, 일주가 약할 때 관살이 중하고 인수가 경한데 재가 미미하게 잠복되어 있으면 반드시 딸이 많으며, 일주가 약할 때 칠살이 중하고 식상이 경한데 비겁이 있으면 딸이 많고 아들이 적으며, 일주가 약할 때 관살이 중하고 인수와 비겁이 없으면 자식이 없다.

日主旺, 食傷輕, 逢印綬, 遇財星, 子少孫多. 日主旺, 印綬重, 官殺輕, 有財星, 子雖剋而有孫. 日主弱, 食傷旺, 有印綬, 遇財星, 雖有若無. 日主弱, 官殺旺, 有印綬, 遇財星, 有子必逆.

일주가 왕하고 식상이 경할 때 인수를 만나고 재성을 만나면 자식은 적으나 손자가 많으며, 일주가 왕하고 인수가 중하고 관살이 경할 때 재성이 있으면 자식이 비록 극을 당해도 손자가 있으며, 일주가 약하고 식상이 왕하고 인수가 있을 때 재성을 만나면 비록 자식이 있더라도 없는 것과 같으며, 일주가 약하고 관살이 왕하고 인수가 있을 때 재성을 만나면 자식은 있으나 반드시 패역한다.

又有日主旺, 無印綬, 食傷伏, 有官殺, 子必多者. 又有日主旺, 比劫多, 無印綬, 食傷伏, 子必多者. 蓋母多滅子之意也. 故木多火熄, 金剋木則生火, 火多土焦, 水

剋火則生土. 土重金埋, 木剋土則生金. 金多水滲, 火剋
金則生水. 水多木浮, 土剋水則生木. 以官殺爲子者, 此
之謂也. 明雖以官殺爲子, 暗仍以食傷爲子, 此逆局反剋
相生之法, 非竟以官殺爲子也.

또 일주가 왕하고 인수가 없고 식상이 잠복되고 관살이
있을 때 자식이 많은 경우도 있으며, 또 일주가 왕하고 비
겁이 많고 인수가 없고 식상이 잠복됐을 때 자식이 많은
경우도 있는데, 대체로 母가 많아 자식을 멸한다는 뜻이니,
그러므로 木이 많아서 火가 꺼질 경우에 金으로 木을 극하
면 火를 살리게 되며, 火가 많아서 土가 마를 경우에 水가
火를 극하면 土를 살리게 되며, 土가 중하여 金이 묻힐 경
우에 木이 土를 극하면 金을 살리게 되며, 金이 많아서 水
가 새어나갈 경우에 火가 金을 극하면 水를 살리게 되며,
水가 많아서 木이 뜨는 경우에 土가 水를 극하면 木을 살
리게 되므로, 관살을 자식으로 간주한다는 것은 이러한 경
우를 말한 것인데, 겉으로는 비록 관살을 자식으로 삼지만
속으로는 마침내 식상을 자식으로 삼으니, 이것은 局을 거
슬릴 때 반극(反剋)하여 상생케 하는 방법이지 관살을 자
식으로 간주하는 것이 아니다.

大率身旺財爲子, 身衰印作兒, 此皆余之試驗者. 故敢更定, 仔細推之, 無不應也.

대체로 신왕할 때에는 재를 자식으로 간주하고, 신약할 때에는 인수를 자식으로 간주하는 것인데, 이러한 것은 모두 내가 시험한 것이므로 감히 고쳐서 정한 것이니 이것을 자세히 추리해 보면 증명되지 않음이 없을 것이다.

癸　戊　辛　辛

丑　戌　丑　丑

乙　丙　丁　戊　己　庚

未　申　酉　戌　亥　子

此造日主旺, 比刦多, 年月傷官並透通根. 丑爲溼土, 能生金蓄水. 戌爲火庫, 日主臨之, 不致寒凍也. 是以家業富厚, 更喜運走西方不悖. 余雖斷其多子, 實不敢定其數目, 詢之. 云自十六歲生子, 每年得一子, 連生十六子, 並無損傷. 此因命之美, 印星不現, 辛金明潤, 不雜木火之妙也.

이 사주는 일주가 왕하고 비겁이 많은데 年月에 상관이 함께 투출하여 뿌리를 내리고 있으며, 丑은 습토로서 金을 생하고 水를 저장할 수 있으며, 戌은 火의 고(庫)인데 일주가 거기에 임하여 춥고 어는 데 이르지 않으니, 이 때문에 가업이 풍부했으며, 다시 또 기쁘게도 운이 西方으로 달려 거슬리지 않는다. 내가 비록 그의 자식이 많을 것으로 판단했으나, 실제로 감히 그 수를 정하지 못하고 그에게 물어보니, 16세부터 자식을 낳아 해마다 하나씩 득남하여 16명의 아들을 연달아 낳았는데 모두 손상이 없다고 하였다. 이것은 命의 아름다움에 기인하니 인성이 나타나지 않아서 辛金이 밝고 윤택하며, 木火가 섞이지 않은 묘함 때문이다.

癸　丁　甲　癸

卯　酉　子　亥

戊　己　庚　辛　壬　癸

午　未　申　酉　戌　亥

此造殺官當令, 嫌其甲木透干, 不能棄命從殺, 只得殺重用印, 則忌卯酉逢沖, 去甲木之旺地. 雖天干有情, 家業頗豐, 而地支不協, 所以生妻生八女, 妾生八女, 竟無子, 所謂身衰印作兒, 此財星壞印之故也.

이 사주는 관살이 당령했으나 불만스럽게도 甲木이 천

간에 투출하여 기명종살하지 못하고 다만 살중용인(殺重用印)이 될 뿐인데, 꺼리는 것은 卯酉가 충을 만나 甲木의 왕지(旺地)를 제거하는 것이다. 비록 천간이 유정하여 가업이 제법 풍족했으나, 지지가 화합하지 못하여, 이 때문에 처가 八女를 낳고 첩이 八女를 낳았을 뿐 마침내 아들이 없었으니, 이른바 일주가 쇠약하면 인수를 자식으로 간주하는 것인데, 이것은 재성이 인수를 파괴했기 때문이다.

丁　戊　辛　乙

巳　戊　巳　未

乙　丙　丁　戊　己　庚

亥　子　丑　寅　卯　辰

戊土生於巳月, 柱中火土本旺. 辛金露而無根, 兼之巳時, 丁火獨透剋辛, 局中全無溼氣. 更嫌年干乙木, 助火之烈. 所以剋兩妻, 生十二子, 刑過十子, 現存二子.

戊土가 巳月에 생하고 柱 중에 火土가 본래 왕한데, 辛金은 노출했으나 뿌리가 없고 여기에 巳時를 겸하며 丁火가 단독으로 투출하여 辛을 극하는데 局 중에 습기가 전혀 없다. 다시 꺼리는 것은 年干의 乙木이 火의 맹렬함을 돕

는 것이니, 이 때문에 두 처를 극해했으며, 12子를 낳았으
나 10子를 형벌로 잃고 두 아들이 현존한다.

甲　壬　癸　戊

辰　戌　亥　子

己　戊　丁　丙　乙　甲

巳　辰　卯　寅　丑　子

壬水生於孟冬, 喜其無金, 食神獨透. 所以書香小就,
甲寅入泮, 有十子皆育. 其不刑妻者, 無財之妙也. 秋闈
不利者, 支無寅卯也. 此造如戌土換之以木, 靑雲得路矣.

壬水가 맹동에 생하였는데 기쁘게도 金이 없고 식신이
홀로 투출했으므로, 학업이 조금 성취되어 甲寅년(27세)에
학교에 들어갔으며, 열 아들을 두어 모두 양육하였다. 그 처
를 형극하지 않은 까닭은 財가 없는 묘함 때문이며, 추위(향
시)에 불리한 까닭은 지지에 寅이나 卯가 없었기 때문이니,
이 사주에 만일 戌土를 木으로 바꾼다면 청운에 길을 얻었
을 것이다.

辛　辛　丙　庚

卯　亥　戌　寅

壬　辛　庚　己　戊　丁

辰　卯　寅　丑　子　亥

辛金生於戌月, 印星當令. 又寅拱丙生天干, 比刦不能
下生亥水. 又亥卯拱木, 四柱皆成財官. 二妻四妾生三子
皆剋, 生十二女又剋其九. 還喜秋金有氣, 家業豐隆.

辛金이 戌月에 생하니 인성이 시령을 맡았는데, 戌이 다
시 또 寅과 함께 丙과 손을 잡아 천간을 생하고 비겁은 아
래로 亥水를 생하지 못하며, 다시 또 亥卯가 木局으로 손
을 잡아 四柱가 모두 財官을 이루니, 두 처와 네 첩이 세
아들을 낳았으나 모두 잃고 딸 열둘을 낳았으나 그중 아홉
을 잃었는데, 기쁘게도 秋金으로 기세가 있어서 가업은 풍
족하였다.

丁　戊　丁　丁

巳　戌　未　酉

辛　壬　癸　甲　乙　丙

丑　寅　卯　辰　巳　午

土生夏令, 重疊印綬, 四柱全無水氣, 燥土不能洩火生金, 剋三妻五子. 至丑運, 溼土晦火生金, 又會金局, 得一子方育. 由此數造觀之, 食神傷官爲子也, 明矣. 凡子息之有無, 命中有一定之理, 命中子只有五數, 水一火二木三金四土五也. 當令者倍之, 休囚者減半, 除加減之外而多者, 此秉賦之故也.

土가 하령에 생하고 인수가 중첩되었는데, 사주에 水氣가 전혀 없으니 조토는 火를 설하거나 金을 생할 수 없으므로, 三妻 五子를 극해하였고, 丑운에 이르러 습토가 火를 어둡게 하고 金을 생하며 또 金局을 회합하니 아들 하나를 얻어 이제 한창 기르고 있다. 이 몇 명조를 근거로 관찰해 보면 식신과 상관을 자식으로 간주하는 것이 분명하니, 무릇 자식의 유무는 命 중에 일정한 일치가 있어서 命 중에 자식을 나타내는 것이 다만 다섯 수가 있으니, 水는 一, 火는 二, 木은 三, 金은 四, 五는 土이다. 당령한 경우에는 그 수를 배로 하고, 휴수된 경우에는 반으로 감하며, 가감한 것을 제외하고 더 많은 것은 선천적 요인을 지녔기 때문이다.

<pre>
丁 甲 辛 辛
卯 辰 卯 卯
乙 丙 丁 戊 己 庚
酉 戌 亥 子 丑 寅
</pre>

此造春木雄壯, 金透無根. 喜其丁火透露, 傷其辛金. 所以己丑戊子運中, 不但得子不育, 而且財多破耗. 丁亥支拱木而干透火, 丁財並益. 丙戌愈美, 生五子, 家業增新. 由此觀之, 凡八字之用神卽是子星, 如用神是火, 其子必在木火運得, 或木火流年得. 如不是木火運年得, 必子息命中多木火, 或木火日主. 否則難招, 或不肖, 試之屢驗. 然命內用神, 不特妻財子祿, 而窮通壽夭, 皆在用神一字定之, 其可忽諸?

이 사주는 春木이 웅장하고 金은 투출했으나 무근인데, 기쁜 것은 丁火가 투출하여 辛金을 극상하는 것이니, 이 때문에 己丑·戊子운 중에는 자식을 얻어서도 기르지 못했을 뿐만 아니라 또한 재산도 파모가 많았으며, 丁亥운에는 지지가 木局을 이루고 천간에 火를 투출하니 인구와 재물이 함께 불어났고, 丙戌운은 더욱 아름다워서 아들 다섯을 낳고 가업이 더욱 새로워졌다. 이것을 통하여 본다면

八字의 용신이 곧 子星이니, 가령 용신이 火인 경우에는 그 자식은 반드시 木火운에 얻거나 혹은 木火유년에 얻으며, 만일 木火운이나 유년이 아닐 때에 얻었다면 반드시 자식의 命 중에 木火가 많거나 혹은 木火일주일 것이니, 그렇지 않으면 기르기 어려움에 초래하거나 혹은 자식이 불초한 것인데 이것을 시험하여 여러 차례 경험하였다. 그러나 命 내의 용신은 처재 자록뿐만 아니라 빈궁과 영달 장수와 요절까지도 모두 용신 한 글자에서 결정되니 어찌 용신을 소홀히 할 수 있겠는가?

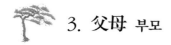

3. 父母 부모

父母或隆與或替는 歲月所關果非細니라

부모가 융성하거나 쇠퇴하는 것은 年月에 관계되
는 바가 참으로 적지 않다.

[原注] 子平之法은 以財爲父하고 以印爲母하여 以斷其
吉凶하면 十有九驗이나 然看歲月爲緊하니 歲氣有益于月令
者와 及歲月不傷夫喜神者엔 父母必昌하며 歲月財氣斷喪於
時干者엔 先剋父요 歲月印氣斷喪於時支者엔 先剋母하니
又須活看其局中之大勢요 不可專論財印이라 中間有隱露其
興亡之機하여 而不必在於財印者니 與財生印生之神과 而損
益舒配得所 및 及陰陽多寡之論에 無有不驗이니라

자평의 법은 재를 父로 간주하고 인수를 母로 간주하여 그 길
흉을 판단하면 십 중 구는 증명이 되지만, 그러나 年과 月을 보

는 것을 긴요하게 여겨야 하니, 년의 氣가 월령에 유익한 경우
와 年과 月이 희신을 손상하지 않는 경우에는 부모가 반드시 번
창하며, 年과 月의 財氣가 時干에게 손상되는 경우에는 父를 먼
저 극해하고, 年과 月의 印氣가 時支에게 손상되는 경우에는 母
를 먼저 극해하는데, 다시 또 반드시 사주 원국 가운데의 대세
를 활용하여 보아야 하고 오로지 財와 印만을 논해서는 안 된
다. 원국 중간에 그 흥망의 기틀을 숨기거나 드러냄이 있어서
반드시 재와 인수에만 있는 것이 아니므로, 재가 생하는 神이나
인수가 생하는 神과 함께 손익 관계와 배합 관계와 알맞은 자리
를 얻는 것 및 음양의 많고 적음에 대한 논리에서 증험되지 않
음이 없는 것이다.

【任注】父母者, 生身之根本, 是以歲月所關. 知其興
替之不一, 可謂正理不易之法也. 原注竟以財印分屬父
母, 又論剋父剋母之說, 茫無把握, 仍惑於俗書之謬也.
夫父母豈可以剋字加之? 當更定喪親刑妻剋子爲至理.

부모는 身을 생하는 뿌리이므로 이 때문에 年과 月에 관
계되는 바이니, 그 뿌리의 흥하고 쇠함이 한결같지 않음을
아는 것이 바른 이치이며 변치 않는 법이라고 말할 수 있
는데, 원주에서 도리어 재와 인을 부와 모에 나누어 배속
하고 또 부를 극하고 모를 극한다고 논한 말은 분명치 않

아서 파악할 수 없으니, 마침내 속서의 오류에 미혹된 것이다. 무릇 부모에게 어찌 극해한다는 글자를 가할 수 있겠는가? 마땅히 부모를 잃고 처를 형극하고 자식을 극해하는 것으로 고쳐서 정하는 것이 지당한 이치가 될 것이다.

如年月官印相生, 日時財傷不犯, 則上叨蔭庇, 下受兒榮. 年月官印相生, 日時刑傷沖犯, 則破蕩祖業, 敗壞門風. 年官月印, 月官年印, 祖上淸高. 日主喜官, 時日逢財, 日主喜印, 時日逢官, 必勝祖强宗. 日主喜官, 時日逢傷, 日主喜印, 時日逢財, 必敗祖辱宗.

예컨대 年月의 官과 印이 상생하고 日時의 財와 傷이 침범하지 않으면, 위로는 조상의 음덕을 입고 아래로는 자손의 영화를 누리며, 年月의 官과 印이 상생하더라도 日時의 형상충을 당하면 조업을 탕진하고 가문의 풍속을 파괴한다. 年이 官이고 月이 印이거나, 月이 官이고 年이 印이면 조상이 청아하고 고상하며, 일주가 官을 좋아할 때 時나 日에 財를 만나거나, 일주가 印을 좋아할 때 時나 日에 官을 만나면 반드시 조업을 뛰어나게 잇고 종족을 강하게 하며, 일주가 官을 좋아할 때 時나 日에 傷을 만나거나, 일주가 印을 좋아할 때 時나 日에 財를 만나면 반드시 조업을 무너뜨리고 종족을 욕되게 한다.

年財月印, 日主喜印, 時日逢官印者, 知其幫父興家.
年傷月印, 日主喜印, 時日逢官者, 知其父母創業. 年印
月財, 日主喜印, 時上遇官者, 知其父母破敗. 時日逢印
者, 知其自創成家. 年官月印, 日主喜官, 時日逢財, 出
身富貴, 守成之造. 年傷月刦, 年印月刦, 日主喜財, 時
日逢財或傷者, 出身寒窘, 創業之命. 年刦月財, 日主喜
財, 遺緖豊盈, 日主喜刦, 淸高貧寒. 年官月傷, 日主喜
官, 時日逢官, 必跨竈, 時日遇刦, 必破敗. 總之財官印
綬, 在于年月, 爲日主之喜, 父母不貴亦富. 爲日主之
忌, 不貧亦賤, 宜詳察之.

年이 財이고 月이 印이며 일주가 印을 좋아할 때 時나
日에서 官이나 印을 만나면 그가 父를 도와 집안을 일으켰
음을 알 수 있으며, 年이 傷이고 月이 印이며 일주가 印을
좋아할 때 時나 日에서 官을 만나면 그의 부모가 창업했음
을 알 수 있으며, 年이 印이고 月이 財이며 일주가 印을
좋아할 때 時上에 官을 만나면 그의 부모가 가업을 무너뜨
렸음을 알 수 있으며, 時나 日에 印을 만나면 그가 스스로

창업하고 집안을 일으켰음을 알 수 있으며, 年이 官이고 月이 印이며 일주가 官을 좋아할 때 時나 日에 財를 만나면 부귀한 가문에 태어나 이루어 놓은 것을 지키는 명조이며, 年이 傷이고 月이 刦이거나, 年이 印이고 月이 刦이며 일주가 財를 좋아할 때 時나 日에서 財나 傷을 만나면 빈한하고 군색한 가문에 태어나 스스로 창업하는 명조이다. 年이 刦이고 月이 財일 때 일주가 財를 좋아하면 유업이 풍부하지만, 일주가 劫을 좋아하면 청아하고 고상하나 빈한하다. 年이 官이고 月이 傷이며 일주가 官을 좋아할 때 時나 日에 官을 만나면 반드시 아들이 아버지보다 뛰어나지만, 時나 日에 刦을 만나면 반드시 조업을 무너뜨린다. 이상을 총괄하여 논하면 財·官·印綬가 年이나 月에 있고 일주의 희신이 되면 부모가 귀하지 않으면 부유하고, 일주의 기신이 되면 가난하지 않으면 천한 것이니 마땅히 이것을 자세히 살펴야 한다.

己　丙　乙　癸
丑　子　丑　卯
己　庚　辛　壬　癸　甲
未　申　酉　戌　亥　子

此造, 官印透而得祿, 財星藏而歸庫, 格局未嘗不美.
所嫌者, 丑時傷官肆逞, 官星退氣, 日主衰弱, 全賴乙木
生火而衛官. 年月官印相生, 亦出身官家, 至亥運入泮.
壬戌水不通根, 破耗異常, 加捐出任,[2] 不守清規. 至酉
運, 財星壞印, 竟伏國刑.

이 사주는 官과 印이 투출하고 녹을 만났으며, 재성이
암장되어 庫에 들어갔으니 격국이 아름답지 않은 것이 아
닌데, 꺼리는 것은 丑時상관이 멋대로 기세를 부리고 관성
은 퇴기에 해당하며 일주는 쇠약한 것이니 온전히 乙木이
火를 생하고 官을 호위하는 데에 의지하게 된다. 年月의
官印이 상생하니 역시 관가[3]에 태어나서 亥운에 학교에
들어갔으며, 壬戌운에는 水가 통근하지 못하여 파모가 보
통과 달랐고, 재물을 바치고 벼슬에 나아갔으나 청렴한 법
규를 지키지 못했으며, 酉운에 이르러 재성이 인수를 파괴
하니 마침내 국형을 받았다.

---

2) 任은 仕가 되어야 함.
3) 관가(官家): 벼슬하는 집안.

丙　戊　丁　乙
　辰　午　亥　卯
辛　壬　癸　甲　乙　丙
巳　午　未　申　酉　戌

　戊土生于孟冬, 財星臨旺, 官印雙清坐祿, 日元臨旺逢
生, 四柱純粹可觀. 五行生化有情, 喜用皆有精神, 所以
行運不能破局. 身出官家, 連登科甲, 生五子皆登仕籍, 富
貴福壽之造也.

　戊土가 맹동에 생하고 재성이 왕지에 임하며, 官과 印이
모두 청하고 녹에 앉으며, 日元이 왕지에 임하여 生을 만
나니 사주의 순수함이 볼만하다. 오행이 생화 유정하고 희
신과 용신이 모두 精과 神이 있으므로 이 때문에 행운이
원국을 파괴하지 못하니, 관가에 태어나 연달아 과거에 오
르고 다섯 아들을 낳아서 모두 관리의 명부에 이름을 올렸
으니 부귀(富貴)와 복수(福壽)를 누린 명조이다.

```
戊 戊 辛 丁
午 子 亥 巳
乙 丙 丁 戊 己 庚
巳 午 未 申 酉 戌
```

此造, 柱中三火二土, 似乎旺相, 不知亥子當權, 沖壞
印綬, 天干火土虛脫. 其祖上大富, 至父輩破敗. 兼之初
運西方金地, 生助旺水, 半生轉連不遇. 及交丁未, 運轉
南方, 接連丙午二十年, 大逐經營之願, 發財十餘萬.

이 사주는 柱 중에 火가 셋, 土가 둘이므로 왕상인 듯하
지만 亥子가 당권하고 인수를 충괴하여 천간의 火土가 극
도로 쇠약함을 모른 것이니, 그의 조상은 크게 부유했으나
父대에 이르러 가업이 무너졌으며, 겸하여 초운이 西方 金
地이므로 旺水를 생조하여 반평생 동안 어려움을 겪고 때
를 만나지 못했는데, 丁未운으로 바뀌어 운이 南方으로 옮
기고 丙午에 이어지는 이십 년 동안 경영의 소원을 크게
이루어 십여만 금의 재산을 모았다.

癸　丙　辛　乙

巳　辰　巳　亥

乙　丙　丁　戊　己　庚

亥　子　丑　寅　卯　辰

此造, 支逢兩祿乘權, 年干印透通根. 凡推命者, 作旺論用以財星, 斷其名利收雙. 然丙火生于孟夏, 火氣方進, 年干印綬, 被月干財星所壞, 巳亥逢沖, 破祿去火, 則金水反得生扶, 木火失勢矣. 又坐下辰土, 竊去命主元神, 時干癸水蓋頭, 巳火亦傷, 必作弱推, 用以巳火. 初運東方木土, 出身遺業豐厚, 丙子火不通根, 官星得地, 定多破耗. 丑運生金洩火, 刑剋異常, 家業十去八九, 夫婦皆亡.

이 사주는 지지에 양 녹을 만나 권세를 잡았으며, 年干에 인수가 통근했으니, 대체로 命을 추리하는 자들이 旺으로 간주하여 논하고 재성을 써서 명리를 모두 거둔다고 판단하는데, 丙火가 맹하에 생하여 火氣가 이제 막 나아가지만 年干의 인수는 月干의 재성에게 파괴당하고 巳亥가 충을 만나 녹을 파괴하고 火를 제거하니 金水가 도리어 생부를 만나고 木火는 세력을 잃었으며, 또 좌하의 辰土는 命

主의 원신을 훔쳐가고 時干의 癸水가 머리를 덮어 巳火 역시 손상되니 반드시 약(弱)으로 간주하여 헤아리고 巳火를 써야 한다. 초운은 東方 木土이니 유업이 풍후한 집안 출신이나, 丙子운에는 火가 통근하지 못하고 官星이 자리를 만나니 틀림없이 파모가 많았으며, 丑운에는 金을 생하고 火를 누설시키니 형극이 보통과 달랐고, 가업의 십 중 팔구를 잃었으며 부부가 모두 사망하였다.

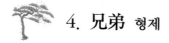

4. 兄弟 형제

兄弟誰廢與誰興고 提用財神看重輕이니라

형제 중에 누가 쇠하고 누가 흥하는가? 提(제강)·
用·財의 神을 비교하여 그 경중을 보아야 한다.

[原注] 敗財比肩羊刃이 皆兄弟也니 要在提綱之神하여 與
財神喜神較其重輕하니 財官弱이요 三者顯其攘奪之迹이면
兄弟必强하고 財官旺이요 三者出其助主之功이면 兄弟必美
하며 身與財官兩平이요 而三者伏而不出이면 兄弟必貴하고
比肩重이요 而傷官財殺亦旺者면 兄弟必富하며 身弱而三者
不顯이요 有印이면 而兄弟必多하고 身旺而三者又顯이요
無官이면 而兄弟必衰니라

패재(겁재)와 비견과 양인은 모두 형제인데, 근본은 제강의
神에 있으므로 재신, 희신과 함께 그 경중을 비교해야 하니, 재

관이 약할 때 세 가지가 그 빼앗는 자취를 드러내면 형제가 반드시 강하고, 재관이 왕할 때 세 가지가 일주를 돕는 공을 드러내면 형제가 반드시 아름다우며, 일주와 재관의 세력이 평등할 때 세 가지가 은복하여 드러나지 않으면 형제가 반드시 귀하고, 비견이 중하고 상관·財·殺 역시 왕하면 형제가 반드시 부유하며, 일주가 약할 때 세 가지가 드러나지 않고 인수가 있으면 형제가 반드시 많고, 일주가 왕할 때 세 가지가 또 드러나고 官이 없으면 형제가 반드시 쇠한다.

【任注】比肩爲兄, 敗財爲弟, 祿刃亦同此論. 如殺旺無食, 殺重無印, 得敗財合殺, 必得弟力. 殺旺食輕, 印弱逢財, 得比肩敵殺, 必得兄力. 官輕傷重, 比刦生傷, 制殺太過, 比刦助食, 必遭兄弟之累. 財輕刦重, 印綬制傷, 不免司馬之憂.[4] 財官失勢, 刦刃肆逞, 恐有周公之慮. 財生殺黨, 比刦幫身, 大被可以同眠. 殺重無印, 主衰傷伏, 鴒原[5]能無興歎.

비견은 兄이고 패재는 弟이며 祿과 刃도 이와 같이 논한다. 가령 殺이 왕한데 食이 없거나, 殺이 중한데 印이 없을 때 패재가 殺과 합함을 이루면 반드시 弟의 힘을 얻고, 殺

---

4) 『논어』 12편 「顔淵」 5장 '司馬牛憂曰, 人皆有兄弟, 我獨亡'에서 인용.

5) 『詩經』 「小雅 常棣篇」 '脊令在原, 兄弟急難'에서 유래.

이 왕한데 食이 경미하거나 印이 약한데 財를 만났을 때 비견이 殺을 대적함을 만나면 반드시 兄의 힘을 얻으며, 官이 경미하고 傷이 중한데 비겁이 傷을 생하거나 제살이 태과한데 비겁이 食을 도우면, 반드시 형제의 누(걱정)를 만나며, 財가 경미하고 刦이 중한데 인수가 상관을 억제하면 사마우의 근심[6]을 면치 못하며, 財官이 세력을 잃고 刦刃이 기세를 펼치면 주공의 우려[7]가 있을까 두려우며, 財가 殺을 생하여 무리를 이루는데 비겁이 일주를 도우면 큰 이불을 덮고 형제가 함께 잘잘 수 있으며, 殺이 중하고 인수가 없으며 일주가 쇠한데 상관이 은복되면 할미새를 도와야[8] 탄식을 일으킴이 없게 될 것이다.

　殺旺印伏, 比肩無氣, 弟雖敬而兄必衰. 官旺印輕, 財星得氣, 兄雖愛而弟無成. 日主雖衰, 印旺月提, 兄弟成群. 身旺逢梟, 刦重無官, 獨自主持. 財輕刦重, 食傷化刦, 可無斗粟尺布之謠.[9] 財輕遇刦, 官星明顯, 不作煮豆燃萁[10]之詠. 梟比重逢, 財輕殺伏, 未免折翎之悲啼.

---

6) 사마우의 근심 : 형제에 대한 근심.
7) 주공의 우려 : 형제의 배반을 걱정하는 마음.
8) 할미새를 도와야 : 비겁의 도움이 있어야.
9) 사마천 『사기』「淮南衡山傳」'一尺布尚可縫, 一斗粟尚可舂 兄弟二人不能相容'에서 유래.

主衰有印, 財星逢刦, 反許棠棣[11]**之競秀. 不論提綱之喜忌, 全憑日主之愛憎, 審察宜精, 斷無不驗.**

　殺이 왕하고 인수가 은복되며 비견이 無氣하면 弟가 비록 공경해도 兄이 반드시 쇠하며, 官이 왕하고 인수가 가벼우며 재성이 氣를 얻으면 兄이 비록 사랑해도 弟는 이루어짐이 없으며, 일주가 비록 쇠하더라도 인수가 왕하고 月에서 이끌어 주면 형제가 무리를 이루며, 일주가 왕한데 효신을 만나고 비겁이 중한데 官이 없으면 독자적으로 주관해야 하며, 財가 경미하고 비겁이 중할 때 식상이 비겁을 인화하면 두속척포의 노래[12]가 없게 될 것이며, 財가 경미하고 겁재를 만났을 때 관성이 분명하게 드러나면 자두연기의 시[13]를 읊지 않을 것이며, 효신과 비겁을 거듭 만나고 財가 경미하고 殺이 은복되면 날개를 꺾이고 슬피 우는 것[14]을 면치 못하며, 일주가 쇠하고 인수가 있는데 재성이 비겁을 만나면 도리어 형제가 서로 빼어나기를 다투는 것이니, 제강의 喜와 忌를 논하지 않고 완전히 일주의 愛와 憎에 의지하여, 알맞은 본질을 자세히 살피면 판

---

10) 煮豆燃萁의 萁는 其가 되어야 함.

11) 『詩經』 「小雅 常棣篇」에서 유래함.

12) 두속척포의 노래 : 형제 불화의 노래.

13) 자두연기의 시 : 형제가 서로 다툼.

14) 날개를 꺾이고 슬피 우는 것 : 형제를 잃음.

단에 증명되지 않음이 없을 것이다.

丁　丙　壬　丁

酉　子　寅　亥

丙 丁 戊 己 庚 辛

申 酉 戌 亥 子 丑

丙火生于春初, 謂相火有焰, 不作旺論. 月干壬水, 通根亥子, 殺旺無制. 喜其丁壬寅亥合而化印, 以難爲恩. 時支財星, 生官壞印, 又得丁火蓋頭, 使其不能剋木. 所以同胞七人, 皆就書香, 而且兄愛弟敬.

丙火가 초춘에 생하니 火를 도와 불꽃이 있다고 하겠으나 旺으로 논하지 않는다. 月干 壬水가 亥子에 통근하여 殺은 왕하고 제압이 없는데 기쁘게도 丁壬과 寅亥가 합하여 인수로 화하여 환난을 은혜로 만들었으며, 時支의 재성이 官을 생하고 인수를 파괴하려 하지만 다시 또 丁火에게 머리를 덮여 木을 극하지 못하게 하니, 이 때문에 같은 어머니에서 태어난 7형제가 모두 학문에 나아가고 또 형제의 우애가 돈독하였다.

庚　丙　戊　癸

寅　午　午　巳

壬　癸　甲　乙　丙　丁

子　丑　寅　卯　辰　巳

此造羊刃當權，又逢生旺．更可嫌者，戊癸合而化火，財爲衆刦所奪．兄弟六人，皆不成器，遭累不堪．余造年月日皆同，換一壬辰時，弱殺不能相制，亦有六弟，得力者早亡，其餘皆不肖，以致拖累破家．摠之刦刃太旺，財官無氣，兄弟反少，縱有，不如無也．然官殺太旺亦傷殘，必須身財並旺，官印通根，可敦友愛之情．

이 사주는 양인이 권세를 잡고 또 생왕을 만났는데, 다시 또 혐오할 만한 것은 戊癸가 합하고 火로 화하여 財가 여러 비겁에게 겁탈당하는 것이니, 형제 여섯 명이 모두 그릇을 이루지 못하고 우환을 만나 견디기 어려웠다. 내(임철초) 사주와 年月日이 모두 같고 壬辰時 하나만 바뀌었는데 약한 殺로는 상대를 제압할 수 없으므로, 나 역시 여섯 아우가 있었으나 능력이 있는 자는 일찍 죽고 그 나머지는 모두 어리석어서 근심거리를 끌어들여 집안을 망치기에 이르렀다. 총괄하여 논하자면 刦과 刃이 태왕하고

財官이 무기하면 형제가 도리어 적으며, 비록 있더라도 없는 것만 못하다. 그러나 관살이 너무 왕해도 형제가 손상되고 쇠하는 것이니, 반드시 身과 財가 함께 왕하고 官과 印이 통근해야만 우애의 정을 돈독히 할 수 있다.

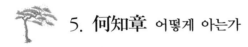

5. 何知章 어떻게 아는가

何知其人富오 財氣通門戶니라

그 사람의 富를 어떻게 아는가? 재기가 문호에 통하였다.

[原注] 財旺身强이요 官星衛財하며 忌印而財能壞印커나 喜印而財能生官하며 傷官重而財神流通커나 財神重而傷官有限하며 無財而暗成財局커나 財露而傷亦露者면 此皆財氣通門戶니 所以富也라 夫論財與論妻之法은 可相通也나 然有妻賢而財薄者하고 亦有財富而妻傷者하여 看刑沖會合하니 但財神清而身旺者는 妻美하고 財神濁而身旺者는 家富니라

재왕신강하고 관성이 재를 호위하며, 인수가 기신일 때 재가 인수를 파괴할 수 있거나, 인수가 희신일 때 재가 관을 생할 수 있으며, 상관이 중할 때 재신이 유통시키거나, 재신이 중할 때

상관의 제한함이 있으며, 재가 없을 때 암암리에 財局을 이루거나, 재가 노출되었을 때 상관도 노출된 경우에는 이것이 다 재기가 문호에 통한 것이니, 이 때문에 富한 命이 되는 것이다. 무릇 財를 논하는 법과 妻를 논하는 법은 서로 통할 수 있으나, 처는 어진데 재가 적은 경우도 있고, 또 재는 풍부한데 처가 손상되는 경우도 있으므로 형·충·회합 등을 보아야 하는데, 다만 재신이 청하고 신왕한 경우에는 처가 아름답고, 재신이 탁하고 신왕한 경우에는 집이 부유하다.

【任注】財旺身弱無官者, 必要有食傷. 身旺財旺無食傷者, 必須有官有殺. 身旺印旺食傷輕者, 財星得局. 身旺官衰印綬重者, 財星當令. 身旺刦旺, 無財印而有食傷者. 身弱財重, 無官印而有比刦者, 皆財氣通門戶也.

財旺身弱한데 官이 없는 경우에는 반드시 식상이 있어야 하고, 신왕재왕한데 식상이 없는 경우에는 반드시 官이 있거나 殺이 있어야 한다. 身旺印旺하고 식상이 경미한 경우에 재성이 局을 이루거나, 身이 왕하고 官이 쇠하고 인수가 중한 경우에 재성이 당령하거나, 身旺刦旺할 때 財와 印이 없고 식상이 있는 경우와, 身이 약하고 財가 중할 때 官과 印이 없고 비겁이 있는 경우 등은 모두 재기가 문호에 통한 것이다.

財卽是妻, 可以通論也. 若淸則妻美, 濁則家富, 其理雖正, 尙未深論之也. 如身旺有印, 官星洩氣, 四柱不見食傷, 得財星生官, 無食傷則財星亦淺, 主妻美而財薄也. 身旺無印, 官弱逢傷, 得財星化傷生官, 則亦通根, 官亦得助, 不特妻美, 而且富厚. 身旺官弱, 食傷重見, 財星不與官通, 家雖富而妻必陋也. 身旺無官, 食傷有氣, 財星不與刦連, 無印而妻財並美, 有印則財旺妻傷. 此四者宜細究之.

재가 곧 처이므로 공통으로 논할 수 있는데, 재가 청하면 처가 아름답고 재가 탁하면 집이 부유하다는 것은 그 이치는 비록 바르지만 아직 그것을 깊이 논하지 못한 것이니, 가령 신왕하고 인수가 있어서 관성이 설기될 때 사주에 식상이 보이지 않으면 재성을 만나 관을 생해야 하는 것인데 식상이 없으면 재성도 역시 미약하므로 대체로 처는 아름답더라도 재물은 적으며, 신왕하고 인수가 없으며 관이 약하고 상관을 만났을 때 재성이 상관을 인화하여 관을 생함을 이루면 재도 근원에 통하고 관도 도움을 만나니 처가 아름다울 뿐만 아니라 또한 富도 풍후하며, 신왕하고 관이 약하며 식상이 거듭 보이는데 재성이 관과 통하지 못하면 집은 부유하더라도 처는 반드시 누추하며, 신왕하고 관이 없고 식상이 유기한데 재성이 비겁과 연접하지 않았을 때, 인수가 없으면 처와 재가 모두 아름답고, 인수가 있으면 재는 왕성하나 처는 손상되는 것이니, 이 네 가지를 자세히 궁구해야 한다.

辛　壬　丙　甲

亥　寅　子　申

壬　辛　庚　己　戊　丁

午　巳　辰　卯　寅　丑

壬水生于仲冬, 羊刃當權, 年月木火無根, 日支食神沖破, 似乎平常. 然喜日寅時亥, 乃木火生地, 寅亥合, 則木火之氣愈貫. 子申會, 則食神反得生扶. 所謂財氣通門戶也, 富有百餘萬. 凡巨富之命, 財星不多, 只要生化有情, 卽是財氣通門戶. 若財臨旺地, 不宜見官, 日主失令, 必要比刦助之, 斯爲美也.

壬水가 중동에 생하여 양인이 당권했으며, 年月의 木火는 무근이고 日支의 식신은 충파되어 평상(보통)인 듯하지만, 기쁘게도 日時의 寅과 亥는 곧 木火의 生地이고, 寅과 亥가 합하여 木火의 기가 더욱 관통하며, 子와 申이 회합하여 식신이 도리어 생부를 만났으니, 이른바 재기가 문호에 통한 것이므로 부유함이 백여만 금을 소유했다. 대체로 거부의 명은 재성이 많은 것이 아니라 다만 生·化·有情해야만 곧 그것이 재기가 문호에 통하는 것이니, 만약 재가 왕지에 임하면 관을 만나지 말아야 하며, 일주가 시령을 잃으면 반드시 비겁이 일주를 도와야만 아름답게 되는 것이다.

戊　癸　丙　壬

午　亥　午　申

壬　辛　庚　己　戊　丁

子　亥　戌　酉　申　未

癸水生于仲夏, 又逢午時, 財官太旺. 喜其日元得地, 更妙年干刦坐長生, 財星有氣. 尤羨五行無木, 則水不洩而火無助, 壬水可用. 且運走西北, 金水得地, 遺緖不豐, 自創四五十萬, 一妻四妾八子.

　癸水가 중하에 생하고 다시 또 午시를 만났으니 財官이

태왕하다. 기쁘게도 일원이 자리를 만났으며, 다시 또 묘한 것은 年干의 겁재가 장생에 앉고 재성이 유기한 것인데, 더욱 부러운 것은 오행에 木이 없으니 水가 누설되지 않고 火에 생조가 없어서 壬水를 쓸 수 있는 것이다. 또 운이 西北으로 달려서 金水가 제자리를 만나니 유업은 풍부하지 않았으나 스스로 사오십만 금을 이룩했으며, 일처 사첩에 아들 여덟을 두었다.

何知其人貴오 官星有理會니라

그 사람의 貴를 어떻게 아는가? 관성이 이치에 부합함이 있다.

[原注] 官旺身旺이요 印綬衛官하며 忌刦而官能去刦커나 喜印而官能生印하며 財神旺而官星通達커나 官星旺而財神有氣하며 無官而暗成官局커나 官星藏而財神亦藏者면 此皆官星有理會니 所以貴也라 夫論官與論子之法은 可相通也나 然有子多而無官者하고 身顯而無子者하여 亦看刑沖會合하니 但官星淸而身旺者는 必貴하고 官星濁而身旺者는 必多子하며 至於得象得氣得局得格者엔 妻子富貴兩全이니라

관왕신왕하고 인수가 관을 호위하며 겁재가 기신일 때 관이

겁재를 제거할 수 있거나, 인수가 희신일 때 관이 인수를 생할 수 있으며, 재신이 왕할 때 관성이 유통시키거나, 관성이 왕할 때 재신이 기가 있으며, 관이 없을 때 암암리에 官局을 이루거나, 관성이 암장되었을 때 재신도 암장된 경우에는 이것은 다 관성이 이치에 부합함이 있으니, 이 때문에 귀한 命이 되는 것이다. 무릇 관을 논하는 법과 자식을 논하는 법은 서로 통할 수 있지만 자식은 많으나 관록이 없는 경우도 있고, 몸은 현달했으나 자식이 없는 경우도 있으므로 또한 형·충·회합 등을 보아야 하는데, 다만 관성이 청하고 일주가 왕한 경우에는 반드시 귀하고, 관성이 탁하고 일주가 왕한 경우에는 반드시 자식이 많으며, 관성이 象을 얻고 氣를 얻고 局을 이루고 격을 이룬 경우에는 처자와 부귀가 모두 온전하다.

【任注】身旺官弱, 財能生官. 官旺身弱, 官能生印. 印旺官衰, 財能壞印. 印衰官旺, 財星不現. 刦重財輕, 官能去刦. 財星壞印, 官能生印. 用官, 官藏財亦藏. 用印, 印露官亦露者. 皆官星有理會, 所以貴顯也.

身이 왕하고 官이 약할 때 재가 관을 생할 수 있으며, 官이 왕하고 身이 약할 때 관이 인수를 생할 수 있으며, 인수가 왕하고 관이 쇠약할 때 재가 인수를 파괴할 수 있으며, 인수가 쇠약하고 관이 왕할 때 재성이 나타나지 않으며, 비겁이 중하고 재가 경할 때 관이 비겁을 제거할 수 있으며, 재성이 인수를 파괴할 때 관이 인수를 생할 수 있으며, 관을 써야 할 때 관이 암장됐는데 재도 암장됐으며, 인수를 써야 할 때 인수가 노출되고 관도 노출된 경우 등은 모두 관성이 이치에 부합함이 있으므로 귀하게 현달하는 것이다.

　如身旺官旺印亦旺, 格局最淸, 而四柱食傷, 一點不混, 財星又不出現, 官星之情依乎印, 印之情依乎日主, 只生得一箇本身, 所以有官無子也. 縱使稍雜食傷, 亦被印星所剋, 子亦艱難. 如身旺官旺印弱, 食傷暗藏, 不傷官星, 不受印星所克, 自然貴而有子. 必身旺官衰, 食傷有氣, 有印而財能壞印, 無財而暗成財局, 不貴而子多必富. 如身旺官衰, 食傷旺而無財, 有子必貧. 如身弱官旺, 食傷旺而無印, 貧而無子. 或有印逢財, 亦同此論.

　가령 신왕관왕하고 인수도 왕하면 격국이 가장 청한 것인데, 사주에 식상이 한 점도 섞이지 않고 재성도 나타나지 않은 경우에는 관성의 정은 인수에게 의지하고 인수의 정은 일주에 의지하게 되니, 다만 하나의 本身만을 생할 수 있으므로 관(벼슬)은 있어도 자식이 없으며, 비록 식상이 조금 섞여 있더라도 인성에게 극을 당하므로 자식을 두기가 어렵다. 가령 身旺官旺하고 인수가 약할 때 식상이 암장되어 관성을 손상하지도 않고 인성에게 극을 당하지도 않으면 자연히 귀하게 되고 자식도 있으며, 가령 신왕하고 관이 쇠하며 식상이 유기할 경우에 인수가 있으나 재가 인수를 파괴할 수 있고, 재가 없는데도 암암리에 지지에 財局을 이루면 귀하게 되지는 않아도 자식이 많고 반드시 부유하며, 가령 신왕하고 관이 쇠할 때 식상이 왕하고 재가 없으면 자식은 있으나 반드시 가난하며, 가령 신약하고 관이 왕할 때 식상이 왕하고 인수가 없으면 가난하고 자식이 없으며, 혹 인성이 있고 재를 만나도 이와 같이 논한다.

辛　丁　癸　癸

亥　卯　亥　卯

丁　戊　己　庚　辛　壬

巳　午　未　申　酉　戌

此造官殺乘權, 原可畏也. 然喜支拱印局, 巧借栽培,
流通水勢, 官星有理會也. 第嫌初運庚申辛酉, 生殺壞印,

偃蹇功名. 己未支全印局, 干透食神, 雲程直上, 仕至尙
書. 然有其命必得其運, 如不得其運, 一介寒儒矣.

이 사주는 관살이 권세를 탔으므로 원래 두려워할 만한
데, 그러나 기쁘게도 지지가 인수국을 이루어 교묘하게 돕
고 배양하여 水의 세력을 유통시키니 관성이 이치에 부합
함이 있다. 다만 꺼리는 것은 초운 庚申·辛酉에 殺을 생
하고 인수를 파괴하여 공명을 이루기 어려운 것이다. 己未
운에는 지지가 온전히 인수국을 이루고 천간에 식신을 투
출하니 청운의 앞길이 곧바로 상승하여 벼슬이 상서에 이
르렀다. 그러나 그러한 命이 있으면 반드시 그러한 운을
만나야 하는 것이니 만일 그러한 운을 만나지 못하면 일개
빈한한 선비가 될 뿐이다.

壬　丙　丁　癸

辰　午　巳　酉

辛　壬　癸　甲　乙　丙

亥　子　丑　寅　卯　辰

丙火生于孟夏, 坐祿臨旺. 喜其巳酉拱金, 財生官, 官
制刼, 更妙時透壬水, 助起官星, 以成旣濟. 三旬外運走

**北方水地, 登科發甲, 名利雙輝, 勿以官殺混雜爲嫌也.
身旺者, 必要官殺混雜而發也.**

丙火가 맹하에 생하여 녹에 앉고 旺에 임하였는데, 기쁘
게도 巳酉가 金局을 이루어 재가 관을 생하고 관이 비겁을
제압하며, 다시 묘하게도 時에 壬水가 투출하여 관성을 도
우니 기제를 이루었다. 삼십이 지나 운이 北方 水地로 달
리자 과거에 수석으로 급제하여 명리가 모두 빛났으니, 관
살 혼잡을 꺼리는 것으로 여기지 말아야 하며, 身旺한 경
우에는 관살 혼잡을 필요로 하여 발달하기도 한다.

己　辛　丙　甲

丑　酉　寅　午

壬　辛　庚　己　戊　丁

申　未　午　巳　辰　卯

此造財臨旺地, 官遇長生, 日主坐祿, 印綬通根, 天干
四字, 地支皆臨祿旺, 五行無水, 清而純粹. 春金雖弱,
喜其時印通根得用. 庚運幫身, 癸酉年登科. 午運殺旺,
病晦刑喪. 辛運己卯年, 發甲入詞林. 後運金水幫身, 仕
路未可限量也.

이 사주는 재가 왕지에 임하고 관은 장생을 만났으며, 일주는 녹에 앉고 인수는 통근하여 천간의 네 글자가 지지에서 모두 녹왕에 임하고, 오행 중에 水가 없어서 맑고 순수한데, 봄에 태어난 金으로 비록 약하지만 기쁘게도 時의 인수가 통근했으므로 쓸 수 있다. 庚운에는 身을 도우니 癸酉年에 등과하였고, 午운에는 殺이 왕하니 질병과 형상이 있었으며, 辛운 己卯년에 과거에 급제하여 사림(한림원)에 들어갔으며, 그 후의 운은 金水가 身을 도우니 벼슬길을 한량할 수 없다.

甲　庚　辛　乙

申　辰　巳　巳

乙　丙　丁　戊　己　庚

亥　子　丑　寅　卯　辰

庚金生于立夏前五日, 土當令, 火未司權, 庚金之生坐實, 且辰支申時, 生扶並旺, 身强殺淺. 嫌其財露無根逢刼, 所以出身貧寒. 一交丁運, 官星元神發露, 戊寅己卯兩年, 財星得地, 喜用齊來, 科甲聯登, 又入詞林. 書云, 以殺化權, 定顯寒門貴客, 此之謂也.

庚金이 입하 5일 전에 생하니 土가 당령하고 火는 아직 권세를 맡지 못했으므로 庚金의 태어난 자리가 실하고 또 辰일과 申시가 생부하여 함께 왕하니 身은 강하고 殺은 약하다. 財가 노출하여 뿌리가 없고 겁재를 만난 것을 꺼리므로 빈한한 집안에 태어났다. 丁운으로 바뀌자 관성의 원신이 드러나고 戊寅·己卯 양 년에 재성이 자리를 만나 희신 용신이 함께 오자 과거에 올랐고, 또 사림(한림원)에 들어갔으니, 書에 '殺을 權(권세)으로 변화하면, 반드시 빈한한 집안에 귀한 사람이 나온다'고 한 것은 이것을 말한 것이다.

何知其人貧고 財神反不眞이니라

그 사람의 가난함을 어떻게 아는가? 財神이 도리어 참되지 않다.

[原注] 財神不眞者는 不但洩氣被劫也라 傷輕財重氣淺커나 財輕官重財氣洩커나 傷重印輕身弱커나 財重劫輕身弱이면 皆爲財神不眞也며 中有一味淸氣면 則不賤이니라

재신이 참되지 않다는 것은 설기되거나 비겁에게 손상되는 것뿐만 아니라, 상관이 경한데 재가 중하여 그 財氣가 얕거나,

재가 경한데 관이 중하여 재기가 누설되거나, 상관이 중하고 인수가 가벼워 신약하거나, 재가 중하고 비겁이 가벼워 신약한 경우에는 모두 재신이 참되지 않은 것에 속하며, 그중에 한결같은 청기가 있으면 가난해도 천하지는 않다.

【任注】財神不眞者有九, 如財重而食傷多者, 一不眞也. 財輕喜食傷而印旺者, 二不眞也. 財輕刦重, 食傷不現, 三不眞也. 財多喜刦, 官星制刦, 四不眞也. 喜印而財星壞印, 五不眞也. 忌印而財星生官, 六不眞也. 喜財而財合閑神而化者, 七不眞也. 忌財而財合閑神化財者, 八不眞也. 官殺旺而喜印, 財星得局者, 九不眞也. 此九者, 財神不眞之正理也.

재신이 참되지 않은 경우는 아홉 가지가 있으니, 예컨대 재가 중한데 식상이 많은 것이 첫 번째 不眞이며, 재가 경하여 식상을 좋아하는데 인수가 왕한 것이 두 번째 부진이며, 재가 경하고 비겁이 중한데 식상이 나타나지 않은 것이 세 번째 부진이며, 재가 많아 비겁을 좋아하는데 관성이 비겁을 제압하는 것이 네 번째 부진이며, 인수를 좋아하는데 재성이 인수를 파괴하는 것이 다섯 번째 부진이며, 인수를 꺼리는데 재성이 관을 생하는 것이 여섯 번째 부진이며, 재를 기뻐하는데 재가 한신과 합하여 변화하는 것이 일곱 번째 부진이며, 재를 꺼리는데 재가 한신과 합하여 재로 변화하는 것이 여덟 번째 부진이며, 관살이 왕하여 인수를 좋아하는데 재성이 국을 이루는 것이 아홉 번째 부진인데, 이 아홉 가지는 財神이 참되지 않은 바른 논리이다.

然貧者多而富者少, 故貧有幾等之貧, 富有幾等之富, 不可概定. 有貧而貴者, 有貧而正者, 有貧而賤者, 宜分辨之. 如財輕官衰, 逢食傷而見印綬者, 或喜印, 財星壞印, 得官星解者, 此貴而貧也. 官殺旺而身弱, 財星生助官殺, 有印則一衿易得, 無印則老於儒冠, 此淸貧之格, 所爲皆正也. 財多而心志必欲貪之, 官旺而心事必欲求之, 非合而合, 不從而從, 合之不化, 從之不眞, 此等之命, 見富貴而生諂容, 遇財利而忘恩義, 謂貧而賤也. 卽僥倖致富, 亦不足貴也.

그러나 가난한 자는 많고 부유한 자는 적으며, 반드시 가난에도 몇 등급의 가난함이 있고, 富에도 몇 등급의 부유함이 있으므로 개괄적으로 정해서는 안 되며, 가난하지만 귀한 경우도 있고, 가난하지만 바르게 사는 경우도 있으며, 가난하면서 천한 경우도 있으므로 마땅히 이러한 것을 분별해야 하니, 가령 재가 경하고 관이 쇠할 때 식상을 만나거나, 인수를 만나는 경우와 혹은 인수를 좋아하는데 재성이 인수를 파괴할 때 관성을 만나 해결되는 경우에는 귀하지만 가난하며, 관살이 왕하고 身이 약한데 재성이 관살을 생조할 경우에 인수가 있으면 한 가지 뜻을 이루기가 쉬우나, 인수가 없으면 유자의 관에서 늙을 것이니,[15] 이것은 청빈한 격으로 행하는 바는 모두 올바르며, 재가 많으면 마음과 뜻이 반드시 무엇(財)을 탐내려 하고, 관이 왕하면 마음과 하는 일이 반드시 무엇(官)을 구하려 하며, 합이 아닌데도 합이 되고 從하지 않는데도 從이 되며, 합이 되어도 化하지 않고 從이 되어도 참되지 않으면, 이러한 命은 부귀한 자를 만나면 아첨하는 모습을 나타내고, 재리를 만나면 은혜와 의리를 잊으니 이른바 가난하면서 천한 경우이므로, 혹 요행으로 富를 이루더라도 귀하게 될 수 없다.

凡敗業破家之命, 初看似乎佳美, 非財官雙美, 即干支雙淸, 非殺印相生, 即財臨旺地. 不知財官雖可養命榮身, 必先要日主旺相, 方能任其財官. 若太過不及, 皆爲

---

15) 유자의 관에서 늙을 것이니: 책만 읽고 성공 못 한다는 뜻.

不眞, 能散能耗, 則有之, 終不能致富貴也. 此等格局最
多, 難以枚擧, 宜細究之.

　무릇 사업에 실패하고 집안을 무너뜨리는 命은 처음 보
기에는 아름다운 듯하지만, 재관이 둘 다 아름다운 것이
아니면 干支가 쌍청한 것이거나, 殺과 印이 상생하는 것이
아니면 재가 왕지에 임한 경우인데, 재관이 비록 命을 기
르고 身을 영화롭게 하지만 반드시 먼저 일주가 왕상이라
야 비로소 그 재관을 감당할 수 있음을 알지 못한 것이다.
만약 태과 불급하면 모두 참되지 않음이 되어 흩어지고 없
어질 수 있을 것이니, 그렇다면 그러한 것(財官)이 있더라
도 마침내 부귀에 이를 수 없는 것이다. 이러한 격국은 매
우 많아서 낱낱이 들기가 어려우니, 이러한 것을 자세히
연구해야 한다.

　　　　辛　戊　戊　壬

　　　　酉　戌　申　子

　　甲 癸 壬 辛 庚 己

　　寅 丑 子 亥 戌 酉

戊土生于孟秋, 支類西方, 秀氣流行, 格局本佳, 出身

大富. 所嫌者, 年干壬水通根會局, 則財星反不眞矣. 兼
之運走西北金水之地, 所以輕財重義, 耗散異常. 惟戊運
入泮得子. 辛亥壬子貧乏不堪.

戊土가 맹추에 생하고 지지의 무리가 西方이니, 수기가
유행하여 격국이 본래 아름다우므로 크게 부유한 집안 출
신이다. 꺼리는 것은 年干의 壬水가 會局에 통근하니 재성
이 도리어 참되지 못한 것인데, 겸하여 운이 西北 金水의
자리로 달리니, 이 때문에 재물을 가볍게 여기고 의리를
중하게 여겨서 재물의 소모와 흩어짐이 보통과 달랐다. 戊
운에는 학교에 들어가고 자식을 얻었으나, 辛亥・壬子운에
는 빈핍함을 견디기 어려웠다.

己 丁 甲 癸

酉 巳 寅 卯

戊 己 庚 辛 壬 癸

申 酉 戌 亥 子 丑

此造財藏殺露, 殺印相生, 又聯珠相生, 似乎貴格, 所以
祖業二十餘萬. 不知年干之殺無根, 其菁華盡被印綬竊去,
不用癸水明矣. 必用酉金之財, 蓋頭覆之以土, 似乎有情.

但木旺土虛, 相火逢生, 則巳酉不會, 財不眞矣. 一交壬子, 洩金生木, 一敗如灰. 至亥運, 印遇長生, 竟遭餓死.

이 사주는 財가 암장되고 殺이 노출하여 殺과 印이 상생하며 다시 또 구슬을 꿴 듯 상생하여 귀격인 듯하니, 이 때문에 조업이 이십여 만이라 하지만, 年干의 殺이 무근이고 그 순수하고 화려함을 모두 인수에게 훔쳐감을 당하여 癸水를 쓰지 못함이 분명함을 알지 못한 것이며, 반드시 酉金의 재를 써야 하는데 머리에 土로써 덮고 있어서 유정한 듯하지만, 다만 木은 왕하고 土는 허한데 상화(巳)가 生을 만났으니, 巳와 酉가 회합하지 못하므로 財가 참되지 못한 것이다. 한번 壬子운으로 바뀌어 金을 설하고 木을 생하니 한번 패하여 잿더미처럼 되었으며, 亥운에 이르러 인수가 장생을 만나니 마침내 굶어 죽었다.

庚　丙　壬　庚

寅　寅　午　午

戊　丁　丙　乙　甲　癸

子　亥　戌　酉　申　未

此夏火逢金, 財滋弱殺, 兩支不雜, 殺刃神淸, 定然名利雙輝. 不知地支木火, 不載金水, 杯水車薪, 不但不能制火, 反洩財星之氣. 夏月庚金敗絕, 財之不眞可知矣. 早運癸未甲申乙酉, 土金之地, 豊衣足食. 一交丙戌, 支全火局, 刑妻剋子, 破耗異常, 數萬家業, 盡付東流. 丁亥合壬寅而化木, 孤苦不堪而死.

이 사주는 여름에 태어난 火가 金을 만나서 財가 약한 殺을 자양하고 두 지지가 혼잡되지 않아 殺과 양인의 神이 청하므로, 틀림없이 명리가 모두 빛날 듯하지만, 지지가 木火로써 金水를 실어주지 않아 한 잔의 물로 한 수레나무의 불을 끄는 것과 같아서 火를 제압할 수 없을 뿐 아니라, 도리어 재성의 기를 누설시키고 있음을 알지 못한 것이며, 하월의 庚金은 패절지이므로 재성이 참되지 않음을 알 수 있다. 초운 癸未·甲申·乙酉는 土金의 자리이므로 의식이 풍족했으나, 丙戌운으로 바뀌자 지지가 火局을 갖추니 처자를 극해하고 파모가 보통과 달라 수만금의 가업이 모두 사라졌으며, 丁亥운에는 壬寅과 합하여 木으로 化하니 외롭고 괴로움을 견디지 못하여 죽었다.

壬　庚　乙　乙
午　寅　酉　卯
己　庚　辛　壬　癸　甲
卯　辰　巳　午　未　申

秋金乘令, 財官並旺, 食神吐秀, 大象觀之, 富貴之命.
第財星太重, 官星拱局, 日主反弱, 不任其財官, 全賴刦
刃扶身, 被卯沖午剋. 時干壬水, 不能尅火, 反洩日元之
氣, 則財星不眞矣. 初運甲申祿旺, 早年入泮, 其後運走
南方, 貧乏不堪.

가을의 金으로 시령을 탔으며 재와 관이 함께 왕하고 식
신이 빼어남을 보이니 대체적으로 보기에는 부귀의 命인
듯하나, 다만 재성이 너무 중하고 관성이 국을 이루니 일
주는 도리어 약하고 그 재관을 감당하지 못하므로 완전히
겁재와 양인의 도움에 의지해야 하는데, 卯의 충과 午의
극을 당하고 있으며, 時干의 壬水는 火를 극하지 못하고
도리어 日元의 氣를 누설시키니 재성이 참되지 못한 것이
다. 초운 甲申은 녹왕지이므로 일찍 학교에 들어갔으나,
그 후에는 운이 南方으로 달리니 빈핍을 견디기 어려웠다.

庚　癸　丙　辛

申　巳　申　丑

庚　辛　壬　癸　甲　乙

寅　卯　辰　巳　午　未

此財星坐祿, 一殺獨清, 似乎佳美. 所嫌者, 印星太重, 丑土生金洩火, 丙辛合而化水, 以財爲刦, 申又合巳, 則財更不眞. 初運乙未甲午, 木火並旺, 祖業頗豐. 一交癸巳, 皆從申合, 一敗如灰, 竟爲乞丐.

　이 사주는 재성이 지지에 녹을 두고 하나의 殺이 홀로 청하므로 아름다운 듯한데, 꺼리는 것은 인성이 너무 중하고 丑土가 金을 생하고 火를 누설하며, 丙辛이 합하여 水가 되어 재를 비겁으로 만들며, 申이 또 巳와 합하는 것이니, 그렇다면 재가 더욱 참되지 못한 것이다. 초운 乙未·甲午에는 木火가 함께 왕하여 조업이 제법 풍족했으나, 한번 癸巳로 바뀌어 모두 申을 따라 합하니 한 번의 실패로 잿더미처럼 되자 마침내 걸인이 되었다.

乙 丁 乙 庚

巳 丑 酉 辰

辛 庚 己 戊 丁 丙

卯 寅 丑 子 亥 戌

丁火日元, 時逢旺地, 兩印生身, 火焰金疊, 似乎富格. 不知月干乙木, 從庚而化, 支會金局, 四柱皆財, 反不眞矣. 祖業亦豐, 初運丙戌丁亥, 比刦幫身, 財喜如心. 戊子己丑, 生金晦火, 財散人離, 竟凍餓而死.

丁火 일원이 時에 왕지를 만나고 두 인수가 일주를 생하니 불꽃이 일고 金이 중첩되어 富격인 듯하나, 月干 乙木이 庚을 따라 화하고 지지가 金局을 이루어 사주가 모두 財가 되어 도리어 참되지 못함을 모르기 때문이다. 조업도 풍족하였고 초운 丙戌·丁亥에는 비겁이 일주를 도우니 재물의 기쁨이 마음과 같았으나, 戊子·己丑운에는 金을 생하고 火를 어둡게 하여 재물이 흩어지고 사람이 떠나자 마침내 얼고 굶주려서 죽었다.

何知其人賤고 官星還不見이니라

그 사람의 천함을 어떻게 아는가? 관성이 도리어

드러나지 않는다.

[原注] 官星不見者는 不但失令被傷也라 身輕官重커나 官輕印重커나 財重無官커나 官重無印者는 皆是官星不見也라 中有一味濁財라도 則不貧하니 至于用神無力而忌神太過하여 敵而不受降커나 助旺欺弱하여 主從失宜에 歲運不輔者하여는 旣貧且賤이니라

관성이 드러나지 않는다는 것은 시령을 놓치거나 손상당한 것뿐만 아니라 身이 경할 때 官이 중하거나, 官이 경할 때 인수가 중하거나, 財가 중할 때 官이 없거나, 官이 중할 때 인수가 없는 것은 모두 관성이 드러나지 않은 경우이다. 원국 중에 하나의 탁한 財만 있어도 가난하지 않은데, 용신이 무력하고 기신이 태과하여 상대방에게 항복을 받지 못하거나, 왕한 것을 돕고 약한 것을 업신여겨서 주된 것과 종속된 것이 마땅함을 잃었을 때 세운에서 돕지 않는 경우에 이르러서는 모두 가난하고 천한 것이다.

【任注】 此段原注太略. 然富貴之中, 未嘗無賤, 貧賤之中, 未嘗無貴. 所以賤之一字, 不易知也. 如身弱官旺, 不用印綬化之, 反以傷官强制. 如身弱印輕, 不以官星生印，反以財星壞印．如財重身輕，不以比劫幫身，反忌比劫奪財．合此格者，忘却聖賢明訓，不思祖父積德，以致災生不測，殃及子孫．

이 분단에는 원주가 너무 간략한데, 곧 부귀한 가운데에도 천함이 없지 않으며, 빈천한 가운데에도 귀함이 없지 않은 것이니, 이 때문에 '천(賤)'이란 한 글자는 알기가 쉽지 않은 것이다. 가령 身이 약하고 官이 왕할 때 인수를 써서 官을 引化하지 못하고 도리어 상관으로 강하게 제압하거나, 또는 身이 약하고 인수가 경할 때, 관성으로 인수를 생하지 못하고 도리어 재성으로 인수를 파괴하거나, 또는 財가 중하고 身이 약할 때 비겁으로 身을 돕지 못하고 도리어 비겁의 탈재를 꺼리게 된다면, 이러한 격에 부합되는 경우에는 성현의 밝은 가르침을 망각하고 조부의 적덕(음덕)을 생각하지 않아서 재앙의 발생이 예측할 수 없음에 이르며 재앙이 자손에게까지 미친다.

如身弱印輕，官旺無財，或身旺官弱，財星不現，合此格者，處貧困不改其節，遇富貴不易其志，非禮不行，非義不取．故知貪財帛而戀金谷者，竟遭一時之顯戮，樂簞瓢而甘敝縕者，終受千載之令名．

가령 身이 약하고 인수가 경할 때 官이 왕하고 財가 없
거나 혹은 身이 왕하고 官이 약할 때 재성이 나타나지 않
으면, 이러한 격에 부합되는 경우에는 빈곤에 처해도 그
절개를 고치지 않고 부귀를 만나도 그 뜻을 바꾸지 않아서
예가 아니면 행하지 않고 의가 아니면 취하지 않는다. 그
러므로 재백을 탐하고 금곡16)을 연모하면 마침내 한때에
현륙17)을 당하고, 한 그릇의 밥과 한 표주박의 음료를 즐
기고 헤진 솜옷을 달게 여기면, 마침내 천 년 동안 전해질
명성을 얻게 됨을 알아야 한다.

是以, 有三等官星不見之理. 如官輕印重而身旺, 或官重
印輕而身弱, 或官印兩平而日主休囚者, 此上等官星不見
也. 如官輕刧重無財, 或官殺重無印, 或財輕刧重官伏者,
此中等官星不見也. 如官旺喜印, 財星壞印, 或官殺重無
印, 食傷强制, 或官多忌財, 財星得局, 或喜官星, 而官星
合他神化傷者, 或忌官星, 他神合官星又化官者, 此下等官
星不見也. 細究之, 不但貴賤分明, 而賢不肖亦了然矣.

그러므로 세 가지 등급의 官星不見의 이치가 있으니, 가

---

16) 금곡 : 호화로운 생활.
17) 현륙 : 대중이 보는 앞에서 죄인을 처형하는 것.

령 官이 경하고 인수가 중하여 身이 왕하거나 혹은 官이 중하고 인수가 경하여 身이 약하거나 혹은 官과 인수가 모두 평등한데 일주가 휴수된 경우에는 상등의 관성불현이며, 가령 官이 경하고 비겁이 중하고 財가 없거나 혹은 官과 殺이 중하고 인수가 없거나 혹은 財가 경하고 비겁이 중한데 官이 은복한 경우에는 중등의 관성불현이며, 가령 官이 왕하여 인수를 좋아하는데 재성이 인수를 파괴하거나, 혹은 官과 殺이 중하고 인수가 없을 때 식상이 강하게 제압하거나, 혹은 官이 많아서 財를 꺼리는데 재성이 국을 이루거나, 혹은 관성을 기뻐하는데 관성이 타신과 합하여 상관으로 변화하는 경우와 혹은 관성을 꺼리는데 타신의 관성과 합하여 다시 또 관성으로 변화하는 경우 등은 하등의 '관성불현'이니, 이것을 자세히 연구하면 귀천이 분명할 뿐 아니라 현(현명함)과 불초(어리석음)도 확실하게 구분할 것이다.

甲　丁　壬　丁
辰　亥　子　丑
丙　丁　戊　己　庚　辛
午　未　申　酉　戌　亥

丁火生于仲冬，干透壬水，支全亥子丑北方，官星旺格.
辰乃溼土，不能制水，反能晦火，日主虛弱. 甲木凋枯，
自顧不暇，且溼木不能生無焰之火，謂清枯之象，官星反
不眞也. 喜其無金，氣勢純清，其爲人學問眞醇，處世無
苟，訓蒙度日，苦守清貧，上等官星不見也.

丁火가 중동에 생하고 月干에 壬水가 투출하여 지지에
亥子丑 北方을 갖추고 있으니 관성이 왕한 격이며, 辰은
곧 습토이니 水를 통제하지 못하고 도리어 火를 어둡게 할
수 있으므로 일주가 허약한데 甲木은 시들어 말라서 자신
을 돌아볼 겨를도 없고 게다가 습한 木은 불꽃이 없는 火
를 생할 수 없으니, 이른바 청고한 상으로 관성이 도리어
참되지 못한 것이다. 기쁘게도 金이 없어서 기세가 순수하
고 맑으므로 그 사람됨은 학문이 참되고 순수하며, 처세에
구차함이 없어서 어린이와 초학자들을 가르치며 세월을
보내고 청빈을 굳게 지켰으니, 상등의 '관성불현'이다.

壬　丙　庚　丙
辰　午　寅　辰

丙　乙　甲　癸　壬　辛
申　未　午　巳　辰　卯

此造財絕無根, 官又無氣, 兼之運走東南之地. 幼年喪父, 依母轉嫁他姓, 數年母死, 牧牛度日. 少長則賣力傭工, 後雙目失明, 不能傭作, 求乞自活.

이 사주는 財가 絕에 임하고 무근이며, 官 또한 無氣인데 겸하여 운이 東南의 자리로 달리니, 유년기에 부친을 잃고 어머니의 개가함을 따라 타성에게 갔으나, 수년 후 어머니마저 죽자 소를 기르며 세월을 보내다가, 조금 자란 뒤에는 품팔이로 고용되었는데, 뒤에 두 눈을 잃어 품팔이를 못하게 되니 구걸하면서 스스로 살아갔다.

```
癸  辛  甲  丁
巳  亥  辰  卯
戊 己 庚 辛 壬 癸
戊 亥 子 丑 寅 卯
```

此春金逢火, 理宜用印化殺, 財星壞印, 癸水克丁, 亥水沖巳, 似乎制殺有情. 不知春水休囚, 木火並旺, 不但不能剋火, 反去生木洩金. 財官本可榮身, 而日主不能勝任, 雖心志必欲求之, 亦何益哉? 出身本屬微賤, 初習梨園, 後因失音隨官. 人極伶俐, 且極會趨逢, 隨任數年,

發財背主, 竟損納從九出仕, 作威作福, 無所不爲. 後因犯事革職, 依然落魄.

이 사주는 봄에 태어난 金이 火를 만났으니 이치상 마땅히 인수를 써서 殺을 引化해야 하는데 재성이 인수를 파괴하고 癸水가 丁火를 극하며, 亥水가 巳火를 충하니 殺을 억제하여 유정한 듯하나, 봄의 水는 휴수되고 木火가 함께 旺하니 火를 극할 수 없을 뿐 아니라 도리어 木을 생하고 金을 누설시킴을 모르기 때문이다. 財官은 본래 身을 영화롭게 할 수 있으나 일주가 감당할 수 없다면 비록 마음으로 반드시 그것을 구하려고 한들 또한 무슨 보탬이 되겠는가? 출신이 본래 미천한 신분에 속하므로 처음에는 '이원'[18]을 익혔으나 뒤에 음성을 잃게 되자(목이 쉼) 관리를 수행하였는데, 사람이 지극히 영리하고 또 아첨하기를 잘하여 수년간 임무를 수행하다가 재물을 모은 다음 주인을 배반하고 마침내 돈을 바치고 종9품으로 출사하여 형벌을 가하기도 하고 상을 주기도 하며 멋대로 세도를 부려 못하는 짓이 없었으며, 뒤에 죄를 범하고 파직하여 본래대로 쓸쓸히 지냈다.

---

18) 이원(梨園) : 1. 당 현종 때 배우들이 연기를 익히던 곳. 2. 연극배우를 지칭하는 말.

何知其人吉고 喜神爲輔弼이니라

그 사람의 길함을 어떻게 아는가? 희신이 보필한다.

[原注] 柱中所喜之神이 左右終始에 皆得其力者必吉이요 然大勢平順하며 內體堅厚하며 主從得宜하면 縱有一二忌神이 適來攻擊이나 亦不爲凶이니 譬之國內安和면 不愁外寇니라

　사주 중의 좋아하는 神이 좌우에서 처음부터 끝까지 모두 그 힘을 얻으면 반드시 길하며, 대세가 평온하고 순하며, 내면의 본체가 견고하고 두터우며, 주체와 종속이 알맞음을 이루면 비록 한두 개의 기신이 공격해 오더라도 또한 흉이 되지 않는 것이니, 비유하자면 나라 안이 안정되고 화평하면 밖의 도적을 근심하지 않는 것이다.

【任注】喜神者, 輔用助主之神也. 凡八字先要有喜神, 則用神有勢, 一生有吉無凶, 故喜神乃吉神也. 若柱中有用神而無喜神, 歲運不逢忌神無害, 一遇忌神必凶.

　희신은 용신을 보좌하고 일주를 돕는 신이다. 무릇 팔자에는 우선 반드시 희신이 있어야만 용신이 세력이 있어서 한평생 길함만 있고 흉함이 없으니 그러므로 희신은 곧 길신인 것이다. 만일 사주 중에 용신만 있고 희신이 없는 경

우에는 세운에서 기신을 만나지 않으면 흉함이 없으나, 한 번 기신을 만나면 반드시 흉하다.

如戊土生於寅月, 以寅中甲木爲用神, 忌神必是庚辛申酉之金. 日主元神厚者, 以壬癸亥子爲喜神, 則金見水而貪生, 不來剋木矣. 日主元神薄者, 以丙丁巳午爲喜神, 則金見火而畏, 亦不來剋木矣. 如身弱以寅中丙火爲用神, 喜天干透出, 以水爲忌神, 以比刦爲喜神. 所以用官用印有別, 用官者, 身旺可以財爲喜神. 用印身弱有刦, 而後用官爲喜神, 使其刦去財星, 則印綬不傷, 官星無助之意也.

가령 戊土가 寅月에 생하여 寅 중 甲木을 용신으로 삼으면 기신은 반드시 庚申辛酉의 金인데, 戊土 일주 원신이 두터운 경우에 壬癸亥子를 희신으로 삼으면 庚申辛酉의 金이 壬癸亥子水를 만나 생할 것을 탐내므로 木을 극하지 않으며, 戊土 일주 원신이 엷은 경우에 丙丁巳午를 희신으로 삼으면 庚申辛酉의 金이 火를 만나서 두려워하므로 역시 木을 극하지 않는다. 가령 戊土가 寅月에 생하고 身이 약하여 寅 중 丙火를 용신으로 삼으면 천간에 투출되는 것이 좋으며 水를 기신으로 삼고 비겁을 희신으로 삼는 것인데, 이 때문에 官을 쓰거나 인수를 쓰는 데 구별이 있으니 官을 쓰는 경우는 신왕하므로 財를 희신으로 삼을 수 있지만, 인수를 쓰는 경우는 신약하므로 비겁이 있은 뒤에야 官을 희신으로 삼으니, 그 비겁으로 하여금 재성을 제거하여 인수도 손상되지 않고 관성도 재성의 도움이 없게 하는 의미이다.

如原局有用神, 無喜神, 而用神得時秉令, 氣象雄壯, 大勢堅固, 四柱安和, 用神緊貼, 不爭不妒者, 卽遇忌神, 亦不爲凶. 如原局無喜神, 有忌神, 或暗伏或出現, 或與用神緊貼, 或爭或妒, 或用神不當令, 或歲運引出忌神, 助起忌神, 譬之國家有奸臣, 私通外寇, 兩來夾攻, 其凶立見. 論土如此, 餘皆例推.

가령 원국에 용신만 있고 희신이 없는 경우에 용신이 때를 만나 월령을 잡아서 기상이 웅장하고 대세가 견고하며 사주가 안정되고 화평하며 용신이 긴밀하게 붙어서 다투지 않고 투기하지 않으면 혹 기신을 만나더라도 흉이 되지 않으며, 가령 원국에 희신이 없고 기신만 있는 경우에 혹 암복되거나 혹은 출현하거나 혹은 용신과 바짝 붙어있거나 혹은 다투고 투기하거나 혹은 용신이 시령을 만나지 못

하거나 혹은 세운에서 기신을 인출하거나 기신을 도와 일
으키면 비유하건데 국가에 간신이 있어서 외적과 사통하
여 양쪽에서 협공하는 것과 같으니 그 흉함을 곧바로 만나
게 된다. 土를 논함이 이와 같으니 나머지도 모두 앞의 예
에 따라 추리한다.

己 戊 丙 甲

未 寅 寅 子

甲 癸 壬 辛 庚 己 戊 丁

戌 酉 申 未 午 巳 辰 卯

春初土虛, 殺旺逢財, 以丙火爲用. 喜其財印相隔, 生生
不悖, 更妙未時幫身爲喜, 四柱純粹, 主從得宜. 所以早登
甲第, 一生有吉無凶, 仕至觀察, 後退歸優遊林下, 生六子
皆登科第, 夫婦齊眉,[19] 壽越八旬.

춘초에는 土가 허한데 殺이 왕하고 財를 만났으니 丙火
를 용신으로 삼는다. 기쁘게도 그 財와 印이 서로 떨어져
서 끊임없이 서로 생하고 거스르지 않으며, 다시 묘하게도
未時가 身을 도와 희신이 되며 사주가 순수하고 주체와 종

---

19) 부부제미(夫婦齊眉) : 후한 때 양홍(梁鴻)의 처가 남편을 공경하여 밥상을 눈썹 높이만큼 받들
  어 올린 고사에서 온 말.

속이 알맞음을 이루었으니, 이 때문에 일찍 과거에 급제하여 일생동안 길함만 있고 흉함이 없었으며 벼슬은 관찰사에 이르렀고 뒤에 퇴임하고 돌아와서는 임하[20]에서 유유자적했으며, 여섯 아들을 낳았는데 모두 과거에 합격하였고 부부가 서로 공경하며 수(壽)가 팔십을 넘었다.

戊 庚 己 丙

寅 辰 亥 申

丁 丙 乙 甲 癸 壬 辛 庚

未 午 巳 辰 卯 寅 丑 子

此寒金喜火, 得時支寅木之生, 則火有焰. 然用財殺, 必先身旺. 妙在年支坐祿, 三印貼生, 更妙亥水當權, 申金貪生忘沖. 無火則土凍金寒, 無木則水旺火虛, 以火爲用, 以木爲喜, 木火兩字, 缺一不可. 所以生平無凶無險, 登科發甲, 宦海無波, 後裔濟美, 壽至八旬之外.

이 사주는 寒金으로 火를 좋아하는데 時支 寅木의 생함을 만났으니 火에 불꽃이 있게 되었다. 그러나 財와 殺을 쓰려면 반드시 먼저 身이 왕해야 하는데 묘함이 年支가 일

---

20) 임하(林下) : 은퇴 후에 지내는 조용하고 산수 좋은 곳.

주의 녹에 앉고 세 개의 인수가 바짝 붙어 생하는데 있으며, 다시 묘하게도 亥水가 권세를 담당하니 申金이 생을 탐하여 충을 망각하고 있다. 火가 없으면 土가 얼고 金은 寒하며, 木이 없으면 水가 왕하고 火는 허하므로 火를 용신으로 삼고 木을 희신으로 삼아서 木火 두 글자 중 하나라도 없어서는 안 되니, 이 때문에 평생토록 흉험함이 없었고 과거에 급제하여 벼슬길에 파란이 없었으며 후손들도 가업을 이어받아 아름다움을 이루고 수(壽)가 팔순을 넘었다.

何知其人凶고 忌神輾轉攻이니라

그 사람의 흉함을 어떻게 아는가? 기신이 이리저리 공격한다.

[原注] 財官無氣하고 用神無力하면 不過無所發達而已요 亦無刑凶也나 至於忌神太多커나 或刑或沖이요 歲運助之하여 輾轉攻擊에 局内無備禦之神이요 又無主從이면 不免刑傷破敗하고 犯罪受難하여 到老不吉이니라

재관이 무기하고 용신이 무력하면 발달하는 바가 없는 데 지나지 않을 뿐이며, 또한 刑凶도 없지만 기신이 너무 많거나, 혹

은 刑沖하는데 세운에서 그것을 도와 이리저리 공격을 할 때 사주 원국 안에 방비하는 神이 없고 또 주체와 종석이 없기에 이르면 형상과 파패를 면치 못하며 죄를 범하고 어려움을 당하여 늙도록 길하지 못하다.

【任注】忌神者, 損害體用之神也. 故八字先要有喜神, 則忌神無勢. 以忌神爲病, 以喜神爲藥, 有病有藥則吉, 有病無藥則凶. 一生吉少凶多者, 皆忌神得勢之故耳. 如寅月生人, 不用甲木而用戊土, 則甲木爲當令之忌神. 看日主之意向, 或喜火以化之, 或用金以制之, 安頓得好, 又逢歲運扶喜抑忌, 亦可轉凶爲吉. 歲運又不來扶喜抑忌, 又不[21)與忌神結黨者, 不過終身碌碌, 無所發達而已. 若無火之化金之制, 又遇水之生, 歲運又黨助忌神, 傷我喜神, 輾轉相攻, 凶禍多端, 到老不吉. 論木如此, 餘可例推.

기신은 체와 용을 손상하고 해치는 神이다. 그러므로 팔자에는 먼저 반드시 희신이 있어야만 기신이 세력이 없으며, 기신을 病으로 삼고 희신을 藥으로 삼으므로 병이 있을 때 약이 있으면 길하고 병만 있고 약이 없으면 흉한 것이니, 일생동안 길함이 적고 흉함이 많은 까닭은 다 기신

---

21) 문맥상 不은 연문인 듯함.

이 세력을 얻었기 때문일 뿐이다. 가령 寅月生人이 甲木을 쓰지 못하고 戊土를 쓴다면 甲木은 당령한 기신이 되므로, 일주의 의향을 보아야 하니 혹 火로써 木을 인화함을 좋아하거나 혹은 金으로 木을 억제함을 쓰면 일주가 편안히 자리 잡아 좋게 될 것이며, 또 세운에서 희신을 돕고 기신을 억제함을 만나면 또한 흉함을 바꿔 길함이 되게 할 수 있지만, 세운에서 또 희신을 돕고 기신을 억제하지 못하거나 또는 기신과 결당하는 경우에는 종신토록 평범하게 지내고 발달하는 바가 없는 데 불과할 뿐이며, 만약 火의 引化와 金의 억제가 없고 다시 또 水의 生을 만나고 세운에서 다시 또 기신을 결당하여 도와서 일주의 희신을 손상하여 이리저리 서로 공격하면 흉화가 매우 많아서 늙도록 길하지 못하다. 木을 논함이 이와 같으니 나머지도 모두 앞의 예에 따라 추리한다.

甲　丙　戊　乙

午　子　寅　亥

壬　癸　甲　乙　丙　丁

申　酉　戌　亥　子　丑

丙火生于寅月, 印星當令, 時逢刃旺, 甲乙並旺透. 四柱無金, 寅亥化木, 子水沖破, 官星無用, 必以月干戊土爲用. 忌神卽是甲木, 亥子之水, 反生旺木, 所謂忌神輾轉攻也. 初交丁丑, 生助用神, 祖業十餘萬, 其樂自如. 一交丙子, 火不通根, 父母雙亡, 連遭回祿. 乙亥水木並旺, 又遭回祿, 剋三妻四子, 赴水而亡.

丙火가 寅月에 생하여 인성이 시령을 맡으며, 時에 午火 양인과 제왕을 만나고 甲乙이 함께 왕성하게 투출했으며, 사주에 金이 없고 寅亥가 木으로 화하며, 子水는 충파되어 관성이 쓸모가 없으므로, 반드시 月干 戊土를 용신으로 삼아야 하며, 기신은 곧 甲木인데 亥子水가 도리어 旺木을 생하니 이른바 기신이 이리저리 서로 공격한다는 것이다. 처음 만난 丁丑운은 용신을 생조하니 조상의 유업이 십여만 금으로 그 즐거움이 여유로웠으나, 한번 丙子운으로 바뀌어 火가 뿌리를 내리지 못하니 부모가 함께 사망하고 연달아 화재를 만났으며, 乙亥대운에는 水木이 함께 왕하니 다시 또 화재를 만나고 세 처와 네 아들을 극해하게 되자 물에 뛰어들어 죽었다.

```
己 丙 庚 辛
丑 辰 寅 巳
甲 乙 丙 丁 戊 己
申 酉 戌 亥 子 丑
```

丙火生寅, 木嫩火相, 未爲旺也, 生丑時, 竊去命主元神, 以寅木爲用. 所嫌庚金當頭之忌, 木嫩逢金, 火虛見洩. 初交己丑戊子, 生金洩火, 幼喪父母, 孤苦不堪. 丁亥丙戌, 火在西北, 不能去盡忌神, 所以歷盡風霜, 稍成家業. 一交乙酉, 干支皆化忌神, 刑妻剋子, 遭水厄而亡.

丙火가 寅月에 생하여 木은 연약하고 火는 도움을 받아야 하니 아직 왕하지 않으며, 丑時에 생하여 命主의 원신을 훔쳐가니 寅木을 용신으로 삼는다. 꺼리는 것은 庚金이 寅木의 머리를 덮은 기신이 되고, 木이 연약한데 金을 만나며 火가 허약한데 누설당하는 것이다. 초년 己丑·戊子 대운에는 金을 생하고 火를 누설하니 어려서 부모를 잃고 외롭고 괴로움을 견디기 어려웠으며, 丁亥·丙戌운에는 火가 西北에 있어서 기신을 다 제거하지 못하므로 온갖 어려움을 다 겪으면서 조금씩 가업을 이루었는데, 한번 乙酉운으로 바뀌어 干支가 모두 기신으로 변하자 처자를 형극하고 홍수의 재난을 만나 사망하였다.

何知其人壽오 性定元神厚니라

그 사람이 장수할 것을 어떻게 아는가? 사주의 성질이 안정되고 원신이 두텁다.

[原注] 靜者壽하나니 柱中無沖無合이요 無缺無貪이면 則性定矣라 元 神厚者는 不特精氣神氣皆全之謂也라 官星不絕하고 財神不滅하며 傷官有氣하고 身弱印旺하며 提綱輔主하고 用神有力하며 時上生根하고 運無絕地하면 皆是元神厚處니 細究之라 大率甲乙寅卯之氣는 不遇沖戰洩傷偏旺浮泛이요 而安頓得所者면 必壽라 木屬仁이요 仁者壽는 每每有驗이라 故敢施之於筆이니 若貧賤之人而亦壽者는 以其稟得一個身旺커나 或身弱而運行生地커나 小小與他食祿不缺故耳니라

조용하면 장수하는 것이니 사주 중에 충도 없고 합도 없으며, 결함도 없고 탐하는 것도 없으면 사주의 성질이 안정된 것이다. 元神이 두텁다는 것은 精氣와 神氣가 모두 온전한 것을 말할 뿐만 아니라, 관성이 절되지 않고 재신이 멸되지 않으며 상관이 유기하고 身이 약하면 인수가 왕하며, 제강이 일주를 돕고 용신

이 유력하며, 時上에서 뿌리(年)를 생하고 운에 절지가 없는 것은 모두 원신이 두터운 경우이니 이것을 자세히 연구해야 한다. 대체로 甲乙寅卯의 氣는 충극하고 누설되고 손상되거나 치우쳐서 왕하고 들떠있음을 만나지 않고 안착하여 자리를 잡으면 반드시 장수한다. 木은 仁에 속하고 仁한 자가 장수하는 것은 늘 경험했으므로 감히 이것을 글에 나타내는 바이니, 가령 빈천한 사람인데도 장수하는 경우에는 하나의 身旺함을 타고 났거나 혹 신약한데도 운이 生地로 행하거나 소소하게나마 여타의 식록이 결핍되지 않은 까닭 때문일 뿐이다.

【任注】仁靜寬德厚, 此五者, 皆壽徵也. 四柱得地, 五行停勻, 所合者皆閑神, 所化者皆用神, 冲去者皆忌神, 留存者皆喜神, 無缺無陷, 不偏不枯, 則性定矣. 性定不生貪戀之私, 不作苟且之事, 爲人寬厚和平, 仁德兼資, 未有不富貴福壽者也. 元神厚者, 官弱逢財, 財輕遇食, 身旺而食傷發秀, 身弱而印綬當權, 所喜者皆提綱之神, 所忌者皆失令之物, 提綱與時支有情, 行運與喜用不悖, 是皆元神厚處, 宜細究之. 清而純粹者, 必富貴而壽. 濁而混雜者, 必貧賤而壽.

인(仁)·정(靜)·관(寬)·덕(德)·후(厚) 이 다섯 가지는 모두 장수의 조짐이니, 사주가 제 자리를 얻고 오행이 고르게 자리 잡으며, 합하는 것은 모두 한신이고 변화하는 것은 모두 용신이며, 沖하여 제거되는 것은 모두 기신이고 남아서 보존되는 것은 모두 희신이며, 결함이 없고 편고되지 않으면 사주의 성질이 안정된 것이다. 성질이 안정되면 탐내고 그리워하는 사사로운 욕심을 내지 않고 눈앞의 편함만 탐내는 일을 하지 않으며, 사람됨이 관후화평하고 어진 덕을 바탕에 겸하니 부귀하고 복수를 누리지 않은 자가 없다. 원신이 두텁다는 것은 官이 약할 때 財를 만나거나, 財가 경할 때 식상을 만나거나, 身이 旺할 때 食傷이 빼어남을 나타내거나, 身이 약할 때 인수가 권세를 잡으며, 기뻐하는 것은 모두 제강(時令)의 神이고 꺼리는 것은 모두 시령을 잃은 물건이며, 제강과 時支가 유정하고 행운과 희신 용신이 어긋나지 않으면 이러한 것들은 모두 원신이 후한 경우이므로 마땅히 이것을 자세히 연구해야 하니, 맑고 순수한 경우에는 반드시 부귀하면서 장수하며, 탁하고 혼잡한 경우에는 반드시 빈천하면서 장수한다.

丙　甲　癸　辛

寅　子　巳　丑

乙　丙　丁　戊　己　庚　辛　壬

酉　戌　亥　子　丑　寅　卯　辰

此從巳火起源頭, 生丑土, 丑土生辛金, 辛生癸, 癸生甲, 甲生丙火. 甲祿居寅, 癸祿居子, 丙祿居巳, 官坐財地, 財逢食生, 五行元神皆厚, 四柱通根生旺, 左右上下有情. 爲人剛柔相濟, 仁德兼資, 貴至三品, 富有百萬, 子十三人, 壽至百歲, 無疾而終.

이 사주는 巳火에서 원두가 시작되어 丑土를 생하고 丑土는 辛金을 생하고 辛은 癸를 생하고 癸는 甲을 생하고 甲은 丙火를 생하며, 甲의 祿은 寅에 있고 癸의 祿은 子에 있고 丙의 祿은 巳에 있으며, 官은 財地에 앉고 財는 식신의 생조를 만나서 오행의 元神이 모두 두텁고, 사주가 통근하여 생왕하며 좌우상하가 유정하니, 사람됨이 강유를 구비하고 인덕을 함께 갖추어 貴는 三品에 이르고 富는 백만 금을 소유하며, 자식은 열셋이고 수는 백 세에 이르며 질병이 없이 일생을 마쳤다.

戊　丙　乙　己

子　寅　亥　酉

丁　戊　己　庚　辛　壬　癸　甲

卯　辰　巳　午　未　申　酉　戌

此以酉金爲源頭, 生亥水, 亥水合寅而生丙, 丙火生戊土, 元神皆厚. 鄕榜出身, 仕至觀察, 爲人寬厚端方. 九子二十四孫, 富有百餘萬, 壽至百二十歲, 無疾而終.

이 사주는 酉金을 원두로 하여 亥水를 생하고 亥水는 寅과 합하여 丙을 생하고 丙火는 戊土를 생하여 원신이 모두 두텁다. 향방을 통하여 관직에 나아가 벼슬이 관찰에 이르고 사람됨이 관후단방했으며, 9자 24손에 부는 백여만 금을 소유하고 수는 백이십 세에 이르렀으며 질병이 없이 일생을 마쳤다.

壬　壬　辛　己

寅　寅　未　酉

癸　甲　乙　丙　丁　戊　己　庚

亥　子　丑　寅　卯　辰　巳　午

此以未土爲源頭, 生辛金, 辛金生壬水, 壬水生寅木,四柱生化有情, 元神厚而純粹. 所喜者, 火喜其包藏不露. 早登科甲, 仕至三品, 爲人品行端方, 謙和仁厚. 八子十九孫, 壽至九旬有六.

이 사주는 未土를 원두로 하여 辛金을 생하고 辛金이 壬水를 생하고 壬水가 寅木을 생하니 사주가 생화 유정하여 원신이 두텁고 순수하며, 기쁜 것은 火가 다행히도 포장되어 드러나지 않는 것이다. 일찍 과거에 올라 벼슬이 삼품에 이르고 사람됨이 품행이 단방하고 겸화인후했으며 8자 19손에 수는 96세에 이르렀다.

丙　庚　庚　丁

子　辰　戌　未

甲　乙　丙　丁　戊　己

辰　巳　午　未　申　酉

此以丁火爲源頭, 生土, 土生金, 兩藏財庫, 身旺用官. 中年行運不背, 所以早登鄕榜, 名利雙輝. 爲人有剛明決斷之本, 無刻薄欺瞞之意. 惜乎無木, 火之元神不足, 孫枝雖旺, 子息未免多損之憂.

이 사주는 丁火를 원두로 하여 土를 생하고 土는 金을

생하며 양쪽에 財庫를 간직하고 身이 왕하니 官을 써야 한다. 중년의 행운이 어긋나지 않으므로 일찍 향방에 올라 명리가 함께 빛났으며, 사람됨이 강직하고 분명하게 결단하는 근본을 지니고 각박하고 남을 기만하는 뜻이 없었다. 애석하게도 木이 없어서 火의 원신이 부족하므로 자손의 곁가지(후손)는 비록 왕성하나, 자식은 손상이 많은 근심을 면치 못하였다.

庚　乙　戊　乙

辰　卯　寅　未

庚　辛　壬　癸　甲　乙　丙　丁

午　未　申　酉　戌　亥　子　丑

此支類東方, 正曲直仁壽格. 大勢觀之, 財官有氣, 名利裕如. 第五行火不出現, 財之元神虛脫. 寅卯辰東方木旺, 官星之根亦薄. 所以一生操勞剝削, 資囊未滿先傾. 且平生仗義疎財, 爲人無驕諂, 存古道, 苦守淸貧. 生四子皆得力, 壽至九十四歲.

이 사주는 지지가 모두 동방이니 바로 곡직인수격인데, 대체적인 형세로 이것을 보면 재관이 기세가 있어 명리가

유여한 듯하지만, 다만 오행 중 火가 출현하지 않아서 財
의 원신이 극도로 허약하며, 寅卯辰은 동방으로 木이 왕하
여 관성의 뿌리도 역시 약하니, 이 때문에 일생동안 힘든
일에 종사했으나 착취만 당하고 주머니가 차기도 전에 먼
저 기울어졌다. 또 평생토록 정의에 의지하고 재물을 멀리
하며 사람됨이 교만과 아첨이 없고 옛 도를 보존하면서 청
빈함을 고수했으며, 네 아들을 낳았는데 모두 힘을 얻었고
수는 94세에 이르렀다.

庚　戊　甲　癸

申　戊　寅　丑

戊　己　庚　辛　壬　癸

申　酉　戌　亥　子　丑

戊戌日逢庚申時, 食神有力, 殺旺無印, 足以强制. 生
八九子, 有三四子貴顯而授一品之誥封者, 土金有情之
妙也. 其爲人貪惡兩備者, 不能化殺之故也. 淫靡無禮
者, 火不現, 水得地之故也. 蓋寅申沖, 則丙火必壞, 丑
戌刑則丁火亦傷, 兼之癸水透, 則日主之心志必欲合, 而
求之不顧. 寅戌支藏之火, 暗中剋盡. 夫火司禮, 爲人豈

可無禮?[22]　無禮則無所不爲矣. 設使年干癸水, 換於丁
火, 未有不仁德者也. 其富貴福壽, 皆申時之力, 亦祖德宗
功所致也. 後生落頭疽而亡, 由己積惡多端, 而天誅之矣.

戊戌일이 庚申時를 만나니 식신이 유력하고 殺이 왕하
나 인수가 없으므로 殺을 강하게 제압할 수 있다. 8, 9명
의 자식을 두었는데 3, 4명의 아들이 귀현하여 일품의 고
(임명장)를 받고 봉해진 것은 土金 유정의 묘함 때문이며,
그 사람됨이 탐욕과 악행을 다 갖춘 것은 殺을 引化하지
못했기 때문이며, 음란하고 사치스럽고 무례한 까닭은 火
가 나타나지 않고 水가 자리를 얻었기 때문이다. 대체로
寅申이 충하면 丙火가 반드시 무너지고 丑戌이 형하면
丁火 역시 손상되며 여기에 겸하여 癸水가 투출했으니
일주의 마음은 틀림없이 合을 원하지만 合을 구해도 돌
아보지 않으며, 寅과 戌의 지지에 소장된 火는 암장된 가
운데 극을 당하여 소진되었다. 무릇 火는 예를 관장하니
사람됨이 어찌 무례하지 않을 수 있겠는가? 무례하면 못
하는 짓이 없는 것이다. 가령 연간의 癸水가 丁火로 바뀐
다면 어질고 후덕하지 않은 자가 없을 것이다. 그의 富貴
와 福壽는 다 申時의 힘이고 또 조상의 음덕과 공이 부른

---

22) 可無禮는 可不無禮가 되어야 반어문이 됨.

것이며, 뒤에 생활이 몰락하고 머리에 종기가 나서 사망했으니, 자신의 악행을 쌓음이 많기 때문에 하늘에서 그를 벌한 것이다.

戊　己　庚　戊

辰　卯　申　辰

丙　乙　甲　癸　壬　辛

寅　丑　子　亥　戌　酉

此土金傷官, 辰中癸水, 正財歸庫, 申中壬水, 正財逢生, 刦雖旺, 而不能奪. 且土氣盡歸于金, 傷官化刦, 暗處生財, 兼之獨殺爲權, 故爲人權謀異衆. 地支皆陰濕之氣, 作事詭譎多端, 一生所重者財, 而少仁義. 至四旬無子, 娶兩妾又無子, 壽至九旬外. 惜財如命, 卒後家業四十餘萬, 分奪而盡. 細究之, 皆因財星過于藏蓄, 不得流行之故也. 財不流行, 秋金逢土而愈堅, 生意遂絕耳.

이 사주는 土金상관으로 辰 중의 癸水는 바로 財가 庫에 돌아가고, 申 중 壬水는 바로 財가 生을 만났으니 겁재가 비록 왕하더라도 빼앗을 수 없으며, 또 土의 기운은 다 金에 귀속되어 상관이 비겁을 引化하고 암처에서 財를 생하며, 이에 겸하여 독살이 권세를 행하므로 사람됨이 권모가 무리에서 빼어났으며, 지지가 모두 음습한 氣이므로 일하는 데 괴이함이 많았으며, 한평생 소중히 여기는 것은 재물이고 仁義는 적었으니, 사십이 되도록 자식이 없자 두 첩을 얻었는데도 자식이 없었고 수는 90을 넘겼다. 재물을 목숨처럼 아껴서 죽은 후에 가업이 사십여만 금이었는데 분탈되어 다 없어졌으니 이것을 자세히 연구하면 모두 財星이 소장(藏) 저축(蓄)에 지나쳐서 유행하지 못한 까닭이며, 재물이 유행하지 못한 것은 가을 金이 土를 만나 더욱 견고해져서 生의 뜻이 마침내 끊어졌기 때문일 뿐이다.

大凡財厚無子者, 皆類此格. 故無子之人, 其性情必多鄙吝, 不知財散則民聚. 倘使富人無子, 能輕其財于親族之中, 分多潤寡, 何患無子哉? 卽如此造, 金氣太堅, 水不露頭, 未得生生之妙, 能散其財, 則金自流行, 子必招矣. 然散亦有功過, 散財于僧道, 有過無功. 散財于親族, 有功無過. 修德獲報, 人事原可挽回. 作善降祥, 天心詎難感召? 壽本五福之首, 壽而無子, 終于無益. 與其富壽而無子, 不若貧壽而有子也.

대체로 재물이 많은데도 자식이 없는 경우는 모두 이러한 격에 속하니, 그러므로 자식이 없는 사람은 그 성정이 반드시 인색함이 많아서 재물이 흩어지면 민중이 모이는 이치를 알지 못한다. 가령 부유한 사람이 자식이 없더라도 그 재물을 친족보다 가볍게 여기는 가운데 많은 것을 나누어 적은 이들에게 윤택을 베풀 수 있다면 어찌 자식 없는 것을 걱정하겠는가? 곧 이 사주와 같이 金氣가 너무 견고하고 水가 천간에 드러나지 않아 生生의 묘를 얻지 못한 경우에 그 재물을 나누어 줄 수 있다면 金이 저절로 유행하여 자식을 반드시 불러올 것이다. 그러나 재물을 분산하는 데에도 공(보람)과 과(허물)가 있으니, 승도에 재물을 나누어 주는 경우에는 허물만 있고 공이 없으며, 친족에게 나누어 주는 경우에는 공만 있고 허물이 없다. 덕을 닦으면 보답을 얻는 것이니 인간사의 근원이 바로 잡아 회복될 수 있으며, 선행을 하면 복을 내리는 것이니 天心이 어찌 감동하여 복을 부르기 어려운 일이겠는가? 장수는 본래 오복 중에 으뜸인데 장수하면서 자식이 없으면 무익에서 끝나는 것이니, 富와 壽를 누리면서 자식이 없는 것은 가난하게 장수하면서 자식이 있는 것만 못한 것이다.

何知其人夭오 氣濁神枯了니라

그 사람이 단명할 것을 어떻게 아는가? 氣가 탁하고 神이 고갈되었다.

[原注] 氣濁神枯之命은 極易看이니 印綬太旺에 日主無著落커나 財殺太旺에 日主无依倚커나 忌神與喜神雜而戰커나 四柱與用神反而絕이요 沖而不和커나 旺而無制커나 濕而滯커나 燥而鬱커나 精流氣洩커나 月悖時脫이면 此皆無壽之人也니라

氣가 탁하고 神이 고갈된 命은 지극히 보기 쉬우니, 인수가 태왕할 때 일주가 귀착할 곳이 없거나, 재살이 태왕할 때 일주가 의지할 곳이 없거나, 기신과 희신이 섞여서 싸우거나, 사주원국과 용신이 거슬려서 絕이 되거나, 沖하여 불화하거나, 旺한데 억제함이 없거나, 습하고 막히거나 건조하고 답답하거나, 精이 흐르고 氣가 누설되거나, 月이 어그러지고 時가 이탈하면 이러한 것들은 모두 장수할 수 없는 사람들이다.

【任注】氣濁神枯之命, 易中之難看者. 氣濁神枯四字, 可分言之, 濁字作一弱字論. 氣濁者, 日主失令, 用神淺薄, 忌神深重, 提綱與時支不照, 年支與日支不和,

喜沖而不沖, 忌合而反合, 行運與喜用無情, 反與忌神結
黨, 雖不壽而有子. 神枯者, 身弱而印綬太重, 身旺而剋
洩全無, 然重用印, 而財星壞印, 身弱無印, 而重疊食
傷, 或金寒水冷而土濕, 或火焰土燥而木枯者, 皆夭而無
子也.

氣가 탁하고 神이 고갈된 命은 보기가 쉬우면서도 어려
운 것인데, "기탁신고(氣濁神枯)" 네 글자는 그것을 나누어
서 말할 수 있으며. 탁(濁)자는 하나의 弱자로 간주하여 논
할 수 있다. 氣가 탁하다는 것은 일주가 월령을 얻지 못하
고 용신은 얕고 엷으며 기신은 깊고 무거우며 제강과 時支
가 서로 비추지 않고, 年支와 日支가 화합하지 않으며, 沖
을 좋아하는데 沖하지 않고 合을 꺼리는데 도리어 合하며,
행운이 희신 용신과 무정하고 도리어 기신과 결당하는 경
우 등이니 비록 수(壽)를 누리지는 못해도 자식은 있다. 身
이 고갈된다는 것은 身이 약한데 인수가 태중하며, 身이
왕한데 극이나 설이 전혀 없으며 또는 인수를 중요하게 쓰
는데 재성이 인수를 파괴하며, 신약하고 인수가 없는데 식
상이 중첩되며 혹은 금한(金寒) 수냉(水冷)한데 土가 습하
거나 혹은 화염토조(火焰土燥)한데 木이 메마른 경우 등이
니 모두 단명하고 자식도 없다.

辛　丙　乙　乙

　　卯　辰　酉　丑

　　己　庚　辛　壬　癸　甲

　　卯　辰　巳　午　未　申

此造三印扶身，辰酉合而不沖，四柱無水，似乎中格.
第支皆濕土，晦火生金，辰乃木之餘氣，與酉合財，木不
能托根，與酉化金，則木反被其損，天干兩乙，地支不載，
凋可知矣. 由此推之，日元虛弱，至午運，破酉衛卯，得一
子. 辛巳全會金局壞印，則元氣大傷，會財則財極必反，
夫婦雙亡.

　이 사주는 세 개의 인수가 일주를 돕고 辰酉가 합하여
충이 되지 않으며, 사주에 水가 없으니 격에 맞는 듯한데,
다만 地支가 모두 습토이므로 火를 어둡게 하고 金을 생하
며, 辰은 곧 木의 여기이지만 酉와 합하여 財가 되니 木이
뿌리를 의탁할 수 없으며, 酉와 함께 金으로 변하면 木은
도리어 그 손상을 당하므로 천간의 두 乙은 지지가 실어주
지 못하여 시들음을 알 수 있다. 이것을 통하여 미루어 보
면 일원이 허약한데 午운에 이르러 酉를 극파하고 卯를 호
위하자 한 명의 자식을 얻었으며, 辛巳운에는 완전히 金局

으로 회합하여 인수를 파괴하니 元氣가 크게 상하고 財로
회합하면 재가 극(極)에 달하여 반드시 반격하게 되므로
부부가 모두 사망하였다.

戊　辛　戊　己
戌　亥　辰　丑
壬　癸　甲　乙　丙　丁
戌　亥　子　丑　寅　卯

此重重厚土，埋藏脆嫩之金，五行無木，未得疎揚之
利．一點亥水剋絶，支藏甲乙，無從引助．然春土氣虛，
藏財可用．初運東方木地, 庇蔭有餘, 寅運得一子. 乙丑
運, 土又通根而夭.

이 사주는 중첩된 厚土가 연약한 金을 매장하고 오행에
木이 없으니, 후토를 파헤치고 자신을 드러낼 예리한 기능
을 얻지 못했다. 한 점 亥水는 극절되었으므로 지지에 암
장된 甲乙을 이끌어 도울 수 없지만, 春土는 기가 허하므
로 암장된 財를 쓸 수 있다. 초운은 東方 木地이므로 조상
의 음덕이 유여하고, 寅운에는 한 명의 아들을 얻었는데,
乙丑운에는 土가 다시 통근하여 요절하였다.

壬　甲　壬　壬

　申　寅　寅　寅

戊　丁　丙　乙　甲　癸

申　未　午　巳　辰　卯

　春木重逢祿, 支得申時, 似乎時殺留淸. 不知木旺金缺, 必要有火爲佳. 天干三壬, 寅中丙火受剋, 神枯可知. 至丙運, 逢三壬回剋, 家業敗盡, 夭而無子. 凡水木竝旺無土者, 最忌火運, 卽不傷身, 刑耗異常. 若俗論必用申金, 丙火剋金之故也. 如丙火剋金爲害, 則前之乙巳運, 緊剋申金, 而且三刑, 何反美乎?

　春木이 祿을 거듭 만나고 지지에 申時를 만나니 時의 殺이 淸에 머무는 듯하지만, 木이 왕하면 金이 결핍되니 반드시 火가 있어야 아름답게 됨을 모르기 때문이며, 천간의 세 壬에게 寅 中 丙火가 극을 당하니 神이 고갈됨을 알 수 있다. 丙운에 이르러 세 壬의 회극을 만나니 가업이 무너져 소진되고 요절하여 자식도 없었다. 무릇 水木이 함께 왕하고 土가 없는 경우에는 火운을 가장 꺼리니 곧 자신을 손상하지는 않더라도 형모가 보통과 다른 것이다. 만약 세속의 방법으로 논한다면 반드시 申金을 써야 하며, 丙火가

金을 극하기 때문이라고 할 것이니, 만일 丙火가 金을 극하여 해가 된다면 앞의 乙巳운에는 申金을 긴박하게 극하고 거듭하여 삼형까지 되는데 어째서 도리어 아름다웠겠는가?

癸　癸　辛　辛

丑　酉　丑　丑

乙　丙　丁　戊　己　庚

未　申　酉　戌　亥　子

此重重淫土, 疊疊寒金, 癸水濁而且凍, 所謂陰之甚, 寒之至者也. 毫無生發, 氣濁神枯, 故其人愚昧不堪, 一事無成, 至戊戌運, 生金剋水而夭. 以俗論之, 兩干不雜, 金水雙淸, 地支三朋, 殺印相生之美, 定爲貴格. 前則春木帶嫩金, 斲削成大器, 皆作名利兩全之格也. 不知夭命皆類此格, 學者宜深究之.

이 사주는 淫土가 중중하고 寒金이 첩첩하며, 癸水는 탁하고 또 얼었으니 이른바 陰이 심하고 寒이 지극한 것이다. 털끝만치도 生氣가 발함이 없어 氣가 탁하고 神이 고갈되었으므로, 그 사람됨이 우매하여 일을 감당하지 못하니 한 가지도 이룬 것이 없으며, 戊戌운에 金을 생하고 水

를 극하자 요절하였다. 세속의 방법으로 이것을 논하면, 양 干이 혼잡하지 않고 金水가 쌍쌍이 맑으며 지지에 세 丑土가 살인상생의 아름다움을 이루므로 반드시 귀격이 되며, 앞의 사주는 春木이 연약한 金을 지니고 있어서 쪼개고 깎아서 큰 그릇을 이룰 것이니, 둘 다 名利가 모두 갖추어진 격이라고 할 것이나, 요절하는 命은 모두 이와 같은 격임을 알지 못한 것이니, 학자들은 마땅히 이러한 것을 깊이 연구해야 한다.

6. 女命章 여명장

論夫論子要安祥이니　氣靜平和婦道章이며　三奇二
德虛好語요　咸池驛馬半推詳이니라

　남편을 논하고 자식을 논할 때에는 안정되어 차분
한 것을 중요하게 여기니, 기가 조용하고 평화로우
면 부도(婦道)가 밝고 아름다우며, 삼기(三奇)와 이
덕(二德)은 진실성이 없는 교묘한 말이고, 함지와
역마는 절반 정도만 미루어 살펴야 한다.

　[原注] 局中官星明順하면　夫貴而吉이니　理自然矣라　若
官星太旺하면　以傷官爲夫하고　官星太微하면　以財爲夫하며
比肩旺而無官이면　以傷官爲夫하며　傷官旺而無財官이면　以
印爲夫라　滿局官星欺日主者엔　喜印綬而夫不剋身也며　滿局

印綬洩官星之氣者엔 喜財星而身不剋夫也라 大體與男命論
子論貴之理相似니 局中傷官淸顯이면 子貴而親은 不必言也
라 若傷官太旺이면 以印爲子요 傷官太微면 以比肩爲子며
印綬旺而無傷官者엔 以財爲子也요 財神旺而洩食傷者엔 以
比肩爲子也니 不必專執官星而論夫커나 專執傷食而論子며
但以安祥順靜爲貴라 二德三奇不必論이요 咸池驛馬縱有驗
이나 總之于理不長이니 其中究論이면 不可不詳이니라

　局 중의 관성이 밝고 화순하면 남편이 귀하고 길한 것이니,
이치가 저절로 그러한 것이다. 만약에 관성이 태왕하면 상관을
夫(남편)로 삼고, 관성이 너무 미약하면 財를 夫로 삼으며, 비견
이 왕하고 官이 없으면 상관을 夫로 삼고, 상관이 왕하고 재관
이 없으면 인수를 夫로 삼는다. 局에 가득한 관성이 일주를 능
멸할 경우에 인수가 희신이면 夫가 身을 극하지 않으며, 局에
가득한 인수가 관성의 氣를 누설하는 경우에 재성이 희신이면
身이 夫를 극하지 않는다. 대체로 男命에서 자식을 논하고 貴를
논하는 이치와 서로 비슷하니, 局 중의 상관이 맑게 드러나면
자식이 귀하게 되어 임금을 가까이함은 말할 필요가 없다. 만약
상관이 태왕하면 인수를 자식으로 삼고, 상관이 너무 미약하면
비견을 자식으로 삼으며, 인수가 왕하고 상관이 없는 경우에는
財를 자식으로 삼고, 재신이 왕하여 식상을 누설하는 경우에는
비견을 자식으로 삼으니, 오로지 관성에 집착하여 夫를 논하거

나 오로지 식상에 집착하여 자식을 논할 필요가 없으며, 다만 안정되고 차분하며 거스르지 않고 조용한 것을 귀하게 여긴다. 이덕(二德)과 삼기(三奇)는 논할 필요가 없고 함지와 역마는 비록 응험함이 있더라도, 총괄하여 말하자면 이치에 있어서 우수하지 않으니 그 가운데에서 연구하고 논하려면 상세히 살피지 않으면 안 된다.

【任注】女命者, 先觀夫星之盛衰, 則知其貴賤也. 次察格局之淸濁, 則知其賢愚也. 淫邪嫉妬, 不離四柱之情. 貞靜端莊, 總在五行之理. 是以審察宜精, 貞婦不遭謬妄. 詳究宜碻, 淫穢難逃正論. 二德三奇, 乃好事之妄造. 咸池驛馬, 是後人之謬言. 不孝翁姑, 只爲財輕刦重. 不敬丈夫, 皆因官弱身强. 官星明顯, 夫主崢嶸. 氣靜和平, 婦道柔順.

女命은 먼저 부성(夫星)의 성쇠를 관찰하면 그 귀천을 알 수 있으며 다음으로 격국의 청탁을 살펴보면 그 어질고 어리석음을 알 수 있다. 음란, 간사함과 질투는 사주의 실정을 벗어나지 않으며, 정조가 굳고 얌전함과 품행이 단정하고 장중함은 모두 오행의 이치에 달려 있으니 이 때문에 자세히 살펴서 마땅하고 정밀하게 해야 절개 굳은 여인이 잘못된 망언을 당하지 않으며, 상세히 연구하여 마땅하고 확실하게 해야 음란하고 행실이 좋지 않은 사람이 올바른 논리를 도피하기 어려울 것이다. 이덕(二德)과 삼기(三奇)는 곧 일 만들기 좋아하는 자들이 함부로 지어낸 말이며 함지와 역마는 후인들의 그릇된 말이다. 시부모에게 불효하는 것은 다만 財가 가볍고 비겁이 무겁기 때문이며, 남편을 공경하지 않는 것은 다 官이 약하고 身이 강하기 때문이다. 관성이 밝게 드러나면 남편이 재주가 특출하고, 기세가 안정되고 화평하면 부도(婦道)가 유순하다.

若乃官星太旺, 無比刦以印爲夫, 有比刦而無印綬者, 以傷食爲夫. 官星太弱, 有傷官, 以財爲夫, 無財星而比刦旺者, 亦以傷食爲夫. 滿盤比刦而無印無官者, 又以傷食爲夫. 滿局印綬而無官無傷者, 以財爲夫. 傷官旺, 日主衰, 以印爲夫. 日主旺, 食傷多, 以財爲夫. 官星輕, 印綬重, 亦以財爲夫. 財乃夫之恩星, 女命身旺無官, 財星得令得局者, 上格也.

관성이 태왕한 경우에는 비겁이 없으면 인수를 남편으로 삼고, 비겁이 있고 인수가 없으면 식상을 남편으로 삼으며, 관성이 태약한 경우에는 상관이 있으면 財를 남편으로 삼고, 재성이 없고 비겁이 왕하면 또한 식상을 남편으로 삼으며, 원국에 비겁이 가득하고 인수도 없고 관성도 없으면 또한 식상을 남편으로 삼고, 원국에 인수가 가득하고 관성도 없고 상관이 없으면 財를 남편으로 삼으며, 상관이 왕하고 일주가 쇠약하면 인수를 남편으로 삼고, 일주가 왕하고 식상이 많으면 財를 남편으로 삼으며, 관성이 경하고 인수가 중한 경우에도 財를 남편으로 삼는다. 財는 곧 夫(남편)의 은성이니 女命이 신왕하고 官이 없더라도 재성이 시령을 만나고 局을 이루면 上格이다.

若論刑傷, 又有生剋之理存焉. 官星微, 無財星, 日主强, 傷官重, 必剋夫. 官星微, 無財星, 比刦旺, 必欺夫. 官星微, 無財星, 日主旺, 印綬重, 必欺夫剋夫. 官星弱, 印綬多, 無財星, 必剋夫. 比刦旺而無官, 印旺無財, 必剋夫. 官星旺, 印綬輕, 必剋夫. 比刦旺, 無官星, 有傷官, 印綬重, 必剋夫. 食神多, 官星微, 有印綬, 遇財星, 必剋夫.

형상(刑傷)을 논함에 있어서는 다시 또 거기에 생극의

이치가 있는 것이니, 관성이 미약하고 재성이 없거나 일주가 강하고 상관이 중하면 반드시 극부하며, 관성이 미약하고 재성이 없으면서 비겁이 왕하면 반드시 남편을 업신여기며, 관성이 미약하고 재성이 없으며 일주가 왕하고 인수가 중하면 반드시 남편을 업신여기고 극해하며, 관성이 약한데 인수가 많고 재성이 없으면 반드시 극부하며, 비겁이 왕하고 관성이 없거나 인수가 왕하고 재가 없으면 반드시 극부하며, 관성이 왕하고 인수가 경미하면 반드시 극부하며, 비겁이 왕한데 관성이 없고 상관이 있으면서 인수가 중하면 반드시 극부하며, 식신이 많고 관성이 미약한데 인수가 있고 재성을 만나면 반드시 극부한다.

凡女命之夫星, 卽是用神, 女命之子星, 卽是喜神, 不可專論官星爲夫傷食爲子. 日主旺, 傷官旺, 無印綬, 有財星, 子多而貴. 日主旺, 傷官旺, 無財印, 子多而强. 日主旺, 傷官輕, 有印綬, 財得局, 子多而富. 日主旺, 無食傷, 官得局, 子多而賢. 日主旺, 無食傷, 有財星, 無官殺, 子多而能. 日主弱, 食傷重, 有印綬, 無財星, 必有子. 日主弱, 食傷輕, 無財星, 必有子. 日主弱, 財星輕, 官印旺, 必有子. 日主弱, 官星旺, 無財星, 有印綬, 必有子. 日主弱, 無官星, 有傷刦, 必有子. 日主旺, 有印綬, 無財星, 子必少. 日主旺, 比肩多, 無官星, 有印綬, 子必少. 日主旺, 印綬重, 無財星, 必無子. 日主弱, 傷官重, 印綬輕, 必無子. 日主弱, 財星重, 逢印綬, 必無子. 日主弱, 官殺旺, 必無子. 日主弱, 食傷旺, 無印綬, 必無子. 火炎土燥無子. 土金溼滯無子. 水泛木浮無子. 金寒水冷無子. 重疊印綬無子. 財官太旺無子. 滿局食傷無子. 以上無子者, 有子必剋夫, 不剋夫亦夭.

　무릇 여명의 夫星은 곧 용신이며, 여명의 子星은 곧 희신이므로 오로지 관성만을 夫로 삼고 식상만을 자식으로 삼는다고 논해서는 안 되니, 일주가 왕하고 상관이 왕할 때 인수가 없고 재성이 있으면 자식이 많고 귀하게 되며, 일주가 왕하고 상관이 왕할 때 財와 印이 없으면 자식이 많고 강건하며, 일주가 왕하고 상관이 가벼울 때 인수가 있고 財가 局을 이루면 자식이 많고 부유하며, 일주가 왕하고 식상이 없을 때 관성이 局을 이루면 자식이 많고 현명하며, 일주가 왕하고 식상이 없을 때 재성이 있고 관살이 없으면 자식이 많고 유능하며, 일주가 약하고 식상이 중할 때 인수가 있고 재성이 없으면 반드시 자식이 있으며, 일주가 약하고 식상이 경할 때 재성이 없으면 반드시 자식이 있으며, 일주가 약하고 재성이 경할 때 官과 印이 왕하면 반드시 자식이 있으며, 일주가 약하고 관성이 왕할 때 재성이 없고 인수가 있으면 반드시 자식이 있으며, 일주가 약하고 관성이 없을 때 상관과 비겁이 있으면 반드시 자식이 있으며, 일주가 왕하고 인수가 있을 때 재성이 없으면 자식이 반드시 적으며, 일주가 왕하고 비겁이 많을 때 관성이 없고 인수가 있으면 자식이 반드시 적으며, 일주가 왕하고 인수가 중할 때 재성이 없으면 반드시 자식이 없으며, 일주가 약하고 상관이 중할 때 인수가 경하면 반드시 자식이 없으며, 일주가 약하고 재성이 중할 때 인수를 만나면 반드시 자식이 없으며, 일주가 약하고 관살이 왕하면 반드시 자식이 없으며, 일주가 약하고 식상이 왕할 때 인수가 없으면 반드시 자식이 없으며, 火가 뜨겁고 土가 건조하면 자식이 없으며, 土金이 습하여 막히면 자식이 없으며, 물이 넘치고 나무가 뜨면 자식이 없으며, 金이 차고 水가 냉하면 자식이 없으며, 인수가 중첩되면 자식이 없으며, 財官이 태왕하면 자식이 없으며, 원국에 식상이 가득하면 자식이 없는 것이니, 이상의 자식이 없어야 할 경우에 자식이 있으면 반드시 극부(剋夫)하며 극부하지 않으면 요절한다.

　至於淫邪之說, 亦究四柱之神. 日主旺, 官星微, 無財星, 日主足以敵之者. 日主旺, 官星微, 傷食重, 無財星, 日主足以欺之者. 日主旺, 官星弱, 日主之氣, 生助他神而去之者. 日主旺, 官星弱, 官星之氣, 合日主而化者. 日主旺, 官星弱, 官星之氣, 依日主之勢者. 日主弱, 無財星, 有食傷, 逢印綬, 日主自專其主者. 日主旺, 無財星, 官星輕, 食傷重, 官星無依倚者. 日主旺, 官無根, 日主不顧官星, 合財星而去者. 日主弱, 傷食重, 印綬輕者. 日主弱, 食傷重, 無印綬, 有財星者. 食傷當令, 財官失勢者. 官無財滋, 比刼生食傷者. 滿局傷官無財者. 滿局官星無印者. 滿局比刼無食傷者. 滿局印綬無財者, 皆淫賤之命也.

　음사(淫邪)에 대한 설명에 이르러서는 또한 사주의 神을 연구해야 하니, 일주가 왕하고 관성이 미미할 때 재성이 없어서 일주가 관성을 대적할 수 있는 경우와, 일주가 왕하고 관성이 미미할 때 식상이 중첩되고 재성이 없어서 일주가 관성을 업신여길 수 있는 경우와, 일주가 왕하고 관성이 약할 때 일주의 기가 타신(他神)을 생조하여 관성을 제거하는 경우와, 일주가 왕하고 관성이 약할 때 관성의 기가 일주와 합하여 변화된 경우와, 일주가 왕하고 관성이 약할 때 관성의 기가 일주의 세력에 의지하는 경우와, 일주가 약하고 재성이 없고 식상이 있을 때 인수를 만나서 일주가 그 주인 노릇을 제 마음대로 하는 경우와, 일주가 왕하고 재성이 없고 관성이 가벼울 때 식상이 중첩되어 관성이 의지할 곳이 없는 경우와, 일주가 왕하고 관이 뿌리가 없을 때 일주가 관성을 돌보지 않고 재성과 합하여 관을 제거하는 경우와, 일주가 약하고 식상이 중첩되고 인수가 가벼운 경우와, 일주가 약하고 식상이 중할 때 인수가 없고 재성이 있는 경우와, 식상이 당령하고 財官이 세력을 잃은 경우와, 관성은 財의 자양이 없고 비겁이 식상을 생하는 경우와, 사주 원국에 상관이 가득하고 財가 없는 경우와, 원국에 관성이 가득하고 인수가 없는 경우와, 원국에 비겁이 가득하고 식상이 없는 경우와, 원국에 인수가 가득하고 財가 없는 경우 등은 모두 음란하고 천박한 명이다.

總之, 傷官不宜重, 重必輕佻美貌而多淫也. 傷官身弱
有印, 身旺有財者, 必聰明美貌而貞潔也. 凡觀女命, 關
系匪小, 不可輕斷淫邪, 以瀆神怒, 然亦不可一例言命. 或
由祖宗遺孽, 或由家門氣數, 或由丈夫不肖, 或由母姑不良,
幼失閨訓, 或由氣習不善, 無謹飭閨門, 任其恣性越禮, 入
寺燒香, 遊玩看戲聽詞, 男女混雜. 初則階下敷陳, 久則
內堂演說, 始而或言賢孝節義之故事, 繼而漸及淫邪苟合
之穢詞. 保[23]無觸念動心乎? 所以居家, 第一件事, 在嚴
肅閨門, 閨幃之內, 不出戲言, 則刑于之化行矣. 房幃之
中, 不聞戲笑之聲, 則相敬之風著矣, 主家者不可不愼之.

총괄하여 논하자면 상관은 중첩해서는 안 되니, 중첩하
면 반드시 언행이 가볍고 신중하지 못하며 용모는 아름다
우나 음란하며, 상관이 있을 때 신약하고 인수가 있거나
신왕하고 財가 있는 경우에는 반드시 총명하고 미모이면
서 정결하다. 무릇 여명을 관찰할 때에는 관계되는 바가
적지 않으므로 음사를 가볍게 판단하여 신명의 노여움을
업신여겨서는 안 되지만, 그러나 또한 한 가지 예로 命을
말해서도 안 되니, 혹 조상의 서자로 태어났거나, 혹 가문

---

23) 保는 연문이거나 何의 誤字인 듯함.

의 운수 때문이거나, 혹은 남편의 불초함 때문이거나, 혹은 어머니와 고모가 선량하지 못하여 어릴 때 가정교육을 받지 못했기 때문이거나, 혹은 기질과 습성이 좋지 않음으로 인하여 집안에서는 조심하고 경계함이 없이 그 방자한 성질을 멋대로 부려 예를 벗어나며, 절에 들어가서는 향을 사르기도 하고 재미있게 놀고 살피고 희롱하고 듣고 말하면서 남녀가 뒤섞여 어울리되, 처음에는 섬돌 아래에서 자세하게 말하다가 오래되면 내실에서 깊이 이야기하며, 처음에는 혹 현량, 효행, 절개, 의리에 대한 고사를 말하다가 계속되면 점점 음사와 구합의 더러운 말에 이르니 어찌 생각이 닿을 때마다 마음을 동요함이 없겠는가? 이 때문에 집안에 거처하는데 첫 번째 할 일은 규문을 엄격하고 정숙하게 하여 내실 휘장 안에서 희롱하는 말이 나오지 않게 하는 데에 있으니, 그렇다면 그 행실을 교화하는 데 법도가 있어야 할 것이다. 방의 휘장 안에서 장난치고 웃는 소리가 들리지 않으면 서로 공경하는 풍습이 드러날 것이니, 집안의 주인 된 자는 이러한 점을 삼가지 않으면 안 된다.

丁　壬　甲　戊

未　寅　寅　申

丙　丁　戊　己　庚　辛　壬　癸

午　未　申　酉　戌　亥　子　丑

壬水生於孟春, 土虛木盛, 制殺太過. 寅申逢沖, 本是 剋木, 不知木旺金缺, 金反被傷. 則戊土無根依托, 而日 主之壬水, 可任性而行. 見其財星有勢, 自然從財而去, 以致傷夫敗業, 棄子從人也.

壬水가 맹춘에 생하였는데 土는 허하고 木은 성하여, 제 살이 태과하다. 寅申이 沖을 만나면 본래 木을 극한다는 것은 木이 왕성하면 金이 망그러져서 金이 도리어 손상됨 을 모르는 논리이니, 그렇다면 戊土는 뿌리를 의탁할 곳이 없고 일주의 壬水는 성질대로 행동할 수 있으므로 그 세력 이 있는 재성을 만나자 자연스럽게 財를 따라가게 되어, 남편을 손상하고 가업을 망치며 자식을 버리고 남을 따라 갔다.

丁 甲 乙 丁
卯 午 巳 未
癸 壬 辛 庚 己 戊 丁 丙
丑 子 亥 戌 酉 申 未 午

甲午日元, 生于巳月, 支類南方, 干透兩丁, 火勢猛烈, 洩氣太過, 局中無水, 只可用刦. 初運又走火地, 是以早刑夫主. 人極聰明美貌, 而輕佻異常, 不能守節. 至戊申運, 與木火爭戰, 不堪言矣.

甲午 일원이 巳월에 생하고 지지가 모두 南方이며 천간에 두 丁이 투출하니 火의 세력이 맹렬하여 설기가 태과한데, 局 중에 水가 없으므로 다만 비겁을 써야 한다. 초운이 다시 또 火地로 달리니 이 때문에 남편을 일찍 잃었으며 사람됨이 매우 총명하고 용모가 아름다웠으나 언행의 경솔함이 보통과 달라 수절하지 못했는데 戊申운에 이르러 木火와 서로 다투니 말로 형용할 수 없었다.

戊　丙　己　戊

戊　辰　未　戊

辛　壬　癸　甲　乙　丙　丁　戊

亥　子　丑　寅　卯　辰　巳　午

滿局傷官, 五行無木, 印星不現, 格成順局, 故其人聰
明美貌. 第四柱無金, 土過燥厚, 辛金夫星投墓於戌, 是
以淫亂不堪. 夫遭凶死, 又隨人走, 不二三年又剋. 至乙
卯運, 犯土之旺, 自縊而死.

　원국에 상관이 가득하고 오행 중에 木이 없어 인성이 나
타나지 않으니 격이 순종하는 국을 이루었으므로 그 사람
됨이 총명하고 용모가 아름다웠으나 다만 사주에 金이 없
고 土가 너무 건조하고 두터우며 辛金 夫星이 戌의 묘(墓)
속에 머무니 이 때문에 음란함을 견디지 못했는데, 남편이
흉사를 당하자 다시 다른 남자를 따라 갔으나 이삼 년도
못 되어 다시 또 죽었으며 乙卯운에 이르러 旺土를 침범하
니 스스로 목을 매어 죽었다.

丙　戊　乙　戊

辰　戌　丑　午

丁　戊　己　庚　辛　壬　癸　甲

巳　午　未　申　酉　戌　亥　子

戊土生于丑月, 土王用事, 木正凋枯. 且丑乃金庫, 辛金伏藏, 不能託根. 更兼辰戌沖去藏官, 又逢印綬生身, 日主足以欺官, 置夫主于度外. 且中運西方金地, 淫賤不堪.

戊土가 丑월에 태어나 土氣는 왕성하여 권력을 독차지하지만 木은 진실로 시들어 마르는데 또 丑은 곧 金의 고(庫)로 辛金이 엎드려 숨어 있으니 뿌리를 의탁할 수 없다. 다시 겸하여 辰戌이 충하여 암장된 官을 제거하고 또 인수의 生身을 만나서 일주가 官을 업신여길 수 있게 되니, 남편을 의중에 두지 않았으며 다 나아가 중운이 西方 金地이므로 음천함을 견뎌내지 못했다.

庚　丁　丙　己

戌　亥　寅　亥

甲　癸　壬　辛　庚　己　戊　丁

戌　酉　申　未　午　巳　辰　卯

丁火生于寅月, 木正當權, 火逢相旺, 必以亥水官星爲
夫明矣. 年支亥水合寅化木, 而日支亥水, 必要生扶爲
是. 時干庚金隔絶, 無生扶之意, 又逢戌土緊剋之, 則日
主之情, 必向庚金矣, 所以淫賤之至也.

丁火가 寅月에 태어나 木이 마침 권세를 잡고 火가 상왕
(相旺)을 만났으니 반드시 亥水 관성을 남편으로 삼아야 함
이 분명하다. 年支의 亥水는 寅과 합하여 木으로 化하였고,
日支 亥水는 반드시 생부(生扶)해야만 옳은데 時干의 庚金
은 멀리 떨어져 生扶의 뜻이 없고 다시 또 戌土가 자신을
긴밀하게 극함을 만나니 그렇다면 일주의 情은 반드시 庚金
을 향하게 되므로 이 때문에 음천이 지극한 것이다.

丁　庚　癸　丁

亥　子　丑　未

辛　庚　己　戊　丁　丙　乙　甲

酉　申　未　午　巳　辰　卯　寅

寒金喜火, 嫌其支全亥子丑, 北方水旺. 又月干癸剋
丁, 丑未沖去丁火餘氣. 五行無木, 未得生化之情. 時干
之丁虛脫無根, 焉能管伏庚金? 而日主之情, 不顧丁火

可知, 所以水性楊花也.

寒金은 火를 좋아하니 그 지지에 亥子丑을 전부 갖추어 北方 水가 왕한 것을 꺼린다. 또 月干의 癸가 丁을 극하고 丑未가 충하여 未의 여기(餘氣) 丁火를 제거하며 오행 중 木이 없어 生化의 情을 이루지 못하고, 時干의 丁火는 극도로 허약하여 뿌리가 없으니 어떻게 庚金을 다스려 복종시킬 수 있겠는가? 곧 일주의 情이 丁火를 돌보지 않음을 알 수 있으니, 이 때문에 水의 성정[24]이나 버드나무 꽃[25]과 같은 것이다.

乙　庚　癸　丁

酉　子　丑　丑

辛　庚　己　戊　丁　丙　乙　甲

酉　申　未　午　巳　辰　卯　寅

庚金生于季冬, 不但寒金喜火, 而且時逢陽刃印綬當權, 足以用火敵寒. 月干癸水, 通根祿支, 剋絕丁火, 其意足以欺官. 時逢乙木, 喜而合之, 其情必向財矣. 所以背夫而去, 淫穢不堪也.

---

24) 水의 성정 : 주관 없이 지세(地勢)에 따라 흐름.

25) 버드나무 꽃 : 바람 따라 날아다님.

庚金이 계동에 태어나 寒金으로서 火를 좋아할 뿐 아니라 더 나아가 時에 양인을 만나고 인수가 권세를 잡으니 火를 써서 한기(寒氣)를 대적할 수 있다. 月干의 癸水는 녹지(祿支) 子水에 통근하여 丁火를 극절하니 그 뜻이 官을 업신여길 수 있으며 時에 乙木을 만나 기쁘게 그것과 합하니 그 情은 틀림없이 財를 향하게 된다. 이 때문에 남편을 배반하고 떠나가서 음란하고 더러운 행실을 참고 견디지 못했다.

丙　辛　壬　丁

申　巳　子　丑

庚　己　戊　丁　丙　乙　甲　癸

申　未　午　巳　辰　卯　寅　丑

壬水合去丁火之殺, 丙火官星得祿于日支, 似乎佳美. 所以出身舊家, 因其貌美而菁媚, 羣以賽楊妃稱之. 四五歲時, 眉目秀麗, 及十三四益嬌冶, 成爲畫中人. 年十八, 歸士人妻, 士素醇謹好學, 惑而瞷愛之, 逾年而學廢, 竟以瘵瘵而死. 從此淫穢不堪, 後身敗名裂, 無所依托, 自縊而死. 此造, 因多合之故耳. 夫十干之合, 惟丙辛合,以官化傷官, 謂貪合忘官, 且巳申合亦化傷官. 丁壬合則暗化財星, 其意中將丙火置之度外明矣, 其情必向丁壬一邊. 況乎干支皆合, 無往不是意中人也.

壬水가 丁火 殺을 합거하고 丙火관성이 일지에 녹을 만나 아름다운 듯하니 이 때문에 전통 있는 집안에 태어나 그 용모가 아름답고 요염함으로 인하여 많은 사람들이 그를 양귀비와 겨룰만하다고 하였다. 4～5세 때부터 용모가 빼어나게 아름답더니 13～14세가 되자 더욱 요염하고 예뻐서 진실로 그림 속의 사람과 같았다. 18세에 시집가서 공부하는 선비의 처가 되었는데 그 선비는 본래 순박하고 신중하며 학문을 좋아하였으나, 미혹되어 아내를 가까이 사랑하며 해(年)를 넘기고 학업을 폐지하더니 마침내 폐결핵으로 죽었다. 이로부터 음란하고 더러운 행실을 참지 못했으며 뒤에는 몸이 망가지고 명예가 찢겨져 의지할 곳이 없게 되자 스스로 목을 매어 죽었다. 이 명조는 합이 많은 까닭 때문일 뿐이니, 무릇 十干의 합 중에 丙辛의 합은 官에서 상관으로 변화하므로 合을 탐하여 官을 망각한다고 말하며, 또 巳申의 합도 상관으로 변화하며, 丁壬의 합은 재성으로 암화하여 그 의중에는 장차 丙火를 도외시할 것이 분명하니, 그 정은 틀림없이 丁壬 한쪽으로만 향할 것인데, 게다가 干支가 모두 합을 이루니 가는 곳마다 의중에 두지 않은 사람이 없는 것이다.

戊　癸　戊　戊

午　酉　午　子

庚　辛　壬　癸　甲　乙　丙　丁

戌　亥　子　丑　寅　卯　辰　巳

癸水生于午月, 財官並旺, 坐下印綬, 年支坐祿, 未嘗不中和. 天干三透戊土, 爭合癸水, 則日主之情, 竟無定見. 地支兩午壞酉, 而財官之勢, 不分强弱, 日主之情, 自然依財勢而去. 只有年干正夫無財勢, 其力量不敵月時兩干之官, 故將正夫置之不顧矣. 運至乙卯, 木生火旺, 月時兩土, 仍得生扶, 年干之土, 無化而受剋. 所以夫得疾而死, 後淫穢異常, 尤物禍人, 信哉.

癸水가 午月에 태어나 財官이 모두 왕하며, 日支에 인수가 자리하고 年支에 녹을 앉혔으므로 중화를 이루지 않은 것은 아니지만, 천간에는 세 개의 戊土가 투출하여 癸水와 합을 다투니 일주의 情은 마침내 정해진 견해가 없는데, 지지에는 두 개의 午가 酉를 파괴하고 財와 官의 세력은 강약을 분별하지 못하니 일주의 情은 자연히 財의 세력을 따라 가게 된다. 다만 年干에 있는 정부(正夫)는 財의 세력이 없으니, 그 역량이 月時 兩干의 官을 대적하지 못하므로 장차 정부를 버려두고 돌보지 않을 것이다. 운이 乙卯에 이르러 木이 생하여 火가 왕해지자 月과 時의 양 土는 이로 인하여 생부(生扶)를 만났으나 年干의 土는 化함이 없이 극을 당하므로, 이 때문에 남편이 병을 얻어 사망하자 뒤에 음예한 행실이 보통과 달랐으니, 미인이 남에게 재앙을 준다는 말을 의심하지 않을 것이다.

丙 乙 辛 乙

戌 亥 巳 未

己 戊 丁 丙 乙 甲 癸 壬

丑 子 亥 戌 酉 申 未 午

年月日六字觀之, 乙木生于巳月, 傷官當令. 最喜坐下亥印, 沖巳制傷. 不特日主喜其滋扶, 抑且辛金得其衛養, 正所謂傷官用印. 獨殺留淸, 不但貌美, 而且才高, 書畫皆精. 所嫌戌時緊剋亥水, 暴陽一透, 辛金受傷. 旣不利于夫子之宮, 兼損壞乎生平之性矣.

年月日의 여섯 자를 보면 乙木이 巳월에 태어나 상관이 당령했는데 무엇보다도 기쁜 것은 일주가 亥 인수에 앉아 巳를 충하여 상관을 제압하는 것이니 일주는 그 인수의 도와줌을 기쁘게 여길 뿐 아니라 또한 辛金도 그 亥水의 호위와 자양을 만나게 되므로 바로 이른바 상관용인(傷官用印)인 것이며, 하나의 殺이 淸에 머무니 용모가 아름다울 뿐 아니라 또한 재주도 뛰어나서 서화(書畵)가 모두 정교하였다. 꺼리는 것은 戌時가 亥水를 바짝 붙어 극하고 뜨거운 태양이 하나 투출하여 辛金이 손상당하는 것인데, 이미 남편과 자식궁에 이롭지 않으며 평소의 성품에도 손괴됨을 겸하였다.

乙 癸 戊 丁

卯 丑 申 巳

丙 乙 甲 癸 壬 辛 庚 己

辰 卯 寅 丑 子 亥 戌 酉

此造, 官星食神坐祿, 印綬當令逢生, 財生官旺, 不傷印綬. 印綬當令, 足以扶身, 食神得地, 一氣相生, 五行停勻, 安詳純粹. 夫榮子貴, 受兩代一品之封.

이 사주는 관성과 식신이 녹에 앉고 인수가 당령하여 生
을 만나며 財는 官을 생하여 왕하게 하고 인수를 손상하지
않으며, 인수가 당령하여 身을 도울 수 있고 식신이 자리
를 만나 一氣가 상생하니 오행이 고르게 자리를 잡아 편안
하고 차분하고 순수하다. 남편과 자식이 모두 영화롭고 귀
하게 되어 양 대에 걸쳐 일품 벼슬에 봉해졌다.

丙 甲 癸 己

寅 辰 酉 亥

辛 庚 己 戊 丁 丙 乙 甲

巳 辰 卯 寅 丑 子 亥 戌

八月官星財星助金, 生于寅時, 年時兩支逢生得祿. 火
水干透, 無相剋之勢, 有生化之情. 財星得地, 四柱通
根, 五行不悖, 氣靜和平純粹, 生化有情. 夫榮子貴, 受
一品之封.

8월은 관성에 해당하고 재성이 金을 도우며 寅時에 태어
나서 年과 時 양 지지에 장생과 건록을 만났으며, 火와 水
가 천간에 투출했으나 상극하는 형세는 없고 생화하는 정
이 있으며, 재성이 자리를 만나 사주가 통근하고 오행이

어그러지지 않으며, 氣가 안정되어 화평하고 순수하며 생화하여 유정하니, 남편과 자식이 모두 영화롭고 귀하게 되어 일품 벼슬에 봉해졌다.

甲　丁　壬　辛
辰　巳　辰　酉
庚　己　戊　丁　丙　乙　甲　癸
子　亥　戌　酉　申　未　午　巳

　傷官雖旺, 合酉化金, 則官星之元神愈厚矣. 巳火拱金, 辰土引之, 則財之元神更固矣. 時透印綬, 助日主之光輝, 制辰土之傷官. 所謂木不枯, 火不烈, 水不涸, 土不燥, 金不脆, 氣靜和平之象. 夫榮子貴, 受一品封.

　상관이 비록 왕하지만 酉와 합하여 金으로 化하니 관성의 원신이 더욱 두터우며, 巳火가 酉金과 손을 잡고 辰土가 그것을 인도하니 財의 원신이 더욱 견고하다. 時에 인수가 투출하여 일주가 빛을 내는 것을 돕고 辰土상관을 제압하니, 이른바 木은 메마르지 않고 火는 맹렬하지 않으며 水는 마르지 않고 土는 건조하지 않으며 金은 연약하지 않아서 氣가 안정된 화평한 상이니, 남편과 자식이 모두 영화롭고 귀하게 되어 일품 벼슬에 봉해졌다.

甲　壬　癸　己

辰　辰　酉　巳

辛　庚　己　戊　丁　丙　乙　甲

巳　辰　卯　寅　丑　子　亥　戌

秋水通源, 印星秉令, 官殺雖旺, 制化合宜. 更妙時透甲木, 制殺吐秀, 一派純粹之氣. 所以人品端莊, 精于詩書. 喜運途無火, 官不助, 印不傷. 夫星貴顯, 子嗣秀美, 誥封二品之榮.

가을의 水가 근원에 통하고 인성이 시령을 잡으니 관살이 비록 왕하더라도 제화가 합당하며 다시 또 묘한 것은 時干에 甲木이 투출하여 殺을 제압하고 빼어난 기를 토하여 한줄기 순수한 기를 이루는 것이니, 이 때문에 인품이 단정하고 장중하며 시서(詩書)에 정통하였다. 기쁘게도 운도에 火가 없어서 官을 돕지 않고 인수를 손상하지 않으므로, 남편이 귀하게 현달하고 자식도 빼어나고 아름다우며 이품의 영광스런 품계에 봉해졌다.

癸 乙 壬 庚

未 亥 午 辰

甲 乙 丙 丁 戊 己 庚 辛

戌 亥 子 丑 寅 卯 辰 巳

木生午月, 火勢猛而金柔脆之時. 喜壬癸通根制火, 辰土洩火生金, 則火土不烈燥, 水木不枯涸, 接續相生, 清而純粹. 爲女中才子, 生三子, 夫任京官, 家道清寒. 在家教子讀書, 二子登科, 一子發甲. 夫官郎中, 子官禦史, 受二代之封.

木이 午월에 생하니 火의 세력이 맹렬하고 金은 부드럽고 연약한 때인데, 기쁘게도 壬癸가 통근하여 火를 제압하고 辰土가 火를 누설하고 金을 생하므로 火와 土는 뜨겁고 건조하지 않으며, 水와 木은 고갈되고 마르지 않아 서로 이어지고 상생하여 맑고 순수하니, 여인 중에 재주가 뛰어난 사람이 되어 세 명의 자식을 낳았으며, 남편이 경관에 임관되고 가도가 청빈했는데, 집에서 자식에게 독서를 시켜 두 아들이 과거에 오르고 한 아들은 장원급제했으며, 남편은 낭중에 임관되고 아들은 어사에 임관되어 두 대에 걸쳐 벼슬에 봉해졌다.

壬　乙　戊　庚

午　酉　寅　辰

庚　辛　壬　癸　甲　乙　丙　丁

午　未　申　酉　戌　亥　子　丑

乙木生于春初, 木嫩金堅. 最喜午時制殺衛身, 寒木向陽, 官印雙淸, 財星生官, 不壞印綬, 純粹安和. 夫官二品, 五子二十三孫, 一生無疾. 夫婦齊眉, 壽至八旬外, 無疾而終, 後裔皆顯貴.

以上皆官星爲夫也.

乙木이 초춘에 태어나니 木은 연약하고 金은 견고한데 무엇보다도 기쁜 것은 午時가 殺을 제압하고 身을 호위하여 寒木이 볕을 향하여 官과 印이 둘 다 淸하며, 재성이 官을 생하고 인수를 파괴하지 않아 격국이 순수하고 안정되고 화평하다. 남편은 이품 벼슬에 임관되었으며 다섯 아들과 손자 스물 셋을 두었는데, 한평생 질병이 없었고 부부가 서로 공경하면서 수명이 팔순을 넘기도록 질병 없이 생을 마쳤으며, 후손들도 모두 현달하여 귀하게 되었다.

이상은 모두 官星을 남편으로 간주한 예이다.

甲 丁 癸 丙
辰 丑 巳 辰
乙 丙 丁 戊 己 庚 辛 壬
酉 戌 亥 子 丑 寅 卯 辰

丁火生于巳月, 癸水夫星淸透, 時干甲木, 印綬獨淸, 是以品格端莊, 持身貞潔. 惜丙火太旺, 生助傷官, 以致鏡破釵分. 然喜巳丑拱金, 財星得用, 身旺以財爲子, 敎子成名, 兩子皆貴, 受三品之封.

丁火가 巳月에 생하고 癸水 夫星이 맑게 투출했으며 時干의 甲木은 인수로서 홀로 청하니 그러므로 품격이 단정하고 장중하며 몸가짐이 정결하였는데, 애석하게도 丙火가 태왕하여 상관을 생조하여 부부의 영원한 이별[26]에 이르렀다. 그러나 기쁘게도 巳와 丑이 金으로 손을 잡아 재성이 쓰임을 만나고 身이 왕하여 財를 자식으로 삼는데, 자식을 가르쳐 이름을 이루게 했으니 두 아들이 모두 귀하게 되어 삼품의 벼슬에 봉해졌다.

---

26) 생이별을 뜻하는데, 생이별인지 사별인지 분명치 않음.

戊　癸　辛　丙

午　酉　卯　寅

癸　甲　乙　丙　丁　戊　己　庚

未　申　酉　戌　亥　子　丑　寅

　癸水生于仲春, 洩氣之地, 兼之財官並旺, 日元柔弱, 以印爲夫. 清而得用, 是以秉性端莊, 勤儉紡織. 至丑運, 洩火拱金, 連生二子. 戊子運沖去午火, 不傷酉金, 夫主登科發甲. 一交丁亥, 西歸矣. 此造之病, 實在財旺耳. 天干之辛, 丙火合之, 地支之酉, 午火破之, 更兼寅卯當權生火. 丁亥運合寅化木, 助起旺神, 又丁火緊剋辛金, 不祿宜矣.

　癸水가 중춘에 생하니 氣를 누설하는 자리이며 여기에 겸하여 財官이 함께 왕하고 일원이 유약하니 印을 남편으로 삼는데 淸하여 쓰임을 얻으니 이 때문에 타고난 성품이 단정하고 장중하며 근검하게 길쌈을 잘하였다. 丑운에 이르러 火를 누설하고 金과 손을 잡으니 연달아 두 아들을 낳았으며, 戊子운에는 午火를 충거하여 酉金을 손상되지 않게 하니 남편이 과거에 장원급제했으며, 한번 丁亥운으로 바뀌자 西天(극락세계)으로 돌아갔다. 이 사주의 병(病)

은 실제로 財가 왕한 데 있을 뿐이니, 천간의 辛金을 丙火가 합하고 지지의 酉金을 午火가 파괴하며 다시 또 겸하여 寅卯가 권세를 잡고 火를 생하는데, 丁亥운에는 寅과 합하고 木으로 化하여 旺神을 도와 일으키며 다시 또 丁火가 辛金을 긴박하게 극하니 사망하게 됨이 당연하다.

癸 丙 辛 辛

巳 子 卯 丑

己 戊 丁 丙 乙 甲 癸 壬

亥 戌 酉 申 未 午 巳 辰

丙火生于仲春, 火相木旺之時, 正得中和之象. 年月兩透財星, 地支巳丑拱金, 財旺生官, 官星得祿, 以印爲夫, 謂眞神得用. 秉性勤儉, 紡績佐讀, 奉甘旨得舅姑之歡心. 至甲午運幫身衛印, 夫主連登甲榜, 誥封宜人. 壽至酉運, 會金沖卯不祿.

丙火가 중춘에 생하여 火는 상(相), 木은 왕(旺)에 해당하는 때이니 바로 中和의 상을 얻었다. 年月 두 곳에 재성이 투출하고 지지에 巳와 丑이 金과 손을 잡아 財가 왕하여 官을 생하고 관성은 지지에 녹을 만났으므로 印을 남편으

로 삼으니 이른바 진신(眞神)이 쓰임을 만난 것이다. 타고
난 성품이 근면 검소하여 길쌈을 해서 남편의 독서를 돕
고, 맛있는 음식으로 봉양하여 시부모의 환심을 얻었는데,
甲午운에 이르러 身을 돕고 印을 호위하니 남편이 연달아
과거에 급제하고 자신은 의인(宜人)[27]에 봉해졌으며, 수명
은 酉운에 이르러 金局을 이루고 인수卯를 충하니 사망하
였다.

丙　丙　癸　丁

申　辰　卯　酉

辛　庚　己　戊　丁　丙　乙　甲

亥　戌　酉　申　未　午　巳　辰

丙火生于仲春, 官透財藏, 印星秉令, 比刦幫身, 似乎
旺相. 第嫌卯酉逢沖, 癸丁相剋, 木火損而金水存. 雖賴
時干丙火之助, 但丙臨申位, 亦自顧不暇. 幸辰中蓄藏餘
氣, 一點微苗, 尙存春令, 猶能輔用, 較之前造更弱, 亦
以印星爲夫. 爲人端莊幽嫻, 知書達理. 丙午運, 破其酉
金, 夫主登科, 生二子, 誥封四品. 至四旬外, 運走戊申,

---

27) 의인(宜人) : 5품 문무관의 모친이나 처의 봉호.

洩火生金不祿.

丙火가 중춘에 생하여 官이 투출하고 財가 저장됐으며 인성이 時令을 잡고 비겁이 身을 도우니 旺相인 듯하다. 다만 꺼리는 것은 卯와 酉가 충을 만나고 癸와 丁이 상극하여 木과 火가 손상되고 金과 水가 보존되는 것이니, 비록 時干 丙火의 도움에 의지한다 하지만 그러나 丙은 申의 자리에 임하였으니 또한 자신을 돌볼 겨를도 없다. 다행히 辰 중에 여기(餘氣) 木을 축장하여 한 점의 미약한 싹이 춘령(春令)에 아직 남아 있으니 그래도 용신을 도울 수 있는데, 앞의 사주에 비교하면 더욱 약하므로 역시 인성을 남편으로 삼으며 사람됨이 단정하고 정숙하여 글을 알고 이치에 통달하였다. 丙午운에 酉金을 파괴하니 남편이 과거에 급제하고 두 아들을 낳았으며 사품에 봉해졌다. 사십 이후에는 운이 戊申으로 달려서 火를 설하고 金을 생하니 사망하였다.

$$
\begin{array}{cccc}
己 & 戊 & 庚 & 癸 \\
未 & 午 & 申 & 丑
\end{array}
$$

戊 丁 丙 乙 甲 癸 壬 辛
辰 卯 寅 丑 子 亥 戌 酉

戊土生于孟秋, 柱中刼印重重, 得食神秉令爲夫, 洩其菁英. 更喜癸水潤土養金, 秀氣流行. 是以人品端莊, 知大義, 雖出農家, 安貧紡績佐夫, 孝事舅姑. 至癸亥, 未擧于鄉, 施登甲榜, 仕至黃堂. 雖夫貴, 未嘗以貴婦自矜, 在家仍布衣操作. 生四子, 皆美秀, 壽至丙運, 奪食不祿.

戊土가 맹추에 생하고 사주 중에 刼과 印이 중중한데 월령을 잡은 식신을 만나 남편으로 삼으니 그 무성하고 빼어난 기를 누설시킨다. 다시 또 기쁜 것은 癸水가 土를 적셔서 金을 자양케 하여 수기가 유행하는 것이니, 이 때문에 인품이 단정하고 장중하여 대의를 알았으며, 비록 농가에 태어났으나 가난함을 편안히 여기고 길쌈을 하여 남편을 도우며 효성으로 시부모를 섬겼다. 癸亥운에 이르러 남편이 향시에 합격하고 이어서 갑방(진사)에 급제하여 벼슬이 황당에 이르렀는데, 비록 남편이 귀하게 되었지만 귀부인으로서 자만한 적이 없었고 집안에서도 여전히 평민처럼 활동하였다. 네 아들을 낳았는데 모두 아름답고 빼어났으며, 수명은 丙운에 이르러 식신을 빼앗으니 사망하였다.

己　戊　庚　癸
未　戌　申　未
戊　丁　丙　乙　甲　癸　壬　辛
辰　卯　寅　丑　子　亥　戌　酉

此與前造, 只換未戌二支, 其餘皆同. 未丑皆土, 午換以戌, 用金去火爲宜. 大勢觀之, 勝于前造, 今反不及者, 何也? 夫丑乃北方溼土, 能生金晦火, 又能蓄水. 未乃南方燥土, 能脆金助火, 又能暵水. 午雖火, 遇丑土而貪生. 戌雖土, 藏火而愈燥. 幸秋金用事, 所以貴也. 雖出身貧寒, 而人品端謹, 持家勤儉. 夫中鄕榜, 仕縣令, 生二子.

　이 사주는 앞의 사주와 다만 未와 戌 두 지지만 바뀌고 그 나머지는 모두 같은데, 未와 丑은 다 같은 土이고 午가 戌로 바뀌었으니 金을 쓰고 火를 버리는 것이 마땅하다. 대체적인 형세를 보면 앞의 사주보다 나은데 이것이 도리어 앞의 것에 미치지 못한 까닭은 어째서인가? 丑은 곧 北方의 濕土이므로 金을 생하고 火를 어둡게 할 수 있으며 水를 저축할 수 있지만, 未는 곧 南方의 燥土이므로 金을 연약하게 하고 火를 도울 수 있고 또 水를 마르게 할 수 있으며, 午는 비록 火이나 丑土를 만나면 생할 것을 탐내지만, 戌은 비록 土이나 火를 간직하여 더욱 건조해지기 때문이다. 다행히 秋金이 권세를 쓰므로 귀한 것이니, 비록 빈한한 집에 태어났으나 인품이 단정하고 신중하며 근검으로 가정을 유지하였다. 남편은 향방에 합격하여 벼슬이 현령에 이르렀으며 두 아들을 낳았다.

壬　戊　辛　己

戌　辰　未　酉

己　戊　丁　丙　乙　甲　癸　壬

卯　寅　丑　子　亥　戌　酉　申

土榮夏令, 逢金吐秀, 更喜無木, 富貴之造也. 所以身出宦家, 通詩書, 達禮教. 至酉運, 夫星祿旺, 生一子, 夫主登科. 甲戌運刑沖出丁火, 閨中雪舞, 而家道日落, 靑年守節, 苦志教子成名. 至子運, 子登科, 仕至郡守, 受紫誥之封, 壽至寅運金絕之地.

土가 하령에 번성하고 金을 만나 빼어남을 토하는데 또 기쁘게도 木이 없으니 부귀할 명조이다. 이 때문에 벼슬하는 집안에 태어나 시서와 예교에 통달하였다. 酉운에 이르러 夫星으로 녹왕에 해당되니 아들을 낳고 남편이 과거에 올랐으며, 甲戌운에는 형충으로 丁火가 나오니 안방에 눈이 몰아쳐 가도가 몰락했으나 젊은 나이에 수절하여 고생하며 자식을 가르쳐 이름을 이루게 하였다. 子운에 이르러 아들이 과거에 올라 벼슬이 군수에 이르니 조서[28]의 봉호를 받았으며, 수명은 寅운 金의 절지(絕地)까지 이르렀다.

甲 癸 壬 丁

寅 丑 子 亥

庚 己 戊 丁 丙 乙 甲 癸

申 未 午 巳 辰 卯 寅 丑

癸水生于仲冬, 支全亥子丑, 北方一氣, 其勢泛濫, 一點丁火無根. 最喜寅時, 納水而泄其菁華. 甲木夫星坐祿, 故爲人聰明貌美, 端莊幽閒. 更喜運走東南木火之地, 夫榮子秀, 福澤有餘.

癸水가 중동에 생하고 지지에 亥子丑을 모두 갖추어 北方 一氣로 그 세력이 범람하며 일점 丁火는 뿌리가 없는데 가장 기쁜 것은 寅時가 水를 수납하여 그 청화한 세력을 누설시키는 것이다. 甲木 夫星이 녹에 앉았으므로 사람됨

---

28) 자고(紫誥) : 왕의 조서를 자색 빛깔의 종이에 쓴 데서 유래함.

이 총명하고 용모가 아름다우며 단정하고 정숙한데 다시
또 기쁜 것은 운이 東南 木火의 자리로 달리는 것이니 남
편이 영화롭고 자식이 빼어나며 복택이 유여하였다.

丁　乙　丙　乙
亥　卯　戌　卯

甲　癸　壬　辛　庚　己　戊　丁
午　巳　辰　卯　寅　丑　子　亥

乙木生于季秋, 柱中兩坐祿旺, 亥卯又拱木局, 四柱無
金, 日元旺矣. 喜其丙丁並透, 洩木生土, 財星爲夫, 爲
人端莊和順. 夫中鄕榜, 出仕琴堂. 生三子, 壽至壬運.

乙木이 계추에 태어나 사주 중 두 곳에 녹왕이 자리하고
亥卯가 다시 또 木局으로 손을 잡으며 사주에 金이 없으니
일원이 왕하다. 기쁘게도 丙丁이 함께 투출하여 木을 누설
하고 土를 생하므로 재성을 夫로 삼으며 사람됨이 단정하고
장중하며 온화하고 유순하다. 남편은 향방에 합격하여 금당
에 출사했으며 세 아들을 낳고 수명은 壬운에 이르렀다.

辛　丁　甲　戊

丑　未　寅　寅

丙　丁　戊　己　庚　辛　壬　癸

午　未　申　酉　戌　亥　子　丑

丁火生于春令, 印綬太重. 最喜丑時, 坐下財庫, 沖去
未中比印, 生起財星, 必以辛金爲夫, 丑土爲子也. 初運
北方水地, 洩金生木, 出身寒微. 至庚戌己酉戊申, 三十
載土金之地, 裕夫發財, 生三子皆貴, 誥封恭人. 所謂棄
印就財, 且夫得子助, 故後嗣榮發也.

丁火가 춘령에 태어나고 인수가 너무 중첩되었는데 가
장 기쁜 것은 丑時가 아래에 財庫로 자리 잡아 未 중 비겁
과 인수를 충거하고 辛재성을 생하여 일으키는 것이니, 반
드시 辛金을 남편으로 삼고 丑土를 자식으로 삼는다. 초운
이 北方 水地로 金을 설하고 木을 생하니 한미한 집안에
태어났으나, 庚戌·己酉·戊申에 이르는 30년간 土金의
자리이므로 남편의 발재(發財)가 넉넉하였고 세 아들을 낳
아 모두 귀하게 되었으며 공인[29]에 봉해졌으니, 이른바 인
수를 버리고 財를 취하며 또 夫가 子의 도움을 만난 것이

---

29) 공인(恭人) : 四品 문무관의 모친이나 부인의 봉호.

므로 후사가 영화롭게 피어난 것이다.

癸 辛 己 壬

巳 丑 酉 辰

辛 壬 癸 甲 乙 丙 丁 戊

丑 寅 卯 辰 巳 午 未 申

**辛金生于仲秋, 支全金局, 五行無木, 火已成金, 必無
用官之理. 喜其壬癸並透, 洩其精英, 爲人聰明端謹, 頗
知詩禮. 所惜者, 十九歲運走丁未, 南方火旺, 生土逼
水, 流年庚戌, 支全剋水, 無子而夭.**

辛金이 중추에 태어나고 지지에 金局을 갖추었으며 오
행 중에 木이 없어서 火가 이미 金을 이루었으니 틀림없이
官을 써야 할 이치가 없다. 기쁘게도 壬癸가 함께 투출하
여 일주의 순수하고 빼어난 기를 누설시키니 사람됨이 총
명하고 단정 신중하며 제법 詩와 禮를 알았는데, 애석한
것은 19세에 운이 丁未로 달려 南方 火가 왕하여 土를 생
하고 水를 핍박하며, 庚戌 유년에는 지지가 완전히 水를
극하니 자식도 없이 요절하였다.

己 乙 丙 甲

卯 卯 寅 午

戊 己 庚 辛 壬 癸 甲 乙

午 未 申 酉 戌 亥 子 丑

旺木逢火, 通明之象. 妙在金水全無, 純清不雜, 爲人端莊. 以丙火爲夫. 惜運走北方水地, 壽亦不永, 生三子留一, 至壬運, 剋丙火而阻矣. 設使兩造運皆順行, 不特壽長, 若男造名利兩全, 女造則夫榮子貴也.

旺木이 火를 만나 밝음을 통하는 상이다. 묘함이 金水가 전무하여 순수하게 맑고 혼잡되지 않음에 있으니 사람됨이 단정하고 장중하며 丙火를 남편으로 삼는다. 애석하게도 운이 北方 水地로 달려 수명도 길지 않고 세 아들을 낳아 하나만 남게 되었는데, 壬운에 이르러 丙火를 극하자 인생길이 가로 막혔다. 가령 두 사주의 운이 모두 순행했다면 수명이 길뿐만 아니라, 남자 사주인 경우에는 名利가 모두 갖추어지고, 여자 사주인 경우에는 남편이 영달하고 자식이 귀하게 될 것이다.

己 乙 壬 丁

卯 卯 寅 未

庚 己 戊 丁 丙 乙 甲 癸

戌 酉 申 未 午 巳 辰 卯

春木森森, 旺之極矣. 時干己土無根, 以丁火爲夫. 丁
壬之合, 去水却妙, 化木不宜, 所以出身貧寒. 喜其運走
南方火地, 不但幫夫興家, 而且子息亦多. 壽至申運, 壬
水逢生而阻. 此與前造論之, 不及前造, 此造則行運不
背, 故勝之. 然則命好不如運好, 男女皆然也.

춘목이 무성하니 왕함이 지극하며 時干의 己土는 뿌리가
없으니 丁火를 남편으로 삼는다. 丁壬의 合은 水를 제거하는
것은 곧 묘하나, 木으로 化하는 것은 적합하지 않으니 이 때
문에 빈한한 가문에 태어난 것인데 기쁘게도 운이 南方 火地
로 달리니 남편을 도와 집안을 일으켰을 뿐 아니라 또한 자
식도 많았으며, 수명은 申운에 이르러 壬水가 生을 만나자 막
히게 되었다. 이 사주를 앞의 사주와 비교하여 논한다면 앞의
사주에 미치지 못하는데, 이 사주는 행운(行運)이 배반하지
않기 때문에 그보다 나은 것이다. 그렇다면 命 좋은 것이 運
좋은 것만 못하다는 것은 남녀가 모두 그러한 것이다.

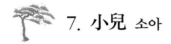

7. 小兒 소아

論財論殺論精神하여 四柱和平易養成하며 氣勢攸長無斲喪이면 殺關雖有不傷身이니라

財를 논하고 殺을 논하고 精神을 논하여 사주가 화평하면 길러내기 쉬우며, 기세가 유원하고 장대하여 손상됨이 없으면 殺의 장애가 비록 있더라도 身을 손상하지 않는다.

[原注] 財神不黨七殺하고 主旺精神貫足하며 干支安頓和平이요 又要看氣勢니 如氣勢在日主요 而日主雄壯者커나 氣勢在財官이요 而財官不叛日主하며 氣勢在東南이요 而五七歲之前에 不行西北커나 氣勢在西北이요 而五七歲之前에 不行東南하여 行運不逢斲喪이면 此爲氣勢攸長이니 雖有關

殺이라도 亦不傷身이니라

財神이 칠살과 무리를 이루지 않고 일주가 왕하고 精과 神이
관통하여 넉넉하며 干支가 편안히 자리 잡아 화평해야 하는데
다시 또 기세를 보아야 하니, 가령 기세가 일주에 있어서 일주
가 웅장하거나, 기세가 財官에 있을 때 재관이 일주를 배반하지
않으며, 기세가 東南에 있을 때 5~7세 전에 西北으로 행하지
않거나, 기세가 西北에 있을 때 5~7세 전에 東南으로 행하지
않아서 행운에서 손상을 만나지 않으면 이것은 기세가 유원하
고 장대한 것이니 비록 관계되는 神殺이 있더라도 身이 손상되
지 않는다.

【任注】小兒之命, 每見淸奇可愛者難養, 混濁可憎者
易成, 雖關家門之氣數, 亦看根源之淺深. 且小兒之命,
是猶果苗之初出, 宜乎培植得好, 固不待言. 然未生之
前, 父母不禁房事, 毒受胎中. 旣生之後, 過于愛惜, 或飮
食無忌, 或寒暖不調, 因之疾病多端, 每至無成. 尙有積
惡之家, 而無餘慶. 雖小兒之命, 淸奇純粹者, 所以難養
也. 有等關于墳墓陰陽之忌, 遷改損壞, 以致夭亡. 故小
兒之命, 不易看也.

소아의 命은 늘 청기(淸奇)하여 사랑스러운 경우에도 기

르기 어렵고, 혼탁하여 미워할 만한 경우에도 기르기 쉬움을 보게 되는데 비록 가문의 운수에 관계되지만 또한 근원의 깊고 얕음을 보아야 하며, 또 소아의 命은 과실의 싹이 처음 나오는 것과 같으므로 마땅히 북돋아 심음이 알맞고 좋아야 함은 진실로 말할 필요가 없다. 그러나 아이가 태어나기 전에 부모가 방사를 금하지 않아서 태중에서 독을 받거나, 출생한 뒤에 사랑하고 아끼는데 지나쳐서 혹 음식을 기피함이 없거나, 혹은 한난(寒暖)이 조절되지 않으면 그로 인하여 질병이 많아서 자주 성장할 수 없음에 이르며, 또한 악행을 쌓은 집에는 남은 경사가 없는 법이므로, 비록 소아의 命이 청기(淸奇)하고 순수한 경우에도 이 때문에 기르기 어려운 것이며, 분묘, 음양 등의 꺼리는 것에 어떤 관련이 있어서 옮기고 고치거나 손괴하여 요절에 이르기도 하므로, 소아의 命은 보기가 쉽지 않은 것이다.

除此數端之外, 然後論命, 必須四柱和平. 不偏不枯, 無沖無剋, 根通月支, 氣貫生時, 殺旺有印, 印弱有官, 官衰有財, 財輕有食傷, 生化有情, 流通不悖. 或一神得用, 始終相托, 或兩意情通, 互相庇護, 未交運而流年平順, 旣交運而運途安祥, 此謂氣勢攸長, 自然易養成人. 反此則難養矣. 其餘關殺多端, 盡皆謬妄, 欲以何等惑人, 則造何等神殺, 必宜一切掃除, 以絕將來之謬.

이 몇 가지를 제외한 뒤에는 命을 논하되 반드시 화평해야 하니, 편고되지 않고 충극이 없으며 뿌리는 月支에 통하고 氣는 生時에 통하며, 殺이 왕할 때 인수가 있고 인수가 약할 때 官이 있으며, 관이 쇠할 때 財가 있고 財가 경할 때 식상이 있어서 생화유정(生化有情)하여 유통이 어그러지지 않으며, 혹 하나의 神이 쓰임을 이루면 처음부터 끝까지 서로 의탁하고, 혹 두 가지 뜻이 情을 통하면 서로 비호하며, 운이 바뀌기 전에는 유년운이 평순하고 운이 바뀐 뒤에는 운도가 안정되고 차분하면, 이것을 기세가 유원장대하다고 말하므로 자연히 성인으로 기르기 쉬우나 이와 반대되면 기르기 어렵다. 그 밖에 소아에 관련된 殺이 많으나 모두 잘못되고 허망한 것들이니, 어떠한 것으로 사람을 미혹시키려고 아무런 신살(神殺)이나 만든 것이니, 반드시 모두 쓸어 없애서 장래의 오류를 끊어 버려야 한다.

丁　丙　癸　辛

酉　子　巳　丑

丁　戊　己　庚　辛　壬

亥　子　丑　寅　卯　辰

丙火生于巳月，雖云建祿，五行無木生助．天干旣透財官，地支不宜再見酉子，更不宜再會金局，則巳火之祿，非日干有也．雖丁火可以幫身，癸水傷之，謂財多身弱，兼之官星又旺，日主虛弱極矣．且初交壬運逢殺，辛亥年天干逢壬癸剋丙丁，地支亥冲巳火破祿，連根拔盡，得瘵疾而亡．

丙火가 巳月에 태어나 비록 건록이라고 하지만 오행에 木의 생조(生助)가 없으며 천간에 이미 財官이 투출했으므로 지지에 다시 酉와 子를 만나지 말아야 하며 다시 또 거듭 金局을 만나서는 안 되니 그렇다면 巳火의 녹은 日干의 소유물이 아닌 것이다. 비록 丁火가 身을 도울 수 있으나 癸水가 그것을 손상하니 이른바 재다신약(財多身弱)이며 겸하여 관성이 다시 또 왕하므로 일주는 허약이 극심하다. 또 처음 壬운에서 殺을 만났으며 辛亥년에 천간은 壬癸가 丙丁을 극함을 만나고 지지는 亥가 巳火를 충하여 녹을 파괴하여 연이어 뿌리가 뽑히니 감질에 걸려 사망하였다.

辛　丙　己　癸

卯　寅　未　丑

癸　甲　乙　丙　丁　戊

丑　寅　卯　辰　巳　午

前造因財官太旺, 以致夭亡. 此則日坐長生, 又生夏令, 財官爲用, 傷官爲喜, 傷生財, 財又生官, 似乎生化有情. 殊不知前則財多身弱, 以官作殺, 此則財絕官休, 恐難厚享. 癸水官星生未月, 火土燠乾, 餘氣在丑, 蓄水藏金, 然己土當頭傷癸, 丑未沖去金水根源, 時上辛又臨絕, 雖有若無, 焉能生遠隔之水? 則己土亦不能生隔絕之金, 且運走東南木火之地, 斷非守業之人也.

앞의 사주는 재관이 태왕함으로 인하여 요망(요절)에 이르렀는데 이 사주는 일주가 장생에 앉고 또 하령에 생하니 財官을 용신으로 삼고 상관을 희신으로 삼아 상관이 財를 생하고 財가 또 官을 생하여 생화유정한 듯하지만, 앞의 사주는 財가 많고 身이 약하여 官을 殺로 간주했으나, 이 사주는 財는 絕이 되고 官은 休가 되어 財官을 후하게 누리기 어려울까 두려움을 전혀 알지 못한 것이다. 癸水 관성은 未月에 생하니 火土에 바싹 마르고, 여기(餘氣)가 丑에 있어서 水를 저축하고 金을 간직하나, 己土가 바싹 대두하여 癸를 손상하고 丑未가 충하여 金水의 근원을 제거하며, 時上의 辛이 또 絶에 임하여 있어도 없는 것과 같으니 어찌 멀리 떨어진 水를 생할 수 있겠는가? 그렇다면 己土 역시 멀리 떨어진 金을 생할 수 없으며, 또 운이 東南 木火의 자리로 달리니 틀림없이 조업을 지킬 사람이 아니다.

己　丙　壬　庚

亥　寅　午　戌

戊　丁　丙　乙　甲　癸

子　亥　戌　酉　申　未

丙用壬殺, 身强殺淺, 以殺化權. 更喜財滋弱殺, 定然名利雙全. 惜支全火局, 寅亥又化木而生火, 年月之庚壬無根而少生扶. 至丁巳年, 巳亥沖去壬水之祿, 丁火合去壬水之用, 死于癆症.

丙火가 壬殺을 쓰는데 身은 강하고 殺이 약하므로 殺을 권세로 변화시켜야 한다. 기쁘게도 財가 약한 殺을 도우므

로 틀림없이 名利가 쌍전할 것인데 애석하게도 지지에 火
局을 갖추고 寅亥가 다시 또 木으로 化하여 火를 生하니,
年月의 庚壬은 뿌리가 없어 생부(生扶)가 모자란다. 丁巳년
에 이르러 巳亥가 沖하여 壬水의 녹을 제거하고 丁火가 합
하여 壬水의 작용을 제거하니 열병(마마)으로 죽었다.

戊　壬　戊　壬

申　申　申　申

甲　癸　壬　辛　庚　己

寅　丑　子　亥　戌　酉

壬水生于秋令, 地支皆坐長生, 天干兩戊兩壬. 大勢觀
之, 支全一氣, 兩干不雜, 且殺印相生, 爲大貴之格. 不
知金多水濁, 母多子病. 四柱無火剋金, 金反不能生水,
戊土之精華盡洩于金, 謂偏枯之象. 必然難養, 名利皆虛,
果死于三歲甲戌年.

壬水가 추령에 생하고 지지에 모두 장생이 자리 잡고 있
으며, 천간에는 두 개의 戊와 두 개의 壬으로 되어 있으니,
대세로 이것을 본다면 지지는 一氣로 이루어지고 두 천간
은 혼잡되지 않으며, 또 殺과 印이 상생하여 大貴의 格인

듯하지만, 金이 많으면 水가 탁해지고 母가 많으면 子가
병드는 것을 모르는 논리이며, 사주에 金을 극할 火가 없
어서 金은 오히려 水를 생하지 못하고 戊土의 순수하고 화
려함이 모두 金에게 누설당하니 이른바 편고한 상이므로,
틀림없이 기르기가 어렵고 名利도 모두 공허할 것인데 마
침내 3세 되던 甲戌년에 죽었다.

戊　壬　甲　壬

申　申　辰　申

庚　己　戊　丁　丙　乙

戌　酉　申　未　午　巳

**壬水生于季春, 似乎殺印相生, 地支三遇長生, 食神制
殺爲權, 定爲貴格. 不知春土氣虛, 月透甲木, 不但辰土
受制, 而時干之戊, 亦受其剋. 五行無火, 未得生生之妙,
亦母多子病, 偏枯之象. 必然難養也, 後死于痘症.**

　壬水가 계춘에 생하니 殺과 印이 상생하고 지지에 장생
을 세 번 만나며 식신의 제살을 권세로 삼으니 틀림없이
귀격에 속하는 듯하나, 春土는 기가 허하고 月에 甲木이
투출했으니, 辰土가 극제당할 뿐 아니라 時干의 戊 역시

그 극을 당하게 됨을 모르는 논리이다. 오행에 火가 없어 生生의 묘를 이루지 못하고, 또 母가 많아 子가 병드는 편고한 상이니 필연코 기르기 어려울 것인데, 뒤에 두증(천연두)으로 죽었다.

壬　丁　壬　癸

寅　亥　戌　丑

丙　丁　戊　己　庚　辛

辰　巳　午　未　申　酉

此造以丁火陰柔, 生于深秋, 殺官重疊, 必不能養. 殊不知官殺雖旺, 妙在戌月, 通根身庫, 足以制水. 更妙無金, 時支寅木不傷, 氣貫生時, 足以納水, 不但易養成人, 可遂書香之志. 然官殺一類, 勿以官爲喜, 殺爲憎, 身弱者官皆是殺, 身旺者殺皆是官, 只要無財有印, 便爲佳造. 如云丁火死寅, 謬之極矣. 寅中甲木, 乃丁之嫡母, 何以爲死? 凡陰干以生地爲死, 死地爲生, 非正論也. 果幼年無疾, 聰慧過人, 至甲戌年入泮後, 運走南方火土, 制殺扶身, 未可限量也.

이 사주는 丁火가 음으로 부드러운데 깊은 가을에 태어

나서 殺과 官이 중첩하니 틀림없이 기를 수 없다고 생각하겠으나, 官과 殺이 비록 왕하지만 묘함이 戌月에 있어서 丁火가 자신의 고(庫)에 통근하여 水를 제압할 수 있음을 전혀 모르는 논리이다. 다시 또 묘한 것은 金이 없어서 時支의 寅木이 손상되지 않고 氣가 生時에 관통하여 水를 받아들일 수 있으니, 성인으로 기르기 쉬울 뿐 아니라 학업의 뜻도 이룰 수 있다. 그러나 官과 殺은 한 가지 부류이므로 官을 기쁜 것으로 殺을 미운 것으로 여기지 말아야 하니, 身이 약한 경우에는 官이 모두 殺이고 身이 왕한 경우에는 殺이 모두 官인데, 다만 財가 없고 인수가 있어야만 아름다운 명조가 된다. 혹 丁火가 寅에서 死한다는 것은 잘못의 극치이니, 寅 中 甲木은 곧 丁의 적모(嫡母)인데 어째서 死가 되겠는가? 무릇 陰干이 生地를 死로 삼고 死地를 生으로 삼는 것은 바른 논리가 아니다. 정말로 유년 시절에 질병이 없고 총명과 지혜가 남보다 뛰어났으며, 甲戌년에 학교에 들어간 뒤에 운이 南方 火土로 달려 殺을 제압하고 身을 도우니 앞날을 한량할 수 없다.

己 丁 甲 壬
酉 酉 辰 戌
庚 己 戊 丁 丙 乙
戌 酉 申 未 午 巳

此造, 槪云木透月干, 春木足以生火, 年干壬水生木, 日時兩坐長生, 皆作旺論. 惜地支土金太重, 天干水木之根必淺, 水木無氣, 則丁火之陰不固. 夫甲木生于季春, 退氣之神也, 辰酉合而化金, 則甲木之餘氣已絕. 戌土隔之, 使金不能生水, 戌土足以制之, 壬水受剋, 不能生木. 辰酉化金, 必能剋木, 日主根源不固可知. 如謂酉是丁火長生, 五行顚倒矣. 酉中純辛, 無他氣所雜, 金生水, 無生火之理. 火到酉位, 死絕之地. 更嫌時干己土, 竊去命主元神, 生金洩火, 而水木火三字皆虛矣. 後果夭於癸酉年. 由此論之, 小兒之命, 不易看也.

이 사주는 대체로 木이 月干에 투출하여 春木이므로 火를 생할 수 있고, 年干의 壬水가 木을 생하며 日과 時 두 곳에 장생이 앉았으니 모두 旺으로 논해야 한다고 하는데, 애석하게도 지지에 土金이 너무 중하여 천간 水木의 뿌리가 틀림없이 약하므로 水木이 무기하니 丁火에 대한 도움

이 견고하지 못하다. 무릇 甲木은 계춘에 생하여 퇴기(退
氣)의 神인데, 辰酉가 합하여 金으로 化하니 甲木의 여기
(餘氣)가 이미 끊어졌으며, 戌土가 그것을 가로 막아 金으
로 하여금 水를 생할 수 없게 하고, 戌土가 水를 제지할
수 있으므로 壬水가 극을 당하여 木을 생하지 못하며, 辰
酉가 金으로 化하면 반드시 木을 극할 수 있으므로 일주의
근원이 견고하지 못함을 알 수 있다. 또 이른바 酉가 丁火
의 장생이라는 것은 오행이 전도된 것이니, 酉 중의 순수
한 辛金은 타기(他氣)의 혼잡된 바가 없으므로 金이 水를
생하지 火를 생할 리가 없으며, 火는 酉 자리에 이르면 사
절(死絕)의 자리가 된다. 다시 또 꺼리는 것은 時干의 己土
가 명주의 원신을 훔쳐서 金을 생하고 火를 누설하여 水木
火 셋이 모두 허한 것인데, 뒤에 과연 癸酉년에 요사(夭死)
하였으니, 이것을 통하여 논한다면 소아의 命은 보기가 쉽
지 않다.

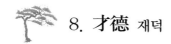

8. 才德 재덕

德勝才者는 局合君子之風이요 才勝德者는 用顯多能之象이니라

덕이 재주를 이기는 경우는 원국이 군자의 풍모에 부합하고, 재주가 덕을 이기는 경우는 용신이 다능의 형상을 나타낸다.

[原注] 淸和平順하여 主輔得宜하며 所合者皆正神이요 所用者皆正氣면 不必節外生枝요 不必弄假成眞이며 財官喜神이면 皆足以了其生平이요 不生貪戀之私며 度量寬宏하여 施爲必正이니 皆君子之風也라 財薄而力量足以貪之커나 官輕而心志必欲求之면 混濁被害요 主弱輔强하여 爭合邪神하며 三四用神이면 皆心事奸貪하고 作事僥幸이니 皆爲多能之象이라 大率陽在內하고 陰在外하며 不激不亢者는 爲德

勝才니 如丙寅戊辰月日이요 己卯癸卯年時者是며 陽在外하
고 陰在內하여 畏勢趨利者는 爲才勝德이니 如己卯己巳月
日이요 丙寅戊寅年時者是니라

청화하고 평순하여 주체와 보좌가 알맞음을 이루며, 만나는
것이 모두 정신(正神)이고 쓰는 것이 모두 정기(正氣)라면 의외
의 다른 문제가 발생할 필요도 없고, 장난삼아 한 것이 진실이
될 필요도 없으며, 財官이 희신이면 모두 그것으로 평생을 마칠
수 있어서, 탐내고 그리워하는 사심을 내지 않으며 도량이 너그
럽고 커서 하는 일이 반드시 공정할 것이니 이 모든 것이 군자
의 풍모이다. 財가 적은데도 역량은 그것을 탐할 수 있거나, 官
이 경미한데도 마음은 반드시 그것을 구하고자 한다면 혼탁하
여 해를 입으며, 일주가 약하고 보좌가 강하여 부정한 神과 다
투어 합하며 용신이 3~4개가 된다면 모두 마음으로는 탐욕을
일삼고 일할 때에는 요행을 바랄 것이니, 이 모든 것이 곧 다능
의 형상이다. 대체로 陽이 안에 있고 陰이 밖에 있어서 성격이
격렬하지 않고 거만하지 않은 것은 덕이 재주를 이긴 것이니,
예컨대 丙寅・戊辰이 月日이고 己卯・癸卯가 年時인 경우가 이
것이며, 陽이 밖에 있고 陰이 안에 있어서 권세에 복종하고 이
익을 따르는 것은 재주가 덕을 이긴 것이니, 예컨대 己卯・己巳
가 月日이고 丙寅・戊寅이 年時인 경우가 이것이다.

【任注】善惡邪正, 不外五行之理. 君子小人, 不離四柱之情. 陽氣動闢, 光亨之義可觀. 陰氣靜翕, 包含之理斯奧. 和平純粹, 格正局清, 不爭不妒. 合去者皆偏氣, 化出者皆正神. 喜官而財能生官, 喜財而官能制刦. 忌印而財能壞印, 喜印而官能生印. 陽盛陰衰, 陽氣當權. 所用者皆陽氣, 所喜者皆陽類, 無驕諂于上下, 皆君子之風也.

선악(善惡)과 사정(邪正)은 오행의 이치를 벗어나지 않으며 군자와 소인은 사주의 정황을 떠나지 않는다. 양기는 움직여 열리니 빛나고 형통하는 의리를 볼 수 있으며, 음기는 조용히 닫히니 감싸고 거둬들이는 도리가 깊다. 사주가 화평하고 순수하여 格이 바르고 局이 맑아서 다투거나 투기하지 않으며, 합거하는 것은 모두 편기(偏氣)이고 변화하는 것은 모두 正神이며, 官을 좋아할 때 財가 官을 생할 수 있고, 財를 좋아할 때 官이 겁을 제압할 수 있으며, 印을 꺼릴 때 財가 印을 파괴할 수 있고, 印을 좋아할 때 官이 印을 생할 수 있으며, 陽이 성하고 陰이 쇠할 때 陽氣가 권세를 잡으며, 쓰이는 것이 모두 陽氣일 때 좋아하는 것이 모두 陽의 부류라면, 上下관계에 교만하거나 아첨함이 없을 것이니, 모두 군자의 풍모인 것이다.

偏氣雜亂, 舍弱用强, 多爭多合. 合去者皆正氣, 化出者皆邪神. 喜官而臨刧地, 喜財而居印位. 忌印而官星生印, 喜印而財星壞印. 陰盛陽衰, 陰氣當權, 所用者皆陰氣, 所喜者皆陰類, 趨勢財于左右, 皆多能之象也. 然得氣勢和平, 用神分明, 施爲亦必正矣.

편기(偏氣)가 뒤섞여 혼란하고 약한 것을 버리고 강한 것을 쓰며, 쟁(爭)도 많고 합도 많으며, 합거하는 것은 모두 正氣이고, 변화 인출하는 것은 모두 삿된 神이며, 官을 좋아할 때 刧地에 임하고 財를 좋아할 때 印位에 머물며 印을 꺼릴 때 관성이 印을 생하고 印을 좋아할 때 재성이 인을 파괴하며, 陰이 성하고 陽이 쇠할 때 陰氣가 권세를 잡으며, 쓰이는 것이 모두 陰氣일 때 좋아하는 것이 모두 陰의 부류라면 좌우관계에서 권세와 財를 따를 것이니, 모두 다능(多能)의 형상인 것이다. 그러나 기세를 이룸이 화평하고 용신이 분명하면 일을 행하는 것도 반드시 공정할 것이다.

```
丁  庚  戊  癸
丑  寅  午  酉
壬 癸 甲 乙 丙 丁
子 丑 寅 卯 辰 巳
```

庚金生于仲夏, 正官得祿, 年時酉丑通根, 正得中和之氣. 寅午財官拱合, 財不壞印, 官能生印, 財官印三字, 生化不悖. 癸從戊合, 去其陰濁之氣, 所以品行端方, **恆存古道, 早遊泮水, 訓蒙自守.** 丁酉登科, 後挑知縣不赴, **憒願就教,** 安貧樂道. 人有言其小就者, 彼曰功名者, 非**掇巍科登高位而爲功名也,** 功成名自著, 況吾無經濟材, **就教職不愁衣食不敷,** 吾行吾志, 不負君父之恩足矣.

庚金이 仲夏에 생하고 정관이 녹을 만났으며, 年時 酉丑에 통근하니 틀림없이 중화의 氣를 얻었다. 寅과 午 재관이 손을 잡고 合을 이루어 財가 印을 파괴하지 않고 官이 印을 생할 수 있어서, 財·官·印 셋이 生化하여 어그러지지 않았으며, 癸가 戊를 따라 合하여 그 음탁한 기운을 제거하니, 이 때문에 품행이 단정하고 항상 옛 도리를 보존하여, 일찍 반수에 노닐었으며 초학자들을 훈도하면서 자신을 지켰다. 丁酉년에 과거에 급제하여 뒤에 지현에 발탁

되었으나 부임하지 않았으니 진정으로 원하는 것은 교직에 나아가 안빈낙도하는 것이었다. 사람들 중에 그의 작은 성취를 말하는 자가 있었는데, 그가 말하기를 "공명이란 높은 과거에 급제하고 높은 지위에 올라서 공을 세우고 이름을 알려야 하는 것이 아니라, 공이 이루어지면 이름은 저절로 드러나는 것이며, 더구나 나는 경제적인 재능이 없으니 교직에 나아가 의식이 넉넉하지 않음을 걱정하지 않으며, 나의 행실과 나의 뜻이 군부(君父)의 은혜를 저버리지 않는 것을 만족하게 여긴다"고 하였다.

甲　己　庚　丙

戌　亥　子　寅

丙　乙　甲　癸　壬　辛

午　巳　辰　卯　寅　丑

己土生于仲冬, 寒溼之體, 水冷木凋, 庚金又剋木生水, 似乎混濁. 妙在年干透丙, 一陽解凍, 冬日可愛, 去庚金之濁, 不特己土喜其和暖, 而甲木亦喜其發榮. 更妙戌時燥土, 砥定泛濁之水, 培其凋枯之木, 而日主根元亦固. 況甲己爲中和之合, 故處世端方, 恆存古道, 謙恭和

厚, 有古君子之風, 微嫌水勢太旺, 功名不過廩貢.

己土가 中冬에 생하여 한습한 체질이며, 水는 냉하고 木은 시드는데 庚金이 다시 또 木을 극하고 水를 생하니 혼탁한 듯하다. 묘함이 年干에 丙이 투출하여 一陽이 해동하는 데 있으니 겨울 햇볕이 사랑스러워서 庚金의 탁기를 제거하므로 己土가 그 화창하고 따뜻함을 좋아할 뿐 아니라 甲木도 그 발달하고 무성하게 함을 좋아하며, 다시 묘하게도 戌時의 조토가 들뜨고 혼탁한 물을 평평하게 안정시켜서 그 시들어 마르는 木을 배양하니 日主의 근원 역시 견고하다. 더구나 甲己가 中和의 합을 이루므로 처세가 단정하고 항상 옛 도리를 보존하며, 겸손하고 공손하며 온화하고 후덕하여 옛 군자의 풍모가 있었는데, 水의 세력이 태왕한 것을 약간 꺼리므로 공명이 늠생30)과 공생31)에 지나지 않았다.

---

30) 늠생(廩生) : 관에서 급식을 제공받는 생원.
31) 공생(貢生) : 제후가 중앙에 천거한 재능 있는 선비.

```
甲 己 辛 丙
子 卯 丑 戌
丁 丙 乙 甲 癸 壬
未 午 巳 辰 卯 寅
```

此造水冷金寒, 土凍木凋, 得年干透丙, 一陽解凍, 似乎佳美. 第丙辛合而化水, 以陽變陰, 反增寒溼之氣, 陽正之象反爲陰邪之類. 故其爲人貪婪無厭, 奸謀百出, 趨財奉勢, 見富貴而生諂容, 勢利驕矜, 所謂多能之象也.

이 사주는 水는 냉하고 金은 차가우며 土는 얼고 木은 시드는데 年干에 丙이 투출하여 一陽이 해동함을 만나니 아름다운 듯하다. 다만 丙辛이 합하여 水로 화하여 양을 음으로 바꾸니 도리어 한습한 氣를 더하여 양의 바른 형상이 도리어 음의 삿된 부류가 되었으므로, 그 사람됨이 욕심이 많아 만족할 줄 모르며 간사한 계략이 백 가지로 나타나서 재물을 따르고 권세를 받들며 부귀를 보면 아첨하는 모습을 하여 권세와 이득으로 교만하게 뽐냈으니 이른바 재능이 많은 형상이다.

9. 奮鬱 분발과 침울

局中顯奮發之機者는 神舒意暢하며 象內多沈埋之
氣者는 心鬱志灰니라

　국 중에 분발의 기틀(실마리)이 나타난 경우에는
神意(정신과 의기)가 펴지고 상쾌하며, 象 내에 침
매의 기운이 많은 경우에는 심지가 우울하고 활기
가 없다.

　[原注] 陽明用事하고 用神得力하며 天地交泰하면 神顯精
通하여 必多奮發하며 陰晦用事하고 情多戀私하며 主弱臣强
하면 神藏精洩하여 人多困鬱하니 若純陽之勢에 身旺而財官
旺者必奮하며 純陰之局에 身弱而官殺多者多困이니라
　陽의 밝은 기운이 세력을 주도하고 용신이 힘을 얻으며 천간
과 지지가 서로 편안하면 神이 나타나고 情이 유통하여 반드시

떨쳐 일어남이 많으며, 陰의 어두운 기운이 세력을 주도하고 정이 많아 사사로움에 연연하며, 主가 약하고 臣이 강하면 神이 매장되고 精이 누설되어 사람이 답답하고 우울함이 많은 것이니, 가령 순양의 기세로 身이 왕하고 재관이 왕한 경우에는 반드시 분발하며, 순음의 국으로 身이 약하고 관살이 많은 경우에는 곤울함이 많은 것이다.

【任注】無抑鬱而舒暢者, 局中不太過, 不缺陷. 所用者皆得氣, 所喜者皆得力, 所忌者皆失時失勢. 閑神不黨忌物, 反有益于喜用. 忌其合而遇沖, 忌其沖而遇合, 體陰用陽. 故一陽生於北, 陰生則陽成, 如亥中之甲木是也. 歲運又要輔格助用, 必多奮發. 少舒暢而多抑鬱者, 局中或太過, 或缺陷. 所用者皆失令, 所喜者皆無力, 所忌者皆得時得勢. 閑神刦占喜神, 反黨助忌神, 喜其合而遇沖, 忌其合而遇合, 體陽用陰. 故二陰生於南, 陽生則陰成, 如午中之己土是也. 歲運又不能補喜去忌, 必多鬱困.

억울함이 없고 서창한 경우는 局 중이 태과하지도 않고 결함도 없으며, 쓰이는 것은 모두 기를 얻고 좋아하는 것은 모두 힘을 얻으며, 꺼리는 것은 모두 때를 잃고 세력을 잃으며, 한신이 꺼리는 것과 무리를 이루지 않고 도리어 희신·용신에 유익하며, 합을 꺼리는데 충을 만나고, 충을 꺼리는데 합을 만나서 사주의 體가 陰이고 用이 陽이므로, 一陽이 北에서 생겨서 陰이 생하면 陽이 이루어지는 것이니, 예컨대 亥 중 甲木이 그것이며, 세운에서 다시 또 격을 돕고 용신을 도움을 만나면 반드시 분발함이 많은 것이다. 서창함이 적고 억울함이 많은 경우는 局 중이 혹 태과하거나 결함이 있으며, 쓰이는 것이 시령을 잃고, 좋아하는 것이 모두 무력하며 꺼리는 것이 모두 때를 만나고 세력을 얻으며, 한신이 희신을 위협하고 점령하여 도리어 기신을 도우며, 합을 좋아하는데 충을 만나고, 합을 꺼리는데 합을 만나서 사주의 體가 陽이고 用이 陰이므로, 二陰이 南에서 생겨서 양이 생하면 음이 이루어지는 것이니 예컨대 午중의 己土가 그것이며, 세운에서 다시 또 희신을 돕고 기신을 제거하지 못하면 반드시 울곤함이 많은 것이다.

然局雖陰晦, 而運途配合陽明, 亦能舒暢. 象雖陽明, 而運途配其陰晦, 亦主困鬱, 故運途更宜審察. 如用亥中甲木, 天干有壬癸, 則運宜戊寅己卯. 天干有庚辛, 則運宜丙寅丁卯. 天干有丙丁, 則運宜壬寅癸卯. 天干有戊己, 則運宜甲寅乙卯. 如用午中己土, 天干有壬癸, 則運宜戊

午己未. 天干有庚辛, 則運宜丙午丁未. 天干有甲乙, 則
運宜庚午辛未. 此從藏神而論, 明支亦同此論. 如用天干
之木, 地支水旺, 則運宜丙寅丁卯. 天干有水, 則運宜戊
寅己卯. 地支金多, 則運宜甲戌乙亥. 天干有金, 則運宜
壬寅癸卯. 地支土多, 則運宜甲寅乙卯. 天干有土, 則運
宜甲子乙丑. 地支火多, 則運宜甲辰乙巳. 天干有火, 則
運宜壬子癸丑. 如此配合, 庶無爭戰之患, 而有制化之
情, 反此則不美矣. 細究之, 自有深機也.

그러나 局이 비록 음하고 어둡더라도 운도에서 양의 밝
은 기운과 배합하면 또한 서창해질 수 있으며 象이 비록
양명하더라도 운도에서 그 음회한 것과 배합하면 또한 곤
울함을 주장하므로 운도를 다시 자세히 살펴야 하니, 가령
亥 중 甲木을 쓰는 경우에 천간에 壬癸가 있으면 운은 戊
寅·己卯가 적합하고, 천간에 庚辛이 있으면 운은 丙寅·
丁卯가 적합하고, 천간에 丙丁이 있으면 운은 壬寅·癸卯
가 적합하고, 천간에 戊己가 있으면 운은 甲寅·乙卯가 적
합하며, 가령 午 중 己土를 쓰는 경우에 천간에 壬癸가 있
으면 운은 戊午·己未가 적합하고, 천간에 庚申이 있으면
운은 丙午·丁未가 적합하고, 천간에 甲乙이 있으면 운은

庚午・辛未가 적합하니, 이것은 소장된 神에 따라 논한 것이며 드러나 있는 지지도 이와 같이 논한다. 가령 천간의 木을 쓰는 경우에 지지에 水가 旺하면 운은 丙寅・丁卯가 적합하고, 천간에 水가 있으면 운은 戊寅・己卯가 적합하고, 지지에 金이 많으면 운은 甲戌・乙亥가 적합하고, 천간에 金이 있으면 운은 壬寅・癸卯가 적합하고, 지지에 土가 많으면 운은 甲寅・乙卯가 적합하고, 천간에 土가 있으면 운은 甲子・乙丑이 적합하고, 지지에 火가 많으면 운은 甲辰・乙巳가 적합하고, 천간에 火가 있으면 운은 壬子・癸丑이 적합하니, 이와 같이 배합하면 거의 쟁전의 근심이 없고 制化의 精이 있으며 이와 반대되면 아름답지 못하므로, 이것을 자세히 연구하면 자연히 깊은 기틀이 있을 것이다.

辛　壬　甲　戊

亥　子　子　辰

庚　己　戊　丁　丙　乙

午　巳　辰　卯　寅　丑

壬水生于仲冬, 三逢祿旺, 所謂崑崙之水, 可順而不可逆也. 喜其子辰拱水, 則戊土之根不固, 月干甲木爲用,洩其泛濫之水，此卽局中顯奮發之機也．運至丙寅丁卯，寒木得火以發榮，去陰寒之金土，是以早登甲第，翰苑名高．至戊辰運，逆水之性，以致阻壽．

壬水가 中冬에 생하고 녹왕을 셋이나 만나니 이른바 곤륜의 水이므로 순종해야지 거역해서는 안 된다. 기쁘게도 子와 辰이 水局으로 손을 잡으니 戊土의 근이 견고하지 못하고, 月干의 甲木이 용신이 되어 그 범람하는 水를 누설시키니, 이것이 곧 局 중에 분발의 기틀이 나타난 경우이다. 운이 丙寅·丁卯에 이르자 寒木이 火를 만나서 발달하여 무성해지고 음한한 金土의 氣를 제거하니 이 때문에 일찍 과거에 첫째로 급제하여 한림원에 이름이 높았는데, 戊辰운에 이르러 水의 성질을 거역하여 수명을 막기에 이르렀다.

癸　癸　丙　甲

亥　亥　子　申

壬　辛　庚　己　戊　丁
午　巳　辰　卯　寅　丑

癸水生于仲冬，三逢旺支，其勢汪洋．喜其甲丙並透，支中絕處逢生, 木土互相護衛. 金得流行, 水得溫和, 木得發榮, 火得生扶, 用神必是甲木, 爲奮發之機. 一交戊寅, 雲程直上, 己卯早逐仕路之光. 庚辰辛巳雖有制化之情, 却無生扶之意, 以致蹭蹬仕途, 未能顯秩也.

癸水가 中冬에 생하고 왕지를 셋이나 만나니 그 세력이 넓고 넘친다. 기쁘게도 甲과 丙이 함께 투출하여 지지 가운데 절처에서 生을 만나 木과 土가 서로 호위하니, 金은 유행하게 되고 水는 온화하게 되고 木은 발영하게 되고 火는 생부를 만나므로 용신은 반드시 甲木이니 곧 분발의 기틀인 것이다. 한번 戊寅으로 바뀌자 청운의 앞길이 곧바로 상승하고, 己卯운에는 일찍 벼슬길에 영광을 이루었으며, 庚辰·辛巳운에는 비록 제화의 情은 있으나 도리어 생부의 뜻이 없어서 벼슬길에 차질이 생겨 관직이 뚜렷하지 못함에 이르렀다.

壬　丁　庚　甲
寅　亥　午　申

丙　乙　甲　癸　壬　辛
子　亥　戌　酉　申　未

此造天干四字, 地支皆坐祿旺, 惟日主坐當令之祿, 足以任其財官. 清而且厚, 精足神旺, 所以東西南北之運, 皆无咎也. 出身遺業百餘萬, 早登科甲, 仕至方伯, 六旬外退歸林下. 一妻四妾, 十三子, 優遊晚景, 壽越九旬.

이 사주는 천간의 네 글자가 지지에 모두 녹왕을 두고 있는데 오직 일주만은 당령한 녹을 두어 財官을 감당할 수 있어서 氣가 맑고 두터우며 精이 넉넉하고 神이 왕하니 이 때문에 동서남북의 운이 모두 허물이 없는 것이다. 유업이 백여만 금인 부잣집에 태어나 일찍 과거에 급제하여 벼슬이 방백에 이르렀고 육십 이후에 은퇴하여 임하[32)에 돌아왔으며, 1처 4첩에 13자를 두고 노후를 유유자적하면서 수명은 구순을 넘겼다.

癸　癸　乙　癸

丑　丑　丑　丑

己　庚　辛　壬　癸　甲

未　申　酉　戌　亥　子

此天干三癸, 地支一氣, 食神淸透, 殺印相生, 皆云名利兩全之格. 予云, 癸水至陰, 又生季冬, 支皆溼土, 土

---

32) 임하(林下) : 조용한 시골

溪水弱, 溝渠之謂也. 且水土冰凍, 陰晦溪滯, 無生發之氣, 名利皆虛. 凡富貴之造, 寒暖適中, 精神奮發, 未有陰寒溪滯偏枯之象, 而能富貴者也. 至壬申年, 父母皆亡, 讀書又不能通. 又無恆業可守, 人又陰弱, 一無作爲, 竟爲乞丐.

이 사주는 천간에는 癸가 셋이고 지지는 一氣로 이루어졌으며, 식신이 맑게 투출하고 殺印이 相生하므로 모두들 名利가 함께 온전한 격이라고 하는데, 내가 보기에는 癸水는 지극한 陰이고 또 季冬에 태어났으며 지지가 모두 濕土이니 土가 습하고 水가 약하여 구거(물도랑)를 가리키는 말과 같으며, 또 水와 土가 함께 얼어 흐리고 어둡고 습하고 막혀서 살아 일어날 기미가 없으니 名利가 모두 공허하다. 무릇 富貴하는 사주는 한난이 알맞고 精神이 분발하며, 음한하고 습체하고 편고한 상이 없어야만 부귀할 수 있는 것이다. 壬申년에 부모가 모두 사망하고 독서에도 통달하지 못했으며 또 지킬만한 일정한 가업도 없었고 사람이 또한 어둡고 약하여 하나도 일을 이루는 것이 없더니, 마침내 걸인이 되었다.

10. 恩怨 은혜와 원한

兩意情通中有媒니 雖然遙立意尋追요 有情却被人離間이면 怨起恩中死不灰니라

양쪽의 뜻이 정겹게 통할 때에는 중간에 중매가 있는 것이니 비록 멀리 서 있더라도 뜻은 서로 찾고 따르며, 情이 있어도 도리어 남에게 이간을 당하면 원한이 은혜 가운데에서 일어나 죽어도 없어지지 않는다.

[原注] 喜神合神이 兩情相通이면 又有人引用生化하여 如有媒矣니 雖是隔遠分立하여 其情自相和好면 則有恩而無怨이며 合神喜神雖有情이나 而忌神離間하여 求合不得이면 終身多怨이라 至于可憎之神하여는 遠之爲妙요 可愛之神은

近之尤切하며 又有一般邂逅相逢者는 得之不勝其樂이요 私
情偸合者는 去之亦足爲奇니라

　희신과 합신이 양쪽의 情이 서로 통할 때에는 또한 사람이 이
끌어 써서 생성 변화하여 중매쟁이가 있는 것과 같으니, 비록
그것이 멀리 떨어져 나누어 서 있더라도 그 情이 서로 화합하고
좋아하면 은혜만 있고 원한은 없으며, 합신과 희신이 비록 정이
있더라도 기신이 둘 사이를 벌려 놓아서 합을 구해도 이루지 못
하면 종신토록 원한이 많은 것이다. 미워해야 할 神에 이르러서
는 그것을 멀리할수록 더욱 묘하고, 좋아해야 할 神은 그것을
가까이할수록 더욱 적절하며, 또 일반적인 해후로 서로 만나는
경우에는 그러함을 얻으면 그 즐거움을 감당하지 못하며, 사사
로운 정으로 탐을 내어 합하는 경우에는 그러함을 제거해야 또
한 기이함이 될 수 있다.

　【任注】恩怨者, 喜忌也. 日主所喜之神遠, 得合神化
而近之也. 所謂兩意情通, 如中有媒矣. 喜神遠隔, 得旁
神引通而相和好, 則有恩而無怨矣. 只有閑神忌神而無喜
神, 得閑神忌神合化喜神, 所謂邂逅相逢也. 喜神遠隔,
與日主雖有情, 被閑神忌神隔絶, 日主與喜神各不能顧,
得閑神忌神合會, 化作喜神, 謂私情牽合也, 更爲有情.

喜神與日主緊貼, 可謂有情, 遇合化爲忌神. 喜神與日主
雖不緊貼, 却有情于日主, 中有忌神隔占. 或喜神與閑神
合助忌神, 如被人離間. 以恩爲怨, 死不灰心.

　은원(恩怨)은 희신과 기신이다. 일주가 좋아하는 神이 멀
리 있을 때 合神의 인화(引化)를 만나서 그것을 가까이 하
게 되는 것이니, 이른바 양쪽의 뜻이 정겹게 통하여 중간
에 중매쟁이가 있는 듯한 것이며, 희신이 멀리 떨어져 있
을 때 방신(旁神)의 인통(引通)을 만나서 서로 화합하고 좋
아하면 은혜만 있고 원한이 없는 것이다. 다만 한신과 기
신만 있고 희신이 없을 때 한신과 기신이 합하여 희신으로
화함을 만나면 이른바 해후상봉하는 것이며, 희신이 멀리
떨어져 있어서 일주와 비록 정이 있더라도 한신과 기신에
게 막고 끊음을 당하여 일주와 희신이 각각 돌아볼 수 없
을 때 한신과 기신이 회합하여 희신으로 바뀜을 만나면 이
른바 사사로운 정에 끌려 합하는 것으로 다시 유정이 된
다. 희신과 일주가 바짝 붙어 있으면 정이 있다고 할 수
있는데 合化를 만나 기신이 되거나, 희신과 일주가 바짝
붙어 있지는 않더라도 도리어 일주에게 정이 있을 때 중간
에 기신의 막고 점령함이 있거나, 혹 희신과 한신이 합하
여 기신을 도우면 남에게 이간을 당한 것과 같으니 은혜를

원수로 여겨서 죽어도 마음을 없애지 않는다.

如日主喜丙火在時干, 月透壬水爲忌, 如年干丁火合壬
化木, 不特去其忌神, 而反生助喜神. 如日主喜庚金在年
干, 雖有情而遠立, 月干乙木合庚金而近之, 此閑神化爲
喜神, 如中有媒矣. 日主喜火, 局内無火, 反有癸水之忌,
得戊土合癸水, 化其爲喜神, 謂解逅相逢也. 日主喜金, 惟
年支坐酉, 與日主遠隔, 日主坐巳, 忌神緊貼, 得丑支會局,
以成金之喜神, 謂私情牽合也. 餘可例推.

가령 일주의 희신인 丙火가 時干에 있을 때 月에 壬水가
투출하면 기신이 되는데, 만일 年干에 丁火가 壬과 합하여
木으로 화하면 그 기신을 제거할 뿐 아니라 도리어 희신을
생조하게 되며, 가령 일주의 희신인 庚金이 年干에 있으면
비록 정이 있더라도 멀리 서 있는 것인데, 月干의 乙木이
庚金과 합하여 그것을 가까워지게 한다면 이것은 한신이
변하여 희신이 되는 것이니 중간에 중매쟁이가 있는 것과
같다. 일주가 火를 좋아하는데 局 内에 火는 없고 도리어
癸水 기신만 있을 때 戊土와 癸水가 합함을 만나면 변화하
여 희신이 되니 이른바 해후상봉(邂逅相逢)이며, 일주가 金

을 좋아하는데 年支에만 酉가 자리하여 일주와 멀리 떨어져 있고 일주는 巳 위에 앉아 기신이 바짝 붙어 있는 경우에 丑 支와 회합함을 만나면 金의 희신이 되니 이른바 사정견합(私 情牽合)이다. 나머지도 예와 같이 추리할 수 있다.

戊　戊　甲　丁

午　戌　辰　酉

戊　己　庚　辛　壬　癸

戌　亥　子　丑　寅　卯

此重重厚土, 甲木退氣, 不能疏土, 則土情必在年支酉金, 發洩菁華. 金逢火, 蓋其意亦欲日主之生, 雖然遠隔, 兩意情通, 喜辰酉合而近之, 如中有媒矣. 初運癸卯壬寅, 離間喜神, 功名蹭蹬, 困苦刑傷. 辛丑運中, 晦火會金入泮, 連登科甲. 庚子己亥戊戌, 西北土金之地, 仕至尙書.

　이 사주는 土가 겹치고 두터운데 甲木은 퇴기가 되어 土를 소통시킬 수 없으니, 그렇다면 土의 情은 틀림없이 年支의 酉金에 있어서 아름답고 순수한 기를 발설하게 되며, 酉金은 火를 만나서 그의 뜻도 역시 일주의 생조를 원하게 되니 비록 멀리 떨어져 있더라도 양쪽의 뜻이 정겹게 통하

는데 기쁘게도 辰酉가 합을 이루어 그 사이를 가깝게 하니
중간에 중매쟁이가 있는 것과 같다. 초운 癸卯・壬寅에는
희신을 이간하니 공명에 차질이 있고 괴로움과 형상을 당
했는데, 辛丑운 중에는 火를 어둡게 하고 金局을 이루니
학교에 들어가 연달아 과거에 급제했으며, 庚子・己亥・戊
戌인 西北 土金운에는 벼슬이 상서에 이르렀다.

丙 丁 乙 丁

午 丑 巳 酉

己 庚 辛 壬 癸 甲

亥 子 丑 寅 卯 辰

丁火生于巳月午時, 比刦並旺, 又逢木助, 其勢猛烈.
年支酉金, 本日主之所喜, 遙隔遠列, 又被丁火蓋之, 巳
火刦之, 似乎無情. 最喜坐下丑土, 烈火逢溼土, 則成生
育慈愛之心, 邀巳酉合成金局, 歸之庫內, 其情似相和好.
不特財來就我, 又能洩火吐秀, 故能發甲, 仕至藩臬, 名
利雙全.

丁火가 巳월 午시에 생하고 비겁이 함께 왕하며 다시 또
木의 도움을 만나니 그 기세가 맹렬하다. 年支의 酉金은

본래 일주가 좋아하는 바이나 멀리 떨어져 있고 또 丁火에게 덮이고 巳火에게 위협을 당하니 무정한 듯한데, 무엇보다 기쁜 것은 일주가 丑土에 앉은 것이니 맹렬한 火가 溼土를 만나면 생육자애하는 마음이 생성되며, 巳酉를 맞이하여 金局을 합성하여 고(庫) 안에 귀속시키니 그 정이 서로 화합하고 좋아하는 듯이 보인다. 財가 와서 나를 이루어줄 뿐만 아니라 또 火를 설하여 수기를 토할 수 있으므로 과거에 급제하여 벼슬이 번얼에 이르고 名利가 모두 온전해질 수 있었다.

$$甲\quad丙\quad戊\quad癸$$
$$午\quad辰\quad午\quad酉$$
$$壬\quad癸\quad甲\quad乙\quad丙\quad丁$$
$$子\quad丑\quad寅\quad卯\quad辰\quad巳$$

丙火生于午月午時, 旺可知矣. 一點癸水, 本不相濁, 戊土合之, 又助火之烈. 年支酉金, 本有情與辰合, 又被午火離間, 求合不得, 所謂怨起恩中也. 兼之運走東南火木之地, 一生祗有刑傷破耗, 並無財喜之事. 剋三妻七子, 遭回祿四次, 至寅運而亡.

丙火가 午월 午시에 생하니 왕함을 알 수 있다. 한 점 癸水는 본래 상대를 탁하게 하지는 않으나, 戊土가 그와 합하고 또 火의 맹렬함을 도우며 年支의 酉金은 본래 辰과 合하려는 정이 있으나, 다시 또 午火에게 이간을 당하여 합을 구해도 이루지 못하니 이른바 원한이 은혜 가운데서 일어나는 것이 겸하여 운이 東南 火木의 자리로 달리니, 일생동안 다만 형상파모만 있었고 아울러 재물에 의한 기쁜 일은 없었으며, 삼처칠자를 극해하고 네 차례나 화재를 당했으며, 寅운에 이르러 사망하였다.

11. 閑神 한신

一二閑神用去麼오 不用何妨莫動他며 半局閑神任
閑著이라가 要緊 之場作自家니라

한두 개의 한신을 쓸 것인가? 버릴 것인가? 쓰지 않
은들 무엇이 해로우랴마는 다른 신을 움직이게 하지 말
아야 하며, 局에서 절반을 차지하는 한신은 마음대로
한가하게 있다가 요긴한 곳에 자기 집을 지어야 한다.

[原注] 喜神不必多也니 一喜而十備矣며 忌神不必多也니
一忌而十害矣라 自喜忌之外에 不足以爲喜요 不足以爲忌는
皆閑神也라 如以天干爲用하여 成氣成合이요 而地支之神이
虛脫無氣하면 沖合自適하여 升降無情하며 如以地支爲用하
여 成助成合이요 而天干之神이 遊散浮泛하면 不礙日主라

主陽輔陽에 而陰氣停泊이면 不沖不動이요 不合不助며 主
陰輔陰에 而陽氣停泊이면 不沖不動이요 不合不助며 日月
有情에 年時不顧라도 日主無害는 日主無氣無情이며 日時
得所에 年月不顧라도 日主無害는 日主無沖無合이니 雖有
閑神이나 只不去動他요 但要緊之地에 自結營寨라가 至於
運道하여 只行自家邊界라야 亦足爲奇니라

　희신이라도 많을 필요가 없으니 하나의 희신에도 열 가지가
갖추어지며, 기신도 많아서는 안 되니 하나의 기신도 열 가지로
해로운 것이다. 희신과 기신 이외에 희신으로 삼을 것도 못 되
고 기신으로 삼을 것도 못 되는 것이 모두 한신이다. 가령 천간
을 용신으로 삼아 氣를 이루고 합을 이루는 경우에 지지의 신이
허탈무기하면 충합이 자유로워서 승강(升降)의 情이 없으며, 가
령 지지를 용신으로 삼아 생조를 이루고 합을 이루는 경우에 천
간의 神이 흩어져 떠 있으면 일주를 장애하지 않는다. 주체도
양이고 보좌도 양인 경우에 음기가 정박되어 있으면, 충하지 않
으면 움직이지 않고, 합하지 않으면 돕지 않으며, 주체도 음이
고 보좌도 음인 경우에 양기가 정박되어 있으면, 충하지 않으면
움직이지 않고, 합하지 않으면 돕지 않는다. 日과 月이 유정할
때 年과 時가 돌보지 않아도 일주에 해로움이 없는 것은 일주가
무기하고 무정하기 때문이며, 日과 時가 제자리를 얻었을 때 年
과 月이 돌보지 않아도 일주에 해로움이 없는 것은 일주에 충이

나 합이 없기 때문이니, 비록 한신이 있더라도 다만 가서 다른 神을 움직이지 말고 오로지 요긴한 곳에 스스로 울타리를 만들고 있다가 운도에 이르러 다만 자기의 경계로 행해야만 또한 기이함이 될 수 있다.

【任注】有用神必有喜神, 喜神者, 輔格助用之神也. 然有喜神, 亦必有忌神, 忌神者, 破格損用之神也. 自用神喜神忌神之外, 皆閑神也. 惟閑神居多, 故有一二半局之稱. 閑神不傷體用, 不礙喜神, 可不必動他也, 任其閑着. 至歲運遇破格損用之時, 而喜神不能輔格護用之際, 謂要緊之場, 得閑神制化歲運之凶神忌物, 匡扶格局喜用, 或得閑神合歲運之神, 化爲喜用而輔格助用, 爲我一家人也.

용신이 있으면 반드시 희신도 있으니, 희신은 격을 보좌하고 용신을 돕는 신이다. 그러나 희신이 있으면 또한 반드시 기신이 있으니, 기신은 격을 파괴하고 용신을 손상하는 신이다. 용신·희신·기신 이외에는 모두 한신인데, 한신이 많이 있기 때문에 한두 개 반국이라는 명칭이 있는 것이다. 한신이 주체와 용신을 손상하지 않고 희신을 방해하지 않으면 다른 신을 동요시킬 필요가 없으므로 마음대로 한가하게 있는 것이며, 세운에서 격을 파괴하고 용신을 손상함을 만났을 때 희신이 격을 보좌하고 용신을 보호하지 못함에 이를 때 이른바 요긴한 곳이므로, 한신이 세운의 흉신과 기물(忌物)을 억제 인화하여 격국과 희신 용신을 구제하여 돕게 되거나, 혹은 한신이 세운의 신과 합하여 희신이나 용신으로 변화하여 격을 보좌하고 용신을 돕게 되면 나의 한 집안 식구가 되는 것이다.

此章本文, 所重者在末句要緊之場作自家也, 原注未免有誤. 至云雖有閑神, 只不去動他, 要緊之場, 自結營寨, 至于運道, 只行自家邊界, 誠如是論, 不但不作自家, 反作賊鬼隄防矣, 此非一定之理也. 如用木, 木有餘, 以火爲喜神, 以金爲忌神, 以水爲仇神, 以土爲閑神. 木不足, 以水爲喜神, 以土爲忌神, 以金爲仇神, 以火爲閑神, 是以, 用神必得喜神之佐, 閑神之助, 則用神有勢, 不怕忌神矣. 木論如此, 餘者可知.

이 장의 본문에서 중요한 것이 끝구의 '요긴한 곳에 자기 집을 지어야 한다'에 있는데 원주에 오류가 있음을 면치 못했으니, 비록 한신이 있더라도 다만 가서 다른 신을 움직이지 말고 요긴한 곳에 스스로 울타리를 만들고 있다가 운도에 이르러 다만 자기의 경계로 행해야 한다고 한 부분에 이르러서는, 진실로 이와 같은 논리라면 자기 집을 짓지 못할 뿐 아니라 도리어 적귀(賊鬼)의 제방을 쌓게 될 것이니 이것은 일정한 이치가 아니다. 가령 木을 쓸 때 木이 유여한 경우에는 火를 희신으로 삼고 金을 기신으로 삼고 水를 구신으로 삼고 土를 한신으로 삼으며, 木이 부족한 경우에는 水를 희신으로 삼고 土를 기신으로 삼고 金을 구신으로 삼고 火를 한신으로 삼으니, 이 때문에 용신은 반드시 희신의 보좌와 한신의 도움을 만나야만 용신이 세력이 있어서 기신을 두려워하지 않는 것이다. 木의 논리가 이와 같으니 나머지도 알 수 있을 것이다.

丙　甲　戊　庚
寅　寅　子　寅

乙　甲　癸　壬　辛　庚　己
未　午　巳　辰　卯　寅　丑

甲木生于子月, 兩陽進氣, 旺印生身, 支坐三寅, 松柏之體, 旺而且堅. 一點庚金臨絶, 不能剋木, 反爲忌神. 寒木向陽, 時干丙火淸透, 敵其寒凝, 洩其菁英, 而爲用神. 冬火本虛, 以寅木爲喜神. 月干戊土能制水, 又能生金, 故爲閑神, 以水爲仇神. 喜其丙火淸純, 至卯運洩水生火, 早登科甲. 壬辰癸巳, 得閑制合, 官途平坦. 甲午乙未, 火旺之地, 仕至尙書.

甲木이 子月에 생하고 두 陽이 진기(進氣)이며 왕한 印이 身을 생하고 지지에 세 寅이 자리 잡아 송백(상록수)의 체질이니 왕하면서도 견고한데, 한 점 庚金은 절지에 임하여 木으로 극제할 수 없으므로 도리어 기신이 되었다. 寒木은 볕을 향하는 법인데 時干에 丙火가 맑게 투출하여 그 차게 얼어붙는 것을 대적하고, 그 순수하고 왕성한 기운을 누설시키므로 용신이 되며, 겨울의 火는 본래 허하니 寅木을 희신으로 삼으며, 月干의 戊土는 水를 제압할 수 있고 또 金을 생할 수 있으므로 한신이 되며 水를 구신으로 삼는데, 기쁘게도 丙火가 맑고 순수하니 卯운에 이르러 水를 설하고 火를 생하자 일찍 과거에 급제했으며, 壬辰·癸巳운에는 한신의 제합을 만나 벼슬길이 평탄했으며, 甲午·乙未운에는 火旺의 자리이므로 벼슬이 상서에 이르렀다.

庚　甲　丁　甲
　　午　寅　卯　子
　癸　壬　辛　庚　己　戊
　酉　申　未　午　巳　辰

甲木生于仲春, 支逢祿刃, 干透比肩, 旺之極矣. 時上
庚金, 無根爲忌, 月干丁火爲用, 通輝之氣, 所以早登雲
路, 仕至觀察. 惜無土之閑神, 運至壬申, 金水並傷體
用, 故不能免禍耳.

甲木이 중춘에 생하여 지지에 녹과 양인을 만나고 천간
에 비견이 투출했으니 旺이 지극하다. 時上의 庚金은 뿌리
가 없는 것을 꺼리므로 月干의 丁火를 용신으로 삼으니 광
휘(光輝)를 유통하는 기상이므로 일찍 벼슬길에 올라 벼슬
이 관찰에 이르렀는데, 애석하게도 한신 土가 없어서 운이
壬申에 이르자 金水가 나란히 체와 용을 손상하므로 화를
면할 수 없었다.

出門要向天涯遊어늘　何事裙釵恣意留오

문을 나서면 멀리 하늘 끝을 향하여 노닐어야 하
는데, 무슨 일로 부녀자의 방자한 뜻에 머무르는가?

[原注] 本欲奮發有爲者也어늘 而日主有合하여 不顧用神커나 用神有合하여 不顧日主며 不欲貴而遇貴커나 不欲祿而遇祿이요 不欲合而遇合커나 不欲生而遇生은 皆有情而反無情이니 如裙釵之留不去也니라

본래 분발하여 큰일을 행하려는 자인데 일주가 합함이 있어서 용신을 돌아보지 않거나, 용신에게 합함이 있어서 일주를 돌아보지 않으며, 貴를 원치 않는데도 貴를 만나거나 녹을 원치 않는데도 녹을 만나며, 合을 원치 않는데도 合을 만나거나 生을 원치 않는데도 生을 만나는 것은, 모두 유정한 듯하지만 도리어 무정한 것이니, 마치 부녀자에게 붙잡혀 떠나지 못하는 것과 같은 것이다.

【任注】此乃貪合不化之意也, 旣合宜化之, 化之喜者, 名利自如. 化之忌者, 災咎必至. 合而不化, 謂伴住留連, 貪彼忌此, 而無大志有爲也. 日主有合, 不願用神之輔我, 而忌其大志也. 用神有合, 不願日主之有爲, 不佐其成功也. 又有合神眞, 本可化者, 反助其從合之神而不化也. 又有日主休囚, 本可從者, 反逢合神之助而不從也. 此皆有情而反無情, 如裙釵之恣意留也.

이것은 곧 합을 탐하면서도 변화되지 않는다는 뜻이니

이미 합하였으면 마땅히 자신을 바꿔야 하는데, 바뀌기를 기쁘게 하면 명예와 이득이 마음과 같이 되고, 바뀌기를 꺼리게 하면 재앙과 허물이 반드시 이른다. 합하면서도 바뀌지 않으면 이른바 함께 머물면서 망설이고 머뭇거리는 것이니, 저것을 탐내고 이것을 기피하여 큰 뜻으로 큰일을 행함이 없는 것이다. 일주가 합함이 있어서 용신의 보좌를 원치 않으면 그 용신의 큰 뜻을 기피하는 것이며, 용신에게 합함이 있어서 일주의 행위를 원치 않으면 그 일주의 성공을 보좌하지 않는 것이다. 또 합신이 참되어 본래 바뀌어야 할 경우인데도 도리어 그 합을 따르는 神을 도와 바뀌지 않는 경우도 있고, 또 일주가 휴수되어 본래 종(從)해야 할 경우인데도 도리어 합신의 도움을 만나 종하지 않는 경우도 있으니, 이것은 모두 유정한 듯하면서도 도리어 무정하니 부녀자의 방자한 뜻에 머무름과 같은 것이다.

丙　戊　庚　乙

辰　辰　辰　未

甲　乙　丙　丁　戊　己

戌　亥　子　丑　寅　卯

戊土生于季春,　乙木官星透露,　盤根在未,　餘氣在辰,本可爲用, 嫌其合庚. 謂貪合忌剋, 不願日主之喜我, 合而不化. 庚金亦可作用, 又有丙火當頭. 至二十一歲, 因小試不利, 卽棄詩書, 不事生産, 以酒爲事. 且曰高車大纛, 吾不爲榮, 連陌度阡, 吾不爲富, 惟此怡悅性情, 適吾口體, 以終吾身. 足矣.

戊土가 계춘에 태어났는데 乙木 관성이 노출하여 未에 뿌리를 내리고 辰에 여기가 있어서 본래 쓸 수 있으나, 그 庚과 합함을 꺼리게 되니 이른바 합을 탐하고 극하기를 싫어하여 일주의 좋아함을 원치 않아서 합하여도 바뀌지 않는 것이며, 庚金도 역시 작용할 수 있고 또 丙火도 머리를 맞대고 있다. 21세에 이르러 소과시험에 실패하자 곧 시서를 버리고 생산을 일삼지 않고 음주를 일삼았으며, 또 말하기를 높은 수레와 큰 깃발은 나를 영화롭게 하지 못하고 논밭의 길이 사방으로 이어져도 나를 부유하게 하지 못하며, 오직 이 즐거워하는 성정만이 내 입과 몸에 맞으니 이것으로 내 몸을 마치면 충분하다고 하였다.

辛　丙　癸　丁

卯　戌　卯　丑

丁　戊　己　庚　辛　壬

酉　戌　亥　子　丑　寅

丙火生于仲春, 印正官清, 日元生旺, 足以用官. 所嫌丙辛一合, 不顧用神之輔我. 辛金柔軟, 丙火逢之而怯, 柔能制剛, 戀戀不捨, 忌有爲之志. 更嫌卯戌合而化刦, 所以幼年過目成誦. 後因戀酒色, 廢學亡資, 竟爲酒色喪身, 一事無成.

丙火가 중춘에 생하고 印이 바르고 官이 청하며 일원이 생왕하므로 官을 쓸 수 있다. 꺼리는 것은 丙과 辛이 한번 만나자 일주를 보좌하는 용신을 돌아보지 않는 것이니, 辛金은 부드럽고 丙火는 辛金을 만나면 위협하게 되지만 부드러움이 강함을 제압할 수 있으므로 연연하여 놓아주지 않으니 일주는 큰일을 행할 뜻을 싫어하며, 다시 또 꺼리는 것은 卯와 戌이 합하여 비겁이 되는 것이니 이 때문에 유년기에는 한번 보면 모두 외웠으나, 뒤에는 주색에 빠져 학문을 폐지하고 재물을 망실하여 마침내 주색으로 몸을 망치고 한 가지 일도 이루지 못하게 되었다.

不管白雪與明月하고 任君策馬朝天闕이니라

백설이나 명월[33]에 관계치 말고, 그대의 뜻대로 말에 채찍질하여 천궐[34]을 향해야 한다.

[原注] 日主乘用神而馳驟면 無私意牽制也요 用神隨日主而馳驟면 無私情羈絆也라 足以成其大志니 是無情而有情也니라

일주가 용신을 타고 달리면 사사로운 뜻의 견제가 없으며, 용신이 일주를 따라 달리면 사사로운 정에 얽매임이 없어서 그 큰 뜻을 이룰 수 있으니 이것은 무정한 듯하면서도 유정한 것이다.

【任注】此乃逢沖得用之意也, 沖則動也, 動則馳也. 局中除用神喜神之外, 而日主與他神有所貪戀者, 得用神喜神沖而去之, 則日主無私意牽制, 乘喜神之勢而馳驟矣. 局中用神喜神與他神有所貪戀者, 日主能沖克他神而去之, 則喜神無私情之羈絆, 隨日主而馳驟矣. 此無情而反有情, 如丈夫之志, 不戀私情而大志有爲也.

이것은 곧 충을 만나 쓰임을 이룬다는 뜻이니, 충하면

---

33) 백설(白雪), 명월(明月) : 미인의 유혹.
34) 천궐(天闕) : 천자의 궁궐.

움직이고 움직이면 달리게 된다. 局 중에서 용신과 희신을
제외하고 일주와 타신이 연모를 탐함이 있는 경우에 용신
이나 희신의 충을 만나서 그것을 제거하면 일주는 사사로
운 뜻의 견제가 없어서 희신의 세력을 타고 달리게 되며,
局 중에서 용신이나 희신과 타신이 연모를 탐함이 있는 경
우에 일주가 타신을 충극하여 그것을 제거할 수 있으면 희
신은 사사로운 정에 얽매임이 없어서 일주를 따라 달리게
되는 것이니, 이것은 무정한 듯하면서도 도리어 유정하므
로 마치 장부의 뜻이 사사로운 정에 연연하지 않아야 큰
뜻으로 큰일을 하는 것과 같은 것이다.

丙　丙　辛　丁

申　寅　亥　卯

乙　丙　丁　戊　己　庚

巳　午　未　申　酉　戌

此造殺雖秉令, 而印綬亦旺, 兼之比刦並透, 身旺足以
用殺. 用殺不宜合殺, 合則不顯, 加以辛金貼身, 而日主
之情, 必貪戀羈絆. 喜其丁火刦去辛金, 使日主無貪戀之私,
申金冲動寅木, 使日主無牽制之意. 更妙申金滋殺, 日主依喜

用而馳驟矣. 至戊申運, 登科發甲, 大志有爲也.

이 사주는 殺이 비록 시령을 잡았지만 인수도 왕하고 겸하여 비겁이 나란히 투출하여 身이 왕하므로 殺을 쓸 수 있다. 殺을 쓰는 경우에는 합살이 되지 말아야 하니 합이 되면 드러나지 않으며, 辛金의 첩신을 더하여 일주의 정이 틀림없이 연모를 탐하여 얽매이게 된다. 기쁘게도 丁火겁재가 辛金을 제거하여 일주로 하여금 연모를 탐하는 사사로움이 없게 하고, 申金이 寅木을 충동하여 일주로 하여금 견제하는 뜻이 없게 하며, 다시 묘하게도 申金이 殺을 자양하니 일주는 희신·용신에 의지하여 달리게 된다. 戊申운에 과거에 장원급제하여 큰 뜻으로 큰일을 하였다.

庚　壬　丙　辛
戌　寅　申　巳
庚　辛　壬　癸　甲　乙
寅　卯　辰　巳　午　未

壬水生于申月, 雖秋水通源, 而財殺並旺, 以申金爲用. 第天干丙辛, 地支申巳皆合, 合之能化, 亦可幇身, 合之不化, 反爲羈絆, 不顧日主, 喜我爲用也. 且金當令, 火通根, 只有貪戀之私, 而無化合之意. 妙在日主自剋丙火, 使丙火無暇合辛, 寅去沖動申金, 使其剋木. 則丙火之根反拔, 而日主之壬, 固無牽制之私, 用神隨日主而馳驟矣. 至癸巳運, 連登甲第, 仕至觀察, 而成其大志也.

壬水가 申월에 생하여 비록 가을의 水가 근원에 통하고 있으나, 財와 殺이 나란히 왕하니 申金을 용신으로 삼아야 하는데, 다만 천간의 丙辛과 지지의 申巳가 모두 합을 이루니 합하여 변화될 수 있으면 또한 身을 도울 수 있지만, 합하고도 변화되지 않으면 도리어 얽매임을 당하여 일주를 돌아보지 못하므로 일주를 좋아하는 것을 용신으로 삼는 것이다. 또 金이 당령하고 火가 통근했으니 다만 탐련 (貪戀)의 사사로움만 있고 화합의 뜻이 없는데, 묘함이 일주가 스스로 丙火를 극하여 丙火로 하여금 辛과 합할 겨를이 없게 하고, 寅이 申金을 충동하여 木을 극하게 하는 데 있으니, 그렇다면 丙火의 뿌리가 도리어 뽑히고 일주인 壬은 진실로 견제하는 사사로움이 없으니 용신은 일주를 따라 달리게 되는 것이다. 癸巳운에 이르러 연달아 과거에 급제하고 벼슬이 관찰에 이르러 큰 뜻을 이루었다.

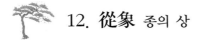

12. 從象 종의 상

從得眞者只論從이요 從神又有吉和凶이니라

從은 참됨을 이룬 경우에만 종으로 논하며, 從神
에는 또한 길함과 흉함이 있다.

[原注] 日主孤立無氣하고 天地人元에 絕無一毫生扶之意
요 財官强甚이면 乃爲眞從也라 旣從矣면 當論所從之神이
니 如從財에 只以財爲主하여 財神是木而旺하면 又看意向
하여 或要火要土要金에 而行運得所者吉이요 否則凶이니
餘皆仿此라 金不可剋木이니 剋木財衰矣니라

일주가 고립무기하고 天地人 삼원에 털끝만 한 생부(生扶)의
뜻도 전혀 없으며, 재관의 강함이 심하면 곧 참된 종(從)이 된
다. 이미 從이 되었으면 마땅히 종하는 神을 논해야 하니, 가령
財를 종할 때에는 다만 재를 위주로 하여 재신이 木으로 왕하다

면 다시 또 의향을 보아 혹 火를 원하거나 土를 원하거나 金을
원할 때 행운에서 제자리를 만나면 길하고 그렇지 않으면 흉한
것이니, 나머지도 모두 이와 같다. 金이 財神 木을 극해서는 안
되니 木을 극하면 財가 쇠한다.

【任注】 從象不一, 非專論財官而已也. 日主孤立無氣.
四柱無生扶之意, 滿局官星, 謂之從官, 滿局財星, 謂之
從財. 如日主是金, 財神是木, 生于春令, 又有水生, 謂之
太過, 喜火以行之, 生于夏令, 火旺洩氣, 喜水以生之.
生于冬令, 水多木泛, 喜土以培之, 火以暖之. 則吉,[35]
反是必凶, 所謂從神又有吉和凶也. 尙有從旺從強從氣從
勢之理, 比從財官, 更難推算, 尤當審察. 此四從, 諸書
所未載, 余之立說, 試驗碻實, 非虛言也.

從의 象은 한결같지 않으므로 오로지 財·官만을 논할
뿐만이 아닌 것이다. 日主가 고립무기하고 사주에 생부의
뜻이 없을 때 원국에 관성이 가득하면 그것을 종관(從官)
이라 하고 원국에 재성이 가득하면 그것을 종재(從財)라
하는데, 가령 일주가 金이고 財神이 木인 경우에 춘령에
생하고 다시 또 水의 생조가 있으면 그것을 태과(太過)라

---

35) 탈자가 있는 듯하니 則의 앞에 如此가 있어야 함.

하니 火로서 木을 유행시키는 것이 좋으며, 하령에 생하면 火가 왕하여 木의 氣를 설하니 水로써 木을 생부하는 것이 좋으며, 동령에 생하여 水가 많아서 木이 뜨게 되면 土로써 木의 뿌리를 북돋우고 火로써 따뜻하게 하는 것이 좋으니 이와 같은 경우에는 길하고 이와 반대되면 반드시 흉한 것이니, 이른바 종신(從神)에 다시 또 길함과 흉함이 있다는 것이다. 또한 종왕・종강・종기・종세의 이치가 있어서 종재・종관에 비하여 더욱 추산하기 어려우므로 더욱 자세히 살펴야 하며, 이 네 가지 從은 모든 책에 기재되지 않은 것인데, 내가 의견을 세워 틀림없음을 시험했으니 거짓된 말이 아니다.

從旺者, 四柱皆比刦, 無官殺之制, 有印綬之生, 旺之極者, 從其旺神也, 要行比刦印綬則吉. 如局中印輕, 行傷食亦佳, 官殺運, 謂之犯旺, 凶禍立至. 遇財星, 羣刦相爭, 九死一生. 從强者, 四柱印綬重重, 比刦疊疊, 日主又當令, 絶無一毫財星官殺之氣, 謂二人同心, 强之極矣, 可順而不可逆也. 則純行比刦運則吉, 印綬運亦佳. 食傷運, 有印綬沖剋必凶. 財官運, 爲觸怒强神, 大凶.

종왕(從旺)은 사주가 모두 비겁이면서 관살의 억제가 없고 인수의 생조만 있어서 旺이 지극한 것이므로 그 旺神을 따르고 비겁과 인수로 행해야만 길한 것이니, 가령 국 중에 인수가 가벼울 때 식상운으로 행하면 또한 아름다우나, 관살운으로 행하면 그것을 旺神을 범하는 것이라 하여 흉화가 곧바로 이르며, 재성을 만나면 많은 비겁이 서로 재를 다투게 되어 구사일생한다. 종강(從强)은 사주에 인수가 거듭되고 비겁이 겹치며 일주가 다시 또 時令을 만나서 털끝만치의 재성·관살의 氣도 전혀 없으면, 이른바 두 사람이 마음을 함께 하는 것으로 강함이 지극하니 순종해야 하고 거역해서는 안 되는데, 오로지 비겁운으로 행하면 길하고 인수운도 아름다우며, 식상운은 인수의 충극이 있으므로 반드시 흉하고, 재관운은 강신(强神)을 건드려 노하게 하니 크게 흉하다.

從氣者, 不論財官印綬食傷之類, 如氣勢在木火, 要行木火運, 氣勢在金水, 要行金水運, 反此必凶. 從勢者, 日主無根, 四柱財官食傷並旺, 不分強弱, 又無刦印生扶日主, 又不能從一神而去, 惟有和解之可也. 視其財官食傷之中, 何者獨旺, 則從旺者之勢, 如三者均停, 不分強弱, 須行

財運以和之, 引通食傷之氣, 助其財官之勢則吉. 行官殺
運次之, 行食傷運又次之. 如行比劫印綬, 必凶無疑, 試
之屢驗.

　종기(從氣)는 財·官·印綬·食傷 등을 논하지 않고 가령 기세가 木火에 있으면 木火운으로 행해야 하고, 기세가 金水에 있으면 金水운으로 행해야 하니 이와 반대되면 반드시 흉하다. 종세(從勢)는 일주가 무근하고 사주에 財·官·食傷 등이 모두 旺하여 강약을 구분하지 못하며 또 비겁이나 인수의 생부함도 없고, 또 어느 하나의 神을 따르거나 버릴 수도 없어서 오직 화해만이 옳은 경우가 있는데, 그 財·官·食傷 가운데를 보아 어느 것이 홀로 왕하다면 왕한 것의 세력을 따르지만, 만일 세 가지 균등하게 정박하여 강약을 구분할 수 없다면 반드시 재운으로 행하여 그 사이를 화해하고 식상의 기를 이끌어 유통시켜서 그 재관의 세력을 도와야만 길하며, 官殺운으로 행하는 것이 그다음이고 食傷운으로 행하는 것이 또 그다음인데, 만일 비겁이나 인수로 행한다면 반드시 흉함을 의심할 것이 없으니, 이것을 시험하여 여러 번 경험하였다.

```
丙 乙 丙 戊
戌 未 辰 戌
壬 辛 庚 己 戊 丁
戌 酉 申 未 午 巳
```

乙木生于季春, 蟠根在未, 餘氣在辰, 似乎財多身弱,
但四柱皆財, 其勢必從. 春土氣虛, 得丙火以實之, 且火
乃木之秀氣, 土乃火之秀氣, 三者爲全. 無金以洩之, 無
水以靡之, 更喜運走南方火地, 秀氣流行. 所以第發丹
墀, 鴻筆奏三千之績, 名題金榜, 鰲頭冠五百之仙也.

乙木이 계춘에 생하여 未에 뿌리를 내리고 辰에 여기가
있으니, 재다신약인 듯하지만, 사주가 모두 재성으로 이루
어졌으므로 그 형세가 반드시 從해야 한다. 春土는 氣가
허하지만 丙火를 만나서 그것을 실하게 했으며, 또 火는
바로 木의 수기이고 土는 火의 수기이니 세 가지가 온전하
다. 金으로 土를 누설시킴이 없고 水로써 土를 무너뜨림이
없으며 다시 또 기쁘게도 운이 南方 火地로 달려 수기가
유행하니, 이 때문에 궁궐의 뜰에서 과거에 올라 뛰어난
문장으로 삼천 가지 공적을 아뢰고 이름이 합격자 명단에
오르니 장원급제하여 오백 명의 인재 중에 으뜸이었다.

戊　庚　壬　壬

寅　寅　寅　寅

戊　丁　丙　乙　甲　癸

申　未　午　巳　辰　卯

庚金生于孟春, 四支皆寅, 戊土雖生猶死. 喜其兩壬透于
年月, 引通庚金, 生扶嫩木而從財也, 亦是秀氣流行. 更喜
運走東南不悖, 木亦得其敷榮, 所以早登甲第, 仕至黃堂.

　庚金이 맹춘에 생하고 네 지지가 모두 寅이며, 戊土는
비록 生이지만 死와 같은데 기쁘게도 그 두 壬이 年·月에
투출하여 庚金을 이끌어 유통시켜서 어린 木을 생부(生扶)
하여 財를 따르게 했으니 역시 수기가 유행하며, 다시 또
기쁜 것은 운이 東南으로 달려 거스르지 않아서 木이 또한
번성함을 만난 것이니 이 때문에 일찍 과거에 급제하여 벼
슬이 황당에 이르렀다.

乙　壬　庚　丙

巳　午　寅　寅

丙　乙　甲　癸　壬　辛

申　未　午　巳　辰　卯

壬水生于孟春, 木當令, 而火逢生, 一點庚金臨絕, 丙火力能煨之, 從財格眞. 水生木, 木生火, 秀氣流行, 登科發甲, 仕至侍郎. 凡從財格, 必要食傷吐秀, 不但功名顯達, 而且一生無大起倒凶災. 蓋從財最忌比刧運, 柱中有食傷, 能[36]化比刧生財之妙也. 若無食傷吐秀, 書香難遂, 一逢比刧, 無生化之情, 必有起倒刑傷也.

壬水가 맹춘에 生하여 木이 시령을 맡고 火가 生을 만났으며, 한 점 庚金은 절에 임하였는데, 丙火가 힘으로 그것을 단련시킬 수 있으니, 종재격이 참되다. 水가 木을 생하고 木이 火를 생하여 수기가 유행하니 과거에 장원급제하여 벼슬이 시랑에 이르렀다. 무릇 종재격은 반드시 식상이 빼어나야만 공명 현달할 뿐 아니라 또 일생동안 큰 기복이나 흉재가 없다. 대체로 종재격은 비겁운을 가장 꺼리는데 사주 중에 식상이 있으면 비겁을 인화하여 財를 생할 수 있는 묘함이 있지만, 만약 식상의 빼어남이 없으면 학문이 이루어지기 어렵고, 한번 비겁을 만나면 生化의 情이 없어서 반드시 기복과 형상이 있게 된다.

---

36) 문장구조상 能의 앞에 有가 있어야 함.

丙　庚　壬　丁

戊　午　寅　卯

丙　丁　戊　己　庚　辛

申　酉　戌　亥　子　丑

庚生寅月, 支全火局, 財生殺旺, 絶無一毫生扶之意.
月干壬水, 丁壬合而化木, 又從火勢, 皆成殺黨, 從象斯
眞, 中鄕榜, 挑知縣. 酉運丁艱, 丙運仕版連登, 申運註
誤落職.

　庚金이 寅월에 생하고 지지에 火국을 갖추며 財가 殺의
왕함을 생하니 전혀 털끝만 한 생부(生扶)의 뜻도 없다. 月
干의 壬水는 丁壬合을 이루어 木으로 化하고 다시 또 火의
세력을 따라 모두 殺의 무리를 이루니 종상(從象)이 곧 참
되므로 향시에 급제하고 지현에 발탁되었으며, 酉운에는
부모상을 당하고 丙운에는 관리의 명부에 연달아 올랐으
며 申운에는 징계를 받아 벼슬을 그만두었다.

乙　乙　辛　辛

酉　酉　丑　巳

乙　丙　丁　戊　己　庚

未　申　酉　戌　亥　子

　乙木生于季冬, 支全金局, 干透兩辛, 從殺斯眞. 戊戌運連登甲第, 置身翰苑. 丁酉丙申, 火截脚而金得地, 仕版連登. 乙未運, 沖破金局, 木得蟠根, 不祿.

　乙木이 계동에 태어났는데 지지에 金局을 갖추고 천간에 두 辛이 투출했으니 종살(從殺)이 곧 참되다. 戊戌운에 연달아 과거에 급제하여 한림원에 몸을 두었으며, 丁酉·丙申운에는 火가 다리를 끊기고 金이 자리를 만나니 관리의 명부에 연달아 등재되었는데, 乙未운에는 金局을 충파하고 木이 뿌리를 내리게 되니 사망하였다.

乙　甲　乙　癸

亥　寅　卯　卯

己　庚　辛　壬　癸　甲

酉　戌　亥　子　丑　寅

甲木生于仲春, 支逢兩卯之旺, 寅之祿, 亥之生, 干有

乙之助, 癸之印, 旺之極矣, 從其旺神. 初行甲運, 早采
芹香. 癸丑北方習土, 亦作水論, 登科發甲. 壬子印星照
臨, 辛亥金不通根, 支逢生旺, 仕至黃堂. 一交庚戌, 土
金並旺, 觸其旺神, 故不能免咎也.

甲木이 중춘에 생하여 지지에 양 卯제왕, 寅건록, 亥장생
을 만나고 천간에 乙의 방조와 癸인수를 만나서 왕함이 지
극하니 그 왕한 神을 따라야 한다. 초년에 甲운으로 향하
니 일찍 국학에 들어갔으며, 癸丑운은 北方 습토로 역시
水로 논하니 과거에 급제하였고, 壬子운에는 인성이 귀한
빛으로 임하며, 辛亥운에는 金이 통근하지 못하고 지지에
生旺을 만나니 벼슬이 황당에 이르렀다. 한번 庚戌로 바뀌
자 土金이 함께 旺하여 그 旺神을 침범하므로 재앙을 면할
수 없었다.

                    甲 丙 甲 丙
                    午 午 午 午
                  庚 己 戊 丁 丙 乙
                  子 亥 戌 酉 申 未
丙生仲夏, 四柱皆刃, 天干並透甲丙, 强旺極矣, 可順

而不可逆也. 初運乙未, 早遊泮水, 丙運登科. 申運大病危險, 丁運發甲. 酉運丁艱, 戊戌己運, 仕途坦平, 亥運犯其旺神, 死于軍前.

丙火가 중하에 생하여 사주에 모두 양인이 있고 천간에 甲과 丙이 나란히 투출하여 强旺이 지극하니 순종해야 하고 거역해서는 안 된다. 초운 乙未에 일찍 국학에 들어가 丙운에 과거에 급제하였고, 申운에는 큰 병으로 위험했으며, 丁운에는 과거에 장원급제하고, 酉운에는 부모상을 당했으며, 戊戌己운에는 벼슬길이 평탄하였고, 亥운에는 그 旺神을 침범하여 군대의 선봉에서 죽었다.

丁　庚　癸　癸

亥　申　亥　酉

丁　戊　己　庚　辛　壬

巳　午　未　申　酉　戌

庚金生于孟冬, 水勢當權, 金逢祿旺, 時干丁火無根, 局中氣勢金水, 亦從金水而論, 丁反爲病. 初交癸亥, 去其丁火, 其樂自如. 壬戌運入泮, 而喪服重重, 因戊土之制水也. 辛酉庚申, 登科發甲, 出仕琴堂. 己未, 運轉南方，火土齊來，詿誤落職．戊午，更多破耗而亡.

庚金이 맹동에 생하여 水의 세력이 권세를 잡고 金이 녹 왕을 만났으며, 時干의 丁火는 뿌리가 없고 局 중의 기세 는 金水이니 역시 金水를 따르는 것으로 논해야 하며, 丁 은 도리어 病이 된다. 처음 癸亥에는 그 丁火를 제거하여 그 즐거움이 마음과 같았고, 壬戌운에는 국학에 들어갔는 데 상복을 거듭 입었으니 戊土의 水를 제압함 때문이며, 辛酉・庚申에는 과거에 장원급제하고 벼슬이 금당에 이르 렀으며, 己未에는 운이 남방으로 옮겨가서 火土가 함께 오 니 징계를 받아 벼슬을 그만두었고, 戊午운에는 파모가 더 욱 많아 사망하였다.


```
甲  癸  壬  丙
寅  巳  辰  戌
戊 丁 丙 乙 甲 癸
戌 酉 申 未 午 巳
```

癸水生于季春，柱中財官傷三者並旺．印星伏而無氣，日 主休囚無根，惟官星當令，須從官星之勢．所喜坐下財星， 引通傷官之氣．至甲午運，會成火局生官，雲程直上，乙未出仕. 申酉運, 有丙丁蓋頭, 仕途平坦, 戊戌運, 仕至觀察. 至亥運幇身, 沖去巳火, 不祿. 所謂弱之極者不可益也.

癸水가 계춘에 생하고 사주에 財·官·傷 세 가지가 나란히 왕한데, 인성은 잠복하여 무기하고 일주는 휴수되어 무근하며 오직 관성이 시령을 맡았으니, 반드시 관성의 세력을 따라야 한다. 기쁜 것은 좌하의 재성이 상관의 기를 이끌어 유통시키는 것인데, 甲午운에 화국을 이루어 官을 생하니 청운의 길이 곧바로 상승하여, 乙未운에 벼슬에 나아갔으며, 申·酉운에는 丙·丁이 머리를 덮으니 벼슬길이 평탄하였고, 戊戌운에는 벼슬이 관찰에 이르렀으며, 亥운에 이르러 일주를 방조하고 巳火를 충거하여 사망했으니, 이른바 弱이 지극한 경우에는 도와서는 안 된다는 것이다.

丙　丙　乙　癸

申　申　丑　酉

己　庚　辛　壬　癸　甲

未　申　酉　戌　亥　子

丙火生丑臨申, 衰絕無煙. 酉丑拱金, 月干乙木凋枯無根, 官星坐財, 傷逢財化, 以成金水之勢. 癸亥運中, 入泮登科. 辛酉庚申去印生官, 由縣令而遷州牧, 宦囊豐厚. 己未南方燥土, 傷官助刦, 不祿.

丙火가 丑月에 생하고 申에 임하니 쇠절(衰絶)하여 연기가 없는데, 酉와 丑이 金局을 이루었고 月干 乙木은 시들고 뿌리가 없으며, 관성은 財에 앉고 상관은 財를 만나 변화되어 金水의 세력을 이루었다. 癸亥운 중에 국학에 들어가 과거에 급제하였고, 辛酉·庚申운에는 印을 제거하고 官을 생하니 현령에서 주목으로 옮기고 벼슬로 얻은 재물이 풍후했으며, 己未는 南方 燥土이므로 官을 손상하고 刦을 도우니 사망하였다.

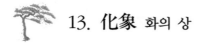

13. 化象 화의 상

化得眞者只論化요 化神還有幾般話니라

化는 참됨을 이루었을 경우에만 오로지 化로 논하며,
化神에도 또한 몇 가지의 말이 있다.

[原注] 如甲日主生於四季하고 單遇一位己土하여 在月時
上合之하며 不遇壬癸甲乙戊요 而有一辰字면 乃爲化得眞이
라 又如丙辛生於冬月커나 戊癸生於夏月커나 乙庚生於秋月
커나 丁壬生於春月하여 獨自相合하고 又得龍以運之면 此
爲眞化矣라 旣化矣면 又論化神이니 如甲己化土에 土陰寒
이면 要火氣昌旺이요 土太旺이면 又要取水爲財며 木爲官
하고 金爲食傷하여 隨其所向하여 論其喜忌하되 再見甲乙
이라도 亦不作爭合妬合論하니 蓋眞化矣면 如烈女不更二夫
하여 歲運遇之면 皆閑神也니라

가령 甲일주가 사계(辰戌丑未)에 생하고 오직 한자리의 己土
를 만나 月이나 時上에서 그것과 합하며, 壬癸甲乙戊를 만나지
않고 하나의 辰자가 있으면 곧 化가 참됨을 이루었다고 하는 것
이다. 또 가령 丙辛이 冬月에 생하거나, 戊癸가 夏月에 생하거
나, 乙庚이 秋月에 生하거나, 丁壬이 春月에 생하여 단독으로
서로 합하고 다시 또 용(辰)을 만나 그 운으로 행하면 이것을
진화(眞化)라고 한다. 이미 변화했으면 또한 화신(化神)을 논해
야 하니 가령 甲己가 土로 화한 경우에 土가 음한(陰寒)하면 火
氣가 창왕(昌旺)해야 하고, 土가 태왕하면 또한 水를 취하여 財
로 삼아야 하며, 木을 官으로 삼고 金을 식상으로 삼아 그 향하
는 바에 따라 喜와 忌를 논하되 거듭 甲乙을 만나더라도 쟁합이
나 투합으로 간주하여 논하지 않으니, 무릇 진화(眞化)를 이루
면 열녀가 두 남편을 번갈아 섬기지 않는 것과 같아서 세운에서
그러한 것을 만나면 모두 한신이 되는 것이다.

【任注】合化之原, 昔黃帝祀天于圜邱, 天降十干, 爰
命大撓作十二支以配之. 故日干[37]曰天干, 其所由合, 卽
天一地二天三地四天五地六天七地八天九地十之義. 依數
推之, 則甲一乙二丙三丁四戊五己六庚七辛八壬九癸十也.
合化의 근원은 옛날 황제가 원구[38]에서 하늘에 제사를

---

37) 日干은 十干의 오기인 듯함.

지낼 때 하늘에서 十干을 내리자 이에 대요에게 명하여 十
二支를 만들어 이것과 짝을 이루게 했으니, 그러므로 十干
을 天干이라 하며, 그 합을 이룬 까닭은 곧 天一, 地二, 天
三, 地四, 天五, 地六, 天七, 地八, 天九, 地十의 뜻에 유래
하며, 수에 의하여 十干을 미루어 나가면 갑은 一, 乙은
二, 丙은 三, 丁은 四, 戊는 五, 己는 六, 庚은 七, 辛은 八,
壬은 九, 癸는 十이 된다.

**如洛書以五居中, 一得五爲六, 故甲與己合. 二得五爲
七, 故乙與庚合. 三得五爲八, 故丙與辛合. 四得五爲
九, 故丁與壬合. 五得五爲十, 故戊與癸合. 合則化, 化
亦必得五土而後成. 五土者辰也, 辰土居春, 時在三陽,
生物之體, 氣闢而動, 動則變, 變則化矣.**

낙서에는 五를 중앙에 두니 一이 五를 얻으면 六이 되므
로 甲이 己와 합하고, 二가 五를 얻으면 七이 되므로 乙이
庚과 합하고, 三이 五를 얻으면 八이 되므로 丙이 辛과 합
하고, 四가 五를 얻으면 九가 되므로 丁이 壬과 합하고, 五
가 五를 얻으면 十이 되므로 戊가 癸와 합하는 것이다. 합
하면 변화하며 변화는 또한 반드시 五土를 얻은 뒤에 이루

---

38) 원구(圜邱) : 하늘의 모양을 본뜬 원형의 제단으로 왕이 동지 때 천제(天祭)를 지내던 곳임.

어지는데, 五土는 辰이니 辰土는 春에 머물고, 時는 三陽에 있어서 만물을 생성하는 본체이므로, 氣가 열리면 움직이고 움직이면 변하며, 변하면 化하는 것이다.

且十干之合, 而至五辰之位, 則化氣之元神發露. 故甲己起甲子, 至五位逢戊辰而化土. 乙庚起丙子, 至五位逢庚辰而化金. 丙辛起戊子, 至五位逢壬辰而化水. 丁壬起庚子, 至五位逢甲辰而化木. 戊癸起壬子, 至五位逢丙辰而化火. 此相合相化之眞源, 近世得傳者少, 只知逢龍而化, 不知逢五而化, 辰龍之說, 供引之意. 如果辰爲眞龍, 則辰年生人爲龍, 可行雨, 而寅年生人爲虎, 必傷人矣.

또 十干의 합은 다섯 辰의 자리에 이르면 화기의 원신이 드러나는 것이니, 그러므로 甲己는 甲子에서 시작하여 다섯 번째 자리에 이르러 戊辰을 만나 土로 化하고, 乙庚은 丙子에서 시작하여 다섯 번째 자리에 이르러 庚辰을 만나 金으로 化하고, 丙辛은 戊子에서 시작하여 다섯 번째 자리에 이르러 壬辰을 만나 水로 化하고, 丁壬은 庚子에서 시작하여 다섯 번째 자리에 이르러 甲辰을 만나 木으로 化하고, 戊癸는 壬子에서 시작하여 다섯 번째 자리에 이르러

丙辰을 만나 火로 化하는 것이다. 이것이 相合과 相化의 참된 근원인데, 근세에는 전함을 얻은 자가 적어서 다만 용(辰)을 만나서 化하는 줄만 알고, 다섯 번째 자리를 만나서 化함을 알지 못하며, 辰이 용이라는 설은 인용에 제공된 뜻일 뿐이니, 만일 辰이 곧 진짜 용이라면 辰年生인 사람은 곧 용이니 비를 내리게 할 수 있고, 寅年生인 사람은 범이니 반드시 사람을 해칠 것이다.

　　至於化象作用，　亦有喜忌配合之理，　所以化神還有幾般話也. 非化斯神, 喜見斯神, 執一而論也. 是化象亦要究其衰旺, 審其虛實, 察其喜忌, 則吉凶有驗, 否泰了然矣. 如化神旺而有餘, 宜洩化神之神爲用. 化神衰而不足, 宜生助化神之神爲用. 如甲己化土, 生于未戌月, 土燥而旺, 干透丙丁, 支藏巳午. 謂之有餘, 再行火土之運, 必太過而不吉也. 須從其意向, 柱中有水, 要行金運. 柱中有金, 要行水運. 無金無水, 土勢太旺, 必要金以洩之. 火土過燥, 要帶水之金運以潤之. 生于丑辰月, 土溼爲弱, 火雖有而虛, 水本無而實, 或干支雜其金水, 謂之不足. 亦須從其意向, 柱中有金, 要行火運. 柱中有水, 要行土運.

金水並見, 過於虛溼, 要帶火之土運以實之, 助起化神爲 吉也.

화상(化象)의 작용에 이르러서도 희기에 따른 배합의 이 치가 있으므로 이 때문에 본문에서 화신(化神)에도 몇 가 지 말이 있다고 한 것이며, 그 神으로 化한 것이 아니라도 그 神을 만나는 것을 좋아한다는 것은 한 가지만을 고집하 여 논한 것이다. 이 化象 역시 그 쇠왕(衰旺)을 연구하고 그 허실을 살피며 그 희기를 관찰해야만 길흉에 응험함이 있고, 비태(불운과 행운)가 분명한 것이다. 가령 化神이 왕 하여 유여하면 마땅히 화신을 누설하는 신을 용신으로 삼 아야 하고, 화신이 쇠하여 부족하면 마땅히 화신을 생조하 는 신을 용신으로 삼아야 하니, 예컨대 甲己가 土로 化하 고 未戌월에 생하여 土가 건조하고 왕한데 天干에 丙丁이 투출하고 지지에 巳午가 간직되면 그것을 유여하다고 하 는 것이니, 다시 火土운으로 행하면 반드시 태과하여 불길 하므로 반드시 그 의향에 따라 주중에 水가 있으면 金운으 로 행해야 하고, 주중에 金이 있으면 水운으로 행해야 하 며, 金도 없고 水도 없으면 土의 세력이 태왕하므로 반드 시 金으로 그것을 누설시켜야 하고, 火土가 지나치게 건조 하면 水를 대동한 金운으로 그것을 윤택하게 해야 한다.

(甲己가 土로 化하고) 丑辰월에 생하면 土는 습하고 약하며 火는 비록 있더라도 허하고 水는 본래 없더라도 실하니 혹 干支에 金水가 섞이면 그것을 부족하다고 하는 것이니, 또한 반드시 그 의향에 따라 주중에 金이 있으면 火운으로 행해야 하고, 주중에 水가 있으면 土운으로 행해야 하며, 金水가 함께 보이면 허습에 지나치므로 火를 대동한 土운으로 그것을 실하게 하고 化神을 도와 일으켜야만 길하게 된다.

至于爭合妒合之說, 乃謬論也, 旣合而化, 如貞婦配義夫, 從一而終, 不生二心. 見戊己是彼之同類, 遇甲乙是我之本氣, 有相讓之誼. 合而不化, 勉强之意, 必非佳耦. 見戊己多而起爭妒之風, 遇甲乙衆而更强弱之性. 甲己之合如此, 餘可例推.

쟁합·투합의 설에 이르러서는 곧 잘못된 이론이니, 이미 합하여 변화되면 절개 굳은 부인이 의로운 남편과 짝을 이루어 한 사람을 따라 일생을 마치고 두 마음이 생기지 않는 것과 같은 것이다. (甲己의 化土가) 戊己를 만나면 그것은 상대방의 같은 부류이고, 甲乙을 만나면 그것은 나의 본기(本氣)이니 서로 사양하는 의리가 있으며 합하여도 변화되지 않는 것은 힘써서 억지로 한다는 뜻이니 반드시 좋은 짝이 아니다. 戊己를 만남이 많으면 다투고 투기하는 풍조를 일으키고, 甲乙을 만남이 많으면 강하거나 약한 성질을 바꾼다. 甲己의 합이 이와 같으니 나머지도 예와 같이 추리할 수 있을 것이다.

己 甲 甲 乙
巳 辰 申 丑
戊 己 庚 辛 壬 癸
寅 卯 辰 巳 午 未

年月兩干之甲乙, 得當令之申金丑內之辛金制定, 不起爭妬之風. 時干己土臨旺, 與日主親切而合, 合神眞實, 乃謂眞化. 但秋金當令, 化神泄氣不足. 至午運助化神, 中鄕榜. 辛巳金火土並旺, 登黃甲, 宴瓊林, 入翰苑, 仕黃堂. 庚辰合乙制化比刼, 仕至藩臬.

年月 양 干의 甲乙은 당령한 申金과 丑 중 辛金의 제압하여 안정시킴을 만나니 다투고 투기하는 풍조를 일으키지 않으며, 時干의 己土는 旺에 임하고 일주와 친절하게 합하여 합신(合神)이 진실하니, 곧 이른바 참된 합화(合化)

인데, 다만 秋金이 시령을 맡아 化神이 설기되어 부족하다. 午운에 이르러 화신을 도우니 향시에 합격하고, 辛巳운에 는 金火土가 함께 왕하여 황갑39)에 올라 경림연40)에서 잔치하고 한림원에 들어갔으며 벼슬이 황당에 이르렀고, 庚辰운에는 乙과 합하여 비겁을 제압 변화시키니 벼슬이 번얼에 이르렀다.

己 甲 壬 戊

巳 辰 戌 辰

戊 丁 丙 乙 甲 癸

辰 卯 寅 丑 子 亥

甲木生于季秋, 土旺乘權, 剋去壬水, 又無比劫, 合神更眞, 化氣有餘. 惜運走東北水木之地, 功名仕路, 不及前造. 至丑運丁酉年, 暗會金局, 洩化神而吐秀, 登科. 戊戌年發甲, 仕至州牧.

甲木이 계추에 생하니 土가 왕하여 권세를 타고 壬水를 극거하며, 또 비겁이 없어서 합신(合神)이 더욱 참되고 화기(化氣)가 유여하다. 애석하게도 운이 東北 水木의 자리로

---

39) 황갑(黃甲) : 진사 합격자 명단.
40) 경림연 : 진사 합격자 연회.

달리니 공명과 사로가 앞의 사주에 미치지 못하는데, 丑운에 이르러 丁酉년에 金局을 암회하여 화신을 설하여 빼어난 기를 토하니 과거에 올랐고, 戊戌년에 장원으로 급제하여 벼슬이 주목에 이르렀다.

甲 壬 丁 己

辰 午 卯 卯

辛 壬 癸 甲 乙 丙

酉 戌 亥 子 丑 寅

壬水生于仲春, 化象斯眞. 最喜甲木元神透露, 化氣有餘. 餘則宜洩, 斯化神吐秀, 喜其坐下午, 午生辰土, 秀氣流行. 少年科甲, 翰苑名高. 惜乎中運水旺之地, 未能顯秩, 終于縣宰.

壬水가 중춘에 생하여 화상(化象)이 참되며, 가장 기쁜 것은 甲木원신이 드러나서 化氣가 유여한 것이며, 유여하면 누설해야 하는데 이에 化神이 수기를 토하고 기쁘게도 아래에 午가 자리하니 午가 辰土를 생하여 수기가 유행한다. 소년에 과거에 급제하여 한원에 이름이 높았는데, 애석하게도 중운 水旺의 자리에서는 관직을 드러내지 못하고 현재(현령)에서 마쳤다.

癸 壬 丁 己

卯 午 卯 卯

辛 壬 癸 甲 乙 丙

酉 戌 亥 子 丑 寅

此與前造只換一卯字, 化象更眞, 化神更有餘. 嫌其癸
刦爭財, 年干己土, 透隔無根, 不能去其癸水, 午火未能
流行此癸水, 眞乃奪標之客也. 雖中鄕榜, 終不能出仕.

이것은 앞의 사주와 다만 卯자 하나[41]만 바뀌었는데 화
상이 또한 참되고 화신도 유여하다. 꺼리는 것은 癸刦이
財를 다투는데 年干의 己土가 멀리 투출하고 뿌리가 없어
서 그 癸水를 제거하지 못하며, 午火가 유행하지 못하므로
이 癸水는 진실로 곧 우승기를 빼앗은 객이 되는 것이니,
비록 향방에 급제했으나 끝내 출사하지 못했다.

---

41) 時干支 甲辰이 癸卯로 두 자가 바뀌었음.

```
壬　癸　戊　丙
戌　巳　戊　戌
甲　癸　壬　辛　庚　己
辰　卯　寅　丑　子　亥
```

癸水生于季秋, 丙火透而通根, 化火斯眞. 嫌其時透壬
水剋丙, 只中鄕榜, 直至卯運, 壬水絶地, 挑知縣. 曆三
任而不升, 亦壬水奪財之故也.

癸水가 계추에 생하고 丙火가 투출하여 통근하니 火로
화한 것이 바로 참되다. 꺼리는 것은 時에 壬水가 투출하
여 丙을 극하는 것이니, 다만 향방에 급제한 뒤에 겨우 卯
운에 이르러 壬水의 절지가 되자 지현에 발탁되었으며 세
번을 역임했으나 승진하지 못했으니 이것은 또한 壬水의
탈재 때문이다.

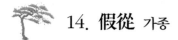

14. 假從 가종

眞從之象有幾人이리오 假從亦可發其身이니라

진종(眞從)의 상이 몇 사람이나 되겠는가? 가종 (假從)도 그 몸을 일으킬 수 있다.

[原注] 日主弱矣요 財官強矣면 不能不從이로되 中有比 助暗生이면 從之不眞이라 至於歲運財官得地하여는 雖是假 從이나 亦可取富貴로되 但其人不能免禍커나 或心術不端耳 니라

일주가 약하고 재관이 강하면 종하지 않을 수 없는데, 중간에 편들고 돕는 것이 암암리에 생기는 경우가 있으면 종하는 것이 참되지 않다. 세운의 재관이 자리를 얻음에 이르러서는 비록 그 것이 가종일지라도 부귀를 취할 수 있는데, 다만 그 사람이 화 를 면치 못하거나 혹은 마음씨가 바르지 못할 뿐이다.

【任注】假從者, 如人之根淺力薄, 不能自立, 局中雖有劫印, 亦自顧不暇, 而日主亦難依靠, 只得投從於人也. 其象不一, 非專論財官而已也, 與眞從大同小異. 四柱財官得時當令, 日主虛弱無氣, 雖有比劫印綬生扶, 而柱中食神生財, 財仍破印, 或有官星制劫, 則日主無從依靠, 只得依財官之勢. 財之勢旺, 則從財, 官之勢旺, 則從官. 從財行食傷財旺之地, 從官行財官之鄕, 亦能興發, 看其意向, 配其行運爲是.

가종(假從)은 마치 사람이 근본이 얕고 힘이 적어서 자립할 수 없는 것처럼 국 중에 비록 비겁이나 인성이 있더라도 자신을 돌아볼 겨를도 없고, 일주도 역시 의지하기 어려운 경우에는 오로지 남에게 의지하여 따르게 될 뿐인데, 그 상이 한결같지 않으므로 오로지 財官만을 논할 뿐만이 아니며 진종(眞從)과 대동소이하다. 사주에 財官이 때를 만나 시령을 맡고 일주가 허약하고 무기하면 비록 비겁이나 인수의 생부가 있더라도 柱 중에서 식신이 財를 생하고 財가 인수를 파괴하거나 혹은 관성의 비겁을 억제함이 있으면 일주는 따르고 의지할 데가 없으므로 다만 財나 官의 세력에 의지하게 될 뿐이니, 財의 세력이 왕하면 財를 따르고 官의 세력이 왕하면 官을 따르는 것인데, 財를 따르는 경우에는 식상과 財가 왕한 곳으로 행해야 하고, 官을 따르는 경우에는 財官의 향으로 행하여야 또한 흥발할 수 있으니 그 의향을 보아 그 行運과 배합해야만 옳은 것이다.

然假從之象, 只要行運安頓, 假行眞運, 亦可取富貴. 何謂眞運? 如從財有比刦分爭, 行官殺運必貴, 行食傷運必富. 有印綬暗生, 要行財運. 有官殺洩財之氣, 要行食傷運. 如從官殺, 有比刦幫身, 逢官運而名高. 有食傷破官, 行財運而祿重. 有印綬洩官, 要財運以破印. 謂假行眞運, 不貴亦富, 反此者凶, 或趨勢忌義, 心術不端耳. 若能歲運不悖, 抑假扶眞, 縱使身出寒微, 亦能崛起家聲, 所爲亦必正矣. 此乃源濁流淸之象, 宜深究之.

그러나 가종(假從)의 상도 다만 行運이 잘 배치되거나, 가종이라도 진운(眞運)으로 행하기만 하면 또한 부귀를 취할 수 있는데 무엇을 진운이라 하는가? 가령 財를 종할 때 비겁의 분쟁이 있는 경우에 관살운으로 행하면 반드시 귀하게 되고, 식상운으로 행하면 반드시 부유하게 되며, 인수의 암생(暗生)이 있는 경우에는 반드시 재운으로 행해야 하고, 관살이 財의 기를 누설함이 있는 경우에는 식상운으로 행해야 하며, 가령 관살을 종할 때 비겁의 방신이 있는 경우에 관운을 만나면 명성이 높아지고, 식상이 官을 파괴하는 경우에 재운으로 행하면 녹이 많아지며, 인수가 官을 누설함이 있는 경우에는 반드시 재운으로 인수를 파괴해야 하는 것이다. 이것이 이른바 가종이 진운으로 행하는 것으로서 귀하지 않으면 부유하며 이와 반대되면 흉한 것인데, 혹 권세를 쫓고 의리를 꺼리며 마음씨가 바르지 못하다. 만약 세운이 어그러지지 않아서 가(假)를 억제하고 진(眞)을 부조할 수 있다면 비록 몸이 한미한 집안에서 태어났더라도 집안의 명성을 높이 일으킬 수 있으며, 행하는 바도 반드시 단정할 것이다. 이것이 바로 근원이 혼탁해도 흐름이 청정한 상이니, 마땅히 이러한 점을 깊이 연구해야 한다.

癸　己　乙　癸
酉　亥　卯　巳
己　庚　辛　壬　癸　甲
酉　戌　亥　子　丑　寅

春土虛脫, 殺勢當權, 財遇旺支, 喜其巳亥逢沖破印, 格成棄命從殺. 第卯酉沖殺, 巳酉半會金局, 不作眞從而論. 所以出身寒微, 妙在中隔亥水, 謂源濁流淸, 故能崛起家聲. 出類拔萃, 早遊泮水, 壬子運中, 連登科甲, 以中書而履黃堂, 擢觀察. 辛亥運金虛水實, 相生不悖, 仕途平坦. 將來庚戌, 土金並旺, 水木兩傷, 恐不免意外風波耳.

春土는 기력이 극도로 허약하며 殺의 세력이 권세를 잡고 財는 旺支를 만났는데 기쁘게도 巳亥가 충을 만나 인수를 파괴하니 격이 '기명종살'을 이루었다. 다만 卯酉가 殺을 충하고 巳酉가 반합으로 金局을 이루어 진종(眞從)으로 논하지 못하며, 이 때문에 출신이 한미하였는데 묘함이 亥水를 중간에 두고 있는 데 있으니, 이른바 근원은 혼탁하나 흐름이 청정한 것이므로 집안의 명성을 높이 일으킬 수 있었다. 무리 중에 특별히 뛰어나 일찍 국학에 입학하여, 壬子운 중에 연달아 과거에 급제하고 중서에서 황당을 거쳐 관찰에 발탁됐으며, 辛亥운에는 金은 허하고 水는 실하여 상생하고 거스르지 않으니 벼슬길이 평탄했으며, 앞으로 庚戌운에는 土金이 함께 왕하여 水木이 둘 다 손상되니 뜻밖의 풍파를 면치 못할까 두려울 뿐이다.

壬　丙　壬　丁

辰　申　寅　丑

丙　丁　戊　己　庚　辛

申　酉　戌　亥　子　丑

丙火生于初春, 火虛木嫩. 嫩木逢金, 緊貼相沖, 連根拔盡. 申金又得辰土生扶, 殺勢愈旺, 格成從殺, 用財更妙. 年支丑土, 生金晦火, 故身出官家, 早登科甲. 運走西北金水, 仕至觀察, 雖逢土運, 仍得金以化之, 所以無險阻也.

丙火가 초춘에 생하여 火는 허하고 木은 연약한데, 연약한 木이 金을 만나 바짝 붙어 相沖함을 당하니 이어진 뿌리가 다 뽑히며, 申金은 다시 또 辰土의 생부를 만나 殺의 세력이 더욱 왕성하여 격이 종살을 이루었으니 財를 쓰면 더욱 묘하다. 年支 丑土가 金을 생하고 火를 어둡게 하므로 몸이 관가(왕실)에 태어나 일찍 과거에 급제했으며, 운이 西北 金水로 달리자 벼슬이 관찰에 이르렀으니, 비록 土운을 만나더라도 곧 金으로 그것을 변화시킬 수 있으므로 험하고 어려운 일이 없는 것이다.

```
癸  戊  己  乙
亥  辰  卯  卯
癸  甲  乙  丙  丁  戊
酉  戌  亥  子  丑  寅
```

戊土生于仲春, 木正當權. 坐下辰土, 蓄水養木, 四柱
絕無金氣. 又得亥時, 水旺生木. 又無火以生化之, 格取
從官, 非身衰論也. 雖非科甲出身, 運走丙子乙亥, 連登
仕版, 位至封彊. 至癸酉運, 落職而亡.

　戊土가 중춘에 생하여 木이 바로 권세를 잡았으며, 앉은
자리의 辰土는 水를 저축하여 木을 기르는데 사주에 金氣
가 전혀 없으며, 또 亥時를 만나 水가 旺하여 木을 생하는
데 다시 또 火로써 그것을 生化함이 없으므로, 격은 종관
(從官)을 취하니 身이 쇠한 것으로 논하지 않는다. 비록 과
갑 출신은 아니지만 운이 丙子·乙亥로 달리니 연달아 관
리의 명부에 오르고 지위가 봉강에 이르렀는데, 癸丑운에
이르러 면직당하고 사망하였다.

庚　辛　丙　丁

寅　亥　寅　卯

庚　辛　壬　癸　甲　乙

申　酉　戌　亥　子　丑

辛金生於孟春, 天干丙丁庚辛, 陰陽相剋. 且金絕火生, 地支寅木當令, 日時寅亥化木, 格取從殺. 運走水地, 生木助火, 一無凶處, 連登甲榜, 由縣宰至郡守. 生三子, 皆秀發.

辛金이 맹춘에 생하여 천간은 丙丁·庚辛으로 음양이 서로 극하며 또 金은 絕이 되고 火는 生이 되며, 지지는 寅木이 사령을 맡고 있는데 日時의 寅亥가 木으로 化하니 격이 종살을 취한다. 운이 水地로 달려 木을 생하고 火를 도우므로 흉한 곳이 하나도 없으니, 연달아 과거에 합격하고 현재를 거쳐 군수에 이르렀으며 세 아들을 두었는데 모두 기량과 재주가 뛰어났다.

丁　己　乙　癸

卯　未　卯　亥

己　庚　辛　壬　癸　甲

酉　戌　亥　子　丑　寅

己土生於仲春, 春木當令會局. 時干丁火, 被年上癸水剋去, 未土又會木局, 不得不從殺矣. 科甲出身, 仕至觀察.

己土가 중춘에 생하였는데 춘목이 시령을 맡고 회국을 이루었으며, 時干의 丁火는 年上의 癸水에게 극거당하였고, 未土는 다시 또 木으로 회국을 이루니 殺을 종하지 않으면 안 된다. 과거를 통하여 관직에 나아가 벼슬이 관찰에 이르렀다.

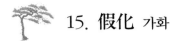

15. 假化 가화

假化之人亦多貴하니 孤兒異姓能出類니라

가화(假化)의 사람도 귀함이 많으니, 고아나 이
성42)이라도 무리 중에서 뛰어날 수 있다.

[原注] 日主孤弱而遇合神眞이면 不能不化로되 但暗扶日
主하고 合神又虛弱하며 及無龍以運之면 則不眞化라 至於
歲運扶起合神하고 制伏忌神하면 雖爲假化라도 亦可取富貴
하며 雖是異姓孤兒라도 亦可出類拔萃로되 但其人多執滯偏
拗하여 作事迍邅이요 骨肉欠遂니라

일주가 외롭고 허약한 경우에 합신의 참됨을 만나면 化하지
않을 수 없는데, 다만 암신이 일주를 돕고 합신이 또한 허약하
며, 용(辰)으로 운행함이 없으면 참된 化가 아니다. 세운에서 합

---

42) 이성(異姓) : 동성(同姓)이 아닌 외척.

신을 도와 일으키고 기신을 제압하여 굴복시키기에 이르면 비
록 가화(假化)에 속하더라도 부귀를 취할 수 있으며, 비록 그가
이성이나 고아일지라도 무리에서 뛰어나고 여럿 가운데에서 특
별히 빼어날 수 있는데, 다만 그 사람이 고집스럽게 막히고 치
우치고 비뚤어져서 하는 일이 막히고 나아가지 못하며 골육에
게도 흠결이 따르는 경우가 많다.

【任注】假化之局, 其象不一. 有合神眞而日主孤弱者,
有化神有餘而日帶根苗者, 有合神不眞而日主無根者, 有
化神不足而日主無氣者, 有旣合化神而日主得刦印生扶者,
有旣合化而閑神來傷化氣者. 故假化比眞化尤難, 更宜細
究, 庶得假化之機.

　가화(假化)의 局은 그 상이 똑같지 않으니, 合神이 참된
데도 일주가 외롭고 허약한 경우도 있고, 化神이 유여하고
일주가 뿌리와 싹을 대동한 경우도 있고, 合神이 참되지
않고 일주가 無根인 경우도 있고, 化神이 부족하고 일주가
無氣인 경우도 있고, 이미 합한 化神인데 일주가 刦印의
생부를 받는 경우도 있고, 이미 合化하였는데 한신(閑神)이
化氣를 손상하는 경우도 있으므로, 가화(假化)는 진화(眞
化)에 비하여 더욱 어려우니, 다시 더 마땅히 세밀하게 연

구하면 거의 가화의 기틀을 터득할 것이다.

如甲己之合, 生于丑戌月, 合神雖眞, 而日主孤弱無助, 不能不化. 但秋冬氣翕而寒, 又有金氣暗洩, 歲運必須逢火, 去其寒溼之氣, 則中氣和暖矣. 生于辰未之月, 化神雖有餘, 而辰乃木之餘氣, 未是通根身庫, 木未嘗無根. 但春夏氣闢而暖, 又有水木藏根, 歲運必須土金之地,[43] 去其木之根苗, 則無分爭矣.

가령 甲己의 合에서 丑戌월에 생한 경우에는 合神이 비록 참되더라도 일주가 외롭고 약하고 도움이 없으면 化하지 않을 수 없는데, 다만 秋冬에는 氣가 닫히고 추우며, 또 金氣가 암암리에 누설됨이 있으므로 세운에서 반드시 火를 만나 그 한습한 기운을 제거해야만 중화된 氣가 화창하고 따뜻하며, 辰未월에 생한 경우에는 化神이 비록 유여하더라도, 辰은 곧 木의 여기이고 未는 뿌리가 통하는 木의 고(庫)이니, 木은 뿌리가 없는 것이 아니지만 다만 春夏에는 氣가 열리고 따뜻하며, 또 水木의 암장된 뿌리가 있으므로 세운에서 반드시 土金의 자리를 만나서 그 木의 뿌리와 싹을 제거해야만 분쟁이 없게 된다.

---

43) 必須 다음에 동사 逢이 누락됨. 歲運必須逢土金之地가 되어야 함. 이하 두 곳도 같음.

如乙庚之合, 日主是木, 生于夏令, 合神雖不眞, 而日主洩氣無根, 土燥又不能生金, 歲運必須帶水之土,[44] 則能洩火養金矣. 生于冬令, 金逢洩氣而不足, 木不納水而無氣, 縱有土而凍, 不能生金止水, 歲運必須帶火之土,[45] 則解凍而氣和, 金得生而不寒矣.

가령 乙庚의 합에서 일주가 木이고 夏令에 생한 경우에는 合神이 비록 참되지 않더라도 일주는 설기되어 根이 없고, 土는 조열하여 다시 또 金을 생할 수 없으니, 세운에서 반드시 水를 대동한 土를 만나야만 火를 설하고 金을 기를 수 있으며, 冬令에 생한 경우에는 金은 설기당하여 부족하고 木은 水를 받아들이지 못하여 無氣하며, 비록 土가 있더라도 얼어서 金을 생하거나 水를 제지할 수 없으니, 세운에서 반드시 火를 대동한 土를 만나야만 해동되고 氣가 화창해져서 金이 生을 만나고 한랭하지 않다.

如丁壬之合, 日主是丁, 生于春令, 壬水無根, 必從丁合, 不知木旺自能生火, 則丁火反不從壬化木. 或有比刦之助, 歲運必須逢水, 則火受制而木得成矣.

---

44) 歲運必須逢帶水之土라야 함.
45) 歲運必須逢帶火之土라야 함.

가령 丁壬의 合에서 일주가 丁이고 春令에 생한 경우에 壬水가 무근이면 반드시 丁과의 合을 따르게 되는데, 그 이유는 木이 왕하여 스스로 火를 생할 수 있으면 丁火는 도리어 壬을 따라 木으로 化하지 않으며, 혹 비겁의 부조가 있을 때에는 세운에서 반드시 水를 만나야만 火가 제압당하여 木이 이루어질 수 있는 것이다.

如丙辛之合, 日主是火, 生于冬令, 重重金水, 旣合且化. 嫌其柱中有土, 暗來損我化神, 溼土雖不能止水, 而水究竟混濁不淸, 歲運必須逢金土, 則氣流行而生水, 化神自眞矣. 如是配合, 以假成眞, 亦能名利雙全, 光前裕後也. 總之格象非眞, 未免幼遭孤苦, 早見蹭蹬, 否則其人執傲遲疑. 倘歲運不能抑假扶眞, 一生作事迍邅, 名利無成也.

가령 丙辛의 合에서 일주가 火이고 冬令에 생한 경우에 金水가 중첩되면 이미 合하고 化한 것인데, 꺼리는 것은 주중에 土가 있어서 암암리에 나의 化神을 손상하는 것이니, 습토가 비록 水를 제지할 수는 없더라도 水는 마침내 혼탁해져서 맑지 못하므로 세운에서 반드시 金土를 만나야만 氣가 유행하고 水를 生하여 化神이 저절로 참되게 된다. 이와 같은 배합은 假로서 眞을 이루는 것이니 또한 名利가 모두 온전하여 앞(과거)을 빛내고 뒤(미래)를 유여하게 할 수 있다. 총괄하여 논하자면 격상이 참되지 않으면 유년기에 외롭고 고달픔을 당하고 일찍 길을 잃고 방황하게 됨을 면치 못하며, 아니면 그 사람됨이 고집스럽고 오만하며 망설이고 의심할 것이니, 만약 세운에서 假를 억제하고 眞을 부조하지 못하면 일생동안 하는 일이 막히고 나아가지 못하며 名利가 이루어짐이 없을 것이다.

己 甲 甲 己
巳 子 戌 卯

戊 己 庚 辛 壬 癸
辰 巳 午 未 申 酉

天干兩甲逢兩己, 各自相合. 地支卯戌合, 雖不能化火生土, 却無爭妬之意. 雖是假化, 却有情而不悖. 未運破其子水, 中鄉榜. 庚午己巳, 生助化神, 出仕琴堂.

천간에는 두 甲이 두 己를 만나 제각기 서로 합하고, 지지에는 卯와 戌이 합하는데 비록 火로 바뀌어 土를 생하지는 못하더라도 마침내 다투고 시기하는 뜻이 없으니, 비록 가화(假化)이지만 오히려 유정하여 어그러지지 않는다. 未운에 子水를 파괴하니 향방에 올랐으며, 庚午·己巳운에 化神을 생조하자 금당에 출사하였다.

己 甲 丙 甲
巳 申 子 子

壬 辛 庚 己 戊 丁
午 巳 辰 卯 寅 丑

甲木生于仲冬, 印綬當權, 本是殺印相生. 無如坐下絕地, 虛極不受水生. 見己土貪合, 合神雖眞而失令, 必賴丙火之生, 解其寒凝之氣. 嫌其旺水秉令, 則火亦虛脫, 不能生扶, 化神假而不清. 因之人品不端, 至庚辰運甲午年, 剋木生土, 中鄕榜而不仕.

甲木이 중동에 생하고 인수가 권세를 잡으니 본래 이것은 살인상생이지만, 오히려 절지에 앉아 허함이 지극하고 水의 생조를 받지 못하며, 己土를 만나 합을 탐하는데 합신은 비록 참되지만 때를 잃었으니, 반드시 丙火의 생조에 의지하여 그 추위에 얼어붙은 氣를 녹여야 한다. 꺼리는 것은 그 旺水가 시령을 잡았으므로 火 역시 극도로 허약하여 생부할 수 없어서 化神이 假가 되어 청하지 못한 것이니 이 때문에 인품이 단정하지 못했으며, 庚辰운의 甲午년에 木을 극하고 土를 생하자 향방에 올랐으나 벼슬하지 않았다.

己 甲 丁 甲

巳 戌 丑 寅

癸 壬 辛 庚 己 戌

未 午 巳 辰 卯 寅

甲木生于丑月, 己土通根臨旺. 年之祿比, 見丁火有相生之誼, 無爭妒之勢. 雖是假化, 却有情而不悖. 至庚辰運, 科甲連登. 辛巳壬午, 南方火地, 生助化神, 仕至黃堂.

甲木이 丑월에 생하고 己土가 통근하여 旺地에 임하였는데 年의 녹과 비견은 丁火를 만나 상생의 뜻만 있고 다투고 시기하는 형세가 없으니, 비록 가화(假化)이지만 오히려 유정하여 어그러지지 않는다. 庚辰운에는 과거에 연달아 급제하고 辛巳·壬午운은 南方 火地로 化神을 생조하니 벼슬이 황당에 이르렀다.

```
戊　癸　辛　甲
午　亥　未　寅
丁　丙　乙　甲　癸　壬
丑　子　亥　戌　酉　申
```

癸水生於季夏, 木火並旺, 月干辛金無氣, 不能生水,
日主雖臨旺地, 仍受火土兩逼. 時干戊土, 合神眞而且旺,
日主不能從合矣. 初運壬申癸酉, 金水並旺, 孤苦不堪.
至甲戌運, 支會火局, 出外大得際遇. 乙亥水逢木洩, 支
得會局, 名成異路, 財帛豐盈. 一交丙子, 火不通根, 詿
誤落職, 至壬子年不祿.

癸水가 계하에 생하고 木火가 함께 왕한데, 月干의 辛金
은 무기하여 水를 생할 수 없으니 일주는 비록 旺地에 임
했으나 마침내 火土 양쪽의 핍박을 받고 있으며, 時干의
戊土는 합신이 참되고 왕하므로 일주가 합을 따르지 못한
다. 초운인 壬申·癸酉에는 金水가 함께 왕하여 외롭고 괴
로움을 견딜 수 없었고, 甲戌운에 이르러 지지가 火局을
이루니 밖에 나가서 크게 기회를 만났으며, 乙亥운에는 水
가 木에게 누설당하고 지지가 회국을 이루니 명성이 다른
길에서 이루어지고 재백이 풍성했는데, 한번 丙子로 바뀌

어 火가 통근하지 못하자 징계를 받고 면직됐으며 壬子년
에 사망하였다.

辛　壬　丁　甲
亥　辰　卯　辰
癸　壬　辛　庚　己　戊
酉　申　未　午　巳　辰

　壬水生于仲春, 雖時逢祿印, 而化神當令, 又年干元神
透出. 時干辛金無根臨絶, 丁火合神, 足以剋之, 辛金不
能生水. 則亥水非壬之祿旺, 乃甲之長生, 日干不得不從
合而化矣. 運走南方火地, 采芹食廩, 戰勝棘闈, 至壬申
癸酉, 金水破局, 不但不能出仕, 而且刑傷破耗. 此等假
化最多, 若作身弱用印, 則惧矣.

　壬水가 중춘에 생하여 비록 時柱에 祿과 印을 만났으나
化神이 時令을 담당하고 또 年干에 元神이 투출하였다. 時
干의 辛金은 무근으로 절지에 임하여 丁火합신이 그것을
극할 수 있으므로 辛金이 水를 생하지 못하니, 그렇다면
亥水는 壬의 녹왕이 아니라 마침내 甲의 장생이 되므로 日
干은 合을 따라 化하지 않으면 안 된다. 운이 南方 火地로

달리니 국학에 들어가 급식을 제공받고 과장에서 뜻을 이루었으며, 壬申·癸酉운에 이르러 金水가 局을 파하니 벼슬에 나아갈 수 없을 뿐 아니라 또한 형상파모까지 있었다. 이와 같은 것은 가화(假化)가 가장 많으니 만약 신약으로 간주하여 印을 쓴다면 잘못이다.

16. 順局 순국

　一出門來只見兒면　吾兒成氣構門閭며　從兒不管身
強弱이요　只要吾兒又得兒니라

　한번 문을 나섰을 때(四柱를 열어 보았을 때) 오
직 자식(식상)만 보인다면 내 자식이 氣를 이루어
마을문(월령)을 구성해야 하며, 자식을 따를 때(종
아격)에는 자신의 강약에 관계없이 다만 내 자식(식
상)이 다시 또 자식(財)을 만나야 한다.

　[原注] 此與成象從象傷官不同하니 只取我生者爲兒라 如
木遇火면 成氣象이요 如戊己日遇申酉戌이면 成西方氣하니
或巳酉丑全會金局하면 不論日主強弱이요　而又看金能生水
氣면 轉成生育之意니 此爲流通이며 必然富貴라

이것은 성상·종상·상관과 같지 않으니, 다만 내가 生하는 것을 취하여 자식으로 삼는 것이다. 가령 木이 火를 만나면 氣의 象을 이루고, 戊己일이 申酉戌을 만나면 西方의 氣를 이루는데, 혹 巳酉丑이 온전히 金局을 이룬 경우에는 일주의 강약을 논하지 않으며, 다시 또 金이 水氣를 생할 수 있음을 보게 되면 더욱더 생육의 뜻을 이룰 것이니, 이것을 유통이라 하며 반드시 부귀하게 된다.

【任注】順者, 我生之也. 只見兒者, 食傷多也. 構門閭者, 月建逢食傷也. 月爲門戶, 必要食傷在提綱也. 不論身強弱者, 四柱雖有比刦, 仍去生助食傷也. 吾兒又得兒者, 必要局中有財, 以成生育之意也. 如己身碌碌庸庸, 無作無爲, 得子孫昌盛, 振起家聲, 又要運行財地, 兒又生孫, 可享兒孫之榮矣. 故爲順局, 從兒與從財官不同也.

순(順)은 내가 상대방을 생하는 것이며, 오직 자식만 보인다는 것은 식상이 많은 것이며, 마을의 문을 구성한다는 것은 월건이 식상을 만나는 것이니, 月이 문호가 되므로 반드시 식상이 제강에 있어야 하는 것이다. 身의 강약을 논하지 않는다는 것은 사주에 비록 비겁이 있더라도 그대로 버리고 식상을 생조하는 것이며, 내 자식이 또 자식을 만난다는 것은 반드시 局 중에 財가 있어야 그것으로 생육의 뜻을 이루게 되는 것이다. 예컨대 자기 자신은 보잘 것 없고 평범하여 행하는 것도 없고 이루는 것도 없으나, 자손이 창성하여 가문의 명성을 떨쳐 일으킬 수 있으려면 또한 반드시 운이 財地로 행하여 자식이 또 손자를 生해야만 자손의 영화를 누릴 수 있는 것이니, 그러므로 순국(順局)이라 했으며, 종아는 종재나 종관과 같지 않다.

　然食傷生財, 轉成生育, 秀氣流行, 名利皆遂. 故以食傷爲子, 財卽是孫, 孫不能克祖, 可以安享榮華. 如見官星, 謂孫又生兒, 則曾祖必受其傷, 故見官殺必爲己害. 如見印綬, 是我之父, 父能生我, 我自有爲, 焉能容子? 子必遭殃, 無生育之意, 其禍立至. 是以從兒格最忌印運, 次忌官運, 官能洩財, 又能克日. 而食傷又與官星不睦, 忘生育之意, 起爭戰之風, 不傷人丁, 則散財矣.

　그러나 식상이 財를 生하여 더욱더 생육을 이루면 수기가 유행하여 名利가 모두 이루어지므로, 식상을 자식으로 삼고 財는 곧 손자로 삼으며, 손자는 조부를 극할 수 없으니, 이 때문에 편안히 영화를 누릴 수 있는 것이다. 가령

관성을 만나면 이른바 손자가 또 자식을 낳는 것이니, 그
렇다면 증조인 내가 반드시 그 손상을 당하게 되므로 관살
을 만나면 반드시 자신에게 해가 되는 것이다. 가령 인수
를 만나면 이것은 나의 父이니, 父는 나를 생할 수 있고
나는 스스로 행함이 있으니, 어찌 자식을 용납할 수 있겠
는가? 자식은 반드시 재앙을 만나게 되고 생육의 뜻이 없
으므로 그 화가 곧바로 이르는 것이다. 그러므로 종아격은
印운을 가장 꺼리고 그다음 官운을 꺼리니 官은 財를 누설
할 수 있고 또 일주를 극할 수 있으며, 식상은 또 관성과
불목하여 생육의 뜻을 잃고 다투는 풍조를 일으키니, 사람
을 손상하지 않으면 재물을 흩어지게 한다.

丙　癸　壬　丁

辰　卯　寅　卯

丙　丁　戊　己　庚　辛

申　酉　戌　亥　子　丑

癸水生于孟春，支全寅卯辰東方一氣，格成水木從兒.
以時干丙火爲用，所謂兒又生兒. 只嫌月干壬水爲病，喜
丁火合壬化木，反生丙火，轉成生育之意. 所以早登科

甲, 置身翰苑, 仕至封彊. 申運木火絕地, 不祿.

癸水가 맹춘에 생하고 지지에 寅卯辰 東方 一氣를 갖추어 水木종아격을 이루었으므로, 時干의 丙火를 용신으로 삼으니 이른바 자식이 다시 자식을 낳은 것이다. 다만 꺼리는 것은 月干의 壬水가 病이 되는 것인데, 기쁘게도 丁火가 壬과 합하여 木으로 化하고 도리어 丙火를 생하여 더욱더 생육의 뜻을 이루게 되니, 이 때문에 일찍 과거에 급제하여 한원(한림원)에 몸을 두었고 벼슬이 봉강에 이르렀으며, 申운은 木火의 절지가 되니 사망하였다.

丙　癸　癸　丁

辰　卯　卯　巳

丁　戊　己　庚　辛　壬

酉　戌　亥　子　丑　寅

癸水生于仲春, 木旺乘權, 四柱無金, 亦水木從兒. 寅運支類東方, 甲戌年入泮, 丙子年中鄕榜. 其不及前造者, 月干癸水爭財, 無制合之美也. 喜其財星有勢, 仕路定可亨通.

癸水가 중춘에 생하였는데 木이 왕하여 권세를 타고 사

주에 金이 없으니 역시 水木종아격이다. 寅운에 지지가 東方을 갖추니 甲戌년에 반궁(학교)에 들어가고 丙子년에 향방에 올랐는데, 앞의 사주에 미치지 못하는 까닭은 月干의 癸水가 財를 다투고 制合의 아름다움이 없기 때문이다. 기쁘게도 財星이 세력이 있어서 벼슬길은 반드시 형통할 것이다.

戊　丙　丁　己

戊　戌　丑　未

辛　壬　癸　甲　乙　丙

未　申　酉　戌　亥　子

丙火生於季冬, 滿局皆土, 格成火土從兒. 丑中辛財爲用, 謂一個玄機暗裏存也. 所嫌丁火蓋頭, 通根未戌, 忌神深重, 未能顯秩. 妙在中運走癸酉壬申, 喜用齊來, 宦途順遂.

　丙火가 계동에 생하고 온 局이 모두 土이니 火土종아격을 이루었으며, 丑 중 辛財를 용신으로 삼으니, 이른바 하나의 현묘한 기틀이 암암리에 존재한다는 것이다. 꺼리는 것은 丁火가 머리를 덮고 未戌에 통근하여 기신이 깊고 중첩되어 관록을 드러내지 못하는 것인데, 묘하게도 중운에 癸酉·壬申으로 달려서 희신과 용신이 가지런히 오니 벼슬길이 순조롭게 이루어졌다.

<pre>
戊 丙 辛 己
戌 戌 未 未
乙 丙 丁 戊 己 庚
丑 寅 卯 辰 巳 午
</pre>

丙火生於季夏, 滿局皆土, 格取從兒. 月干辛金獨發, 所謂從兒又見兒也. 大象觀之, 勝於前造, 其功名富貴反不及者, 何也? 前造金雖不現, 而丑內蓄藏三冬溼土, 能晦火養金. 此辛金顯露, 而九夏熔金, 根氣不固, 未戌丁火當權, 所謂凶物深藏也. 兼之運走東南木火之地, 雖中鄕榜, 一教終身.

丙火가 계하에 생하고 온 局이 모두 土이니 격이 종아를 취했으며, 月干에 辛金이 홀로 드러났으니, 이른바 자식을 따르는데 다시 또 그의 자식을 만난 것이다. 대체적인 형상으로 이것을 본다면 앞의 사주보다 나은데, 그 공명과 부귀가 도리어 미치지 못하는 까닭은 어째서인가? 앞의 사

주는 金이 비록 드러나지 않았으나, 丑 중에 三冬의 습토
를 간직하고 있으므로 火를 어둡게 하고 金을 자양할 수
있지만, 이 사주는 辛金이 드러나서 九夏에 녹은 金으로
근기가 견고하지 못하며, 未戌은 丁火가 권세를 잡으니 이
른바 흉물이 깊이 숨어 있는 것이다. 여기에 겸하여 운이
東南 木火의 자리로 달리니, 비록 향방에 올랐으나 오로지
가르치는 일로 몸을 마쳤다.

丙 甲 丁 甲

寅 午 丑 午

癸 壬 辛 庚 己 戊

未 午 巳 辰 卯 寅

甲木生於季冬, 火虛而幸通根有焰, 格取從兒. 木雖進
氣, 又逢祿比幫身, 所謂從兒不論身強弱, 非身弱論也.
前造過於燥烈. 此則溼土逢燥, 地潤天和, 生育不悖. 聯
登甲第, 仕至侍郎.

甲木이 계동에 생하여 火가 허하나 다행히 통근하여 불
꽃이 있으니 격은 종아를 취한다. 木은 곧 진기(進氣)이고
또 녹과 비견의 방신을 만났는데, 이른바 종아격은 身의

강약을 논하지 않는 것이니 신약으로 논하지 않는다. 앞의 사주는 조열에 지나쳤지만, 이 사주는 습토가 조열함을 만나 地가 윤택하고 天이 온화하여 생육에 어긋나지 않으니 연달아 과거에 급제했으며 벼슬이 시랑에 이르렀다.

壬　戊　辛　辛

子　申　丑　丑

乙　丙　丁　戊　己　庚

未　申　酉　戌　亥　子

戊土生於季冬, 辛金並透通根, 坐下申金壬水, 旺而逢生, 純粹可觀. 早遊泮水, 至亥運, 類聚北方, 高攀秋桂. 交戊戌通根燥土, 奪去壬水, 至丙寅年, 沖去申金壬水之根, 體用兩傷, 不祿.

戊土가 계동에 생하였는데 辛金이 나란히 투출하여 통근하고, 좌하의 申金과 壬水는 왕성하고 生을 만나니 순수함이 볼만하다. 일찍 반수에 노닐었으며, 亥운에 이르러 北方의 부류를 모으니 가을 과거에 높이 올랐는데, 戊戌운으로 바뀌자 燥土에 통근하고 壬水를 탈거하며, 丙寅년에 壬水의 뿌리인 申金을 충거하여 체와 용이 모두 손상되니 사망하였다.

辛　戊　庚　庚
酉　申　辰　子
丙　乙　甲　癸　壬　辛
戌　酉　申　未　午　巳

此造戊生季春, 局中層疊庚辛, 格取從兒. 喜其支會財局, 生育有情, 與前大同小異. 此因中年運走土金, 生助財星, 所以甲第聯登, 仕至郡守. 前造之不祿不仕, 實運之背也.

이 사주는 戊土가 계춘에 생하고 局 중에 庚辛이 중첩되어 격은 종아를 취한다. 기쁘게도 지지가 財局을 이루어 생육이 유정하며 앞의 사주와 대동소이한데, 이 사주는 중년에 운이 土金으로 달림으로 인하여 재성을 생조하니, 이 때문에 과거에 연달아 오르고 벼슬이 군수에 이르렀지만, 앞의 사주가 불록불사(단명)한 것은 진실로 운이 등졌기 때문이다.

```
壬 辛 辛 壬
辰 亥 亥 寅
丁 丙 乙 甲 癸 壬
巳 辰 卯 寅 丑 子
```

辛金生於孟冬, 壬水當權, 財逢生旺, 金水兩涵, 格取
從兒. 讀書一目數行, 至甲寅運, 登科發甲. 乙卯運, 由
署郎出守黃堂. 一交丙辰, 官印齊來, 又逢戊戌年沖動印
綬, 破其傷官, 不祿.

　辛金이 맹동에 생하였는데 壬水가 권세를 잡고 財가 생왕
함을 만나서 金水가 모두 함양되니, 격은 종아(從兒)를 취한
다. 독서할 때에는 한번 보고 몇 줄씩 읽더니, 甲寅운에 이
르러 과거에 장원으로 급제하고, 乙卯운에 서랑에서 황당에
나아갔는데, 丙辰으로 바뀌어 官과 印이 한꺼번에 오고, 또
戊戌년에 인수를 충동하여 상관을 파괴하니 사망하였다.


```
辛 辛 辛 壬
卯 卯 亥 子
丁 丙 乙 甲 癸 壬
巳 辰 卯 寅 丑 子
```

辛金生於孟冬, 水勢當權, 雖天干三透辛金, 而地支臨
絕, 格取從兒. 讀書過目成誦, 早年入泮, 甲寅拔貢出仕
縣宰. 乙卯運, 仕路順遂. 丙辰詿誤, 至戊年旺土克水而
歿. 凡從兒格, 行運不背逢財者, 未有不富貴者也. 且秀
氣流行, 人必聰明出類, 學問精醇.

辛金이 맹동에 생하여 水가 권세를 잡았으며, 비록 天干
에 세 개의 辛金이 투출했으나 地支가 絕에 임하였으니 격
이 종아(從兒)를 취한다. 독서할 때에는 한번 보면 외워버
렸으며, 어린 나이에 국학에 들어가 甲寅운에 관리등용시
험에 뽑혀 현재에 출사하였고, 乙卯운에는 벼슬길이 순조
로웠으며, 丙辰운에는 징계를 받았고, 戊년에 왕한 土가
水를 극하여 사망하였다. 무릇 종아격은 행운이 등지지 않
고 財를 만나면 부귀하지 않은 경우가 없으며, 또 수기가
유행하면 사람이 반드시 총명하여 무리에서 빼어나며 학
문이 정밀하고 순수하다.

17. 反局 반국

　　君賴臣生理最微요　兒能救母洩天機요　母慈滅子關頭
異며　夫健何爲又怕妻오

　군주가 신하에 의지하여 살게 되는 것은 이치가
가장 미묘한 것이고, 자식이 어미를 구제할 수 있는
것은 천기를 누설하는 것인데, 어미의 지나친 자애
가 자식을 망치는 것은 결정적인 작용이 다른 것이
며, 夫가 강건한데도 妻를 두려워하는 경우가 있으
니 무엇 때문인가?

　[原注(第一句)] 木君也요　土臣也엔　水泛木浮에　土止水則
生木하며　木旺火熾에　金伐木則生火하며　火旺土焦에　水克
火則生土하며　土重金埋에　木克土則生金하며　金旺水濁에

火克金則生水라 皆君賴臣生也니 其理最妙니라

木이 군주이고 土가 신하인 경우에는 水가 범람하여 木이 뜰 때에 土로써 水를 제지하면 木을 살리게 되며, 木이 왕하여 火가 치열할 때 金으로 木을 극벌하면 火를 살리게 되며, 火가 왕하여 土가 까맣게 탈 때 水로써 火를 극제하면 土를 살리게 되며, 土가 중첩하여 金이 묻힐 때 木으로 土를 극제하면 金을 살리게 되며, 金이 왕하여 水가 탁할 때 火로써 金을 극제하면 水를 살리게 되므로, 모두 군주가 신하에게 의지하여 사는 것이니 그 이치가 가장 미묘한 것이다.

【任注(第一句)】君賴臣生者, 印綬太旺之意也. 此就日主而論, 如日主是木爲君, 局中之土爲臣. 四柱重逢壬癸亥子, 水勢泛濫, 木氣反虛, 不但不能生木, 抑且木亦不能納受其水, 木必浮泛矣. 必須用土止水, 則木可託根, 而水方能生木, 木亦受其水矣. 破其印而就其財, 犯上之意, 故爲反局也. 雖就日主而論, 四柱亦同此論. 如水是官星, 木是印綬, 水勢太旺, 亦能浮木, 亦須見土而能受水, 以成反生之妙, 所以理最微也. 火土金水, 皆同此論.

군주가 신하에게 의지하여 살게 된다는 것은 인수가 태왕하다는 뜻이다. 이것은 일주의 입장에서 논한 것이니,

가령 일주가 木이고 군주이며 국 중의 土가 신하인 경우에 사주에서 壬癸亥子를 거듭 만나면 水의 세력이 범람하고 木氣는 도리어 허약해져서 木을 살릴 수 없을 뿐 아니라, 또한 木도 역시 그 水를 받아들일 수 없으므로 木은 틀림없이 뜨게 될 것이니, 반드시 土를 써서 水를 제지해야만 木이 뿌리를 의탁할 수 있어서 水가 비로소 木을 생할 수 있고 木도 그 水를 받아들일 수 있는데, 그 인수를 파괴하고 그 財를 가까이 하는 것은 위를 범하는 뜻이므로 반국(反局)이라 한 것이다. 비록 일주의 입장에서 논하였으나 사주 역시 이와 같이 논하니, 가령 水가 관성이고 木이 인수인 경우에 水의 세력이 태왕하면 역시 木이 뜰 수 있으니, 또한 반드시 土를 만나야만 水를 받아들여서 되살아나는 묘함을 이룰 수 있으므로, 이 때문에 이치가 가장 미묘한 것이다. 火土金水도 모두 이와 같이 논한다.

$$戊\quad 甲\quad 壬\quad 壬$$
$$辰\quad 寅\quad 子\quad 辰$$
$$戊\quad 丁\quad 丙\quad 乙\quad 甲\quad 癸$$
$$午\quad 巳\quad 辰\quad 卯\quad 寅\quad 丑$$

甲木生於仲冬, 雖日坐祿支, 不致浮泛, 而水勢太旺.

辰土雖能蓄水, 喜其戊土透露, 辰乃木餘氣, 足以止水託根, 謂君賴臣生也. 所以早登科甲, 翰苑名高, 更妙南方一路火土之運, 祿位未可限量也.

甲木이 중동에 생하니 비록 일주가 녹지에 앉아서 부범(浮泛)에 이르지는 않으나 水의 세력이 태왕하며, 辰土가 비록 水를 저축할 수 있지만 기쁘게도 戊土가 투출했으며, 辰은 곧 木의 여기이므로 水를 제지하고 뿌리를 의탁할 수 있으니, 이른바 군주가 신하에게 의지하여 살게 된 것이니 이 때문에 일찍 과거에 급제하여 한원에 이름이 높았으며, 다시 또 묘하게도 남방의 한 길 火土운으로 행하니 녹과 지위를 한량할 수 없다.

戊　甲　壬　壬

辰　子　子　戌

戊　丁　丙　乙　甲　癸

午　巳　辰　卯　寅　丑

甲木生於仲冬, 前造坐寅而實, 此則坐子而虛. 所喜年支帶火之戊土, 較辰土力量大過矣. 蓋戊土之根固, 足以補日主之虛, 行運亦同, 功名亦同, 仕至尚書.

甲木이 중동에 생하여 앞의 사주는 寅에 앉아서 실하나, 이 사주는 子에 앉아 허한데 기쁜 것은 年支가 火를 대동한 戌土이므로 辰土와 비교하여 역량이 크게 뛰어나다. 대체로 戌土의 뿌리가 견고하여 일주의 허함을 보충할 수 있고 행운 또한 함께하니 공명도 같아서 벼슬이 상서에 이르렀다.

己　辛　戊　己

亥　酉　辰　巳

壬　癸　甲　乙　丙　丁

戌　亥　子　丑　寅　卯

陳提督造, 辛生辰月, 土雖重疊, 春土究屬氣闢而鬆. 木有餘氣, 亥中甲木逢生, 辰酉輾轉相生, 反助木之根源, 遙沖巳火, 使其不生戊己之土, 亦君賴臣生也. 其不就書香者, 木之元神不透也. 然喜生化不悖, 又運走東北水木之地, 故能武職超羣.

진 제독의 사주로 辛이 辰월에 생하고 土가 비록 중첩되었으나, 春土는 마침내 氣가 열리는 때에 속하므로 푸석푸석하다. 木이 辰의 여기에 있고 亥 중 甲木이 生을 만나며,

辰酉가 이쪽저쪽으로 相生하면서 도리어 木의 근원을 돕고 멀리서 巳亥를 충하여 (巳로 하여금) 戊己土를 생하지 못하게 하니, 역시 군주가 신하에게 의지하여 살게 된 것이다. 그 학업을 이루지 못한 까닭은 木의 원신(元神)이 투출하지 않았기 때문인데, 그러나 기쁘게도 생화(生化)가 어긋나지 않고 또 운이 東北 水木의 자리로 달리므로 무관으로 무리에서 뛰어날 수 있었다.

庚　己　丁　戊
午　卯　巳　午

癸　壬　辛　庚　己　戊
亥　戌　酉　申　未　午

己土生于孟夏，局中印星當令，火旺土焦，又能焚木，至庚子年春闈奏捷，帶金之水足以制火之烈，潤土之燥也．其不能顯秩，仕路蹭蹬者，局中無水之故也．

己土가 맹하에 생하고 局 중에 인성이 당령하니 火가 왕하여 土가 까맣게 타고 또 木을 태울 수 있다. 庚子년에 춘위(과거)에 합격한 것은 金을 대동한 水가 火의 맹렬함을 제압하고 土의 건조함을 적실 수 있었기 때문이며, 높

은 관직에 오르지 못하고 벼슬길에 차질이 있었던 까닭은
局 중에 水가 없기 때문이다.

　[原注(第二句)] 木爲母요 火爲子엔 木被金傷에 火克金則
生木하며 火遭水克에 土克水則生火하며 土遇木傷에 金克
木則生土하며 金逢火煉에 水克火則生金하며 水因土塞에
木克土則生水라 皆兒能生母之意니 此意能奪天機니라
　木이 母이고 火가 자식인 경우에는 木이 金에게 손상될
때 火로써 金을 극하면 木을 살리게 되며, 火가 水에게 극
을 당할 때 土로써 水를 극하면 火를 살리게 되며, 土가 木
에게 손상당할 때 金으로 木을 극하면 土를 살리게 되며,
金이 火에게 단련을 당할 때 水로써 火를 극하면 金을 살
리게 되며, 水가 土에게 막힘을 당할 때 木으로 土를 극하
면 水를 살리게 되므로 모두 자식이 어미를 살릴 수 있다
는 뜻이니 이것은 천기(天機)를 탈취할 수 있음을 뜻한다.

　【任注(第二句)】 兒能生母之理, 須分時候而論也. 如
木生冬令, 寒而且凋, 逢金水必凍, 不特金能克木, 而水
亦能克木也, 必須火以克金, 解水之凍, 木得陽和而發生
矣. 火遭水克, 生[46]於春初冬盡, 木嫩火虛, 非但火忌

水, 而木亦忌水, 必須土來止水, 培木之精神, 則火得生, 而木亦榮矣. 土遇木傷, 生于春末冬初, 木堅土虛, 縱有火, 不能生溼土, 必須用金伐木, 則火有焰而土得生矣. 金逢火煉, 生于春末夏初, 木旺火盛, 必須水來克火, 又能溼木潤土, 而金得生矣. 水因土塞, 生於秋冬, 金多水弱, 土入坤方, 而能塞水, 必須木以疏土, 則水勢通達而無阻隔矣. 成母子相依之情. 若木生夏秋, 火生秋冬, 金生冬春, 水生春夏, 乃休囚之位, 自無餘氣, 焉能用生我之神, 以制克我之神哉? 雖就日主而論, 四柱之神皆同此論.

자식이 어미를 살릴 수 있는 이치는 반드시 시후(時候)를 분별하여 논해야 하니, 가령 木이 동령에 생하면 추위에 떨고 또 시들어 마르니, 金水를 만나면 반드시 얼게 되므로 金이 木을 극할 수 있을 뿐 아니라 水도 木을 극할 수 있으니, 이때에는 반드시 火로써 金을 극하고 水를 해동시켜야만 木이 따뜻하고 화창함을 만나 生을 발하게 된다. 火가 水에게 극을 당하는 것은 가령 火가 春初(寅)나 冬末(丑)에 생하면 木은 연약하고 火는 허하므로 火가 水를 꺼릴 뿐 아니라 木도 水를 꺼리게 되니 이때에는 반드

---

46) 生의 앞에 발어사 如가 있어야 문맥이 통함.

시 土가 와서 水를 제지하고 木의 정신을 배양해야만 火가 생을 얻고 木도 번영하게 된다. 土가 木에게 손상당하는 것은 가령 土가 春末(辰)이나 冬初(亥)에 생하면 木은 견고하고 土는 허하므로, 비록 火가 있더라도 습토를 생할 수 없으니 이때에는 반드시 金을 써서 木을 베어야만 火가 불꽃이 있고 土가 生을 얻게 된다. 金이 火에게 단련을 당하는 것은 가령 金이 春末(辰)이나 夏初(未)에 생하면 木이 왕하고 火가 성하므로 이때에는 반드시 水가 와서 火를 극해야만 또한 木을 습하게 하고 土를 적실 수 있어서 金이 生을 얻게 된다. 水가 土에게 막힘을 당하는 것은 가령 水가 秋冬에 생하면 金은 많고 水는 약한데 土는 坤方에 들어가므로 水를 막을 수 있으니, 이때에는 반드시 木으로써 土를 소통시켜야만 水의 세력이 통달하여 막힘이 없게 되는 것이다. 이상은 母와 子가 서로 의지하는 정을 이루는 것인데, 만약 木이 여름이나 가을에 생하고, 火가 가을이나 겨울에 생하고, 金이 겨울이나 봄에 생하고, 水가 봄이나 여름에 생하면 곧 휴수된 자리로 자연히 여기(餘氣)가 없으니, 어떻게 我를 생하는 神을 써서 我를 극하는 神을 억제할 수 있겠는가? 비록 日主의 입장에서 논했으나 사주의 神이 모두 이 논리와 같다.

<pre>
庚 甲 丙 甲
午 申 寅 申
壬 辛 庚 己 戊 丁
申 未 午 巳 辰 卯
</pre>

春初木嫩, 雙沖寅祿, 又時透庚金, 木嫩金堅. 金[47]賴丙火逢生臨旺, 尤妙五行無水, 謂兒能救母, 使庚申之金, 不傷甲木. 至巳運, 丙火祿地, 中鄉榜. 庚午運發甲, 辛未運仕縣宰. 總嫌庚金蓋頭, 不能升遷. 壬申運不但仕路蹭蹬, 亦恐不祿.

춘초에는 木이 어린데 寅祿을 양쪽에서 충하고 또 時에 庚金이 투출하여 木은 연약하고 金은 견고하므로 甲木은 丙火에 의지하게 되는데 丙火는 生을 만나고 旺에 임했으며 더욱 묘한 것은 오행 중에 水가 없으니 이른바 자식이 어미를 구제할 수 있는 것으로 庚申金으로 하여금 甲木을 손상하지 못하게 한다. 巳운에는 丙火의 祿地가 되니 향방에 합격하였고, 庚午운에는 과거에 장원급제했으며, 辛未운에는 벼슬이 현재에 이르렀는데, 결국 꺼리는 것은 庚金

---

47) 金은 甲木이 되어야 함.

이 머리를 덮고 있는 것이므로 더 이상 승진하지 못했으며, 壬申운에는 벼슬길이 험난할 뿐 아니라 또한 사망도 염려된다.

$$
\begin{array}{cccc}
丙 & 乙 & 丙 & 甲 \\
戌 & 酉 & 子 & 申
\end{array}
$$

$$
\begin{array}{ccccc}
壬 & 辛 & 庚 & 己 & 戊 & 丁 \\
午 & 巳 & 辰 & 卯 & 寅 & 丑
\end{array}
$$

乙木生於仲冬, 雖逢相位, 究竟冬凋不茂. 又支類西方, 財殺肆逞. 喜其丙火並透, 則金不寒, 水不凍, 寒木向陽, 兒能救母. 爲人性情慷慨, 雖在經營, 規模出俗, 刱業十餘萬. 其不利於書香者, 由戌土生殺壞印之故也.

乙木이 중동에 생하니 비록 相의 자리를 만났지만 마침내 겨울이므로 시들고 무성하지 못하며, 또 지지의 무리가 西方이므로 財와 殺이 멋대로 기세를 부린다. 기쁘게도 丙火가 나란히 투출하여 金은 차지 않고 水는 얼지 않으며 한랭한 木이 볕을 향하게 되니 자식이 어미를 구제할 수 있는 것이다. 사람됨이 성정이 강개하여 비록 경영하는 데 있을지라도 규모가 세속을 뛰어넘어 십여만 금을 창업하

였다. 그 학업에 불리한 까닭은 戊土가 殺을 생하고 印을
파괴한 까닭 때문이다.

甲　壬　乙　丙

辰　辰　未　辰

癸　壬　辛　庚　己　戊　丁　丙

卯　寅　丑　子　亥　戌　酉　申

壬水生於季夏, 休囚之地. 喜其三逢辰支, 通根身庫,
辰土能蓄水養木. 甲乙並透, 通根制土, 兒能生母. 微嫌
丙火洩木生土, 功名不過一衿. 妙在中晚運走東北水木之
地, 捐納出仕, 位至藩臬, 富有百餘萬.

　壬水가 계하에 생하니 휴수된 자리인데, 기쁘게도 辰지
지를 셋이나 만나 자신의 고(庫)에 통근하고 辰土는 水를
저축하여 木을 기를 수 있으며, 甲乙이 함께 투출하여 뿌
리를 내리고 土를 제압하니 자식이 어미를 살릴 수 있다.
조금 꺼리는 것은 丙火가 木을 누설하고 土를 생하므로 공
명이 보잘 것 없는 것인데, 묘하게도 중만년에 운이 東北
水木의 자리로 달리니 재물을 바치고 벼슬길에 나아가 지
위가 번얼에 이르고 富는 백여만 금을 소유하였다.

辛　己　乙　癸

未　卯　卯　卯

己　庚　辛　壬　癸　甲

酉　戌　亥　子　丑　寅

己土生於仲春, 四殺當令, 日元虛脫極矣. 還喜濕土能生木, 不愁木盛, 若戊土必不支矣. 更妙未土, 通根有餘, 足以用辛金制殺, 兒能生母. 至癸酉年, 辛金得祿, 中鄉榜, 庚戌出仕縣令. 所嫌者, 年干癸水, 生木洩金. 仕路不顯, 宦囊如洗, 爲官淸介, 人品端方.

己土가 중춘에 생하고 네 개의 殺이 시령을 맡아서 일원은 허탈함이 지극한데 도리어 기쁜 것은 濕土는 木을 살게 할 수 있으므로 木의 성함을 근심하지 않는 것이니, 만약 戊土라면 틀림없이 지탱하지 못한다. 다시 묘하게도 未土는 통근에 유여하므로 辛金을 써서 殺을 제압할 수 있으니 자식이 어미를 살릴 수 있게 되었다. 癸酉년에 이르러 辛金이 녹을 만나니 향방에 합격하고 庚戌운에 출사하여 현령이 되었는데, 꺼리는 것은 年干의 癸水가 木을 생하고 金을 누설하는 것이므로, 벼슬길이 뚜렷이 드러나지 못하고 벼슬살이로 얻은 재물도 물로 씻은 듯했으나, 관리 노릇함이 청렴하고 절개가 있었으며 인품이 단정하고 반듯하였다.

[原注(第三句)] 木母也요 火子也엔 太旺謂之慈母요 反使火熾而焚滅이면 是謂滅子라 火土金水亦如之니라

木이 母이고 火가 자식인 경우에는 木이 태왕하면 그것을 자모[48]라 하며, 도리어 火로 하여금 치열하여 타서 없어지게 하면 이것을 멸자[49]라 한다. 火土金水의 경우도 이와 같다.

【任注(第三句)】 母慈滅子之理, 與君賴臣生之意相似也. 細究之, 均是印旺. 其關頭異者, 君賴臣生, 局中印綬雖旺, 柱中財星有氣, 可以用財破印也. 母慈滅子, 縱有財星無氣, 未可以財星破印也. 只得順母之性, 助其子也. 歲運仍行比刦之地, 庶母慈而子安. 一見財星食傷之類, 逆母之性, 無生育之意, 災咎必不免矣.

어미의 지나친 자애가 자식을 망치는 이치는 군주가 신하에 의지하여 살게 된다는 뜻과 서로 비슷하지만, 이것을

---

48) 자모(慈母) : 자애가 지나친 어미.
49) 멸자(滅子) : 자식을 망치는 것.

자세히 궁구해 보면 다 같이 인수가 왕하면서도 그 결정적인 작용의 다른 점은 군주가 신하에게 의지하여 살게 되는 경우는 局 중에 인수가 비록 왕하더라도 柱 중에 재성이 有氣하여 財를 써서 印을 파괴할 수 있지만, 어미의 지나친 자애가 자식을 망치는 경우는 비록 재성이 있더라도 無氣하여 재성으로 인수를 파괴할 수 없으므로 다만 어미에게 순종하는 성질을 만나야 그 자식을 도울 수 있는 것이니, 세운이 거듭 비겁의 자리로 행하면 다행히 어미가 자애롭고 자식이 편안하겠지만, 만일 재성이나 식상 등을 만나면 어미의 성질을 거역하여 생육의 뜻이 없게 되니 재난을 면치 못하는 것이다.

甲　丁　甲　癸

辰　卯　寅　卯

丙　丁　戊　己　庚　辛　壬　癸

午　未　申　酉　戌　亥　子　丑

此造, 俗謂殺印相生, 身強殺淺, 金水運名利雙收. 不知癸水之氣, 盡歸甲木, 地支寅卯辰全, 木多火熄, 母慈滅子. 初運癸丑壬子, 生木剋火, 刑傷破耗. 辛亥庚戌己酉戌申, 土生金旺, 觸犯木之旺神, 顚沛異常, 無存身之地. 是以六旬以前, 一事無成. 丁未運助起日元, 順母之性, 得際遇, 娶妾連生兩子. 及丙午二十年, 發財數萬, 壽至九旬外.

이 사주는 세속에서 殺과 印이 상생하고 身이 강하고 殺이 약하므로 金水운에 名利를 함께 거둔다고 하지만, 癸水의 氣는 모두 甲木에 귀의하고 지지에 寅卯辰이 갖추어져서 木이 많으면 火가 꺼지게 되므로 어미의 지나친 자애가 자식을 망친다는 것을 모르는 말이다. 초운인 癸丑·壬子에는 木을 생하고 火를 극하니 형상파모를 당했고, 辛亥·庚戌·己酉·戊申운에는 土는 生, 金은 旺하여 木의 旺神(왕신)을 거스르고 범하여 좌절함이 보통과 달라 몸 둘 곳이 없었으니, 이 때문에 육십 이전에는 한 가지 일도 이루지 못했는데, 丁未운에는 日元을 도와 일으키고 母의 성질에 순응하여 좋은 기회를 만나니 첩을 얻어서 연이어 두 아들을 낳았고, 丙午운까지 이십 년 동안 수만금의 재산을 모았으며 수명은 구십을 넘었다.

```
戊 辛 丙 戊
戊 丑 辰 戊
壬 辛 庚 己 戊 丁
戌 酉 申 未 午 巳
```

辛金生於季春, 四柱皆土, 丙火官星, 元神洩盡, 土重金埋, 母多滅子. 初運火土, 刑喪破敗, 蕩焉無存. 一交庚申, 助起日元, 順母之性, 大得際遇. 及辛酉, 拱合辰丑, 捐納出仕. 壬戌運, 土又得地, 詿誤落職.

辛金이 계춘에 생하고 사주가 모두 土이므로, 丙火관성은 원신이 다 누설되었으며, 土가 중하여 金이 묻혔으니 母가 많아서 자식을 망친 것이다. 초운 火土에는 형상과 파패로 가업도 탕진하여 남은 것이 없었으나, 한번 庚申운으로 바뀌자 日元을 도와 일으키고 母의 성질에 순응하여 크게 기회를 만났으며, 辛酉운에는 辰丑과 손을 잡고 합하니 재물을 헌납하고 벼슬에 나아갔으며, 壬戌운에는 土가 다시 또 자리를 얻으니 잘못을 범하여 징계를 받고 면직되었다.

戊　辛　戊　丙

戊　丑　戊　戌

甲　癸　壬　辛　庚　己

辰　卯　寅　丑　子　亥

此, 與前只換一戊字. 因初運己亥庚子辛丑金水, 丑土養金, 出身富貴, 辛運加捐. 一交壬運, 水木齊來, 犯母之性. 彼[50]以土重逢木必佳, 强爲出仕, 犯事落職.

　이 사주는 앞의 사주와 다만 戊자 하나만 바뀌었는데, 초운인 己亥·庚子·辛丑의 金水운은 丑土가 金을 기르기 때문에 부귀한 집에 태어났고, 辛운에는 재물을 바치고 벼슬을 샀는데, 壬운으로 바뀌어 水木이 한꺼번에 오자 母의 성질을 거스르게 되었으니, 土가 중할 때 木을 만나면 반드시 아름답게 여기는 것은 아니므로, 힘써서 무리하게 출사했으나 사건을 범하고 파직되었다.

---

50) 彼는 非字의 뜻으로 쓰였거나, 非의 誤字인 듯함.

壬　甲　壬　壬

　　申　子　寅　子

　戊　丁　丙　乙　甲　癸

　申　未　午　巳　辰　卯

此俗論木生孟春, 時殺獨清, 許其名高祿重, 不知春初
嫩木, 氣又寒凝, 不能納水, 時支申金, 乃壬水生地, 又
子申拱水, 乃母多滅子也. 惜運無木助, 逢火, 運與水
戰, 猶恐名利無成也. 初行癸卯甲辰, 東方木地, 順母助
子, 蔭庇大好, 一交乙巳, 運轉南方, 父母並亡, 財散人
離. 丙午水火交戰, 家業破盡而逝.

　　이 사주는 세속의 방법으로 논하면 木이 맹춘에 생하고,
時支의 殺이 홀로 맑으니 그 명예가 높고 祿이 중함을 기
대하겠으나, 춘초에는 木이 연약하고 기후가 또한 얼 때이
므로 水를 받아들이지 못하며, 時支의 申金은 곧 壬水의
生地이고 다시 또 子와 申이 水局으로 손을 잡으니, 마침
내 母가 많아서 자식을 망친다는 것을 모르기 때문이다.
애석하게도 운에서 木의 도움이 없이 火를 만나 운이 水와
싸우게 되니 오히려 名利를 이루지 못할까 염려된다. 초년
癸卯・甲辰운은 東方 木地이므로 어미를 따르고 자식을

도우니 조상의 음덕이 매우 좋았으나, 한번 乙巳로 바뀌어 운이 南方으로 옮기자 부모가 나란히 사망하고 재물은 흩어지고 사람은 떠나갔으며, 丙午운에는 水火가 교전하니 가업이 모두 파하고 세상을 떠났다.

[原注(第四句)] 木是夫也요 土是妻也엔 木雖旺이라도 土能生金而克木이라 是謂夫健而怕妻니 火土金水如之라 其有水逢烈火而生土요 火逢寒金而生水며 水生金者는 潤地之燥요 火生木者는 解天之凍이며 火焚木而水竭하고 土滲水而木枯하니 皆反局이니 學者細須詳其元妙[51]니라

木이 夫(남편)이고 土가 처인 경우에는 木이 비록 旺하더라도 土가 金을 생하여 木을 극하게 할 수도 있으므로, 이것을 夫가 강건해도 妻를 두려워한다고 말하니, 火土金水의 경우도 이와 같다. 水가 맹렬한 火를 만나면 土를 생하게 되고, 火가 한랭한 金을 만나면 水를 생하게 되며, 水가 金을 생하는 경우는 地의 건조함을 적시는 것이고, 火가 木을 생하는 경우는 天의 언 것을 해동시키는 것이며, 火가 木을 태우면 水가 고갈되고, 土가 水를 스며들게 하면 木이 마르는 것이니 이것이 모두 反局이므로, 학자들이 반

---

51) 이 문장에서 細須詳은 須細詳이 되어야 함.

드시 그 근본이 되는 묘한 이치를 자세히 살펴야 한다.

【任注(第四句)】 木是夫也, 土是妻也. 木旺土多, 無
金不怕, 一見庚申辛酉字, 土生金, 金克木, 是謂夫健而
怕妻也. 歲運逢金, 亦同此論. 如甲寅乙卯日元, 是謂夫
健. 四柱多土, 局內又有金, 或甲日寅月, 乙日卯月, 年
時土多, 干透庚辛之金, 所謂夫健怕妻. 如木無氣而土重,
卽不見金, 夫衰妻旺, 亦是怕妻, 五行皆同此論. 其有水
生土者, 制火之烈. 火生水者, 敵金之寒. 水生金者, 潤土
之燥. 火生木者, 解水之凍. 火旺逢燥土而水竭,[52] 火能
克水矣. 土燥遇金重而水滲, 土能克木矣. 金重見水泛而
木枯, 金能克木[53]矣. 水狂得木盛而火熄, 水能克土矣. 木
衆逢火烈而土焦, 木能克金矣. 此皆五行顚倒之深機, 故謂
反局. 學者宜細詳元妙之理, 命學之微奧, 其盡洩於此矣.

木이 夫이고 土가 妻인 경우에는, 木이 왕하고 土가 많
을 때 金이 없으면 두렵지 않으나, 만일 庚申·辛酉를 만
나면 土가 金을 생하고 金이 木을 극하게 되니, 이것을 夫

---

52) 水竭은 水는 金이 되어야 함.
53) 克木의 木은 火가 되어야 함.

가 강건해도 妻를 두려워한다고 말하며, 세운에서 金을 만나도 이와 같이 논한다. 가령 甲寅이나 乙卯 일원이면 이것을 夫健(부건)이라 하는데, 사주에 土가 많고 局 내에 다시 또 金이 있거나, 혹은 甲일 寅월이거나 乙일 卯월이고 年과 時에 土가 많으며 天干에 庚辛金이 투출했으면, 이른바 夫가 강건해도 妻를 두려워하는 것이다. 가령 木이 無氣하고 土가 중하면 비록 金을 만나지 않더라도 夫가 쇠하고 妻가 왕하므로 역시 처를 두려워하니, 오행이 모두 이 논리와 같다. 그 水가 土를 생하는 경우는 火의 맹렬함을 제거하는 것이며, 火가 水를 생하는 경우는 金의 한랭함을 대적하는 것이고, 水가 金을 생하는 경우는 土의 건조함을 적시는 것이고, 火가 木을 생하는 경우는 水가 언 것을 해동시키는 것이다. 火가 왕할 때 燥土를 만나면 金이 고갈되므로 火가 水를 극할 수 있는 것이며, 土가 건조할 때 金의 중첩됨을 만나면 水가 스며들어가므로 土가 木을 극할 수 있는 것이며, 金이 중할 때 水가 범람함을 만나면 木이 고갈되므로 金이 火를 극할 수 있는 것이며, 水가 창광할 때 木의 성함을 만나면 火가 꺼지게 되므로 水가 土를 극할 수 있는 것이며, 木이 많을 때 火의 맹렬함을 만나면 土가 까맣게 타므로 木이 金을 극할 수 있는 것이다.

이것은 모두 오행이 전도되는 깊은 기틀(작용)이므로 반국(反局)이라 한 것이니, 학자들이 과연 근본이 되는 묘한 이치를 자세히 살핀다면 명학(命學)의 미묘하고 깊은 뜻이 반드시 모두 여기에서 흘러나올 것이다.

辛　甲　戊　己

未　寅　辰　亥

壬　癸　甲　乙　丙　丁

戌　亥　子　丑　寅　卯

甲寅日元, 生於季春. 四柱土多, 時透辛金, 土生金, 金剋木, 謂夫健怕妻. 初運木火, 去其土金, 早游泮水, 連登科甲. 甲子癸亥, 印旺逢生, 日元足以任其財官, 仕路超騰.

甲寅 일원이 계춘에 생하였는데, 사주에 土가 많고 時干에 辛金이 투출하여 土가 金을 생하고 金이 木을 극하니 이른바 夫가 강건해도 妻를 두려워한다는 것이다. 초년 木火운에는 土金을 제거하니 일찍 반수에 노닐고 연달아 과거에 합격했으며, 甲子・癸亥운은 인수가 왕하여 生을 만나니 일원이 그 財官을 감당할 수 있으므로 벼슬길이 높이 올라갔다.

辛　甲　戊　己

未　子　辰　巳

壬　癸　甲　乙　丙　丁

戌　亥　子　丑　寅　卯

甲木生於季春，木有餘氣，坐下印綬，中和之象．財星重疊當令，時透官星，土旺生金，夫健怕妻．初運木火，去其土金，早年入泮，科甲連登．仕路不能顯秩者，只因土之病也．前造有亥，又坐祿，支更健於此．此則子未相穿壞印，彼則寅能制土護印也．

甲木이 계춘에 생하여 木에 여기가 있고 인수에 앉으니 중화의 상인데, 재성이 중첩하여 당령하고 時干에 관성이 투출하니 土가 왕하여 金을 생하므로 이른바 夫가 강건해도 妻를 두려워하는 것이다. 초년 木火운에는 土金을 제거하니 일찍 학교에 들어가 과거에 연달아 합격했는데, 벼슬길에 높은 관직을 드러내지 못한 까닭은 다만 土의 病 때문이다. 앞의 사주는 亥가 있고 또 녹에 앉아서 지지가 이 사주보다 더욱 강건하며, 이 사주는 子와 未가 상극하여 인수를 파괴하지만, 앞의 사주는 寅이 土를 제압하고 인수를 보호할 수 있다.

庚　丁　辛　乙
戌　巳　巳　亥
乙　丙　丁　戊　己　庚
亥　子　丑　寅　卯　辰

　　戴尚書造. 丁巳日元, 生於孟夏. 月時兩透庚辛, 地支
又逢生助, 巳亥逢沖, 去火存金, 夫健怕妻. 喜其運走東
方木地, 助印扶身, 大魁天下, 宦海無波. 一交子運, 兩
巳受制, 不祿.

　　대 상서의 사주이다. 丁巳 일원이 맹하(孟夏)에 생하였
는데, 月과 時 양쪽에 庚과 辛이 투출하고 지지에서 다시
또 생조를 만나며, 巳와 亥가 沖을 만나 火를 제거하고
金을 보존하니 夫가 강건해도 妻를 두려워하는 사주가
되었다. 기쁘게도 운이 東南 木地로 달려 印을 돕고 身을
부조하니 천하에 장원급제하여 벼슬길에 풍파가 없었는
데, 한번 子운으로 바뀌어 두 巳가 제압을 당하자 별세하
였다.

癸 戊 甲 癸

丑 戌 子 亥

戊 己 庚 辛 壬 癸

午 未 申 酉 戌 亥

戊戌日元, 生於子月亥年. 月透甲木逢生, 水生木, 木剋土, 夫健怕妻. 最喜坐下戌之燥土, 中藏丁火印綬, 財雖旺, 不能破印, 所謂玄機暗裏存也. 第嫌支類北方, 財勢太旺. 物極必反, 雖位至方伯, 宦資不豐.

戊戌 일원이 子월 亥년에 생하였는데 월에 甲木이 투출하여 生을 만나고 水는 木을 생하고 木은 土를 극하니, 夫가 강건해도 妻를 두려워하는 사주가 되었다. 가장 기쁜 것은 좌하의 조토인 戌이 丁火 인수를 간직하고 있으므로 財가 비록 왕하더라도 인수를 파괴하지 못하니, 이른바 현묘한 이치가 어둠 속에 존재한다는 것이다. 다만 꺼리는 것은 지지들이 모두 北方이므로 財의 세력이 태왕한 것인데, 만물은 극에 달하면 반드시 처음으로 돌아가는 법이니, 비록 지위는 방백에 이르렀으나 벼슬해서 버는 돈은 넉넉하지 않았다.

<pre>
甲　戊　癸　癸
寅　午　亥　亥
丁　戊　己　庚　辛　壬
巳　午　未　申　酉　戌
</pre>

倉提督造. 戊午日元, 生于亥月亥年. 時逢甲寅殺旺,
財殺肆逞, 夫健怕妻. 惜乎印星顯露, 財星足以破印, 以
致難就書香. 幸而寅拱午印, 剋處逢生, 以殺化印, 所以
武職超羣.

창 제독의 사주이다. 戊午 일원이 亥月 亥年에 생하였는
데, 時에 甲寅을 만나 殺이 왕하여 財와 殺이 멋대로 기세
를 부리니, 夫가 강건해도 妻를 두려워하게 된다. 애석하
게도 인성이 노출되어 재성이 인성을 파괴할 수 있으므로
학업을 이루기 어려움에 이르렀는데, 다행히도 寅이 午인
성과 손을 잡아 극처에서 생을 만나 殺을 印으로 化하니,
이 때문에 무관직으로 무리 중에서 뛰어났다.

予觀夫健怕妻之命, 頗多貴顯者, 少究其理, 重在一健
字之妙也. 如日主不健, 爲財多身弱, 終身困苦矣. 夫健
怕妻, 怕而不怕, 倡隨之理然也. 運遇生旺扶身之地, 自

然出人頭地. 若夫不健而怕妻, 妻必姿性越理. 男牽欲而失其剛, 婦妞悅而忘其順, 豈能富貴乎?

　내가 보건대 부건파처(夫健怕妻)의 命은 지위가 높고 이름이 드러나는 경우가 매우 많으니 그 이치를 연구해보면 중요한 이치가 '건(健)'이라는 글자의 묘함에 있다. 가령 일주가 강건하지 않으면 財多身弱이 되어 종신토록 곤고하지만, 夫가 강건해도 妻를 두려워한다는 것은 두려워도 두려워하지 않는 것이니, 부창부수의 이치가 그러한 것이다. 운에서 生旺으로 身을 돕는 곳을 만나면 자연히 남보다 훨씬 뛰어나지만, 만약 夫가 강건하지 않으면서 妻를 두려워한다면 처는 반드시 방자한 성품으로 도리를 벗어나므로 남자는 욕정에 끌려서 그 강함을 잃으며 부인은 기쁨을 탐하여 그 순종하는 도리를 잃을 것이니 어찌 부귀할 수 있겠는가?

18. 戰局 전국

天戰猶自可나 地戰急如火니라

天干의 싸움은 오히려 원래 가능하지만, 地支의 싸움은 급하기가 불과 같다.

[原注] 干頭遇甲庚乙辛을 謂之天戰이니 而得地支順靜者 無害며 地支寅申卯酉를 謂之地戰이니 則天干不能爲力이라 其勢速凶하니 蓋天主動이요 地主靜故也라 庚申甲寅乙卯辛 酉之類是也니 皆見謂之天地交戰이라 必凶無疑니 遇歲運合 之會之에 視其勝負보면 亦有可存可發者라 其有一沖兩沖者 는 只得一個合神有力커나 或無神庫神貴神으로 以收其動氣 하고 息其爭氣하면 亦有佳者며 至于喜神伏藏死絕者는 又 要沖動引用生發之氣니라

간두(천간)에 甲庚이나 乙辛을 만나는 것을 천전(天戰)이라

하는데, 지지의 순하고 정함을 만나면 해로움이 없으며, 지지의 寅申이나 卯酉를 지전(地戰)이라 하는데, 천간이 힘이 되지 못하므로 그 형세가 凶을 초래하니, 왜냐하면 天은 動을 주장하고 地는 靜을 주장하기 때문이다. 庚申・甲寅・乙卯・辛酉 등이 그 경우이니, 이들이 모두 만나면 그것을 천지교전(天地交戰)이라 하므로 반드시 흉하게 됨을 의심할 여지가 없는데 세운과 합하거나 회합을 만났을 때 그 승부를 보면 또한 남아있어야 할 것과 없어져야 할 것이 있다. 그중 一沖・兩沖이 있는 경우에는 다만 하나의 유력한 합신을 만나거나, 혹은 합신이 없으면 고신(庫神)이나 귀신(貴神)으로 그 움직이는 氣를 거두고, 그 다투는 氣를 멈추게 하면 또한 아름다운 경우가 있으며, 희신이 복장되거나 사절된 경우에 이르러서는 또한 생발(生發)하는 氣를 충동하여 끌어다 써야 한다.

【任注】天干氣專, 而得地支安靜, 易於制化, 故天戰猶自可也. 地支氣雜, 天干雖順靜, 難于制化, 故地戰急如火也. 且天干宜動不宜靜, 動則有用, 靜則愈專. 地支宜靜不宜動, 靜則有用, 動則根拔. 必得合神有力, 會神成局, 息其動氣. 或庫神收其動神, 安其靜神, 謂動中助靜, 以凶化吉. 如甲寅庚申乙卯辛酉丙寅壬申丁卯癸酉之類, 天地交戰, 雖有合神會神, 亦不息其動氣, 其勢速

凶. 如謂兩不沖一, 此謬言也. 兩寅一申, 沖去一寅, 存
一寅也. 如兩申逢一寅, 縱使不沖, 金多木少, 亦能克盡
矣. 故天干論克, 地支言沖, 沖卽克也, 顯然之理, 又何
疑耶? 至於用神伏藏, 或用神被合, 柱中無引用之神, 反
宜沖而動之, 方能發用. 故合有宜不宜, 沖亦有宜不宜
也, 須深究之.

天干은 氣가 순수하여 지지의 안정됨을 만나면 제화하
기 쉬우므로 천간의 싸움은 원래 가능한 것이며, 지지는
氣가 혼잡되어 천간이 비록 순하고 안정됐더라도 제화하
기가 어려우므로, 지지의 싸움은 급하기가 불과 같은 것이
다. 또 천간은 動해야 하고 靜하지 말아야 하니, 動하면 쓸
모가 있고 靜하면 더욱 전일해지기 때문이며, 지지는 정해
야 하고 동하지 말아야 하니, 정하면 쓸모가 있고 동하면
뿌리가 뽑히기 때문이니, 반드시 유력한 합신을 만나거나
회신으로 局을 이루어 그 동하는 기를 멈추게 해야 하며,
혹 고신(庫神)이 있어서 그 동하는 신을 거두고 정한 신을
안정시키면, 이른바 동하는 가운데 정을 돕는 것이니 凶을
吉로 변화시키는 것이다. 예컨대 甲寅과 庚申, 乙卯와 辛
酉, 丙寅과 壬申, 丁卯와 癸酉 등의 부류는 天地에서 교전
하는 것이니, 비록 합신(合神)이나 회신(會神)이 있더라도

그 動하는 氣를 멈추게 하지 못하니 그 형세가 흉함을 초래하는 것이다. 그리고 이른바 둘이 하나를 충하지 못한다는 것은 잘못된 말이니, 두 寅과 하나의 申일 경우에는 하나의 寅을 충거하고 하나의 寅을 남기며, 혹은 두 申이 하나의 寅을 만나면 비록 충하지 않더라도 金이 많고 木이 적으니 또한 극하여 다 없앨 수 있을 것이다. 그러므로 천간은 克이라 하고 지지는 沖이라 하여 沖이 곧 克임은 분명한 이치이니 다시 또 무엇을 의심하겠는가? 용신이 숨어 있거나 용신이 합을 당하여 사주 중에 용신을 이끌어줄 神이 없는 경우에 이르러서는 도리어 마땅히 그것을 충하여 동하게 해야만 비로소 쓰임을 발생할 수 있는 것이다. 그러므로 合에는 마땅한 경우와 마땅치 않은 경우가 있으며, 沖에도 마땅한 경우와 마땅치 않은 경우가 있으니, 반드시 이것을 깊이 연구해야 한다.

辛　丁　乙　癸

亥　未　卯　酉

己　庚　辛　壬　癸　甲

酉　戌　亥　子　丑　寅

李都司造. 丁火生於仲春, 支全木局, 癸坐酉支, 似乎財滋弱殺, 殺印相生. 不知卯酉逢沖, 破其印局, 天干乙辛交戰, 又傷印之元神, 則財殺肆逞. 至辛運壬子年, 又逢財殺, 犯法遭刑.

이 도사의 사주이다. 丁火가 중춘에 생하고 지지에 木局을 갖추며 癸가 지지酉에 앉았으니 財滋弱殺(재자약살)이나 殺印相生(살인상생)과 같다 하겠으나, 卯酉가 충을 만나그 印局을 파괴하며, 천간의 乙辛이 교전하여 다시 또 인수의 원신을 손상하므로 財와 殺이 멋대로 기세를 부린다는 것을 모르기 때문이다. 辛운 壬子년에 또 財殺을 만나니 법을 어겨 형을 받았다.

己 乙 辛 癸

卯 卯 酉 酉

乙 丙 丁 戊 己 庚

卯 辰 巳 午 未 申

天干乙辛己癸, 地支兩卯兩酉, 金銳木凋, 天地交戰. 金當令, 反有己土之生, 木休囚, 癸水不能生扶. 中運南方, 火運制殺, 異路出身, 升知縣. 至辰運生金助煞, 遂罹國法.

천간은 乙辛己癸이고 지지는 卯와 酉가 둘씩인데 金은 예리하고 木은 시들어서 천지에서 교전한다. 金은 시령을 담당했는데 도리어 己土의 생조가 있고, 木은 휴수되고 癸水가 생부하지 못한다. 중년운은 南方으로 火운이 殺을 제압하니 다른 길을 통하여 관직에 나아가 지현(현령)에 올랐는데, 辰운에 이르러 金을 생하고 殺을 도우니 마침내 국법에 걸리게 되었다.

甲　壬　壬　壬

辰　午　寅　申

戊　丁　丙　乙　甲　癸

申　未　午　巳　辰　卯

壬水生於寅月, 年月兩透比肩, 坐申逢生, 水勢通源. 且春初木嫩, 逢沖似乎不美. 喜其坐下午火, 能解春寒, 木得發生, 金亦有制. 更妙時干甲木, 元神發露, 天干之水, 亦有所歸, 運行大地, 有生化之情, 無爭戰之患矣. 是以棘圍奏捷, 出宰名區, 至申運兩沖寅木, 不祿.

壬水가 寅월에 생하고 年과 月에 비견이 쌍으로 투출하며, 年支 申에 장생을 만나니 水의 세력이 근원에 통하고

있다. 또 춘초에는 木이 연약한데 충을 만나서 불미한 듯
하나, 기쁘게도 좌하의 午火가 봄의 한기(寒氣)를 해소시킬
수 있어서 木이 生을 발할 수 있고 金도 제어됨이 있으며,
또 묘하게도 時干에 甲木의 원신이 드러나서 천간의 水가
또한 돌아갈 곳이 있고, 대지로 운행하게 되니 生化의 정
만 있고 쟁전(爭戰)의 근심이 없다. 그러므로 과거에 합격
하여 명소에 현재(읍재)로 나갔으며, 申운에 이르러 寅木을
양쪽에서 충하니 별세하였다.

辛　壬　壬　壬

丑　申　寅　申

戊　丁　丙　乙　甲　癸

申　未　午　巳　辰　卯

天干三壬, 地支兩申. 春初木嫩, 難當兩申夾沖. 五行
無火, 少制化之情. 更嫌丑時濕土生金, 謂氣濁神枯之象.
初運癸卯甲辰, 助其木之不足, 蔭庇有餘. 乙巳刑沖並見,
刑喪破敗. 丙午羣比爭財, 天干無木之化, 家破身亡.

천간에 세 개의 壬이 있고 지지에 두 개의 申이 있는데,
춘초에는 木이 연약하니 두 申의 협충을 감당하기 어렵고,

오행에 火가 없으니 제화의 정이 적으며, 다시 또 꺼리는 것은 丑時의 濕土가 金을 생하는 것이니, 이른바 氣가 탁하여 神이 메마른 상이다. 초년운 癸卯·甲辰에는 그 木의 부족함을 도우니 조상의 음덕이 유여했으나, 乙巳운에는 형충을 함께 만나니 형상파패를 당했으며, 丙午운에는 군비가 쟁재하고 천간에 木의 인화(引化)가 없어 집안이 파괴되고 자신은 죽었다.


```
甲  戊  辛  乙
寅  申  巳  亥
乙 丙 丁 戊 己 庚
亥 子 丑 寅 卯 辰
```

天干乙辛甲戊, 地支寅申巳亥, 天地交戰, 似乎不美. 然喜天干乙辛, 去官星之混殺, 地支寅申, 制殺之肆逞. 巳亥逢沖, 壞印本屬不喜, 喜在立夏後十天, 戊土司令, 則亥水受制而巳火不傷. 中年運途, 木火助印扶身, 聯登甲第, 仕至郡守. 至子運, 扶起亥水, 生煞壞印, 不祿.

천간은 乙辛甲戊이고 지지는 寅申巳亥이므로 천지에서 교전하여 아름답지 않은 듯하지만 기쁘게도 천간 乙辛의

상극은 관성이 殺과 혼합함을 제거하고, 지지 寅申의 충은
殺이 멋대로 기세를 부리는 것을 제압한다. 巳亥가 충을
만났는데 印을 파괴하는 것은 본래 좋지 않으나, 기쁘게도
입하 후 10일에는 戊土가 사령하니 亥水가 통제를 받고
巳火는 손상되지 않는다. 중년의 운도에 木火가 印을 돕고
身을 도우니 연달아 과거에 급제하여 벼슬이 군수에 이르
렀으며, 子운에는 亥水를 도와 일으켜 殺을 생하고 印을
파괴하니 사망하였다.

$$庚\ 甲\ 辛\ 乙$$
$$午\ 子\ 巳\ 亥$$
$$乙\ 丙\ 丁\ 戊\ 己\ 庚$$
$$亥\ 子\ 丑\ 寅\ 卯\ 辰$$

天干甲乙庚辛, 地支巳亥子午, 天地交戰. 局中火旺水
衰, 印綬未嘗不喜官殺之生. 不知庚辛在巳午之上, 與亥
子茫無關切, 正謂剋洩交加. 兼之運途不逢水地, 刑耗異
常, 剋三妻四子. 至丁丑運合去子水, 晦火生金, 一事無
成而亡.

천간은 甲乙庚辛이고 지지는 巳亥子午이니 천지에서 교

전하며, 局 중에 火가 왕하고 水가 쇠하므로 인수는 관살의 생조를 좋아하지 않은 적이 없다고 하겠으나, 庚辛이 巳午火의 위에 있어서 亥子와는 아득하여 관계의 절실함이 없으므로, 이른바 尅과 洩이 한데 섞여 있다는 것을 모른 것이다. 겸하여 운도에서 水를 만나지 못하니 형모가 보통과 달랐고 세 처와 네 아들을 극해했으며, 丁丑운에 이르러 子水를 합거하고 火를 어둡게 하고 金을 생하니 한가지 일도 이루지 못하고 죽었다.

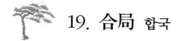

19. 合局 합국

合有宜不宜하며 合多不爲奇니라

합에는 마땅한 경우와 마땅치 않은 경우가 있으며, 합이 많으면 기특함이 되지 않는다.

[原注] 喜神有能合而助之者하니 如以庚爲喜神에 得乙合而助金하며 凶神有能合而去之者하니 如以甲爲凶神에 得己合而去之하며 動局有能合而靜者하니 如子午相沖에 得丑合而靜하며 生局有能合而成者하니 如甲生于亥에 得寅合而成하니 皆是[54]也라 若助起凶神之合은 如己爲凶神에 甲合之則助土하며 羈絆喜神之合은 如乙是喜神에 庚合之則羈絆하며 掩蔽動局之合은 丑未喜神에 子午合之則閉하며 助其生局之合은 不喜甲木에 寅亥合之則助木하니 皆不宜也라 大

---

54) 是는 宜가 되어야 함.

率多合則不流通하고 不奮發하니 雖有秀氣라도 亦不爲奇矣
니라

　희신은 합을 이루어 그것을 도울 수 있는 경우가 있으니, 가
령 庚을 희신으로 여기는 경우에 乙을 만나 합을 이루면 (庚)金
을 돕게 되며, 凶神은 합을 이루어 그것을 제거할 수 있는 경우
가 있으니 가령 甲을 흉신으로 여기는 경우에 己를 만나 합을
이루면 그것을 제거하게 되며, 동하는 局은 합을 이루어 안정될
수 있는 경우가 있으니 가령 子와 午가 상충하는 경우에 丑을
만나 합을 이루면 안정되며, 生局(장생국)은 합을 이루어 완성
될 수 있는 경우가 있으니 가령 甲이 亥에서 생할 때 寅을 만나
합을 이루면 완성되는 것이니, 모두 마땅한 경우이다. 흉신을
도와 일으키는 합은 가령 己가 흉신인 경우에 甲이 그것과 합하
면 (己)土를 돕게 되며, 희신을 구속하는 합은 가령 乙이 희신
인 경우에 庚이 그것과 합하면 희신을 구속하게 되며, 동국(動
局)을 가리어 숨기는 합은 丑未가 희신인 경우에 子午가 그것과
합하면 가리어지며, 생국(生局)을 돕는 합은 甲木을 좋아하지
않는 경우에 寅亥가 합을 이루면 木을 돕게 되니 모두 마땅치
않은 경우이다. 대체로 합이 많으면 유통되지 않고 분발하지 못
하니 비록 빼어난 氣가 있더라도 기특함이 되지 않는 것이다.

　　【任注】合固美事,　然喜合而合之最美,　若忌合而合

之, 比沖愈凶也, 何也? 沖得合而靜之則易, 合得沖而靜之則難. 故喜神有能合而助之者爲美, 如庚爲喜神, 得乙合而助之者, 是也. 凶神有能合而去之者更美, 如甲爲凶神, 得己合而去之者, 是也. 閑神凶神有能合而化喜者, 如癸爲凶神, 戊爲閑神, 戊癸合而化火爲喜神, 是也. 閑神忌神有能合而化喜者, 如壬爲閑神, 丁爲忌神, 丁壬合而化木爲喜神, 是也. 如子午逢沖, 喜神在午, 得丑合之. 寅申逢沖, 喜神在寅, 得亥合之, 皆是宜也.

합은 본래 아름다운 일이지만 합을 좋아할 때 합하는 것이 가장 아름답고, 만약 합을 꺼리는데도 합한다면 충에 비하여 더욱 흉하니, 왜냐하면 충이 합을 만나서 안정되기는 쉬우나 합이 충을 만나서 안정되기는 어렵기 때문이다. 그러므로 희신은 합을 이루어 그것을 도울 수 있는 경우가 있으면 아름다운 것이니, 가령 庚이 희신인 경우에 乙을 만나 합을 이루어 그것을 돕는 것이 그것이며, 흉신은 합을 이루어 그것을 제거할 수 있으면 다시 아름다운 것이니, 가령 甲이 흉신인 경우에 己를 만나 합을 이루어 그것을 제거하는 것이 그것이며, 한신과 흉신이 합을 이루어 희신으로 변화할 수 있는 경우가 있으니, 가령 癸가 흉신

이고 戊가 한신일 때 戊癸가 합하여 火로 화하면 희신이
되는 것이 그것이다. 한신과 기신이 합을 이루어 희신으로
변화할 수 있는 경우가 있으니, 가령 壬이 한신이고 丁이
기신일 때 丁壬이 합하여 木으로 화하면 희신이 되는 것이
그것이며, 가령 子午가 충을 만나고 희신이 午에 있을 때
丑을 만나 子와 합을 이루거나, 寅申이 충을 만나고 희신
이 寅에 있을 때 亥를 만나 寅과 합을 이루는 것은 다 마
땅한 경우이다.

　如忌神得合而助之者, 己以爲忌神, 甲合之, 則爲助忌
之合. 以乙爲喜神, 庚合之, 則爲戀凶之合, 有喜神閑神合
化忌神者, 以丙爲喜神, 辛爲閑神, 丙辛合化水爲忌神, 是
也. 有閑神忌神合化凶神者, 以壬爲閑神, 丁爲忌神, 丁
壬合化木爲凶神, 是也. 如卯酉逢沖, 喜神在卯, 得辰合
之, 化金仍克木者. 巳亥逢沖, 喜神在巳, 得申合之, 化
水仍克火者, 皆是不宜也. 大率忌神合而化去之, 喜神合
而化來之. 若忌神合而不去, 不足爲喜. 喜神合而不來,
不足爲美, 反爲羈絆貪戀而無用矣. 來與不來, 卽化與不
化也, 宜審察之.

가령 기신이 합을 만나서 돕는 경우는 己를 기신으로 여길 때 甲이 그것과 합을 이루면 기신을 돕는 합이 되며, 乙을 희신으로 여길 때 庚이 그것과 합을 이루면 흉을 그리워하는 합이 된다. 희신과 한신이 합하여 기신으로 변하는 경우가 있으니, 丙을 희신으로 여기고 辛을 한신으로 여길 때 丙辛이 합하여 水로 변화하면 기신이 되는 것이 그것이며, 한신과 기신이 합하여 흉신으로 변화하는 경우가 있으니, 壬을 한신으로 여기고 丁을 기신으로 여길 때 丁壬이 합하여 木으로 변화하면 흉신이 되는 것이 그것이다. 가령 卯酉가 충을 만나고 희신이 卯에 있을 때 辰을 만나 酉와 합을 이루면 金으로 화하여 마침내 木을 극하는 경우와, 巳亥가 충을 만나고 희신이 巳에 있을 때 申을 만나 巳와 합을 이루면 水로 화하여 마침내 火를 극하는 것은 모두 마땅치 않은 경우이다. 대체로 기신은 합을 이루면 변화되어 그것을 제거해야 하고, 희신은 합을 이루면 변화하여 희신으로 돌아와야 한다. 만약 기신이 합하고도 제거되지 않으면 기뻐할 것이 못되고, 희신이 합하고도 돌아오지 않으면 아름답다 할 것이 못되니 도리어 얽매이고 이끌림을 당하여 쓸모가 없다. 돌아오는 것과 돌아오지 않는 것은 곧 바뀌는 것과 바뀌지 않는 것이니 마땅히 이것을 자세히 살펴야 한다.

乙　丙　庚　辛

未　子　寅　亥

甲　乙　丙　丁　戊　己

申　酉　戌　亥　子　丑

　朱中堂造. 丙子日元, 生於春初, 火虛木嫩. 用神在木, 忌神在金. 最喜亥水流通金性, 合寅生木爲宜. 時支未土, 又得乙木盤根之制, 去濁留淸, 中和純粹. 爲人寬厚和平, 一生宦途安穩.

　주 중당의 사주이다. 丙子 일원이 춘초에 생하여 火는 허하고 木은 연약하니 용신은 木에 있고 기신은 金에 있는데, 가장 기쁜 것은 亥水가 金의 성정을 유통시키고, 寅과 합하여 木을 생함이 적절하며, 時支의 未土가 다시 또 乙木의 뒤얽힌 뿌리의 제제를 만나니, 탁기를 제거하고 청기를 남겨서 중화를 이루고 순수하다. 사람됨이 관후화평하며 일생동안 벼슬길이 편안하였다.

辛　壬　庚　戊

丑　寅　申　子

丙　乙　甲　癸　壬　辛

寅　丑　子　亥　戌　酉

壬寅日元, 生於孟秋, 秋水通源, 重重印綬. 戊丑之土, 能生金, 不能制水, 置之不用, 只得順水之性, 以寅木爲用. 至癸運, 洩金生木入泮. 亥運支類北方, 去其丑土溼滯之病, 又生合寅木, 科甲連登, 名高翰苑. 所嫌者, 寅申逢沖, 秀氣有傷, 降知縣. 甲子水木齊來, 仕路平安. 乙運合庚助虐, 罷職回家. 丑運生金, 不祿.

壬寅 일원이 맹추에 생하여 秋水가 근원에 통하고 인수가 중중한데, 戊丑土는 金을 생할 수 있을 뿐이고 水를 제압하지 못하여 그것을 버려두고 쓰지 않으므로 다만 水의 성질을 따라야 하니 寅木을 용신으로 삼는다. 癸운에 이르러 金을 설하고 木을 생하니 학교에 들어갔으며, 亥운에는 지지가 北方이므로 그 丑土에 습하게 막힌 病을 제거하고 또 寅木을 생하여 합하니 과거에 연달아 합격하고 이름이 한원에 높이 알려졌다. 꺼리는 것은 寅申이 충을 만난 것이니 秀氣에 손상이 있어 지현으로 강등됐으며, 甲子운에

는 水木이 함께 오니 벼슬길이 평안하였고, 乙운에는 庚과 합하여 포학함을 도우니 파직되어 집으로 돌아갔으며, 丑 운에는 金을 생하므로 사망하였다.

丁　丙　壬　丁

酉　午　寅　亥

丙　丁　戊　己　庚　辛

申　酉　戌　亥　子　丑

　丙午日元, 生于寅月, 天干兩透丁火, 旺可知矣. 壬水 通根亥支, 正殺印相生. 所嫌者, 丁壬寅亥, 化木爲忌, 以致刼刃肆逞, 羣刼爭財. 初交北方金水, 遺業豊盛. 戊 戌運又會火局, 剋盡金水, 家破身亡.

　丙午 일원이 寅월에 생하고, 천간 양쪽에 丁火가 투출했 으니 旺함을 알 수 있다. 壬水가 亥지지에 통근하여 틀림 없이 살인상생인데, 꺼리는 것은 丁壬과 寅亥가 木으로 화 하여 기신이 되니, 비겁과 양인이 멋대로 기세를 부리고 군겁이 財를 다투기에 이른 것이다. 초년 北方 金水운에는 유업이 풍성했으나, 戊戌운에는 다시 또 火局을 이루어 金 水를 완전히 극하니 가업이 파산하고 자신은 죽었다.

丙　戊　甲　己

辰　寅　戌　亥

戊　己　庚　辛　壬　癸

辰　巳　午　未　申　酉

謝侍郞造. 戊生季秋土司令, 刦印竝透, 日主未嘗不旺.
但甲木進氣, 支得長生祿旺. 又辰爲木之餘氣, 洩火養木,
無金以制之, 殺勢旺矣. 喜其甲己, 合之爲宜, 則日主不
受其尅. 更妙中年運走土金, 制化合宜, 名高祿重.

　사 시랑의 사주이다. 戊일주가 계추에 생하여 土가 사령
하고 刦과 印이 함께 투출하니 일주가 왕하지 않은 것은
아니나 다만 甲木이 진기(進氣)로 지지에 장생과 녹왕을
만나고, 또 辰은 곧 木의 여기로 火를 설하여 木을 배양하
는데 金으로 그것을 제압함이 없으니 殺의 세력이 왕성하
다. 기쁘게도 甲己의 합이 적절하니 일주가 그 극을 받지
않으며, 다시 또 묘하게도 중년운이 土金으로 달려서 제화
가 알맞음에 부합하니 명성이 높고 녹이 중후하였다.

<pre>
丙　戊　甲　己
辰　寅　戌　巳
戊　己　庚　辛　壬　癸
辰　巳　午　未　申　酉
</pre>

此與前造只換一亥字, 則土無水潤, 不能養木. 甲己之合爲不宜, 殺無氣勢, 刦肆逞矣. 壬申運生化, 雖得一衿而不第. 中運又逢土金, 刑妻剋子, 家業潛消. 至巳運而卒, 毫厘千里之隔也.

이것은 앞의 사주에서 다만 亥자 하나만 바뀌었을 뿐인데, 土에 水의 윤택이 없어 木을 자양할 수 없으며, 甲己의 합이 적절히 이루어지지 않고 殺에 기세가 없어 비겁이 멋대로 기세를 부린다. 壬申운에는 생조인화하여 비록 한 번의 기회를 얻었으나 급제하지 못했으며, 중년운에 다시 또 土金을 만나 처자를 형극하고 가업이 소멸되었으며, 巳운에 이르러 사망했으니, 털끝만 한 차이로 천 리만큼 현격하게 된 것이다.

丙 甲 壬 丁

寅 子 寅 未

丙 丁 戊 己 庚 辛

申 酉 戌 亥 子 丑

甲木生于寅月寅時, 木嫩氣虛, 以丙火解凍敵寒爲用,
以壬水剋丙爲忌. 最喜丁壬之合化木, 反生丙火. 癸酉年
本屬不吉, 喜其大運在己, 能克癸水, 棘闈奏捷. 戊運卯
年發甲, 惜限於地, 未能大用.

甲木이 寅月 寅時에 생하여 木은 연약하고 기가 허하니,
언 것을 녹이고 추위에 대적하는 丙火를 용신으로 삼고 丙
을 극하는 壬水를 기신으로 삼는데, 가장 기쁜 것은 丁壬
이 합하여 木으로 화하여 도리어 丙火를 생하는 것이다.
癸酉년은 본래 불길에 속하나 기쁘게도 그 대운이 己에 있
으므로 癸水를 극할 수 있어서 과거에 합격했으며, 戊운의
卯년에는 과거에 장원급제했는데 애석하게도 운로에 한계
가 있어서 크게 쓰이지 못했다.

```
甲　甲　壬　丁
子　戌　寅　亥
丙　丁　戊　己　庚　辛
申　酉　戌　亥　子　丑
```

甲生寅月, 得時當令. 如用丁火, 壬水合去. 如用戊土,
寅亥生合剋戊. 一生成敗不一, 刑耗多端. 還喜中運不背,
溫飽而已. 所以合之宜者, 名利裕如. 合之不宜者, 刑傷
破敗.

　甲木이 寅월에 생하여 월령을 담당하는 때를 만났는데,
혹 丁火를 쓴다면 壬水가 합거하고, 혹 戊土를 쓴다면 寅
亥가 生合하여 戊을 극하므로, 일생동안 성패가 한결같지
않고 형모가 다단하였으나, 또한 기쁘게도 중년운은 배반
하지 않아 의식은 충분할 뿐이었으니, 이 때문에 합이 마
땅한 경우에는 名利가 유여하나 합이 마땅치 않은 경우에
는 형상으로 파패한 것이다.

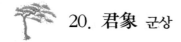

20. 君象 군상

君不可抗也니 貴乎損上以益下니라

군에게 항거해서는 안 되니, 위를 덜어내서 아래
에 보태는 것을 귀하게 여긴다.

[原注] 日主爲君이요 財神爲臣에 如甲乙日主요 滿局皆木
이며 內有一二土氣면 是君盛臣衰라 其勢要多方以助臣이니
火生之하고 土實之하고 金衛之하면 庶下全而上安이니라

일주가 君이고 財가 臣인 경우에 가령 甲乙이 일주이고 온국
이 모두 木이며 그 안에 한두 개의 土氣가 있다면 그것은 君이
성하고 臣이 쇠하므로 그 형세가 반드시 여러 가지 방법으로 臣
을 도와야 하니, 火로 그것을 生하고 土로 그것을 충실하게 하
고 金으로 그것을 호위하면 거의 아래는 온전하고 위는 평안할
것이다.

【任注】君不可抗者, 無犯上之理也. 損上者, 洩上也, 非克制也, 上洩則下受益矣. 如以甲乙日主爲君, 滿局皆木, 內只有一二土氣, 君旺盛而臣極衰矣, 其勢何如哉? 惟有順君之性, 火以行之. 火行則木洩, 土得生扶, 爲損上以益下, 則上不亢君, 下得安臣矣. 若以金衛之, 則抗君矣. 且木盛能令金自缺, 君仍不能抗, 反觸其怒, 而臣更洩氣, 不但無益而有害也, 豈能上安而下全乎?

군에게 항거해서는 안 된다는 것은 위를 범하는 이치가 없기 때문이며, 위를 덜어낸다는 것은 위를 설하는 것이지 극제하는 것이 아니니, 위가 누설되면 아래에서 이익을 받게 되는 것이다. 가령 甲乙 일주를 君으로 삼는 경우에 온 국이 모두 木이고 그 안에 다만 한두 개의 土氣가 있다면 君은 왕성하고 臣은 지극히 쇠약할 것이니 그 형세가 어떠하겠는가? 오직 君의 성정에 순종하고 火로써 그 氣를 유행시키는 데에 달려 있으니, 火로써 유행시키면 木이 누설되고 土가 생부(生扶)를 만나서 위를 덜어내서 아래에 보태는 것이니, 그렇다면 위로는 君에게 항거하지 않고 아래로는 臣을 편안하게 할 수 있는 것이다. 만약 金으로 그것을 막으면 君에게 항거하는 것이며, 또 木이 성하면 金으로 하여금 저절로 결손되게 할 수 있어서 君에게는 곧 항거하지도 못하고 도리어 그 노여움을 촉발하여 臣은 더욱 설기되므로 이로움이 없을 뿐 아니라 해로움만 있을 것이니 어찌 위가 편안하고 아래가 온전할 수 있겠는가?

乙 甲 丙 甲

亥 戌 寅 戌

壬 辛 庚 己 戊 丁

申 未 午 巳 辰 卯

甲生于寅月, 又得亥之生, 比刦之助. 年日兩支之戌土虛弱, 謂君盛臣衰. 最喜月透丙火, 順君之性, 戌土得生拱之情, 則上安而下全. 己巳運, 火土並旺, 科甲連登. 庚午辛未, 火得地, 金無根, 又有丙火回光, 庚辛不能抗君. 午未足以益臣, 仕至藩臬. 壬申沖寅剋丙, 逆君之性, 不祿.

甲 일주가 寅월에 생하고 다시 또 亥의 生과 비겁의 도움을 만났는데, 年과 日 두 지지의 戌土는 허약하니 이른바 君이 성하고 臣이 쇠한 경우인데, 가장 기쁜 것은 月에 丙火가 투출하여 君의 성정에 순종하고 戌土가 生으로 감싸주는 정을 만났으니, 곧 위는 편안하고 아래는 온전한

것이다. 己巳운에는 火土가 함께 왕하여 과거에 연달아 합격했으며, 庚午・辛未운에는 火가 자리를 얻고 金은 뿌리가 없으며 또 丙火가 빛을 돌이켜 비추니 庚辛이 君에게 항거하지 못하며, 午未운에는 臣을 유익하게 할 수 있으므로 벼슬이 번얼(안찰사)에 이르렀으며, 壬申운에는 寅을 충하고 丙을 극하여 君의 성정을 거역하니 사망하였다.

乙　甲　甲　甲

亥　寅　戌　子

庚　己　戊　丁　丙　乙

辰　卯　寅　丑　子　亥

甲寅日元, 生於季秋, 土王用事, 不比春時虛土. 所以此一戌, 足以抵彼之兩戌. 生亥時, 又天干皆木, 君盛臣衰. 所嫌者, 局中無火以行之, 羣比爭財, 無以益臣, 則上不安而下難全矣. 初運北方水旺, 助君之勢, 刑喪破耗, 祖業不保. 丁丑運, 火土齊來, 稍成家業. 戊寅己卯土無根, 木臨旺, 回祿三次, 起倒異常, 刑妻剋子, 至卯而亡.

甲寅 일원이 계추에 생하여 왕한 土가 용사하므로 봄철의 허한 土에 비할 바가 아니니, 이 때문에 이 하나의 戌

이 앞 사주의 두 개의 戌과 견줄만한 것이다. 亥시에 생하고 또 천간이 모두 木이니 君이 성하고 臣이 쇠한데, 꺼리는 것은 局 중에 火로써 그것을 유행시킴이 없어서 군비가財를 다투고 臣을 돕는 것이 없으므로 위가 편안하지 않고아래가 온전하기 어려운 것이다. 초운은 北方으로 水가 왕하여 군의 세력을 도우니 형상파모를 당하여 조업이 보존되지 못했으며, 丁丑운에는 火土가 함께 오니 가업을 조금이루었으며, 戊寅·己卯운은 土에 뿌리가 없고 木이 旺地에 임하니 세 차례나 화재를 당하고 일어섰다 넘어졌다 함이 보통과 달랐으며 처자를 형극하고, 卯운에 이르러 사망하였다.

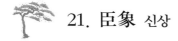

21. 臣象 신상

臣不可過也니 貴乎損下而益上이니라

신(臣)은 지나쳐서는 안 되니, 아래를 덜어내서
위에 보태는 것을 귀하게 여긴다.

[原注] 日主爲臣이요 官星爲君에 如甲乙日主요 滿盤皆
木이며 內有一二金氣면 是臣盛君衰라 其勢要多方以助金이
니 用帶土之火하여 以洩木氣하고 用帶火之土하여 以生金
神하면 庶君安臣全이라 若木火又盛하여 無可奈何면 則當
存君之子니 少用水氣요 一路行火地라야 方得發福하리라

일주가 臣이고 관성이 君인 경우에 가령 甲乙이 일주이
고 온 국이 모두 木이며 그 안에 한두 개의 金氣가 있다면
그것은 臣이 성하고 君이 쇠하므로 그 형세가 반드시 여러
가지 방법으로 金을 도와야 하니, 土를 지닌 火를 써서 木

氣를 누설시키고 火를 지닌 土를 써서 金神을 생하면 거의 君은 편안하고 臣은 온전할 것이다. 만약 木火가 더욱 성하여 어찌할 수 없다면 마땅히 君의 자식을 보존해야 하니 水氣를 적게 쓰고 한 방향 火地로 행하여야 바야흐로 발복함을 만날 것이다.

【任注】臣不可過, 須化之以德也, 庶臣順而君安矣. 如甲乙日主, 滿局皆木, 內只[55]一二金氣, 臣盛而君衰極矣. 若金運制臣, 是衰勢而行威令, 必有抗上之意. 必須帶火之土運, 木見火而相生, 臣心順矣. 金逢土而得益, 君心安矣. 若水木並旺, 不見火土, 當存君之子, 一路行水木之運, 亦可安君. 若木火並旺, 則宜順臣之心, 一路行火運, 亦可安君. 所謂臣盛而性順, 君衰而仁慈, 亦上安而下全. 若純用土金以激之, 非安上全下之意也.

신(臣)이 지나쳐서는 안 되니 반드시 그것을 덕으로 변화시켜야만 거의 臣은 온순하고 君은 편안할 것이다. 가령 甲乙이 일주일 때 온 국이 모두 木이고 그 안에 다만 한두 개의 金氣가 있다면 臣은 왕성하고 君은 쇠함이 지극한 것

---

55) 只 다음에 有가 누락되었음.

이니, 만약 金운으로 臣을 제압한다면 그것은 쇠약한 세력으로 위엄 있는 명령을 행하는 형국이 되어 틀림없이 위를 거스르는 뜻이 있으므로, 반드시 火氣를 지닌 土운을 필요로 하니 木은 火를 만나면 상생하므로 臣의 마음이 온순하며, 金은 土를 만나면 이익을 얻으므로 君의 마음이 편안한 것이다. 만약 水木이 함께 왕하고 火土가 보이지 않을 때에는 마땅히 君의 자식을 보존해야 하니, 한 방향 水木운으로 행하면 또한 君을 편안하게 할 수 있으며, 만약 木火가 함께 왕할 때에는 마땅히 臣의 마음을 따라야 하니, 한 방향 火운으로 향하면 또한 君을 편안하게 할 수 있으니, 이른바 臣이 왕성해도 성정이 온순하고 君이 쇠약해도 인자하여야 또한 위가 편안하고 아래가 온전하다는 것이다. 만약 오로지 土金을 써서 그 성정을 격동시키면 위를 편안히 하고 아래를 온전히 하는 뜻이 아니다.

庚　甲　甲　戊

午　寅　寅　寅

庚　己　戊　丁　丙　乙

申　未　午　巳　辰　卯

甲寅日元, 年月皆寅, 滿盤皆木, 時上庚金無根, 臣盛君衰極矣. 喜其午時流通木性, 則戊土弱而有根, 臣心順矣. 又逢丙辰丁巳戊午己未, 帶土之火, 生化不悖, 臣順君安. 早登科甲, 仕至侍郎. 庚申運, 不能用[56]臣, 不祿.

甲寅일원에 年月이 모두 寅으로 局에 가득 찬 것이 모두 木이고 時上의 庚金은 뿌리가 없으니 臣은 왕성하고 君은 쇠함이 지극하다. 기쁘게도 午時가 木의 성정을 유통시키니 戊土는 약하지만 뿌리가 있으므로 臣의 마음이 온순하며, 또 丙辰·丁巳·戊午·己未운을 만나서 土를 대동한 火가 生化하고 어그러지지 않으니 臣은 온순하고 君은 편안하다. 일찍 과거에 급제하여 벼슬이 시랑에 이르렀으며, 庚申운에는 臣을 용납할 수 없게 되니 사망하였다.

---

56) 用은 容이 되어야 함.

辛　甲　乙　癸

未　寅　卯　卯

己　庚　辛　壬　癸　甲

酉　戌　亥　子　丑　寅

甲寅日元, 年月皆卯, 又透乙癸. 未乃南方燥土, 木之庫根, 非生金之土. 故辛金之君, 無能爲矣, 當存君之子, 以癸水爲用. 運逢甲寅癸丑, 遺緒豊盈. 壬子辛亥, 名利兩優. 一交庚戌, 土金並旺, 不能容臣, 犯事落職, 破耗剋子而亡.

甲寅일원에 年月이 모두 卯이고 또 乙癸가 투출했는데, 未는 곧 南方의 燥土로 木의 고근(庫根)이니 金을 생하는 土가 아니다. 그러므로 辛金 君은 능력이 없으니 마땅히 君의 자식을 보존하여 癸水를 용신으로 삼아야 하는데, 운에서 甲寅·癸丑을 만나니 조상의 유업이 풍부했으며, 壬子·辛亥운에는 名利가 모두 넉넉하였으나, 한번 庚戌로 바뀌자 土金이 함께 왕하여 臣을 용납할 수 없게 되니 사고를 범하고 파직했으며 파모극자(破耗剋子)하고 사망하였다.

```
甲  戊  戊  戊
寅  午  午  午
甲 癸 壬 辛 庚 己
子 亥 戌 酉 申 未
```

此造, 三逢戊午, 時殺雖坐祿支, 局中無水, 火土燥烈,
臣盛君衰. 且寅午拱會, 木從火勢, 轉生日主, 君恩雖重,
而日主之意向, 反不以甲木爲念. 故運走西方金地, 功名
顯赫, 甚重私情, 不以君恩爲念也. 運逢水旺, 又不能存
君之子, 詿誤落職.

이 사주는 年月日 세 곳에 戊午를 만나고 時의 殺은 비
록 녹 지지에 앉았으나, 局 중에 水가 없고 火土가 조열하
니 臣은 성하고 君은 쇠하다. 또 寅午가 손을 잡고 회합하
니 木이 火의 세력을 따라 전향하여 일주를 생하므로 君의
은혜가 비록 후중하나 일주의 의향은 도리어 甲木 君을 염
두에 두지 않는다. 그러므로 운이 서방 金地로 달릴 때에
는 공명이 드러나서 빛났으나 사사로운 정을 매우 중히 여
기고 君의 은혜를 염두에 두지 않았으며, 운이 水旺의 자
리를 만나자 또한 君의 자식을 보존할 수 없게 되니 징계
를 받고 면직되었다.

<pre>
己 己 丙 甲
巳 酉 子 寅
壬 辛 庚 己 戊 丁
午 巳 辰 卯 寅 丑
</pre>

己酉日元, 生於仲冬. 甲寅官生[57]坐祿, 子水財星當令, 財旺生官, 時逢印綬, 此謂君臣兩盛. 更妙月干丙火一透, 寒土向陽, 轉生日主, 君恩重矣. 早登科甲, 翰苑名高. 緣坐下酉金, 支得巳時之拱, 火生之, 金衛之, 水養之, 而日主之力量, 足以克財. 故其爲官重財, 而忘君恩矣.

己酉일원이 중동에 생하였는데 甲寅관성은 녹에 앉고 子水재성은 당령하여 財가 왕하여 官을 생하며, 時에 인수를 만나니 이러한 것을 君과 臣이 모두 왕성하다고 하는 것이다. 다시 묘하게도 月干에 丙火가 투출하여 한토(寒土)가 태양을 향하고 관성이 전향하여 일주를 생하게 되어 君의 은혜가 후중하니, 일찍 과거에 급제하여 한원에 이름이 높았는데 좌하의 酉金으로 인하여 지지가 巳時와 손잡음을 이루게 되니, 火는 일주를 생하고 金은 일주를 호위하고 水는 일주를 자양하여 일주의 역량이 財를 극제할 수

---

57) 生은 星이 되어야 함.

있게 되므로, 그 官이 財를 중히 여겨서 君의 은혜를 망각
하게 되었다.

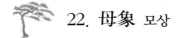

22. 母象 모상

知慈母恤孤之道라야 始有瓜瓞無疆之慶이니라

자애로운 어머니의 외로운 자식을 불쌍히 여기는
도리를 알아야, 비로소 자손이 번창하여 끝없이 이
어지는 경사가 있는 것이다.

[原注] 日主爲母면 日之所生者爲子니 如甲乙日主에 滿
柱皆木이요 中有一二火氣면 是母旺子孤라 其勢要多方以生
子孫하여 成瓜瓞之緜緜이니 而後流發于千世之下니라

일주를 母로 간주하면 일주가 생하는 것은 자식이 되니, 가령
甲乙이 일주인 경우에 사주에 가득 찬 것이 모두 木이고 그중에
한두 개의 火氣가 있다면 이것은 母가 왕하고 자식이 외로운 것
이므로 그 형세는 반드시 다방면으로 자손을 생산하여 오이덩
굴에 크고 작은 오이가 끝없이 열리듯 함을 이루어야 하니 그런

뒤에야 먼 훗날까지 흐름이 전해지는 것이다.

【任注】母衆子孤, 不特子仗母勢, 而母之情亦依乎子.
故子母二人, 皆不宜損抑. 只得助其子勢, 則母慈而子盆
昌矣. 如日主甲乙木爲母, 內只有一二火氣, 其餘皆木,
是母多子病. 一不可見水, 見水子必傷. 二不可見金, 見
金則觸母性, 母子不和, 子勢愈孤. 惟行帶火土之運,[58]
則母性必慈, 其性向子. 子方能順母之意而生孫, 以成瓜
瓞, 衍慶于千世之下. 若行帶水之土運, 則母情有變, 而
反不容子矣.

　母가 많고 자식이 외로우면 자식이 母의 세력에 의지할
뿐 아니라 母의 정도 자식에게 의지하는 것이니, 그러므로
子와 母 두 사람 모두 손상이나 억제해서는 안 되며, 다만
그 자식의 세력을 도와야만 母가 자애로워지고 자식이 더
욱 번창하게 된다. 가령 일주인 甲乙木이 곧 母인 경우에
사주 안에 다만 한두 개의 火氣가 있고 그 나머지가 모두
木이면 이것은 母가 많아서 자식이 괴로운 것이므로, 첫째
는 水를 만나지 말아야 하니 水를 만나면 자식이 반드시

---

58) 帶火土之運은 帶火之土運이 되어야 함.

손상되며, 둘째는 金을 만나지 말아야 하니 金을 만나면 母의 성정을 거슬러서 母子가 불화하여 자식의 형편이 더욱 외로워진다. 오직 火를 대동한 土운으로 행하여야 모성이 반드시 자애로워져서 그 성정이 자식을 향하게 되므로, 자식이 비로소 어머니의 뜻에 순종하고 자손을 생산할 수 있어서 자손의 번창을 이루어 천 년 뒤에까지 경사가 넘치게 되며, 만약 水를 대동한 土운으로 행하면 母의 성정에 변화가 있어서 도리어 자식을 용납하지 않는다.

己 乙 甲 戊

卯 卯 寅 午

庚 己 戊 丁 丙 乙

申 未 午 巳 辰 卯

乙卯日元, 生於寅月卯時, 滿盤皆木, 只有年支午火, 母旺子孤. 喜其會子, 寅午半會, 母之性慈而向子, 子亦能順母之意, 而生戊土之孫. 更喜運中火土, 所以少年早登虎榜, 身入鳳池, 仕至侍郎. 一交庚申, 觸母之性, 不祿.

乙卯일원이 寅월 卯시에 생하여 온 局이 모두 木이고 다만 年支의 午火가 있을 뿐이니, 母는 왕하고 자식은 고독하다. 기쁘게도 자식과 회합을 이루어 寅午가 반회하니 母의 성정이 인자해져서 자식을 향하고 자식도 母의 뜻에 순종하여 戊土손자를 생할 수 있게 되었으며, 다시 또 기쁜 것은 운 중의 火土이니 이 때문에 어린 나이에 일찍 과거에 급제하여 몸이 봉지(중서성)에 들어가서 벼슬이 시랑에 이르렀는데, 한번 庚申으로 바뀌어 母의 성정을 거스르니 사망하였다.

乙 甲 丙 癸

亥 寅 辰 卯

庚 辛 壬 癸 甲 乙

戌 亥 子 丑 寅 卯

甲寅日元, 生於季春, 支類東方, 又生亥時. 一點丙火虛露, 母衆子孤. 辰乃溼土, 晦火養木, 兼之癸水透干, 時逢亥旺. 母無慈愛恤孤之心, 反有滅子之意. 初運乙卯甲寅, 尙有生扶愛子之情, 其樂自如. 一交癸丑, 帶水之土, 母心必變, 子不能安, 破敗異常. 至壬子, 剋絕其子, 家破人離, 自縊而亡.

甲寅일원이 계춘에 생하고 지지의 무리가 동방이며 또

亥시에 생하였는데, 한 점 丙火는 허약하게 노출했으니 母가 많고 자식은 고독하다. 辰은 곧 습토이므로 火를 어둡게 하고 木을 자양하는데, 겸하여 癸水가 천간에 투출하여 時에 亥旺을 만나니, 母에게는 외로운 자식을 사랑하고 불쌍히 여기는 마음이 없고 도리어 자식을 멸망케 하는 뜻만 있다. 초운인 乙卯·甲寅에는 그래도 자식을 생부하고 사랑하는 情이 있어서 그 즐거움에 구애됨이 없었으나, 한번 癸丑으로 바뀌니 水를 대동한 土운에는 母心이 반드시 변하여 자식이 편안해질 수 없으므로 파패가 보통과 달랐으며, 壬子운에 이르러 그 자식을 극절하니 가업이 무너지고 사람이 떠나자 스스로 목을 매어 죽었다.

23. 子象 자상

知孝子奉親之方이라야 始克諧成大順之風이니라

효성스런 자식의 어버이를 봉양하는 방법을 알아
야 비로소 잘 화합하여 인류의 상도(常道)를 따르는
기풍을 이룬다.

[原注] 日主爲子면 生日者爲母니 如甲乙[59]滿局皆是木이
요 中有一二水氣면 爲子衆母衰라 其勢要多方以安母니 用
金以生水커나 用土以生金하면則成母子之情하여 爲大順矣
라 設或無金엔 則水之神依乎木커나 而行木火金盛地라도
亦可니라

일주를 자식으로 간주하면 일주를 생하는 것은 母가 되니, 가
령 甲乙이 일주인 경우에 局에 가득 찬 것이 모두 木이고 그중

---

59) 甲乙 다음에 日主 두 자가 있어야 함.

에 한두 개의 水氣가 있다면, 자식이 많고 母가 쇠한 것이므로 그 형세는 반드시 다방면으로 母를 편안케 해야 하니, 金을 써서 水를 생하거나 土를 써서 金을 생하면 母子의 情을 이루어 대순(일류의 상도)이 되는 것이다. 가령 金이 없는 경우에는 水의 神이 木에 의지하거나 木火金이 왕성한 곳으로 행하여도 괜찮다.

【任注】子衆母衰, 母之性依乎子, 須要安母之心, 亦不可逆子之性. 如甲乙日爲主,[60] 滿局皆木, 中有一二水氣, 謂子衆母孤, 母之情依乎子, 必要安母之心. 一不可見土, 見土則子戀婦而不顧母, 母不安矣. 二不可見金, 見金則母勢强而不容子, 子必逆矣. 惟行帶水之金運, 使金不剋木而生水, 則母情必依子, 子情亦順母矣, 以成大順之風. 若行帶土之金運, 婦性必悍, 母子皆不能安, 人事莫不皆然也. 此四章雖主木論, 火土金水亦如之.

자식이 많고 母가 쇠하면 母의 성정은 자식에게 의지하게 되니, 자식은 반드시 母의 마음을 편안하게 해야 하고, 母 역시 자식의 성정을 거슬려서는 안 된다. 가령 甲乙이 日主인 경우에 局에 가득한 것이 모두 木이고 그중에 한두

---

60) 甲乙日爲主는 甲乙爲日主가 되어야 함.

개의 水氣가 있다면 이른바 자식은 많고 母가 외로운 것이며, 母의 정은 자식에게 의지하게 되니 반드시 母의 마음을 편안하게 해야 하므로, 첫째는 土를 만나지 말아야 하니 土를 만나면 자식이 아내를 연모하고 母를 돌보지 않아서 母가 편안치 않으며, 둘째는 金을 만나지 말아야 하니 金을 만나면 母의 세력이 강해져서 자식을 용납하지 않으므로 자식이 반드시 거역하게 된다. 오직 水를 대동한 金운으로 행하여 金으로 하여금 木을 극하지 않고 水를 생하게 해야만 母의 정이 반드시 자식에게 의지하고 자식의 정도 母에게 순종하여 대순의 기풍을 이루게 되며, 만약 土를 대동한 金운으로 행한다면 아내의 성정이 반드시 사나워져서 母子가 모두 편안치 못하니, 인간사가 모두 그렇지 않음이 없는 것이다. 이상의 네 장에서 비록 木을 위주로 논했으나 火土金水도 역시 이와 같다.

乙 甲 乙 癸

亥 寅 卯 亥

己 庚 辛 壬 癸 甲

酉 戌 亥 子 丑 寅

甲寅日元, 生于仲春, 卯亥寅亥拱合, 滿局皆木. 則年干癸水無勢, 子旺母孤, 其情依乎木, 木之性亦依乎水, 謂母子情協. 初運甲寅癸丑, 蔭庇有餘, 早遊泮水. 壬子中鄕榜, 辛亥金水相生, 由縣宰遷省牧. 庚戌土金並旺, 母子不安, 詿誤落職而亡.

　　甲寅일원이 중춘에 생하고 卯와 亥, 寅과 亥가 공합하여 온 국이 모두 木으로 가득하니, 年干의 癸水는 세력이 없어서 子는 왕하고 母는 외로우므로 그 정이 木(자식)에 의지하고 木의 성정도 水(母)에 의지하게 되니 이른바 母子의 정이 화합하는 것이다. 초운인 甲寅·癸丑에는 조상의 음비가 유여하여 일찍 반수에 노닐고, 壬子대운에는 향방에 합격했으며, 辛亥대운에는 金水가 상생하니 현재에서 성목으로 옮겨갔는데, 庚戌대운에는 土金이 함께 旺하여 母子가 불안하니 징계를 받고 파직하여 사망하였다.

甲 甲 己 乙
子 寅 卯 亥
癸 甲 乙 丙 丁 戊
酉 戌 亥 子 丑 寅

甲寅日元, 生于仲春, 滿局皆木, 亥卯又拱, 時支子水

衰極, 其情更依乎木. 日主戀己土之私情, 而不顧母. 丁
丑運, 火土齊來, 反不容母. 諺云, 婦不賢則家不和, 刑
傷破耗. 丙子火不通根, 平安無咎. 甲戌又逢土旺, 破耗
異常. 乙亥癸酉, 生化不悖, 續妻生子, 重振家聲. 壬申
晚景愈佳, 金水相生之故也.

　甲寅일원이 중춘에 생하고 온 局이 모두 木으로 가득하
며 亥와 卯가 다시 또 손을 잡으니, 時支의 子水는 쇠함이
지극하므로 그 정이 더욱 木에 의지하는데, 일주는 己土의
사사로운 정을 연모하여 어미를 돌보지 않는다. 丁丑운에
는 火土가 함께 와서 더욱더 어미를 용납하지 않으니, 속
담에 '부인이 어질지 않으면 가정이 불화하고 형상파모한
다'고 하였다. 丙子운에는 火가 통근하지 못하니 평안하고
재앙이 없었으며, 甲戌운에는 다시 또 토왕(土旺)함을 만나
서 파모가 보통과 달랐으며, 乙亥·癸酉운에는 生化가 어
긋나지 않으니 재취하여 자식을 낳고 거듭 집안의 명성을
떨쳤으며, 壬申운에는 만경(만년)이 더욱 아름다웠으니 金
水가 상생했기 때문이다.

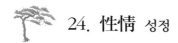

24. 性情 성정

五氣不戾면 性情中和요 濁亂偏枯면 性情乖逆이라

원국에 五氣가 어그러지지 않으면 성정이 중화를 이루고, 원국이 혼탁하여 어지럽고 편고되면 성정이 어그러진다.

[原注] 五氣在天은 則爲元亨利貞이요 賦在人은 則仁義禮智信之性과 惻隱羞惡辭讓是非誠實之情이니 五氣不戾者는 則其存之而爲性하고 發之而爲情에 莫不中和矣니 反此者乖戾니라

五氣는 하늘에서는 원형이정(元亨利貞)이 되고, 사람에게 부여된 것은 인의예지신(仁義禮智信)의 성(性)과 측은(惻隱)·수오(羞惡)·사양(辭讓)·시비(是非)·성실(誠實)의 정(情)이니, 五氣가 어그러지지 않는다는 것은 그것이 안에 보존되어 性을 이루

고 밖으로 드러나 情을 이루었을 때 中和를 이루지 않음이 없는 것이니 이와 반대되면 어그러지는 것이다.

【任注】五氣者, 先天洛書之氣也. 陽居四正, 陰居四隅, 土寄居于艮坤, 此後天定位之應. 東方屬木, 于時爲春, 于人爲仁. 南方屬火, 于時爲夏, 于人爲禮. 西方屬金, 于時爲秋, 于人爲義. 北方屬水, 于時爲冬, 于人爲智. 坤艮爲土, 坤居西南者, 以火生土, 以土生金也. 艮居東北者, 萬物皆主于土. 冬盡春來, 非土不能止水, 非土不能栽木. 猶仁義禮智之性, 非信不能成. 故聖人易艮于東北者, 卽信以成之之旨也. 賦於人者, 須要五行不戾, 中和純粹, 則有惻隱辭讓誠實之情. 若偏枯混濁, 太過不及, 則有是非乖逆驕傲之性矣.

오기(五氣)는 선천낙서(先天洛書)의 氣이니, 陽은 사정방(四正方)에 거하고 陰은 사우방(四隅方)에 거하며, 土는 간(東北)과 곤(西南)방에 의지하여 머무는 것이니 이것은 후천(後天)의 정위(定位)에 해당된다. 동방은 木에 속하니 시절에서는 봄이 되고 사람에게 있어서는 仁이 되며, 남방은 火에 속하니 시절에서는 여름이 되고 사람에게 있어서는

禮가 되며, 서방은 金에 속하니 시절에서는 가을이 되고 사람에게 있어서는 義가 되며, 북방은 水에 속하니 시절에서는 겨울이 되고 사람에게 있어서는 智가 된다. 곤방(坤方)과 간방(艮方)은 土가 되는데 坤이 西南에 머무는 까닭은 火로써 土를 생하고 土로써 金을 생하기 때문이며, 艮이 東北에 머무는 까닭은 만물이 모두 土에게 주재되기 때문이니, 겨울이 다하면 봄이 오는데 土가 아니면 水를 제지할 수 없고 土가 아니면 木을 재배할 수 없으며, 또 인의예지의 본성도 信이 아니면 이루어질 수 없으므로, 성인의 易에서 동북에 艮을 배치한 것은 곧 信으로 그것을 이루었다는 뜻이다. 사람에게 부여된 것은 반드시 오행이 어그러지지 않고 중화를 이루고 순수해야만 측은·사양·성실의 情이 있으며, 만약 편고되고 혼탁하며 태과하거나 불급하면 시비(是非)·괴역(乖逆)·교오(驕傲)의 성정이 있게 되는 것이다.

戊　甲　丙　己
辰　子　寅　丑
庚辛　壬癸　甲乙
申酉　戌亥　子丑

甲子日元, 生于孟春. 木當令而不太過, 火居相位不烈,
土雖多而不燥, 水雖少而不涸. 金本無而暗蓄, 則不受火
之剋, 而得土之生. 無爭戰之風, 有相生之美. 爲人不苟,
無驕謟刻薄之行, 有謙恭仁厚之風.

甲子일원이 맹춘에 생하였는데 木이 시령을 맡았으나
태과하지 않고 火가 상(相)의 자리에 머물지만 맹렬하지
않고, 土가 비록 많으나 건조하지 않고 水가 비록 적지만
바싹 마르지 않으며, 金은 본래 없으나 암장되어 있어서
火의 극을 받지 않고 土의 생조를 받으니, 다투는 기세는
없고 상생의 아름다움만 있으므로 사람됨이 구차하지 않
아서 교만하고 아첨하거나 각박한 행동이 없고 겸손하고
공손하며 어질고 후덕한 풍격이 있었다.


```
乙  己  丁  己
丑  卯  卯  酉

辛 壬 癸 甲 乙 丙
酉 戌 亥 子 丑 寅
```

己卯日元, 生于仲春, 土虛寡信. 木多金缺, 陰火不能
生溼土, 禮義皆虛. 且八字純陰, 一味趨炎附勢, 其心存

損人利己之事, 萌幸災樂禍之意.

己卯 일원이 중춘에 생하니 土가 허하여 信이 적으며, 木이 많고 金이 모자라서 陰火가 濕土를 생하지 못하므로, 예(火)와 의(金)가 모두 허하다. 또 팔자가 순음으로 이루어져서 오로지 권세 있는 자에게 아부하며, 그 마음이 남을 손상하고 자신을 이롭게 하는 일에 있고 재앙을 좋아하고 화(禍)를 좋아하는 뜻을 나타낸다.

甲　丙　乙　丙

午　子　未　戌

辛　庚　己　戊　丁　丙

丑　子　亥　戌　酉　申

丙生季夏, 火焰土燥. 天干甲乙, 枯木助火之烈. 更嫌子水沖激之炎, 偏枯混亂之象. 性情乖張, 處世多驕傲. 且急燥如風火, 順其性千金不惜, 逆其性一芥中分, 因之家業破敗無存.

丙火가 계하에 생하여 불꽃이 뜨겁고 土는 건조한데, 천간의 甲乙은 고목(枯木)으로 火의 세찬 불길을 도우며, 다시 또 꺼리는 것은 子水와 부딪혀서 격렬해지는 불꽃과 편고되고 혼란한 상이다. 성정이 삐뚤어져서 처세에 교만함이 많으며, 또 조급하기가 바람을 탄 불길과 같아서 그 성정에 맞을 때에는 천금도 아끼지 않으나 그 성정에 거스를 때에는 지푸라기 하나도 반으로 나누려 하니, 이로 인하여 가업이 파패하여 남은 것이 없었다.

火烈而性燥者는 遇金水之激이요

火가 맹렬할 때 성정이 조급한 까닭은 金水의 충격을 만났기 때문이며,

[原注] 火烈而能順其性이면 必明順이나 惟金水激之면 其燥急不可禦矣니라

火가 맹렬할 때에 그 성질을 순화(順化)할 수 있으면 반드시 밝고 화순해지지만, 金水로 그 성질을 격동시키면 그 조급함을 막을 수 없다.

【任注】火燥而烈, 其炎上之性, 只可純用溼土潤之, 則知禮而成慈愛之德. 若遇金水激之, 則火勢愈烈而不知禮, 災禍必生也. 溼土者, 丑辰也, 晦其光, 斂其烈, 則明矣.

火가 조열하여 세찰 때에는 그 불타오르는 성질을 다만

순수하게 습토를 써서 윤택하게 하면 예(禮)를 알고 자애의 덕을 이룰 수 있지만, 만약 金水를 만나 그것을 격동시키면 火의 세력이 더욱 맹렬해져서 예(禮)를 모르고 재화(災禍)가 반드시 발생할 것이다. 습토는 丑과 辰이니 그 광채를 어둡게 하고 그 맹렬함을 거두면 성정이 밝아지는 것이다.

己　丙　甲　丙

丑　午　午　戌

庚　己　戊　丁　丙　乙

子　亥　戌　酉　申　未

丙午日元, 生于午月, 年月又逢甲丙, 猛烈極矣. 最喜丑時, 干支皆溼土, 能收丙之烈, 能晦午之光, 順其性, 悅其情, 不陵下也. 其人威而不猛, 嚴而不惡, 名利雙輝.

丙午 일원이 午月에 생하고 年月에 다시 또 甲과 丙을 만나니 맹렬함이 지극하다. 가장 귀한 것은 丑시로 간지가 모두 습토이니 丙火의 맹렬함을 수렴할 수 있고 午火의 광채를 어둡게 할 수 있어서 그 성질을 화순하게 하고 그 성정을 기쁘게 하므로 아랫사람을 능멸하지 않는다. 그 사람

됨이 위엄이 있으나 사납지 않았으며, 엄격했으나 모질지
않아서 名利가 모두 빛났다.

甲　丙　甲　辛

午　子　午　巳

戊　己　庚　辛　壬　癸

子　丑　寅　卯　辰　巳

丙火生于午月午時, 木從火勢, 烈之極矣. 無土以順其
性, 金無根, 水無源, 激其猛烈之性. 所以幼失父母, 依
兄嫂居, 好勇不安分. 年十六七, 身材雄偉, 膂力過人.
好習拳棒, 樂與里黨無賴交遊, 放宕無忌, 兄嫂不能禁.
後因搏虎, 而被虎噬.

丙火가 午월 午시에 태어나고 木이 火의 세력을 따르니
맹렬함이 지극하다. 土로써 그 성질을 화순하게 함이 없으
며, 金이 뿌리가 없고 水가 근원이 없어서 그 맹렬한 성질
만 격렬하게 하니, 이 때문에 어려서 부모를 잃고 형수에
게 의지하여 살았는데 용맹함을 좋아하고 편안한 마음으
로 분수를 지키지 못했다. 16~17세에 신체가 웅장하고 커
서 체력이 남보다 뛰어났으며, 권법과 봉술 익히기를 좋아

하고 마을의 무뢰한들과 교유하기를 즐기며, 방탕하여 꺼리는 것이 없어서 형수가 금지시키지 못했는데, 뒤에 맨손으로 호랑이를 잡다가 호랑이에게 물려죽었다.

水奔而性柔者는 全金木之神이라

水가 세차게 내달리는데도 성정이 유순한 까닭은 金木의 神을 온전히 갖추었기 때문이다.

[原注] 水盛而奔하면 其性至剛至急하니 惟有金以行之하고 木以納之라야 則柔矣니라

水가 왕성하여 내달리면 그 성질이 지극히 강하고 급한 것이니, 오직 金으로 그것을 유행시키고 木으로 그것을 거두어들여야만 유순해진다.

【任注】水性本柔, 其衝奔之勢, 剛急爲最. 若逢火衝之, 土激之, 則逆其性而更剛矣. 奔者, 旺極之勢也. 用金以順其勢, 用木以疏其淤塞, 所謂從其旺勢, 納其狂神. 其性反柔, 剛中之德, 易進難退之意也. 雖智巧多能, 而不失仁義之情矣.

水의 성질은 본래 부드러우나 그 돌진하여 내달리는 기

세는 강하고 급하기가 최상이니, 만약 火가 그것을 충격하
거나 土가 그것을 격동시킴을 만나면 그 성질을 거역하게
되어 더욱 강해진다. 내달린다는 것은 旺이 지극한 형세이
므로 金을 써서 그 세력에 순응하고 木을 써서 그 막힌 것
을 소통시키면 이른바 그 왕한 세력을 따르고 그 광신(사
나운 신)을 거두어들인다는 것이니, 그 성질이 도리어 부
드러워져서 굳세고 치우치지 않는 덕이므로 나아가기는
쉽고 물러가기는 어렵다는 뜻이며, 비록 슬기롭고 기교가
있어 재능이 많더라도 인의(仁義)의 정을 잃지는 않는다.

庚　壬　甲　癸

子　申　子　亥

戊　己　庚　辛　壬　癸

午　未　申　酉　戌　亥

　壬申日元, 生于子月, 年時亥子, 干透癸庚, 其勢衝奔,
不可遏也. 月干甲木凋枯, 又被金伐之, 不能納水, 反用
庚金, 順其氣勢. 爲人剛柔相濟, 仁德兼資, 積學篤行,
不求名譽. 初運癸亥, 從其旺神, 蔭庇大好. 壬戌水不通
根, 戌土激之, 刑喪破耗. 辛酉庚申入泮補廩, 又得四

子, 家業日增. 一交己未, 激其衝奔之勢, 連剋三子, 破
耗異常. 至戊運而亡.

壬申 일원이 子월에 생하고 年과 時에 亥와 子가 있고
천간에 癸와 庚이 투출하니 그 세차게 내달리는 기세를 막
을 수 없다. 月干의 甲木은 시들어 마르고 다시 또 金에게
벌목을 당하여 水를 거두어들일 수 없으므로 오히려 庚金
을 써서 그 기세에 순응해야 하는데, 사람됨이 강(剛)과 유
(柔)가 서로 이루어지고 어진 덕으로 자질을 겸비하여 학문
을 쌓고 행실을 돈독히 하여 명예를 구하지 않았다. 초운
癸亥에는 그 왕신(旺神)을 따르니 음비(조상의 음덕)가 매
우 좋았으나, 壬戌운에는 水가 통근하지 못하고 戊土가 水
를 격동시키니 형상파모가 있었으며, 辛酉·庚申운에는 학
교에 들어가 늠생이 되었고 또 네 아들을 얻어 가업이 날
로 증가했는데, 己未운으로 바뀌어 그 충분(衝奔)하는 기세
를 격동시키니 세 아들을 연달아 극해하고 파모가 보통과
달랐으며, 戊운에 이르러 사망하였다.

壬　壬　壬　壬

寅　辰　子　寅

戊　丁　丙　乙　甲　癸

午　巳　辰　卯　寅　丑

天干四壬, 生于子月, 衝奔之勢. 最喜寅時, 疏其辰土
之淤塞, 納其壬水之旺神. 所以不驕不傲, 賦性穎異, 讀
書過目不忘, 爲文倚馬萬言. 甲寅入泮, 乙卯登科, 奈數
奇, 不能得遂所學. 至丙辰, 衝激旺水, 羣比爭財, 不祿.

천간에 네 개의 壬이 투출하고 子월에 생하니 충분(衝奔)
하는 기세이다. 가장 기쁜 것은 寅시가 그 辰土의 가로막
힘을 소통시키고 그 壬水의 왕신(旺神)을 수납하는 것이니,
이 때문에 교만하거나 오만하지 않았으며 타고난 성품이
총명하고 뛰어나서 글을 읽을 때에는 한번 보면 잊지 않았
고 글을 지을 때에는 말에 기대서서 만언(萬言)을 짓는 재
주를 지녔다. 甲寅운에 학교에 들어가 乙卯운에 등과했으
나 운수의 불길함을 어찌할 수 없으니 배운 바를 이루지
못했으며, 丙辰운에 이르자 旺水를 충격하여 군비가 財를
다투니 사망하였다.

戊 壬 癸 癸

申 子 亥 未

丁 戊 己 庚 辛 壬

巳 午 未 申 酉 戌

壬子日元, 生于亥月申時, 年月兩透癸水, 只可順其
勢, 不可逆其流. 所嫌未戌兩字, 激水之性. 故其爲人,
是非倒置, 作事不端, 無所忌憚. 初運壬戌, 支逢土旺,
父母皆亡. 辛酉·庚申, 洩土生水, 雖無賴邪僻之行, 倖
免凶咎. 一交己未, 助土激水, 一家五口, 回祿燒死.

壬子 일원이 亥月 申時에 생하고 年月에 두 癸水가 투출
했으니 다만 그 세력을 따라야 할 뿐이고 그 흐름을 거역할
수 없다. 꺼리는 바는 未와 戌 두 자가 水의 성질을 격동시
키는 것이니, 그러므로 그 사람됨이 옳고 그름의 판단이 도
치되고 일하는 것이 바르지 않으며 꺼리고 어려워하는 바가
없었다. 초운 壬戌에는 지지에 土旺을 만나니 부모가 모두
사망하였고, 辛酉·庚申운에는 土를 설하고 水를 생하니 비
록 불량하고 도리에 어긋나는 행실이 있었으나 요행으로 흉
한 재난을 면했으며, 己未운으로 바뀌어 土를 돕고 水를 격
동시키자 일가족 다섯 식구가 화재로 소사하였다.

木奔南而軟怯이요

木은 南으로 행하면 부드럽고 겁약해지며,

[原注] 木之性見火爲慈하고 奔南則仁之性行於禮하며 其
性軟怯하니 得其中者면 爲惻隱辭讓하고 偏者爲姑息이요
爲繁縟矣니라

木의 성질은 火를 만나면 자애로워지고, 南으로 행하면 仁의
본성으로 禮를 행하며 그 성질은 부드럽고 겁약해지는데, 中和
를 이루면 측은지심과 사양지심을 행하고, 편고되면 일시적인
편함을 찾거나 번잡하고 까다로운 일을 행한다.

【任注】木奔南, 洩氣太過, 柱中有金, 必得水以通
之, 則火不烈. 如無金, 必得辰土以收火氣, 得其中矣,
爲人恭而有禮, 和而中節. 如無水以濟土, 土以晦火, 發
洩太過, 則聰明自恃, 又多遷變不常, 而成婦人之仁矣.

木이 南으로 달려가서 설기가 너무 지나친 경우에, 사주
중에 金이 있으면 반드시 水를 만나서 그 사이를 유통시켜
야만 火가 맹렬하지 않으며, 만약 金이 없으면 반드시 辰
土를 만나서 火氣를 수습해야만 中和를 이루게 되므로 사
람됨이 공손하고 예가 있으며 화순하여 중용의 절도에 맞

는다. 그러나 水로써 土를 적시고 土로써 火를 어둡게 함
이 없어서 발설이 너무 지나치면 자신의 총명함을 믿으며
또 바뀌고 변하고 일정치 않음이 많아서 부인네의 仁[61]을
이루게 된다.

丙　甲　壬　庚

寅　午　午　辰

戊　丁　丙　乙　甲　癸

子　亥　戌　酉　申　未

甲午日元, 生于午月, 木奔南方. 雖時逢祿元, 丙火逢
生, 寅午拱火, 非日主有矣. 最喜月透壬水以濟火, 然壬
水無庚金之生, 不能克丙爲用, 庚金無辰土, 亦不能生水,
此造所妙者辰也. 晦火, 養木, 蓄水, 生金, 使火不烈, 木
不枯, 金不鎔, 水不涸, 全賴辰之一字, 得中和之象. 申
運壬水逢生, 及乙酉金旺水生, 入泮補廩而擧于鄉. 丙戌
火土並旺, 服制重重. 丁亥壬水得地, 出宰閩中, 德教並
行, 改成民化. 所謂剛柔相濟, 仁德兼資也.

甲午 일원이 午월에 생하여 木이 남방으로 행하는데, 비

---

61) 부인네의 仁 : 하찮은 동정.

록 時에 녹원을 만났으나 丙火가 生을 만나고 寅과 午가 손잡아 火局을 이루니 일주의 소유가 아니다. 가장 기쁜 것은 月에 壬水가 투출하여 火를 구제하는 것인데, 그러나 壬水는 庚金의 생조가 없으면 丙을 극하는 데 쓰임이 될 수 없고 庚金은 辰土가 없으면 또한 水를 생할 수 없으니 이 사주의 묘한 것은 辰이다. 火를 어둡게 하고 木을 기르며 水를 저축하고 金을 생하며, 火로 하여금 맹렬하지 않게 하고 木으로 하여금 마르게 하지 않으며, 金으로 하여금 녹지 않게 하고 水로 하여금 마르지 않게 하는 것이 모두 辰이라는 한 글자에 힘입어서 中和의 象을 이룬 것이다. 申운에 壬水가 生을 만나고 乙酉운에 金이 왕하여 水가 생조되니 학교에 들어가 늠생이 되고 향시에 뽑혔으며, 丙戌운에는 火土가 함께 왕하니 복(服)입을 일이 거듭 있었으며, 丁亥운에는 壬水가 자리를 얻으니 출사하여 민중 군을 다스리자 덕과 교화가 나란히 행하여져서 개혁이 이루어지고 백성들이 변화되었으니, 이른바 강(剛)과 유(柔)가 서로 이루어지고 어진 덕으로 자질을 겸비한 것이다.

```
丙 甲 甲 丙
寅 申 午 戌
庚 己 戊 丁 丙 乙
子 亥 戌 酉 申 未
```

甲申日元, 生于午月, 兩透丙火, 支會火局, 木奔南方. 燥土不能晦火生金, 無水則申金克盡, 柔軟極矣. 其爲人 眶私恩, 不知大體, 作事狐疑, 少決斷. 所爲心性多疑, 貪小利, 背大義, 一事無成.

甲申 일원이 午월에 생하고 丙火가 양쪽에 투출하며, 지지에 火局을 이루어 木이 남방으로 달리는데, 燥土는 火를 어둡게 하고 金을 생하지 못하며, 水가 없으므로 申金은 극을 받아 소진되니 유연함이 지극하다. 그 사람됨이 사사로운 은혜를 가까이 하고 큰 본체를 알지 못하며 일을 하는 데 의심이 많아 결단력이 부족하며, 소행과 심성에 의심이 많아 작은 이익을 탐하고 큰 의리를 저버리니 한 가지 일도 이루지 못했다.

金見水以流通이라

金은 水를 만나면 유통한다.

[原注] 金之性은 最方正하고 有斷制執毅하니 見水則義
之性行而爲智하며 智則元神不滯하니 故流通이라 得氣之正
者는 是非不苟하여 有斟酌이요 有變化하며 得氣之偏者는
必泛濫流蕩이니라

金의 성질은 무엇보다 방정하고 결단과 제재에 굳센 성질을
지니고 있으니, 水를 만나면 義의 성정이 유행하여 지혜로워지
며, 지혜로우면 원신(元神)이 막히지 않으므로 유통하는 것이
다. 氣의 올바름을 얻는 경우에는 시비의 판단이 구차하지 않아
서 헤아림이 있고 변화함이 있으며 氣의 치우침을 얻는 경우에
는 반드시 범람하여 유탕(流蕩)한다.

【任注】金者, 剛健中正之體也. 能任大事, 能決大謀,
見水則流通剛毅之性, 能用智矣. 得氣之正者, 金旺遇水也,
其人內方外圓, 能知權變, 處世不傷廉惠, 行藏自合中庸.
得氣之偏者, 金衰水旺也, 其人作事荒唐, 口是心非, 有
挾術待人之意也.

金은 강건하고 중정한 본체이므로, 대사를 감당할 수 있
고 대모(큰 계획)를 결단할 수 있으니 水를 만나면 굳센 성
정을 유통하여 지혜를 쓸 수 있는 것이다. 氣의 올바름을
얻는다는 것은 金이 왕하면서 水를 만나는 것이니, 그 사

람됨이 안으로 방정하고 겉으로 원만하여 권변(임기응변)을 알 수 있어서 처세에 염혜(廉惠)[62]를 손상하지 않고 행장(行藏)[63]이 저절로 중용에 부합되며, 氣의 치우침을 얻는다는 것은 金이 쇠하고 水가 왕한 것이니, 그 사람됨이 일하는 것이 황당하고 입은 옳으나 마음이 옳지 않아서 마음속에 책략을 품고 사람을 대하는 뜻이 있다.

乙　庚　癸　甲

酉　子　酉　申

己　戊　丁　丙　乙　甲

卯　寅　丑　子　亥　戌

庚生酉月, 又年時申酉, 秋金銳銳. 喜其坐下子水, 透出癸水元神, 流通金性, 洩其精華. 爲人任大事而布置有方, 處煩雜而主張不靡, 且慷慨好施, 克己利人也.

庚이 酉월에 생하고 다시 또 年과 時가 申酉이니 秋金이 매우 예리하다. 기쁘게도 좌하의 子水가 癸水 원신을 투출시켜 金의 성정을 유통케 하여 그 뛰어나게 화려함을 누설하니, 사람됨이 큰일을 맡았을 때에는 펼쳐서 배치하는데

---

62) 염혜(廉惠) : 자신에게 청렴하고 남에게는 은혜로움.
63) 행장(行藏) : 나아가 도를 행하는 것과 물러나 은거함.

방법이 있고 번잡한 일을 처리할 때에는 주장이 한쪽으로 기울지 않으며, 또 강개심이 있어서 베풀기를 좋아하고 자기의 사욕을 극복하고 남을 이롭게 하였다.

丙　庚　壬　壬

子　辰　子　申

戊　丁　丙　乙　甲　癸

午　巳　辰　卯　寅　丑

庚生仲冬, 天干兩透壬水, 支會水局. 金衰水旺, 本屬偏象, 更嫌時透丙火混局. 金主義而方, 水司智而圓, 金多水少, 智圓行方. 水泛金衰, 方正之氣絕, 圓智之心盛矣. 中年運逢火土, 衝激壬水之性, 刑傷破耗, 財散人離. 半生奸詐, 誘人財物, 盡付東流. 凡人窮達富貴, 數已注定, 君子樂得爲君子, 小人枉自爲小人.

庚金이 중동에 생하고 천간에 두 壬水가 투출했으며 지지에 水局을 이루니, 金은 쇠하고 水는 왕하여 본래 치우친 상에 속하는데, 다시 또 꺼리는 것은 時에 丙火가 투출하여 局을 혼탁하게 한 것이다. 金은 의롭고 방정함을 주장하고 水는 지혜롭고 원만함을 맡으니, 金이 많고 水가 적으면 지혜가 원만하고 행동이 방정하며, 水가 넘치고 金이 쇠하면 방정한 기질은 멸절되고 지혜를 원만하게 하려는 마음만 왕성한 것이다. 중년운에 火土를 만나 壬水의 성질을 충격하니 형상파모로 재물이 흩어지고 사람이 떠났으며, 반평생 간교하게 남을 속여 남의 재물을 유인했으나 모두 사라져 버렸다. 무릇 사람의 궁달(窮達)과 부귀(富貴)는 운수에 이미 정해져 있는데, 군자는 그것을 즐겁게 받아들이므로 군자가 될 수 있고 소인은 그것을 어기므로 스스로 소인이 되는 것이다.

最拗者는 西水還南이요

성정이 가장 고집스럽게 비뚤어지는 까닭은 서방의 水가 남으로 돌아가기 때문이며,

[原注] 西方之水는 發源最長하고 其勢最旺하니 無土以制커나 之木以納之하여 如浩蕩之勢가 不順行하고 反行南方하면 則逆其性이니 非强拗而難制乎아

西方의 水는 발원이 가장 길고 그 세력이 가장 왕성한데 土로써 그것을 제지하거나 木으로써 그것을 수납함이 없어서, 만약 호탕한 세력이 순행하지 않고 반대로 南方으로 행하면 그 성정

을 거슬린 것이니 강하게 비뚤어져서 통제하기가 어렵지 않겠
는가?

　【任注】西方之水, 發源崑崙, 其勢浩蕩, 不可遏也. 亦
可順其性, 用木以納之, 則智之性行于仁矣. 如用土制之,
若不得其情, 有反衝奔之患, 其性仍逆而强拗. 至于還南,
基衝激之勢, 尤難砥定, 强拗異常, 全無仁禮之性矣.

　西方의 水는 곤륜산에서 발원하니 그 세력이 호탕하여
막을 수 없으므로, 다만 그 성정에 순응하여 木을 써서 그
것을 수납할 수 있어야만 智의 성정으로 仁을 행할 것이
다. 그러나 土를 써서 그것을 제지하려다가 만약 그 성정
을 이루지 못하고 도리어 돌진하여 내달리게 하는 근심이
있게 되면 그 성정이 그로 인하여 거슬려서 강하게 비뚤어
지게 되며, 南方으로 돌아가기에 이르면 그 충격하는 세력
이 더욱 평정되기 어려워서 강하게 비뚤어짐이 보통과 다
르므로 仁禮의 성정이 전혀 없을 것이다.

```
甲　壬　庚　癸
辰　申　申　亥
甲　乙　丙　丁　戊　己
寅　卯　辰　巳　午　未
```

壬申日元, 生于亥年申月. 亥爲天門, 申爲天關, 卽天河之口, 正西方之水, 發源最長. 所喜者, 時干甲木得辰土, 通根養木, 足以納水, 則智之性行而爲仁, 禮亦備矣. 爲人有驚奇之品彙, 無巧利之才華. 中年南方火運, 得甲木生化, 名利兩全.

壬申일원이 亥年 申月에 생하였는데, 亥는 천문(天門)이고 申은 천관(天關)으로 天河(은하)의 입구이며 바로 西方의 水이니 발원이 가장 길다. 기쁜 것은 시간의 甲木이 辰土를 만나 통근하고 木을 길러서 水를 수납할 수 있으므로 곧 智의 성정이 유행하여 仁을 행하고 禮도 갖춰지는 것이다. 사람됨이 놀랍고 기이한 품휘(기품)만 있고 교묘하게 이익을 도모하는 재주는 없었는데, 중년의 南方 火운에는 甲木이 生化를 만나 名利가 함께 온전하였다.

丙　壬　庚　癸

午　子　申　亥

甲　乙　丙　丁　戊　己

寅　卯　辰　巳　午　未

壬子日元, 生于申月亥年. 西方之水, 浩蕩之勢, 無歸納之處. 時逢丙午, 沖激以逆其性, 爲人强拗無禮. 兼之運走南方火土, 家業破敗無存. 至午運, 强人妻, 被人毆死. 俗以丙火爲用, 運逢火土爲佳. 不知金水同心, 可順而不可逆. 須逢木運, 生化有情, 可免凶災, 而人亦知禮矣.

壬子일원이 申월 亥년에 생하니 西方 水의 호탕한 기세가 귀납할 곳이 없는데, 時에 丙午를 만나 충격하여 그 성정을 거슬리니 사람됨이 강하게 비뚤어져서 무례하며, 겸하여 운이 南方 火土로 달리니 가업이 무너져 남은 것이 없었으며, 午운에는 남의 처를 강탈하다가 남에게 구타당하여 죽었다. 세속에서는 丙火를 용신으로 삼으니 운에서 火土를 만나면 아름답다고 할 것이나, 金과 水는 마음을 함께하므로 순종해야 하고 거역해서는 안 됨을 모르기 때문이며, 반드시 木운을 만나서 생화유정해야만 흉재(凶災)를 면할 수 있으며 사람도 또한 禮를 알게 된다.

至剛者는 東火轉北이라

지극히 강포해지는 까닭은 東方의 火가 北으로 돌
아가기 때문이다.

[原注] 東方之火는 其氣焰欲炎上하니 局中無土以收之커
나 水以制之면 焉能安焚烈之勢리오 若不順行而反行北方하
면 則逆其性矣니 能不剛暴耶리오

東方의 火는 그 대단한 기세가 위로 타오르려 하니 局 중에
土로써 그것을 수렴하거나 水로써 그것을 제압함이 없으면 어
떻게 타오르는 맹렬한 기세를 안정시킬 수 있겠는가? 만약 순
행하지 않고 반대로 北方으로 행하면 그 성정을 거스른 이니 어
찌 강포해지지 않을 수 있겠는가?

【任注】東方之火, 火逞木勢, 其炎上之性, 不可禦也.
只可順其剛烈之性, 用溼土以收之, 則剛烈之性, 化爲慈愛
之德矣. 一轉北方, 焉制焚烈之勢? 必剛暴無禮. 若無土以
收之, 仍行火木之運, 順其氣勢, 亦不失慈讓惻隱之心矣.

東方의 火는, 火가 木의 세력에 의지하므로 그 타오르는
성정을 막을 수 없고 다만 그 강렬한 성정을 따라야 하니
습토를 써서 그것을 수렴하면 강렬한 성정이 자애로운 덕

성으로 변화될 것이나, 만일 北方으로 돌아간다면 어떻게 타오르는 맹렬한 기세를 제압하겠는가? 반드시 강포하고 무례하게 될 것이다. 만약 土로써 그 기세를 수렴함이 없는 경우에 그대로 火土의 운으로 행하여 그 기세를 따르면 또한 자애롭고 사양하고 측은하게 여기는 마음을 잃지 않을 것이다.

己　丙　甲　丙

丑　午　午　寅

庚　己　戊　丁　丙　乙

子　亥　戌　酉　申　未

丙午日元, 生于午月寅年, 年月又透甲丙, 其焚烈炎上之勢, 不可遏也. 最妙丑時在支, 溼土收其猛烈之性. 爲人有容有養, 驕諂不施. 運逢土金, 仍得丑土之化, 科甲連登, 仕至郡守.

丙午일원이 午月 寅년에 생하고 年月에 다시 또 甲丙이 투출했으니 그 맹렬하게 타오르는 기세를 막을 수 없다. 가장 묘한 것은 지지에 丑시가 있어서 습토가 그 맹렬한 성정을 거두는 것이니, 사람됨이 남을 포용함이 있고 길러

줌이 있어서 교만하고 아첨함을 행하지 않았다. 운에서 土
金을 만나자 곧 丑土의 인화를 이루니 과거에 연달아 급제
하여 벼슬이 군수에 이르렀다.

庚　丙　丙　丁

寅　午　午　卯

庚　辛　壬　癸　甲　乙

子　丑　寅　卯　辰　巳

丙午日元, 生于午月, 年時寅卯. 庚金無根, 置之不用, 格
成炎上. 局中無土吐秀, 書香不利, 行伍出身. 至卯運得官,
壬運失職. 寅運得軍功, 驟升都司. 辛丑運, 生化之機旡氣.
一交庚子, 衝激午刃, 又逢甲子年雙衝羊刃, 死于軍中.

丙午일원이 午월에 생하고 年時가 寅卯인데 庚金은 뿌
리가 없어 버려두고 쓰지 않으니 격이 염상을 이루었다.
局 중에 土의 빼어난 기가 없어 글공부가 불리하니 군대를
통하여 관직에 나아갔는데, 卯운에 관직을 얻고 壬운에 관
직을 잃었으며, 寅운에 군대의 공을 이루어 차례를 뛰어
넘어 도사[64]로 승진했으며, 辛丑운에는 생화의 기틀에 원

---

64) 도사(都司) : 한 고을의 군정을 담당하는 관직.

기가 없으며, 庚子로 바뀌자 午양인을 충격하는데 다시 또 甲子년에 양인을 쌍으로 충함을 만나니 군중에서 죽었다.

順生之機는 遇擊神而抗이요

순생의 형태로 이루어진 경우에는 충격하는 신을 만나면 저항하며,

[原注] 如木生火하고 火生土하여 一路順其性情次序면 自相和平이나 中遇擊神하여 而不得遂其順生之性이면 則抗 而勇猛이니라

가령 木이 火를 생하고 火가 土를 생하여 한 길로 그 성정의 차례를 따르면 저절로 화평하지만, 중간에 충격하는 신을 만나 서 그 순으로 생하는 성정을 이루지 못하면 저항하여 용감하고 사나워진다.

【任注】順則宜順, 逆則宜逆, 則和平而性順矣. 如木 旺, 得火以通之, 順也. 土以行之, 生也, 不宜見金水之 擊也. 木衰, 得水以生之, 反順也. 金以助水, 逆中之生 也, 不宜見火土之擊也. 我生者爲順, 生我者爲逆. 旺者 宜順, 衰者宜逆, 則性正情和. 如遇擊神, 旺者勇急, 衰

者懦弱. 如格局得順逆之序, 其性情本和平. 至歲運遇擊
神, 亦能變爲强弱, 宜細究之.

　순으로 해야 할 경우에는 순으로 해야 하고 역으로 해야
할 경우에는 역으로 해야만 화평하여 성정이 화순한 것이
다. 가령 木이 왕할 때 火를 만나서 그것을 유통시키면 순
으로 하는 것이고, 土로써 그것을 유통시키면 생하는 것이
니 金水의 충격을 만나서는 안 되며, 木이 쇠할 때 水를
만나서 그것을 생하면 반대로 따르는 것이고, 金으로 水를
도우면 거슬리는 가운데 생하는 것이니 火土의 충격을 만
나서는 안 된다. 내가 생하는 것이 순이고, 나를 생하는 것
은 역이니, 왕한 경우에는 순해야 하고 쇠한 경우에는 역
해야만 그 성정이 바르고 화평한 것이다. 만약 공격하는
신을 만나면 왕한 경우에는 용급(勇急)해지고 쇠한 경우에
는 나약해지며, 만약 격국이 순역(順逆)의 차례를 이루면
그 성정이 본래 화평하지만, 세운에서 공격하는 신을 만나
게 되면 또한 변하여 강하거나 약하게 될 수 있으니 마땅
히 이러한 것을 자세히 연구해야 한다.

<pre>
壬 甲 丙 己
申 寅 寅 亥
庚 辛 壬 癸 甲 乙
申 酉 戌 亥 子 丑
</pre>

甲寅日元, 生于寅月, 木旺得丙火透出, 順生之機, 通輝之象, 讀書過目成誦. 所嫌者時遇金水之擊, 年干己土虛脫, 不制其水. 兼之初運北方水地, 不但功名難遂, 而且破耗刑傷. 一交辛酉, 助水之擊, 合去丙火而亡.

甲寅일원이 寅月에 생하여 木이 왕한데 丙火의 투출을 만나니 순으로 생하는 형태이며 빛을 통하게 하는 형상이므로 책을 읽을 때 한번 보면 다 외웠다. 꺼리는 것은 時에 金水의 충격을 만나는 것인데 年干의 己土가 극도로 허약하여 그 水를 제압하지 못하며, 겸하여 초운이 북방 水地이므로 공명을 이루기 어려울 뿐만 아니라 또한 파모형상까지 있었으며, 辛酉운으로 바뀌어 水의 충격을 돕고 丙火를 합거하자 사망하였다.

```
壬 甲 戊 庚
申 午 寅 寅
甲 癸 壬 辛 庚 己
申 未 午 巳 辰 卯
```

甲午日元, 生于寅月, 戊土透出, 寅午拱火, 順生之機.
德性慷慨, 襟懷磊落. 亦嫌時逢金水之擊, 讀書未售, 破
耗多端. 兼之中運不齊, 有志未伸. 還喜春金不旺, 火土
通根, 體用不傷, 後昆繼起.

　　甲午일원이 寅월에 생하고 戊土가 투출하며 寅午가 火
局을 이루어 순으로 생하는 형태이니, 타고난 본성이 의기
가 넘치고 품은 뜻이 커서 작은 일에 구애받지 않았는데,
이 사주 역시 時에 金水의 충격을 만나는 것을 꺼리므로
독서가 이루어지지 않았고 파모가 많았다. 겸하여 중년운
도 가지런하지 못하니 뜻은 있으나 펴지 못하였는데, 또한
기쁘게도 春金은 왕하지 않고 火土가 통근하여 체용이 손
상되지 않으니 후손은 계속 일어났다.

逆生之序는 見閑神而狂이라

역생의 차례로 이루어진 경우에는 한신을 만나면

기세가 사나워진다.

[原注] 如木生亥에 見戌酉申則氣逆이라 非性之所安이니 一遇閑神하여 若巳酉丑逆之면 則必發而爲狂猛이니라

가령 木이 亥에서 생하는 경우에 戌酉申을 만나면 기가 거스르므로 성정의 편안한 바가 아니니 한번 한신을 만나 만약 巳酉丑이 그 기를 거스르면 반드시 발동하여 몹시 사납게 된다.

【任注】逆則宜逆, 順則宜順, 則性正情和矣. 如木旺極, 得水以生之, 逆也. 金以成之, 助逆之生也, 不宜見己丑之閑神也. 如木衰極, 得火以行之, 反逆也. 土以化之, 逆中之順也, 不宜見辰未之閑神也. 此旺極衰極, 乃從旺從弱之理, 非前輩旺衰得中之意. 如旺極見閑神, 必爲狂猛. 衰極見閑神, 必爲姑息. 歲運見之亦然, 火土金水如之.

역으로 해야 할 경우에는 역으로 하고 순으로 해야 할 경우에는 순으로 해야만 성정이 바르고 화평한 것이다. 가령 木의 旺이 지극할 때 水를 만나서 그것을 생하면 역으로 하는 것이고, 金으로 그것을 이루어 주면 역으로 돕는 생이니 己丑 등의 한신을 만나지 말아야 하며, 가령 木의 쇠함이 지극할 때 火를 만나서 그것을 유행시키면 반대로

거스르는 것이고, 土로써 그것을 引化하면 역 중의 순이니 辰未 등의 한신을 만나지 말아야 한다. 이곳의 왕극(旺極)과 쇠극(衰極)은 곧 旺을 따르고 弱을 따르는 이치이니, 선배들의 旺과 衰는 中을 이루어야 한다는 뜻이 아니다. 가령 旺이 지극할 때 한신을 만나면 반드시 몹시 사납게 되며, 쇠함이 지극할 때 한신을 만나면 반드시 일시적인 편안함을 이루는데, 세운에서 한신을 만나도 역시 그와 같으며 火土金水도 그와 같다.

甲 甲 辛 壬

子 寅 亥 子

丁 丙 乙 甲 癸 壬

巳 辰 卯 寅 丑 子

甲寅日元, 生于亥月, 水旺木堅, 旺之極矣. 一點辛金, 從水之勢, 不逆其性, 安而且和, 逆生之序. 更妙無土, 不逆水性. 初運北方, 入泮登科. 甲寅乙卯, 從其旺神, 出宰名區. 丙辰尙有拱合之情, 雖落職而免凶咎. 丁巳遇閑神沖擊, 逆其性序而卒.

甲寅일원이 亥월에 생하여 水가 왕하고 木이 견고하니

旺함이 지극하다. 일점 辛金은 水의 세력을 따르고 그 왕극한 木의 성정을 거스르지 않으므로 편안하고도 화평하니 역으로 생하는 차례를 이루었으며, 다시 또 묘하게도 土가 없어서 水의 성정을 거스르지 않는다. 초운이 北方으로 행하여 학교에 들어가 과거에 급제했으며, 甲寅·乙卯운에는 그 旺神을 따르니 이름난 지역에 현재로 나아갔으며, 丙辰운에는 오히려 손잡고 합하는 정이 있어서 비록 관직을 그만두었으나 흉한 재난은 면했으며, 丁巳운에는 한신의 충격을 만나니 그 성정의 차례를 거스르게 되어 일생을 마쳤다.

己 甲 辛 壬

巳 寅 亥 寅

丁 丙 乙 甲 癸 壬

巳 辰 卯 寅 丑 子

甲寅日元, 生于寅年亥月, 辛金順水, 不逆木性, 逆生之序. 所嫌巳時爲閑神, 火土沖剋逆其性, 又不能制水. 初交壬子, 遺緒豐盈. 癸丑地支閑神結黨, 刑耗多端. 甲寅乙卯, 丁財並益. 一交丙辰, 助起火土, 妻子皆傷, 又

遭回祿, 自患顚狂之症, 投水而亡.

甲寅일원이 寅년 亥월에 생하고 辛金이 水를 따르고 木의 성정을 거스르지 않으니 역생의 차례를 이뤘다. 꺼리는 바는 巳시가 한신이 되어 火土의 충극으로 그 성정을 거스르며 다시 또 水를 억제하지도 못하는 것이다. 초년 壬子운에는 유업이 풍성하였고, 癸丑운에는 지지가 한신과 결당하니 형모가 많았으며, 甲寅·乙卯운에는 사람과 재물이 함께 늘었으며, 丙辰운으로 바뀌어 火土를 도와 일으키니 처자가 모두 손상되고 또 화재를 당하자 자신은 정신병을 앓다가 물속에 몸을 던져 사망하였다.

己 甲 丁 戊

巳 寅 巳 戌

癸 壬 辛 庚 己 戊

亥 戌 酉 申 未 午

甲寅日元, 生于巳月, 丙火司令. 雖坐祿支, 其精洩盡, 火旺木焚. 喜土以行之, 此衰極從弱之理. 初運戊午己未, 順其火土之性, 祖業頗豐, 又得一衿. 庚申逆火之性, 洩土之氣, 至癸亥年, 沖激火勢而亡.

甲寅일원이 巳월에 생하여 丙火가 사령하니, 비록 녹의 지지에 앉았으나 그 정이 모두 누설되고 火가 왕하여 木이 타버리는데, 기쁜 것은 土로써 火氣를 유행시키는 것이니 이것은 쇠함이 지극하면 약한 것을 따르는 이치이다. 초년 戊午·己未운에는 그 火土의 성정을 따르니 조업이 제법 풍성하여 또한 일금을 얻었으며, 庚申운에는 火의 성정을 거스르고 土의 기를 누설하는데 癸亥년에 이르러 火의 세력을 충격하니 사망하였다.

陽明遇金하면 鬱而多煩이요

양명이 金을 만나면 답답하여 번민이 많으며,

[原注] 寅午戌爲陽明이니 有金氣伏於內면 則成其鬱鬱而
多煩悶이니라

寅午戌을 양명이라 하는데 金氣가 안에 잠복되어 있으면 답답함을 이루어 번민이 많다.

【任注】陽明之氣, 本多暢遂. 如遇濕土藏金, 則火不能克金, 金又不能生水, 而成憂鬱. 一生得意者少, 而失意者多, 則心鬱志灰, 而多煩悶矣. 必要純行陰濁之運,

引通金水之性, 方遂其所願也.

　양명의 기는 본래 무성하게 이루어짐이 많은데, 만약 습토에 암장된 金을 만나면 火가 金을 극할 수 없고 金도 水를 생할 수 없어서 우울함을 이루는 것이다. 한평생 뜻을 이루는 경우는 적고 뜻을 잃는 경우는 많으므로, 마음이 답답하고 뜻이 활기를 잃어 번민이 많은 것이니, 반드시 순수하게 음탁(陰濁)의 운으로 행하여 金水의 성질을 이끌어 유통시켜야 비로소 그 소원을 이루게 된다.

庚　丙　丙　乙

寅　午　戌　丑

庚　辛　壬　癸　甲　乙

辰　巳　午　未　申　酉

　丙火日主, 支全寅午戌, 食神生旺, 眞神得用, 格局最佳. 初運乙酉甲申, 引通丑內藏金, 家業頗豐, 又得一衿. 所嫌者, 支會火局, 時上庚金臨絶, 又有比肩爭奪, 不能作用, 丑中辛金伏鬱于內, 是以十走秋闈不第. 且少年運走南方, 三遭回祿, 四傷其妻, 五尅其子, 至晩年孤貧一身.

丙火일주가 지지에 寅午戌을 갖추고 식신이 생왕하며 진신(眞神)이 쓰임을 만나니 격국이 매우 아름답다. 초운인 乙酉·甲申에는 丑안에 간직된 金을 이끌어 유통시키니 가업이 제법 풍부하고 또 약간의 이득을 얻었는데, 꺼리는 것은 지지가 火局을 이루어 時上의 庚金은 절지에 임하고 또 비견의 쟁탈이 있어서 작용할 수 없으며, 丑 중의 辛金은 안에 잠복하여 답답한 것이니, 이 때문에 열 번이나 과거에 응했으나 급제하지 못했으며, 또 소년 시절에 운이 남방으로 달리니 세 번이나 화재를 당했고 네 번 그 처를 손상했으며 다섯 번 자식을 극해하고, 만년에 이르러 일신을 외롭고 가난하게 지냈다.

己　丙　丙　壬

丑　寅　午　戌

壬　辛　庚　己　戊　丁

子　亥　戌　酉　申　未

丙寅日元, 生于午月, 支全火局, 陽明之象. 此緣刦刃當權, 壬水無根, 置之不用, 不及前造多矣. 丑中辛金伏鬱, 所喜者, 運走西北陰濁之地. 出身吏部, 發財十餘萬. 異路出仕, 升州牧. 名利兩全, 而多暢遂也.

丙寅일원이 午월에 생하고 지지에 火局을 갖추었으니
양명의 상이다. 이 사주는 겁인(刦刃)이 권세를 잡고 壬水
는 근이 없어서 버려두고 쓰지 못하기 때문에 앞의 사주에
미치지 못함이 많으며, 丑 중 辛金은 잠복되어 답답한데
기쁜 것은 운이 西北의 음탁한 곳으로 달리는 것이다. 이
부(吏部)의 관리가 되어 십여만 금의 재산을 일으켰으며,
다른 길로 출사하여 주목(州牧)에 올랐으니 名利가 모두
온전하고 무성하게 이루어짐이 많았다.

陰濁藏火하면 包而多滯라

음탁에 火가 암장되면 속에 쌓여서 막힘이 많다.

[原注] 酉丑亥爲陰濁이니 有火氣藏於內면 則不發輝而多
滯니라

酉丑亥를 음탁이라 하는데, 火氣가 그 안에 암장되어 있으면
빛을 발하지 못하여 막힘이 많다.

【任注】陰晦之氣, 本難奮發. 如遇溼木藏火, 陰氣太
盛, 不能生無陷之火, 而成溼滯之患. 故心欲速而志未

逮, 臨事而模棱少決, 所爲心性多疑. 必須純行陽明之
運, 引通木火之氣, 則豁然而通達矣.

흐리고 어두운 기운은 본래 분발하기 어려운 것인데, 만
약 습한 木에 암장된 火를 만나면 음기가 너무 성하여 불
꽃 없는 火를 살릴 수 없어서 습체의 근심을 이루게 된다.
그러므로 마음은 속히 이루고자 하나 뜻이 미치지 못하여
일에 임해서는 태도가 분명치 않고 결단력이 적으며 소행
과 심성에 의심이 많으니, 반드시 양명의 운으로 순수하게
행하여 木火의 기를 이끌어 유통시켜야만 활짝 열려서 통
달할 것이다.

　　　　壬　癸　辛　癸

　　　　戌　丑　酉　亥

　　乙　丙　丁　戊　己　庚

　　卯　辰　巳　午　未　申

陳榜眼造. 癸水生于仲秋, 支全酉亥丑爲陰濁. 天干三
水一辛, 逢戌時, 陰濁藏火. 亥中溼木, 不能生無焰之火.
喜其運走東南陽明之地, 引通包藏之氣, 身居鼎甲, 發揮
素志也.

진 방안의 사주이다. 癸水가 중추에 생하고 지지에 酉亥
丑을 갖추니 음탁이며 천간에 三水와 一辛이 있고 戌시를
만나니 음탁에 火가 암장되었다. 亥 중의 涇木은 불꽃이
없는 火를 살릴 수 없는데, 기쁘게도 운이 東南 양명의 자
리로 달려서 포장된 기를 이끌어 유통시키니 몸이 정갑[65]
에 올라 품은 뜻을 발휘하였다.

癸　癸　辛　丁

亥　亥　亥　丑

乙　丙　丁　戊　己　庚

巳　午　未　申　酉　戌

**地支三亥一丑, 天干二癸一丁, 陰濁之至. 年干丁火,
雖不能包藏, 虛而無焰, 亥中甲木, 無從引助. 喜其運走
南方陽明之地, 又逢丙午丁未流年, 科甲連登, 仕至觀察.**

지지에 三亥와 一丑이 있고 천간에 二癸와 一丁이 있으
니 음탁이 지극하다. 年干의 丁火가 비록 포장되지는 않았
으나 허하고 불꽃이 없으므로 亥 중의 甲木이 이끌어 도울
수 없는데, 기쁘게도 운이 南方 양명의 자리로 달리고 또

<hr>

65) 정갑(鼎甲) : 과거에 우등으로 합격한 세 사람.

丙午·丁未유년을 만나니 과거에 연달아 급제하여 벼슬이 관찰에 이르렀다.

癸　辛　己　辛

巳　酉　亥　丑

癸　甲　乙　丙　丁　戊

巳　午　未　申　酉　戌

支全丑亥酉, 月干溼土逢辛癸, 陰濁之氣. 時支巳火, 本可暖局, 大象似比前造更美. 不知巳酉丑全金局, 則亥中甲木受傷, 巳火丑土之財官, 竟化梟而生刧矣. 縱運火土, 不能援引, 出家爲僧.

지지에 丑亥酉를 갖추고 月干의 습토가 辛癸를 만나니 음탁의 기이다. 時支의 巳火는 본래 局을 따뜻하게 할 수 있으니 대체로 앞의 사주에 비하여 더욱 아름다운 듯하지만, 巳酉丑이 金局을 갖추므로 亥 중 甲木이 손상당하고 巳火 丑土 등 재관이 마침내 효신으로 변하여 겁재를 생함을 모르기 때문이며, 비록 운이 火土일지라도 도와서 이끌어줄 수 없으므로 출가하여 중이 되었다.

羊刃局은 戰則逞威하고 弱則怕事하며 傷官格은 淸
則謙和하고 濁則剛猛이라 用神多者면 情性不常이요
時支枯者면 虎頭蛇尾니라

양인국은 전(戰)하면 위엄을 떨치고 약하면 일을
두려워하며, 상관격은 청하면 겸손하고 온화하며 탁
하면 굳세고 사납다. 용신이 많으면 인정과 성질이
일정치 않으며, 時支가 편고하면 범의 머리에 뱀의
꼬리이다.

[原注] 羊刃局에 凡羊刃이 如是午火요 干頭透丙하고 支
又會戌會寅커나 或得卯以生之면 皆旺이며 透丁爲露刃이요
子沖爲戰이요 未合爲藏이라 再逢亥水之克이나 壬癸水之制
나 丑辰土之洩이면 則弱矣라 傷官格은 如支會傷局이요 干
化傷象에 不重出하고 無食混하며 身旺有財커나 身弱有印
이면 謂之淸이요 反是則濁이니 夏木之見水커나 冬金之得
火면 淸而且秀니 富貴非常이니라

양인국에서 양인이 가령 午火인 경우에 천간에 丙火가 투출
하고 지지에 다시 戌이나 寅과 회합하거나 혹은 卯를 만나서 그
것을 생하면 모두 왕한 것이며, 丁이 투출하면 드러난 양인이

되고, 子와 충하면 전(戰)이 되고 未와 합하면 장(藏)이 된다. 다시 亥水의 극이나 壬癸水의 제압이나 丑辰土의 누설을 만나면 약해진다. 상관격은 가령 지지가 상관으로 회합한 국이고 천간이 상관으로 화한 상인 경우에, 거듭 나오지 않고 식신의 혼잡이 없으며 신왕하고 재가 있거나 신약하고 인수가 있으면 이것을 청(淸)이라 하고 이와 반대되면 탁(濁)이라 하니, 하절의 木이 水를 만나거나 동절의 金이 火를 만나면 청하고도 빼어나니 부귀가 보통이 아니다.

【任注】羊刃局, 旺則心高志傲, 戰則恃勢逞威, 弱則多疑怕事, 合則矯情立異. 如丙日主, 以午爲羊刃, 干透丁火爲露刃. 支會寅戌, 或逢卯生, 干透甲乙, 或逢丙助, 皆謂之旺. 支逢子爲沖, 遇亥申爲制, 得丑辰爲洩, 干透壬癸爲剋, 逢己土爲洩, 皆謂之弱. 支得未爲合, 遇巳爲幇, 則中和矣.

양인국은 왕하면 마음이 높고 뜻이 오만하며, 전(戰)하면 세력을 믿고 위엄을 떨치며, 약하면 의심이 많고 일을 두려워하며, 합하면 자기감정을 숨기고 다른 태도를 꾸민다. 가령 丙일주는 午를 양인으로 삼고 천간에 丁火가 투출하면 드러난 양인이라 하니, 지지에서 寅이나 戌과 회합하거나 혹은 卯의 생을 만나거나 천간에 甲乙이 투출하거나 혹은 丙의 도움을 만나면 모두 그것을 왕(旺)이라 하며, 지지에서 子를 만나 沖이 되거나 亥申을 만나 억제되거나 丑辰을 만나 누설되거나 천간에 壬癸가 투출하여 극이 되거나 己土를 만나 누설되면 모두 그것을 약(弱)이라 하는데, 지지에서 未를 만나 합을 이루거나 巳를 만나 방조를 이루면 중화를 이루게 된다.

傷官須分眞假, 眞者身弱有印, 不見財爲清. 假者身旺有財, 不見印爲貴. 眞者, 月令傷官, 或支無傷局, 又透出天干者, 是也. 假者, 滿局比刦, 無官星以制之, 雖有官星, 氣力不能敵. 柱中不論食神傷官, 皆可作用, 縱無亦美. 只不宜見印, 見印破傷爲凶.

상관은 반드시 진가(眞假)를 분별해야 하니 진(眞)의 경우에는 신약하고 印이 있으면 財를 만나지 않아야 청하며, 가(假)의 경우에는 신왕하고 財가 있으면 印을 만나지 않아야 귀하다. 진(眞)이란 월령이 상관이고 혹 지지에 상관국이 없을 때 다시 또 천간에 투출한 경우가 그것이며, 가(假)는 비겁이 국에 가득한 경우에 관성으로 그것을 제압함이 없거나 비록 관성이 있더라도 기력으로 대적할 수 없을 때, 주중에서 식신 상관을 논할 것 없이 다 用이 될 수 있 다면 비록 관성이 없더라도 아름다운 것인데, 다만 印을 만 나서는 안 되니 印을 만나면 상관을 파괴하여 흉하게 된다.

凡傷官格, 淸而得用, 爲人恭而有禮, 和而中節, 人才 卓越, 學問淵深. 反此者, 傲而多驕, 剛而無禮, 以强欺 弱, 奉勢趨利. 用神多者, 少恒一之志, 多遷變之心. 時 支枯者, 狐疑少決, 始勤終怠. 夏木之見水, 必先有金, 則水有源, 冬金之遇火, 須身旺有木, 則木有焰, 富貴無 疑. 若夏水無金, 冬火無木, 淸枯之象, 名利皆虛也.

대체로 상관격은 청하여 쓰임을 이루면 사람됨이 공손 하고 예가 있으며 온화하고 절도에 맞으며 재능이 탁월하 고 학문이 깊지만, 이와 반대되면 오만하고 잘난 체함이 많으며 고집이 세고 무례하며 자신의 강한 것으로 약자를 속이며 세력자를 받들고 이익을 따른다. 용신이 많으면 한 결같은 뜻이 적고 바뀌고 변하는 마음이 많으며, 時支가 편고하면 의심이 많고 결단력이 적으며 처음에는 부지런 하나 종말에는 태만하다. 하절의 木이 水를 만난 경우에는 반드시 먼저 金이 있어야만 水에 근원이 있게 되며, 동절 의 金이 火를 만난 경우에는 반드시 신왕하고 木이 있어야만 木에 불꽃이 있게 되어 부귀에 의심이 없는 것이니, 만약 하절의 水에 金이 없고 동절의 火에 木이 없으면 청고한 상으로 명리가 모두 공허하다.

壬 丙 甲 丙

辰 申 午 寅

庚 己 戊 丁 丙 乙

子 亥 戌 酉 申 未

丙火生于午月, 陽刃局逢寅申, 生拱又逢比助, 旺可知矣. 最喜辰時, 壬水透露更妙, 申辰洩火生金而拱水, 正得旣濟. 所以早登科甲, 仕版連登, 掌兵刑重任, 執生殺大權.

丙火가 午월에 생하여 양인국에 寅申을 만났는데 生으로 손을 잡고 또 비겁의 도움을 만났으니 왕함을 알 수 있다. 가장 기쁜 것은 辰시이며 壬水의 투로가 더욱 묘하니 申辰이 火를 설하고 金을 생하여 水를 옹호하므로 바로 기제(旣濟)를 이루었으니, 이 때문에 일찍 과거에 올라 관리의 명부에 연달아 등재되었으며 병형(兵刑)의 중임을 맡고 생살(生殺)의 대권을 잡았다.

```
壬　丙　甲　丙
辰　寅　午　申
庚　己　戊　丁　丙　乙
子　亥　戌　酉　申　未
```

此與前八字皆同, 前則坐下申金, 生拱壬水有情. 此則申在年支遠隔, 又被比刦所奪. 至申運生殺, 又甲子流年會成殺局, 沖去羊刃, 中鄉榜, 以後一阻雲程. 與前造天淵之隔者, 申金不接壬水之氣也.

　이것은 앞의 사주와 여덟 글자가 모두 동일한데, 앞의 사주는 좌하가 申金이므로 壬水를 생으로 옹호하여 유정하지만, 이 사주는 申이 年支에 멀리 떨어져 있고 또 비겁에게 빼앗김을 당한다. 申운에 이르러 殺을 생하고 다시 또 甲子유년에 회합하여 殺局을 이루어 양인을 충거하니, 향방에 합격했으나 그 뒤로는 한결같이 운정이 막혔다. 앞의 사주와 천지만큼 현격한 까닭은 申金이 壬水의 기에 이어지지 않기 때문이다.

戊　丙　戊　戊

戊　辰　午　子

甲　癸　壬　辛　庚　己

子　亥　戌　酉　申　未

丙日午提, 刃强當令, 子沖之, 辰洩之, 弱可知矣. 天干三戊, 竊日主之精華, 兼之運走西北金水之地, 則羊刃更受其敵. 不但功名蹭蹬, 而且財源鮮聚. 至甲寅年, 會火局疏厚土, 恩科發榜.

丙일에 午가 제강으로 양인이 강하고 월령을 맡았으나 子가 그것을 충하고 辰이 누설시키니 약함을 알 수 있다. 천간에 세 개의 戊가 일주의 빼어난 기를 훔쳐가고, 겸하여 운이 西北 金水의 자리로 달리므로 양인이 다시 그의 적을 만나니, 공명에 차질이 있을 뿐 아니라 다시 또 재물도 모으기 어려웠다. 甲寅년에 이르러 火局을 이루고 후중한 土를 소통시키니 은과66)에 합격하였다.

---

66) 은과(恩科) : 나라에 경사가 있을 때 시행하는 과거＝경과.

<pre>
          壬　庚　乙　庚
          午　午　酉　午
        辛　庚　己　戊　丁　丙
        卯　寅　丑　子　亥　戌
</pre>

和中堂造. 庚生仲秋, 支中官星三見, 則酉金陽刃受制,
五行無土, 弱可知矣. 喜其時上壬水爲輔, 吐其秀氣, 所
以聰明, 權勢爲最. 第月干乙木透露, 戀財而爭合, 一生
所愛者財, 不知急流勇退. 但財臨刃地, 日在官鄕, 官能
制刃, 財必生官, 官爲君象. 故運走庚寅, 金逢絶地, 官
得生拱, 其財仍歸官矣. 由此觀之, 財乃害人之物. 所謂
欲不除, 似蛾撲燈, 焚身乃止. 如猩嗜酒, 鞭血方休, 悔
無及矣.

　화 중당의 사주로 庚金이 중추에 생하고 지지 중에 관성
이 세 개나 보이니 酉金양인이 극제당하며 오행에 土가 없
으므로 약함을 알 수 있다. 기쁘게도 時上의 壬水가 보좌
가 되어 그 수기를 토하니 이 때문에 총명하고 권세가 최
상이었다. 다만 月干에 乙木이 드러나서 財를 연모하여 합
을 다투니, 한평생 아끼는 것이 재물이었고 급류용퇴(急流
勇退)67)할 줄을 몰랐다. 그러나 財는 양인의 자리에 임하

고 일주는 官의 향에 앉아 있어서, 官이 양인을 제압할 수 있고 財는 반드시 官을 생하게 되어 官이 군상(君象)이 되므로, 운이 庚寅으로 달리자 金이 절지(絶地)를 만나고 官은 생으로 옹호함을 만나니 그 財가 마침내 官으로 돌아가는 것이다. 이것을 통하여 본다면 財는 곧 사람을 해치는 물건이니, 이른바 욕심이 없어지지 않으면 마치 나방이 등불에 뛰어들어 몸을 태워야만 멈추는 것과 같고, 성성이가 술을 즐기다가 매를 맞고 피를 흘려야 비로소 멈추는 것과 같으므로 아무리 후회해도 어쩔 수 없는 것이다.

戊　壬　丙　己

申　辰　子　丑

庚　辛　壬　癸　甲　乙

午　未　申　酉　戌　亥

印提臺造. 壬水生于子月, 官殺並透通根, 全賴支會水局, 助起羊刃, 謂殺刃兩旺. 惜乎無木, 秀氣未吐, 身出寒微. 喜其丙火敵寒解凍, 爲人寬厚和平, 行伍出身. 癸酉運, 助刃幇身, 得官. 壬申運, 正謂一歲九遷, 仕至極品.

---

67) 급류용퇴(急流勇退) : 관직에서 결단성 있게 물러남.

一交未運制刃, 至丁丑年火土並旺, 又剋合子水, 不祿.

인 제대의 사주로 壬水가 子월에 생하였는데 관살이 함께 투출하여 통근하니 완전히 지지가 水局을 이루어 양인을 도와 일으키는 데에 의지하므로 이른바 殺과 刃이 둘다 왕한 것이다. 애석하게도 木이 없어서 수기를 토하지 못하니 몸이 한미한 가문에 태어났으나, 기쁘게도 丙火가 寒氣에 대적하여 해동하므로 사람됨이 관후화평하며 군대를 통하여 관직에 나아갔다. 癸酉운에 刃을 돕고 身을 방조하니 관직을 얻었으며, 壬申운에는 바로 이른바 일 년에 아홉 번 지위가 올라 벼슬이 극품에 이르렀는데, 한번 未운으로 바뀌어 刃을 제압하고 丁丑년에 이르러 火土가 함께 왕하며 다시 또 子水를 극하면서 합하자 사망하였다.

庚 甲 乙 辛
午 子 未 卯
己 庚 辛 壬 癸 甲
丑 寅 卯 辰 巳 午

稽中堂造. 甲子日元, 生于未月午時, 謂夏木逢水, 傷官佩印. 所喜者卯木剋住未土, 則子水不受其傷, 足以沖午, 有病得藥, 去濁留清. 天干甲乙庚辛, 各立門戶, 不作混論, 乃滋印之喜神. 更妙運走東北水木之地, 體用合宜, 一生宦途平順.

계 중당의 사주로 甲子일원이 未월 午시에 생하니 이른바 하절의 木이 水를 만나고 상관이 인수를 차고 있는 것이다. 기쁜 것은 卯木이 未土를 극하여 머물러 있게 하니 子水가 그 상해를 받지 않으므로 午를 충할 수 있어서 病이 있을 때 藥을 얻고 탁기를 제거하고 청기를 남기는 것이다. 천간의 甲乙庚辛이 각각 문호를 세워 혼잡으로 논하지 않으니 곧 인수를 자양하는 희신이며, 다시 묘하게도 운이 東北 水木의 자리로 달려서 체와 용이 합당하니 평생토록 벼슬길이 평탄하고 순조로웠다.

庚 甲 壬 庚
午 戌 午 午
戊 丁 丙 乙 甲 癸
子 亥 戌 酉 申 未

甲木生于午月, 支中三午一戌, 火焰土燥. 傷官肆逞, 月干壬水無根, 全賴庚金滋水, 所以科甲聯登. 其仕路蹭

躓者, 祗因地支皆火, 天干金水, 木無託根之地, 神有餘
而精不足之故也.

甲木이 午月에 생하고 지지 중에 午가 셋, 戌이 하나이
니 火는 뜨겁고 土는 건조한데, 상관은 멋대로 기세를 부
리고 月干 壬水는 뿌리가 없으므로 완전히 庚金의 자수(滋
水)에 의지하게 되니 이 때문에 과거에 연달아 합격한 것
이며, 벼슬길에 차질이 있었던 까닭은 다만 지지가 모두
火이고 천간이 金水이므로 木은 뿌리를 의탁할 곳이 없어
서 神은 유여하나 精이 부족한 까닭 때문이다.

庚　庚　丙　甲
辰　辰　子　子
壬　辛　庚　己　戊　丁
午　巳　辰　卯　寅　丑

周侍朗造. 庚金生于仲冬, 金水寒冷. 月干丙火, 得年
之甲木生扶, 解其寒凍之氣, 謂冬金得火. 但子辰雙拱,
日元必虛, 用神不在丙火而在辰土, 比肩佐之. 所以運至
庚辰辛巳, 仕版連登.

주 시랑의 사주로 庚金이 중동에 생하여 金水가 한랭한

데, 月干의 丙火가 年干 甲木의 생부를 받아 그 한랭한 기
운을 해제하니 이른바 동절의 金이 火를 만난 것이다. 다
만 子와 辰이 쌍으로 손을 잡아 일원이 틀림없이 허하므로
용신은 丙火에 있지 않고 辰土에 있으며 비견이 그것을 보
좌하니, 이 때문에 운이 庚辰·辛巳에 이르러 관리의 명부
에 연달아 등재되었다.

丁 辛 壬 丁

酉 巳 子 巳

丙 丁 戊 己 庚 辛

午 未 申 酉 戌 亥

熊中丞學鵬造. 辛金生于仲冬, 金寒水冷, 過于洩氣,
全賴酉時扶身, 巳酉拱而佐之. 天干丁火, 不過取其敵寒
解凍, 非用丁火也. 用神必在酉金, 故運至土金之地, 仕
路顯赫, 一交丁未敗事矣. 凡冬金喜火, 取其暖局之意,
非作用神也.

웅 중승 학붕의 사주로 辛金이 중동에 생하여 금한(金寒)
수냉(水冷)하고 설기가 지나치니 완전히 酉時의 부신(扶身)
에 의지하게 되는데 巳와 酉가 손을 잡아 그것을 보좌한

다. 천간의 丁火는 寒氣를 대적하여 해동시키는 작용을 취하는 데 불과할 뿐이고 丁火를 쓰는 것이 아니며, 용신은 반드시 酉金에 있으니 그러므로 운이 土金의 자리에 이르러 벼슬이 현저하게 빛났으며, 丁未운으로 바뀌자 일에 실패가 있었다. 무릇 동절의 金이 火를 좋아하는 것은 그 局을 따뜻하게 하는 뜻을 취하는 것이지 용신으로 삼는 것은 아니다.

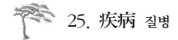

25. 疾病 질병

五行和者는 一世無災요
오행이 조화를 이룬 경우에는 한평생 재앙이 없으며,

[原注] 五行和者는 不特全而不缺이요 生而不克이라 只
是全者宜全하고 缺者宜缺하며 生者宜生하고 尅者宜尅하니
則和矣라 主一世無災니라

오행이 조화를 이룬다는 것은 다만 온전하여 모자라지 않거
나 생하기만 하고 극하지 않는 것만이 아니라, 오직 온전해야
할 경우에는 온전해야 하고 모자라야 할 경우에는 모자라야 하
며, 생해야 할 경우에는 생해야 하고 극해야 할 경우에는 극해
야 하니, 이것이 곧 조화를 이루는 것이므로 대체로 한평생 재
앙이 없는 것이다.

【任注】五行在天爲五氣，　青赤黃白黑也.　在地爲五行，木火土金水也. 在人爲五臟，肝心脾肺腎也. 人爲萬物之靈，得五行之全. 表于頭面，象天之五氣. 裏于臟腑，象地之五行，故爲一小天也. 是以，臟腑各配五行之陰陽而屬焉. 凡一臟配一腑，腑皆屬陽，故爲甲丙戊庚壬. 臟皆屬陰，故爲乙丁己辛癸. 或不和，或太過不及，則病有風熱濕燥寒之症矣.　必得五味調和，　亦有可解者.　五味者，酸苦甘辛鹹也. 酸者屬木，多食傷筋. 苦者屬火，多食傷骨. 甘者屬土，多食傷肉. 辛者屬金，多食傷氣. 鹹者屬水，多食傷血，此五味之相克也.

　오행은 하늘에서는 오기(五氣)가 되니 청·적·황·백·흑(靑赤黃白黑)이고, 땅에서는 五行이 되니 목·화·토·금·수(木火土金水)이며, 사람에게 있어서는 오장(五臟)이 되니 간·심·비·폐·신(肝心脾肺腎)이다. 사람은 만물의 영장이 되어 오행의 온전함을 얻었으니, 겉으로는 두면(頭面)에 하늘의 五氣를 본받고 속으로는 장부(臟腑)에 땅의 오행을 본받았으므로, 하나의 小天(소우주)이 되는 것이다. 이 때문에 장부는 각각 오행의 음양에 배당되어 거기에 소속되니, 무릇 하나의 장(臟)은 하나의 부(腑)와 짝을 이루며, 부는 모두 陽에 속하므로 甲丙戊庚壬이 되고, 장은 모두 陰에 속하므로 乙丁己辛癸가 된다. 혹 조화를 이루지 못하거나 태과하거나 불급하면 病을 일으켜서 풍·열·습·조·한(風熱淫燥寒)의 증세가 있게 되므로, 반드시 오미(五味)의 조화를 이루어야만 풀릴 수 있으니, 오미란 신맛·쓴맛·단맛·매운맛·짠맛이다. 신맛은 木에 속하고 많이 먹으면 근육을 손상하며, 쓴맛은 火에 속하고 많이 먹으면 뼈를 손상하며, 단맛은 土에 속하고 많이 먹으면 肉(살과 피부)을 손상하며, 매운맛은 金에 속하고 많이 먹으면 氣를 손상하며, 짠맛은 水에 속하고 많이 먹으면 혈(血)을 손상하니, 이것은 오미의 상극 때문이다.

故曰五行和者, 一世無災. 不特八字五行宜和, 卽臟腑五行, 亦宜和也. 八字五行之和, 以歲運和之. 臟腑五行之和, 以五味和之. 和者, 解之意也. 若五行和, 五味調, 而災病無矣. 故五行之和, 非生而不剋, 全而不缺爲和也. 其要貴在洩其旺神, 瀉其有餘. 有餘之旺神瀉, 不足之弱神受益矣, 此之謂和也. 若强制旺神, 寡不敵衆, 觸怒其性, 旺神不能損, 弱神反受傷矣. 是以, 旺神太過者宜洩, 不太過宜剋. 弱神有根者宜扶, 無根者反宜傷之.
凡八字須得一神有力, 制化合宜, 主一世無災. 非全而不
缺爲美, 生而不剋爲和也.

　그러므로 오행이 조화를 이룬 경우에는 한평생 재앙이
없다고 한 것인데, 팔자의 오행이 조화를 이루어야할 뿐만
아니라 곧 장부의 오행도 조화를 이루어야 하니, 팔자 오
행의 조화는 세운으로 그것을 알맞게 하고 장부 오행의 조
화는 오미(五味)로 그것을 알맞게 하는 것인데, 화(和)는 화
해한다는 뜻이니 만약 오행이 화해하고 오미가 조화를 이
루면 재앙과 질병이 없는 것이다. 그러므로 오행의 조화는
생하기만 하고 극하지 않거나 온전하여 모자라지 않는 것
을 조화라고 하는 것이 아니라, 그 중요한 점은 그 왕신(旺
神)을 누설시켜서 그 유여함을 쏟아내는 데 있으니, 유여
한 왕신이 누설되면 모자라는 약한 신이 도움을 받게 되므
로 이것을 조화라 한다. 만약 억지로 왕신을 제압하려 한
다면, 적은 것으로는 많은 것을 대적하지 못하고 그 성질
을 건드려 성내게 할 뿐 왕신은 손상할 수 없으니 약신이
도리어 손상당하게 되는 것이다. 이 때문에 왕신이 태과할
경우에는 누설시켜야 하고 태과하지 않으면 극해야 하며,
약신이 근(根)이 있는 경우에는 부조해야 하고 근이 없으

면 오히려 그것을 손상해야 한다. 무릇 팔자는 반드시 一神의 유력함을 만나고 제화(制化)가 합당하면 대체로 한평생 재앙이 없는 것이니, 온전하여 모자라지 않는 것을 아름답게 여기거나 생하기만 하고 극하지 않는 것을 조화로 여기는 것이 아니다.

庚　戊　甲　癸

申　戊　寅　未

丙　丁　戊　己　庚　辛　壬　癸

午　未　申　酉　戌　亥　子　丑

戊生寅月, 木旺土虛. 喜其坐戌通根, 足以用金制殺. 況庚金亦坐祿支, 力能伐木, 所謂不太過者宜剋也. 雖年干癸水生殺, 得未土制之, 使其不能生木. 喜者有扶, 憎者得去, 五行和矣. 且一路運程與體用不背, 壽至九旬, 耳目聰明, 行止自如. 子旺孫多, 名利福壽俱全, 一世無災無病.

戊土가 寅월에 생하니 木은 왕하고 土는 허한데 기쁘게도 戊에 앉아 통근하니 金을 써서 살을 제압할 만하며, 더구나 庚金도 녹지에 앉아 힘으로 木을 벨 수 있으니 이른

바 태과하지 않으면 극해야 한다는 경우이다. 비록 年干
癸水가 殺을 생하지만 未土가 그것을 제지하여 木을 생하
지 못하게 되니, 좋아하는 것은 부조함이 있고 미워하는
것은 제거할 수 있어서 오행이 조화를 이루었다. 또 한 길
의 운정(運程)과 체용(體用)이 배반하지 않으니, 나이 구순
에 이르러도 이목이 총명하고 행동거지가 자유로웠으며,
자손이 왕성하고 많으며 명리(名利)와 복수(福壽)가 모두
온전하여 한평생 재앙과 질병이 없었다.

甲 戊 庚 甲

寅 寅 午 寅

丙 乙 甲 癸 壬 辛

子 亥 戌 酉 申 未

局中七殺五見, 一庚臨午無根. 所謂弱神無根, 宜去之,
旺神太過, 宜洩之也, 用午火則和矣. 喜其午火當令, 全
無水氣. 雖運逢金水, 木能[68]破局而無礙. 運走木火, 名
利兩全. 此因神氣足, 精氣自生. 是以富貴福壽, 一世無
災, 子廣孫多, 後嗣濟美.

---

68) 木能은 不能이 되어야 함.

局 중에 칠살이 다섯 개나 보이고 하나의 庚은 午에 임하여 뿌리가 없으니, 이른바 약신(弱神)이 무근(無根)이면 그것을 제거해야 하고, 왕신(旺神)이 태과하면 설해야 한다는 것이므로 午火를 쓰면 조화를 이루게 된다. 기쁘게도 午火가 당령하고 水가 전혀 없으므로, 비록 운에서 金水를 만나도 局을 파괴할 수 없어서 장애가 없으며, 운이 木火로 달리면 名利가 모두 온전했으니, 그것은 신기(神氣)가 풍족하여 정기(精氣)가 자생하기 때문이다. 그러므로 부귀와 복수(福壽)를 누리고 한평생 재앙이 없었으며 자손이 널리 번창하여 뒤를 이어 아름다운 가업을 이루었다.

乙　癸　丙　甲

卯　亥　子　子

壬　辛　庚　己　戊　丁

午　巳　辰　卯　寅　丑

癸亥日元, 年月坐子, 旺可知矣. 最喜卯時洩其菁英, 裏發于表, 木氣有餘, 火虛得用, 謂精足神旺. 喜其無土金之雜, 有土則火洩, 不能止水, 反與木不和. 有金則木損, 更助其汪洋. 其一生無災者, 緣無土金之混也. 年登耄耋, 而飲啖愈壯, 耳目聰明, 步履康健, 見者疑五十許人. 名利兩全, 子孫衆多.

癸亥 일원이 年月에 子를 앉혔으니 왕함을 알 수 있다. 가장 기쁜 것은 卯시가 그 순수하고 빼어난 氣를 설하여 속에서 겉으로 드러내서 木氣가 유여하므로 火가 허해도 쓸 수 있는 것이니, 이른바 정(精)이 충족하여 신(神)이 왕한 것이며 그 土金의 혼잡이 없는 것이 기쁘니, 土가 있으면 火가 누설되고 水를 제지하지 못하면서 도리어 木과 불화하며, 金이 있으면 木이 손상되고 다시 水의 왕양함을 돕게 되는 것인데, 그 한평생 재앙이 없었던 까닭은 土金의 혼잡이 없기 때문이다. 나이가 많아 늙어서도 음식을 잘 먹고 더욱 건장했으며, 이목이 총명하고 걸음걸이도 강건하여 보는 자들이 오십 세쯤 된 사람으로 의심했는데 명리가 모두 온전하고 자손이 많았다.

血氣亂者는 生平多疾이라
혈기가 어지러운 경우에는 한평생 질병이 많다.

[原注] 血氣亂者는 不特火勝水커나 水克火之類라 五氣反逆하고 上下不通하며 往來不順은 謂之亂이니 主人多病

이니라

혈기가 어지럽다는 것은 火가 水를 이기거나 水가 火를 극하는 부류만이 아니라, 五氣가 거슬리고 上下가 통하지 않으며, 왕래가 순조롭지 않은 것을 난(亂)이라 하니 대체로 그런 사람은 병이 많다.

【任注】血氣亂者, 五行背而不順之謂也. 五行論水爲血, 人身論脈卽血也. 心胞主血, 故通手足厥陰經.[69] 心屬丁火, 心胞主血, 膀胱屬壬水. 丁壬相合, 故心能下交於腎. 則丁壬化木, 而神氣自足, 得旣濟相生, 血脈流通而無疾病矣. 故八字貴乎克處逢生, 逆中得順而爲美也.

혈기가 어지럽다는 것은 오행이 배반하고 순조롭지 않은 것을 말한다. 오행으로 논하면 水가 곧 血이고 사람의 몸으로 논하면 맥이 곧 血인데, 심포는 血을 주관하므로 수궐음심포경(手厥陰心包經)으로 통하며, 心은 丁火에 속하고 心包는 血을 주관하며 방광은 壬水에 속하는데, 丁과 壬이 상합하므로 心이 아래로 腎과 사귈 수 있는 것이니, 곧 丁壬이 木으로 化하면 神氣가 자족[70]하고 기제[71]를 이

---

69) 인체의 12경맥 중 心包經의 명칭이 手厥陰經(天池혈에서→中沖혈까지)이므로 足은 衍字임.
70) 자족(自足) : 저절로 넉넉함.
71) 기제(旣濟) : 만사가 잘 되어가는 상.

루어 상생하게 되므로 혈맥이 유통하여 질병이 없는 것이
니, 그러므로 팔자는 극처에서 生을 만나고 逆 중에서 順
을 만나 아름답게 되는 것을 귀하게 여기는 것이다.

　若左右相戰, 上下相克. 喜逆逢順, 喜順逢逆. 火旺水
涸, 火能焚木. 水旺土蕩, 水能沉金. 土旺木折, 土能晦
火. 金旺火虛, 金能傷土. 木旺金缺, 木能滲水, 此五行
顚倒相剋之理. 犯此者, 必多災病.

　가령 좌우가 서로 싸우고 上下가 서로 극하거나, 逆을
좋아하는데 順을 만나고 順을 좋아하는데 역을 만나거나,
火가 旺하고 水가 말라서 火가 木을 태울 수 있거나, 水가
旺하고 土가 쓸려나가서 水가 金을 잠기게 할 수 있거나,
土가 旺하고 木이 꺾여서 土가 火를 어둡게 할 수 있거나,
金이 旺하고 火가 허하여 金이 土를 손상할 수 있거나, 木
이 旺하고 金이 모자라 木이 水를 누설시킬 수 있는 것 등
은 오행이 전도되고 상극하는 이치이니, 이러함을 범하는
경우에는 반드시 재앙과 질병이 많은 것이다.

庚　丁　乙　丙
戌　未　未　申
辛　庚　己　戊　丁　丙
丑　子　亥　戌　酉　申

丁生季夏, 未戌燥土, 不能晦火生金. 丙火足以焚木剋金, 則土愈燥而不洩. 申中壬水涸而精必枯, 故初患痰火. 亥運水不敵火, 反能生木助火. 正杯水車薪, 火勢愈烈, 吐血而亡.

丁이 계하에 생하였는데, 未와 戌은 조토이므로 火를 어둡게 하거나 金을 생하지 못하며, 丙火는 木을 태우고 金을 극할 수 있으니 土는 더욱 건조해져서 火를 설하지 못한다. 申 중의 壬水는 마르고 精은 틀림없이 고갈되므로 초년에는 담화(가래)의 병을 걱정하였고, 亥운에는 水가 火를 대적하지 못하고 도리어 木을 생하여 火를 도우니, 바로 한 잔의 물로 한 수레의 나무에 붙은 불을 끄는 격이므로 火의 기세가 더욱 맹렬해지자 피를 토하고 죽었다.

```
甲 丙 丁 壬
午 申 未 寅
癸 壬 辛 庚 己 戊
丑 子 亥 戌 酉 申
```

丙火生于未月午時, 年干壬水無根, 申金遠隔, 本不能
生水. 又被寅沖午刦, 則肺氣愈虧. 兼之丁壬相合, 化木
從火, 則心火愈旺, 腎水必枯. 所以病犯遺泄, 又有痰
嗽. 至戌運全會火局, 肺愈絶, 腎水燥, 吐血而亡.

丙火가 未月午時에 생하였는데, 年干의 壬水는 根이 없
고 申金은 멀리 막혀 있어서 본래 水를 생할 수 없으며,
다시 또 寅의 충과 午의 위협을 받으니 폐기(肺氣)가 더욱
휴손되었다. 여기에 겸하여 丁壬이 상합하여 木으로 化하
여 火를 따르게 되니 心火가 더욱 旺하여 신수(腎水)는 반
드시 고갈되므로, 이 때문에 병이 생겨 유설72)을 범하였고
또 담수73)병이 있었으며, 戌운에 이르러 완전히 火局을 이
루자 폐기(肺氣)는 더욱 끊어지고 신수(腎水)가 말라버리니
피를 토하고 죽었다.

---

72) 유설(遺泄) : 정액, 소변 등이 새는 것.
73) 담수(痰嗽) : 가래, 기침.

壬　丙　丙　甲

　辰　寅　寅　辰

　壬　辛　庚　己　戊　丁

　申　未　午　巳　辰　卯

木當令, 火逢生, 辰本溼土, 能蓄水, 被丙寅所剋. 脾胃受傷, 肺金自絕. 木多滲水, 而腎水亦枯. 至庚運, 木旺金缺, 金水並見, 木火金肆逞矣, 吐血而亡. 此造木火同心, 可順而不可逆, 反以壬水爲忌. 故初逢丁卯戊辰己巳等運, 反無礙.

　木이 당령하고 火가 생을 만났는데 辰은 본래 습토이므로 水를 저축할 수 있으나 丙寅에게 극을 당하니, 비위(脾胃)가 손상되고 肺金의 氣는 저절로 끊어지며, 木이 많아 水를 누설시키므로 腎水도 역시 고갈된다. 庚운에 이르러 木은 旺하고 金은 모자라는데 金水가 나란히 만나게 되어 木火金이 멋대로 기세를 부리니 피를 토하고 죽었다. 이 사주는 木火가 마음을 함께 하니, 순응해야 하고 거역해서는 안 되므로 도리어 壬水를 꺼리게 되는 것이다. 그러므로 초년에 丁卯·戊辰·己巳 등의 운을 만났을 때에는 오히려 장애가 없었다.

忌神入五臟이면 而病凶이요

기신이 오장에 들어가면 병이 흉하며,

[原注] 柱中所忌之神이 不制不化요 不沖不散하여 隱伏深固하여 相克五臟하면 則其病凶하나니 忌木而入土則脾病이요 忌火而入金則肺病이요 忌土而入水則腎病이요 忌金而入木則肝病이요 忌水而入火則心病이라 又看虛實이니 如木入土에 土旺者는 則脾自有餘之病이니 發於四季月이요 土衰者는 則脾有不足之病이니 發於春冬月이라 餘皆仿之니라

柱 중의 꺼리는 神이 제압되거나 引化되지도 않고 沖을 당하거나 흩어지지도 않은 채 깊고 단단하게 은복하여 오장과 상극하면 그 病이 흉한 것이니, 기신인 木이 土에 들어가면 비(脾)가 병들고 기신인 火가 金에 들어가면 폐가 병들며, 기신인 土가 水에 들어가면 신(腎)이 병들고 기신인 金이 木에 들어가면 간(肝)이 병들며, 기신인 水가 火에 들어가면 心이 병드는 것이다. 또 허와 실을 보아야 하니 가령 木이 土에 들어갔을 때 土가 왕한 경우에는 脾는 유여함에서 생기는 병이 있으니 四季월에 발생하고, 土가 쇠한 경우에는 脾에 부족함에서 생기는 병이 있으니 春冬월에 발생한다. 나머지도 모두 이와 같다.

【任注】忌神入五臟者, 陰濁之氣, 埋藏于地支也. 陰濁深伏, 難制難化, 爲病最凶. 如其爲喜, 一世無災, 如其爲忌, 生平多病. 土爲脾胃, 脾喜緩, 胃喜和, 忌木而入土, 則不和緩而病矣. 金爲大腸肺, 肺宜收, 大腸宜暢, 忌火而入金, 則肺氣上逆, 大腸不暢而病矣. 水爲膀胱腎, 膀胱宜潤, 腎宜堅, 忌土而入水, 則腎枯膀胱燥而病矣. 木爲肝膽, 肝宜條達膽宜平, 忌金而入木, 則肝急而生火, 膽寒而病矣. 火爲小腸心, 心宜寬, 小腸宜收, 忌水而入火, 則心不寬, 小腸緩而病矣.

기신이 오장에 들어간다는 것은 음탁한 氣가 지지에 매장된 것인데, 음탁한 기운이 깊이 잠복하여 제압하기도 어렵고 引化하기도 어려우면 병을 이룸이 가장 흉하니, 만일 그것이 희신이라면 한평생 재앙이 없지만 만일 그것이 기신이라면 한평생 병이 많은 것이다. 土는 비(脾)와 위(胃)이니 脾는 느긋한 것을 좋아하고 胃는 온화한 것을 좋아하는데, 기신인 木이 土에 들어가면 온화하고 느긋하지 않아서 병이 되며, 金은 대장과 폐이니 폐는 수렴해야 하고 대장은 화창해야 하는데 기신인 火가 金에 들어가면 폐기가 위로 거스르고 대장이 화창하지 않아서 병이 되며, 水는 방광과 신장이니 방광은 윤택해야 하고 신장은 견고해야 하는데 기신인 土가 水에 들어가면 신장이 메마르고 방광이 건조해져서 병이 되며, 木은 간(肝)과 담(膽)이니 肝은 퍼져서 통해야 하고 膽은 평온해야 하는데 기신인 金이 木에 들어가면 肝은 급해져서 火를 생하고 膽은 한랭해져서 병이 되며, 火는 소장(小腸)과 심장(心腸)이니 심장은 너그러워야 하고 소장은 수렴해야 하는데 기신인 水가 火에 들어가면 심장이 너그럽지 않고 소장이 느슨해져서 병이 되는 것이다.

又要看有餘不足, 如土太旺, 木不能入土, 則脾胃自有餘之病. 脾本忌溼, 胃本忌寒. 若土溼而有餘, 其病發于春冬, 反忌火以燥之. 土燥而有餘, 其病發于夏秋, 反忌水以潤之. 如土虛, 弱木足以疎土. 若土溼而不足, 其病發于夏秋. 土燥而不足, 其病發于冬春. 蓋虛濕之土, 遇夏秋之燥, 虛濕之土, 逢春冬之濕, 使木託根而愈茂, 土受其剋而愈虛. 若虛濕之土, 再逢虛溼之時, 虛溼之土, 再逢虛燥之時, 木必虛浮, 不能盤根, 土反不畏其剋也. 餘仿此.

또 반드시 유여함과 부족함을 보아야 하니, 가령 土가 太旺하여 木이 土에 들어가지 못하면 脾와 胃는 유여함에서 생기는 병이 있게 된다. 脾는 본래 습한 것을 꺼리고 胃는 원래 찬 것을 꺼리는데, 만약 土가 습하여 유여해지면 그 병은 봄과 겨울에 발생하고 도리어 火로써 건조하게 하는 것을 꺼리며, 土가 건조하여 유여해지면 그 병은 여름과 가을에 발생하고 도리어 水로써 적셔주는 것을 꺼린다. 만약 土가 허하면 약한 木으로도 土를 다스릴 수 있지만, 만약 土가 습하면서 부족하면 그 병은 여름과 가을에 발생하고, 土가 건조하면서 부족하면 그 병은 겨울과 봄에 발생한다. 대체로 허습한 土가 夏秋의 건조함을 만나거나 허습한 土가 春冬의 습함을 만나면 木으로 하여금 뿌리에 의탁하여 더욱 무성하게 하고 土는 그 극을 받아서 더욱 허하게 되며, 만약 허습한 土가 재차 허습한 때를 만나거나, 허습한 土가 재차 허조한 때를 만나면 木은 반드시 허하게 들떠서 뿌리를 내릴 수 없으므로 土가 도리어 그 극을 두려워하지 않는 것이다. 나머지도 이와 같다.

乙　丙　己　庚

未　子　丑　寅

乙　甲　癸　壬　辛　庚

未　午　巳　辰　卯　寅

丙火生于季冬, 坐下子水, 火虛無焰. 用神在木, 木本凋枯, 雖處兩陽, 萌芽未動. 庚透臨絕, 爲病甚淺. 所嫌者月支丑土, 使庚金通根, 丑內藏辛, 正忌神深入五臟. 又己土乃庚金嫡母, 晦火生金, 足以破寅. 子水爲腎, 丑合之不能生木, 化土反能助金. 丑土之爲病, 不但生金, 抑且移累於水, 是以病患肝腎兩虧. 至卯運, 能破丑土, 名列宮牆. 乙運庚合, 巳丑拱金, 虛損之症, 不治而亡.

丙火가 季冬에 생하고 子水에 앉아 있으니 火가 허하고 불꽃이 없으며, 용신은 木에 있는데 木은 본래 시들고 말라서 二陽에 머물더라도 싹이 아직 움직이지 않으며, 庚이 투출했으나 절지에 임하여 病을 이룸은 매우 얕은데, 꺼리는 것은 月支의 丑土이니 庚金으로 하여금 통근하게 하고 丑 안에 辛을 간직하므로 바로 기신이 오장에 깊이 들어간 것이다. 또 己土는 곧 庚金의 적모로 火를 어둡게 하고 金을 생하여 寅을 파괴할 수 있으며, 子水는 신장인데 丑이 그것과 합하여 木을 생할 수 없게 하고 土로 化하여 도리어 金을 도울 수 있게 하니, 丑土의 病이 됨은 金을 생할 뿐 아니라 게다가 水에게까지 근심거리를 옮기므로 이 때문에 병환으로 간과 신장이 모두 휴손되었다. 卯운에 이르러 丑土를 파괴할 수 있어서 이름이 궁궐의 담장에 나열되었는데, 乙운에는 庚과 합하고 巳와 丑이 金으로 손잡으니 허손(虛損)의 병이 치료되지 않아 죽었다.

壬 辛 辛 丁
辰 未 亥 亥
乙 丙 丁 戊 己 庚
巳 午 未 申 酉 戌

辛金生于孟冬, 丁火剋去比肩, 日主孤立無助. 傷官透而當令, 竊去命主元神, 用神在土不在火也. 未爲木之庫根, 辰乃木之餘氣, 皆藏乙木之忌. 年月兩亥, 又是木之生地, 亥未拱木, 此忌神入五臟歸六腑. 由此論之, 謂脾虛腎泄, 其病患頭眩遺洩. 又更盛於胃腕痛, 無十日之安. 至己酉運, 日主逢祿, 采芹得子. 戊運, 剋去壬水補廩. 申運壬水逢生, 病勢愈重, 丁運, 日主受傷而卒. 觀右兩造, 其病症與八字五行之理, 顯然應驗. 果能深心細究, 其壽夭窮通, 豈不能預定乎?

辛金이 孟冬에 생하였는데 丁火가 비견을 극거하니 일주는 고립되어 도움이 없으며, 상관이 투출하여 당령하고

命主의 元神을 도둑질해 가니 용신은 土에 있고 火에 있지 않다. 未는 木의 고근(庫根)이고 辰은 木의 여기이니 모두 乙木기신을 암장하고 있는데, 年月의 두 亥가 또 木의 生地로 亥와 未가 木으로 손을 잡으니 이것은 기신이 오장으로 들어가고 육부에 귀의한 것이다. 이것을 통하여 논한다면 이른바 脾가 허하고 腎이 누설된다는 것이니 그 병환은 두현74)과 유설75)이 있게 된 것이며, 다시 또 胃와 腕(관절)에 고통이 심하여 열흘 동안의 편안함도 없었다. 己酉운에 이르러 일주가 녹을 만나니 학교에 들어가고 자식도 얻었으며, 戊운에는 壬水를 극거하니 늠생에 임명되었는데, 申운에는 壬水가 生을 만나니 병세가 더욱 깊어졌고, 丁운에는 일주가 손상당하여 사망하였다. 이상의 두 사주를 살펴보면, 그 병증이 팔자오행의 이치와 분명하게 반응하여 나타나니, 진실로 생각을 깊게 하여 세밀히 연구할 수 있다면 그 장수와 요절 곤궁과 영달을 어찌 미리 판정할 수 없겠는가?

---

74) 두현 : 현기증.
75) 유설 : 정액과 소변이 새는 것.

客神遊六經이면 而災小라

객신이 육경(육경맥)에 돌아다니면 재앙이 작다.

[原注] 客神比忌神爲輕이나 不能埋沒하고 遊行六道하면 則必有災니 如木遊於土之地而胃災요 火遊於金之地而大腸災요 土行水地膀胱災요 金行木地膽災요 水行火地小腸災니라

객신은 기신에 비하면 가벼우나 매몰되지 못하고 六道(육경의 길)에 유행하면 반드시 재앙이 있게 되니, 가령 木이 土의 자리에 유행하면 胃에 재앙이 있고 火가 金의 자리에 유행하면 대장에 재앙이 있으며, 土가 水의 자리에 유행하면 방광에 재앙이 있고 金이 木의 자리에 유행하면 膽에 재앙이 있으며, 水가 火의 자리에 유행하면 소장에 재앙이 있다.

【任注】 客神遊六經者, 陽虛之氣, 浮于天干也. 陽而虛露, 易制易化, 爲災必小. 猶病之在表, 外感易于發散, 不至大患, 故災小也. 究其病源, 仍從五行陰陽, 以分臟腑. 而五臟論法, 亦勿以天干爲客神論虛, 地支爲忌神論實. 必須究其虛中有實, 實處反虛之理, 其災祥了然有驗矣.

객신이 육경에 돌아다닌다는 것은 陽의 허한 氣가 天干에 떠 있는 것인데, 陽이 허하게 드러나면 억제하기도 쉽

고 引化하기도 쉬워서 재앙을 이룸이 반드시 작은 것이니, 마치 病이 겉에 있으면 외부의 감염은 발산되기가 쉬워서 큰 질환에 이르지 않는 것과 같기 때문에 재앙이 작은 것이다. 그 病의 근원을 궁구하려면 곧 오행음양에 따라서 臟과 腑를 분류해야 하며, 오장을 논하는 법은 또한 천간을 객신으로 여겨 虛로 논하거나 지지를 忌神으로 여겨 實로 논하지 말고, 반드시 그 허한 가운데 실함이 있고 실한 곳에 도리어 허함이 있는 이치를 궁구해야만 그 災와 祥(화와 복)이 명확하여 응험함이 있을 것이다.

丙　庚　甲　壬

戌　午　辰　辰

辛　庚　己　戊　丁　丙　乙

亥　戌　酉　申　未　午　巳

庚午日元, 生于辰月戌時, 春金殺旺, 用神在土. 月干甲木, 本是客神, 得兩辰蓄水藏木. 不但遊六經, 而且入五臟. 且年干壬甲相生, 不克丙火. 初運南方生土, 所以脾胃無病, 然熬水煉金, 而患弱症. 至戊申運, 土金並旺, 局中以木爲病, 木主風, 金能剋木, 接連己酉庚戌三十載, 發財十餘萬. 辛亥運, 金不通根, 木得長生, 忽患風疾而卒.

庚午일원이 辰월 戊시에 생하여 春金에 殺이 왕하니 용신이 土에 있다. 月干의 甲木은 본래 객신이지만 水를 저축하고 木을 간직한 두 辰을 만났으니, 육경에 유행할 뿐 아니라 또한 오장에 들어갔으며, 또 年干의 壬은 甲과 상생하여 丙火를 극하지 않는다. 초년운은 南方으로 土를 생하므로 脾胃에는 病이 없으나 水를 끓이고 金을 단련하니 허약증을 앓았으며, 戊申운에 이르러 土金이 함께 왕하니 局 중에서는 木을 病으로 여기며, 木은 風을 주관하는데 金이 木을 극할 수 있으므로 己酉 · 庚戌로 이어지는 삼십년 동안 십여만 금의 재산을 일으켰으며, 辛亥운에는 금이 통근하지 못하고 木이 장생을 만나니 갑자기 풍병(風病)을 앓다가 죽었다.

庚　壬　戊　癸
戌　寅　午　丑
壬　癸　甲　乙　丙　丁
子　丑　寅　卯　辰　巳
壬寅日元, 生于五月76)戌時, 殺旺又逢財局, 殺愈肆逞. 所以客神不在午火, 反在寅木, 助其火勢. 客神又化忌神, 戊癸化火, 則金水相傷. 運至乙卯, 金水臨絕, 得肺腎兩虧之症, 聲啞而嗽, 於甲戌年正月, 木火並旺而卒.

壬寅일원이 午월 戊시에 생하여 殺이 왕한데 다시 또 財局을 만나니 殺이 더욱 멋대로 기세를 부린다. 이 때문에 객신은 午火에 있지 않고 도리어 寅木에 있어서 그 火의 기세를 도우며, 객신이 다시 또 기신으로 化하고 戊癸가 火로 化하니 金水가 서로 손상된다. 운이 乙卯에 이르자 金水가 절에 임하니 肺와 腎이 모두 휴손되는 병을 얻어, 음성이 나오지 않고 기침을 심하게 하다가 甲戌년 正月에 木火가 함께 왕해지자 죽었다.

庚　丙　庚　乙
寅　子　辰　亥
甲　乙　丙　丁　戊　己
戌　亥　子　丑　寅　卯

丙子日元, 生于季春, 濕土司令, 蓄水養木. 用神在木, 得亥之生, 辰之餘, 寅之助. 乙木雖與庚金合而不化, 庚

金浮露天干爲客神, 不能深入臟腑, 而遊六經也. 水爲精, 亥子兩見, 辰又拱而蓄之. 木爲氣, 春令有餘, 寅亥生合. 火爲神, 時在五陽進氣, 通根年月, 氣貫生時, 精氣神三者俱足, 則邪氣無從而入. 行運又不背, 一生無疾, 名利裕如. 惟土虛濕, 又金以洩之, 所以脾胃虛寒, 不免泄瀉之病耳.

丙子일원이 계춘에 생하니 습토가 사령하여 水를 저축하여 木을 기르므로, 용신은 木에 있는데 亥장생과 辰여기 및 寅의 도움을 만났다. 乙木이 비록 庚金과 합하더라도 化하지 않아서 庚金은 천간에 덧없이 드러나 객신이 되었으니 장부에 깊이 들어가지 못하고 육경에 어슬렁거린다. 水는 精인데 亥와 子 둘이 만나고 辰이 또 손을 잡아 水를 저축하며, 木은 氣인데 春令으로 유여하여 寅과 亥가 生合하며, 火는 神인데 時에 五陽의 進氣가 있으니 年月에 통근하고 氣가 生時를 관통하므로, 精神氣 세 가지가 모두 충족되니 사기(邪氣)가 따라 들어올 수 없으며, 行運도 어긋나지 않아서 한평생 질병이 없었고 名利도 넉넉하였다. 다만 土가 허습한데 다시 또 金으로 그것을 누설시키니 이 때문에 脾胃가 허한(虛寒)하여 설사병을 면치 못할 뿐이었다.

木不受水者면 血病이요

木이 水를 받아들이지 못하면 혈이 병들며,

[原注] 水東流而木逢冲커나 或虛脫하면 皆不受水也라 必
主血病하니 蓋肝屬木이요 納血이니 不納則病이니라

水는 東으로 흐르는데 木이 충을 만나거나 극도로 허약하면
모두 水를 받아들이지 못하므로, 반드시 혈의 병을 주장하게 되
니 그 이유는 肝은 木에 속하고 혈을 받아들이는 기관인데 받아
들이지 못하면 병이 되기 때문이다.

【任注】春木不受水者, 喜火之發榮也. 冬木不受水者,
喜火之解凍也. 夏木之有根而受水者, 去火之烈, 潤地之
燥也. 秋木得地而受水者, 洩金之銳, 化殺之頑也. 春冬
生旺之木, 要其衰而受水. 夏秋休囚之木, 要其旺而受水,
反此則不受, 不受則血不流行, 故致血病矣.

春木이 水를 받아들이지 않는 것은 火의 꽃피워줌을 기
뻐하기 때문이며, 冬木이 水를 받아들이지 않는 것은 火의
해동시켜줌을 기뻐하기 때문이며, 夏木에 뿌리가 있어서
水를 받아들이는 것은 火의 맹렬함을 제거하고 땅의 건조
함을 적시기 때문이며, 秋木이 자리를 얻어 水를 받아들이

는 것은 金의 예리함을 누설하고 殺의 완강함을 引化하기 때문이다. 春冬의 생왕한 木은 그것이 쇠약해져야만 水를 받아들이고, 夏秋의 휴수한 木은 그것이 旺해져야만 水를 받아들이며, 이와 반대되면 받아들이지 못하니, 받아들이지 못하면 血이 유행하지 못하므로 혈병에 이르게 되는 것이다.

己　乙　丁　丁

卯　亥　未　亥

辛　壬　癸　甲　乙　丙

丑　寅　卯　辰　巳　午

乙木生於未月, 休囚之位, 年月兩透丁火, 洩氣太過. 最喜時祿通根, 則受亥水之生, 潤其燥烈之土. 更妙會局幫身, 通輝之象. 至甲辰運, 虎榜居首, 科甲聯登, 格取食神用印也.

乙木이 未月에 생하니 휴수의 자리이며, 年月에 丁火가 둘이 투출하여 설기가 태과하다. 가장 기쁜 것은 時의 녹에 통근하고 亥水의 生을 받아 그 조열한 土를 적셔주는 것이며, 다시 묘하게도 會局하여 일주를 도우니 빛을 통하게 하는 상이다. 甲辰운에 이르러 호방(진사시험)에 수석을 차지하고 과거에 연달아 합격했으니 격이 食神用印을 취한 것이다.

```
丁 乙 乙 丙
亥 巳 未 戌
辛 庚 己 戊 丁 丙
丑 子 亥 戌 酉 申
```

乙木生於未月, 干透丙丁, 通根巳戌. 發洩太過, 不受水生, 反以亥水爲病, 格成順局從兒. 初交丙申丁酉, 得丙丁蓋頭, 平順之境. 戊戌運剋盡亥水, 名利兩得. 至己亥水地, 病患臌脹. 只因四柱火旺又逢燥土, 水無所歸, 故得此病而亡.

乙木이 未月에 생하고 천간에 丙丁이 투출하여 巳戌에 통근하니, 발설이 태과하여 水의 生을 받아들이지 못하므로 도리어 亥水를 병으로 여기며 격은 순국의 종아를 이룬다. 처음 丙申·丁酉운에는 丙丁의 덮어줌을 만나니 평순한 처지였으며, 戊戌운에는 亥水를 剋盡하니 名利를 모두얻었으며, 己亥의 水地에 이르자 고창병77)을 앓았는데, 다

---

77) 고창(臌脹) : 배가 붓는 병.

만 사주에 火가 旺하고 다시 또 燥土를 만나 水가 돌아갈 곳이 없기 때문에 이러한 병을 얻어 사망하게 된 것이다.

土不受火者면 氣傷이라

土가 火를 받아들이지 못하면 기가 상한다.

[原注] 土逢沖而虛脫하면 則不受火라 必主氣病하니 蓋脾屬土而容火요 不容則病矣니라

土가 충을 만나거나 극도로 허약하면 火를 받아들이지 못하므로 반드시 氣의 病을 주관하니, 그 이유는 脾는 土에 속하고 火를 받아들이는 기관인데 받아들이지 못하면 病이 되기 때문이다.

【任注】燥實之土不受火者, 喜水之潤也. 虛濕之土不受火者, 忌水之尅也. 冬土有根而受火者, 解天之凍, 去地之濕也. 秋土得地而受火者, 制金之有餘, 補土之洩氣也. 過燥則地不潤, 過濕則天不和, 是以火不受, 木不容. 過燥必氣虧, 過溼必脾虛, 不受則病矣.

건조하고 충실한 土가 火를 받아들이지 않는 것은 水의 적셔줌을 기뻐하기 때문이며, 허하고 습한 土가 火를 받아

들이지 않는 것은 水의 剋을 꺼리기 때문이며, 冬土에 뿌리가 있어서 火를 받아들이는 것은 天의 언 것을 녹이고 地의 습함을 제거하기 때문이며, 秋土가 자리를 얻어 火를 받아들이는 것은 金의 유여함을 억제하고 土의 설기를 보충하기 때문이다. 지나치게 건조하면 地가 윤택하지 않고 지나치게 습하면 天이 온화하지 않으므로 이 때문에 火를 받아들이지 않고 木을 용납하지 않는 것이며, 지나치게 건조하면 반드시 氣가 휴손되고 지나치게 습하면 반드시 脾가 허해지므로 받아들이지 못하면 病이 되는 것이다.

己　戊　辛　己

未　戌　未　巳

乙　丙　丁　戊　己　庚

丑　寅　卯　辰　巳　午

戊土生於未月, 重疊厚土. 喜其天干無火, 辛金透出, 謂裏發于表, 其精華皆在辛金. 運走己巳戊辰, 生金有情, 名利裕如. 丁卯運辛金受傷, 地支火土並旺, 不能疏土, 反從火勢, 則土愈旺. 辛屬肺, 肺受傷, 血脈不能流通, 病患氣血, 兩虧而亡.

戊土가 未月에 생하여 厚土가 중첩되었는데, 기쁘게도 天干에 火가 없고 辛金이 투출하여 이른바 속의 기운이 겉에 드러난 것이니 그 빼어나고 순수함이 모두 辛金에 있다. 운이 己巳·戊辰으로 달리자 金을 생하고 有情하여 名利가 유여했으나, 丁卯운에는 辛金이 손상당하고 지지에 火土가 함께 旺하여 土를 소통시키지 못하고 도리어 火의 세력을 따르니 土가 더욱 왕성하다. 辛은 폐에 속하는데 폐가 손상당하여 혈맥이 유통하지 못하니 氣와 血에 병이 들고 모두 결손되어 사망하였다.

$$壬\quad 己\quad 己\quad 庚$$

$$申\quad 亥\quad 丑\quad 辰$$

$$乙\ 甲\ 癸\ 壬\ 辛\ 庚$$

$$未\ 午\ 巳\ 辰\ 卯\ 寅$$

己亥日元, 生于丑月, 虛溼之地. 辰丑蓄水藏金, 庚壬透而通根, 只得任其虛溼之氣, 反以水爲用而從財也. 初運庚寅辛卯, 天干逢金生水, 地支遇水剋土,[78] 蔭庇有餘. 壬辰癸巳, 不但財業日增, 抑且名列宮牆, 巳運剋妻

---

78) 遇水剋土는 遇木剋土가 되어야 함.

破財. 此造, 四柱無火, 得申時壬水逢生, 格成假從財. 故遺業豐厚, 讀書入學, 妻子兩全. 若一見火, 爲財多身弱, 一事無成. 至甲午運, 木無根而從火, 己巳年火土並旺, 氣血必傷, 病患腸胃, 血症而亡.

己亥일원이 丑월에 생하니 허습한 자리이고, 辰丑이 水를 저축하고 金을 간직했으며, 庚壬이 투출하여 통근했으므로 다만 그 허습한 氣만을 맡고 있을 뿐이니 도리어 水를 용신으로 삼아 財를 따라야 한다. 초년 庚寅·辛卯운에는 천간에서는 金이 水를 생함을 만나고 지지에서는 木이 土를 극함을 만나니 부조(父祖)의 음덕이 유여했으며, 壬辰·癸巳운에는 재업이 날로 증가할 뿐 아니라 또한 이름이 궁궐 담장에 열거되었는데, 巳운에는 극처하고 파재하였다. 이 명조는 사주에 火가 없고 申時에 태어나 壬水가 생을 만나니 격이 假從財를 이루었으므로, 유업이 풍후하고 글을 읽어 학교에 들어갔으며 처자가 모두 온전했지만, 만약 한번 火를 만나면 재다신약이 되어 한 가지 일도 이룰 수 없게 된다. 甲午운에 이르러 木이 根이 없고 火를 따르는데, 己巳년에 火土가 함께 왕하니 氣와 血이 반드시 손상되므로 腸胃에 병이 들어 혈증으로 사망하였다.

金水傷官은 寒則冷嗽요 熱則痰火며 火土印綬는 熱
則風痰이요 燥則皮癢이니 論痰多木火요 生毒鬱火金
이며 金水枯傷而腎經虛하고 水木相勝而脾胃泄하느니라

金水상관은 寒하면 冷으로 인한 기침이 있고, 熱
하면 痰으로 인한 火病이 있으며, 火土인수는 熱하
면 風으로 인한 痰이 있고 燥하면 피부의 가려움증
이 있으니, 담(痰)을 논하는 것은 木火가 많기 때문
이고 독(毒)을 발생하는 것은 火金을 답답하게 했기
때문이며, 金水가 마르고 상하면 신경(腎經)이 허하
고, 水木이 상승하면 脾胃에 病이 생긴다.

[原注] 凡此皆五行不和之病이니 而知其病이요 知其人이
면 則可以斷其吉凶이라 如木之病何如요 又看木是日主之何
神이니 若木是財而能發土病엔 則斷其財之衰旺와 妻之美惡
과 父之興衰니 亦不必顯驗이라 然有可應而六親與事體又不
相符者요 殆以病而免其咎者也니라

대체로 이러한 것은 모두 오행이 조화를 이루지 못하여 생기
는 병이니, 그 병을 알고 그 사람을 알면 그의 길흉을 판단할
수 있다. 예컨대 木의 병이 어떤 것인가를 알고 또 木이 일주의

어떤 神인가를 보는 것이니, 가령 木이 일주의 財이며 土의 병을 발생시킬 수 있는 경우에는 그 재물의 쇠왕과 처의 美惡과 父의 흥쇠를 판단하는 것인데 또한 반드시 뚜렷하게 응험하지는 않는다. 그러나 응험할 수 있더라도 육친 관계와 일의 대체 등이 또 서로 부합하지 않는 경우가 있으며, 그 병은 위태로우나 재앙을 면하는 경우가 있는 것이다.

【任注】金水傷官, 過於寒者, 其氣辛涼, 眞氣有虧, 必主冷嗽. 過於熱者, 水不勝火, 火必剋金. 水不勝火者, 心腎不交也. 火能克金者, 肺家受傷也. 冬令虛火上炎, 故主痰火.

金水상관이 寒에 지나치면 그 氣가 몹시 서늘하여 眞氣에 휴손이 있으므로 반드시 冷으로 인한 기침을 주장하며, 熱에 지나치면 水가 火를 이기지 못하고 火가 반드시 金을 극하게 되니, 水가 火를 이기지 못하면 心과 腎이 사귀지(조절되지) 못하고, 火가 金을 극하면 폐에 손상을 당하며, 동절에는 허한 火가 위로 타오르므로 담(痰)으로 인한 火病을 주장하는 것이다.

火土印綬, 過於熱者, 木從火旺也. 火旺焚木, 木屬風,故主風痰. 過於燥者, 火炎土焦也. 土潤則血脈流行, 而營衛調和. 皮屬土, 土喜煖, 煖卽潤也. 所以過燥則皮癢, 過溼則生瘡. 夏土宜溼, 冬土宜燥, 在人則無病, 在物則發生. 總之火多主痰, 水多主嗽.

火土인수가 熱에 지나치면 木이 火의 왕함을 따르니, 火가 왕하면 木을 태우는데 木은 風에 속하므로 風으로 인한 痰을 주장하며, 燥에 지나치면 火는 뜨겁고 土는 까맣게 타는데, 土가 윤택해야만 혈맥이 유행하여 기혈의 작용이 조화를 이루는 것이며, 피부(皮)는 土에 속하고 土는 따뜻한 것을 좋아하며 따뜻하면 윤택해지는 것이니, 이 때문에 지나치게 燥하면 피부가 가렵고 지나치게 습하면 부스럼이 생기므로, 夏土가 알맞게 습하고 冬土가 알맞게 건조하면 사람에게는 병이 없고 만물에게는 생명을 발육시킬 것이니, 총괄하여 말하자면 火가 많으면 담을 주장하고 水가 많으면 기침을 주장한다.

木火多痰者, 火旺逢木, 木從火勢, 則金不能剋木, 水不能勝火, 火必剋金而傷肺, 不能下生腎水. 木又洩水氣, 腎水必燥, 陰虛火炎, 痰則生矣.

木火가 많으면 담이 생긴다는 것은, 火가 왕할 때 木을 만나서 木이 火의 세력을 따르게 되면 金이 木을 극하지 못하고 水가 火를 이기지 못하니, 火는 반드시 金을 극하여 폐를 손상하므로 아래로 腎水를 생할 수 없게 하며, 木이 다시 또 水氣를 설하여 腎水가 반드시 마르게 되니, 陰이 허하고 火가 뜨거우므로 담이 생기는 것이다.

生毒鬱火金者, 火烈水涸, 火必焚木, 木被火焚, 土必焦燥, 燥土能脆金, 金鬱於內. 脆金逢火, 肺氣上逆, 肺氣逆則肝腎兩虧, 肝腎虧則血脈不行, 加以七情憂鬱而生毒矣.

독을 발생하는 것은 火金을 답답하게 했기 때문이란 것은, 火가 맹렬하고 水가 마르면 火가 반드시 木을 태우게 되고, 木이 火에게 태움을 당하면 土가 반드시 초조해지므로, 燥土는 金을 취약하게 할 수 있어서 金이 안에서 답답하게 되니, 취약한 金이 火를 만나면 폐기(肺氣)가 위로 거스르며, 폐기가 거스르면 肝과 腎이 함께 손상되며, 肝과 腎이 손상되면 혈맥이 유행하지 못하므로 칠정(七情)[79]이 우울해짐을 더하여 독을 발생하는 것이다.

---

79) 칠정(七情) : 喜·怒·哀·懼·愛·惡·欲.

土燥不能生金, 火烈自能暵水, 腎經必虛. 土虛不能制水, 木旺自能剋土, 脾胃必傷. 凡此五行不和之病, 細究之必驗也. 然與人事可相通也, 不可專執而論. 如病不相符, 可究其六親之吉凶, 事體之否泰, 必有應驗者.

土가 초조(焦燥)하면 金을 생할 수 없고 火가 맹렬하면 자연히 水를 마르게 할 수 있으므로 신경(腎經)이 반드시 허하게 되며, 土가 허하면 水를 제지할 수 없고 木이 旺하면 자연히 土를 극할 수 있으므로 비위(脾胃)가 반드시 손상되는 것이니, 무릇 이러한 오행이 조화를 이루지 못하여 생기는 병이므로, 이것을 자세히 연구하면 반드시 증명될 것이다. 그러나 人事와 서로 통할 수 있는 것이므로 한 가지만을 고집하여 논해서는 안 되니, 만일 病이 서로 부합하지 않을 때 그 육친의 길흉과 사체[80]의 비태[81]를 연구할 수 있으면 반드시 응험함이 있을 것이다.

如日主是金, 木是財星, 局中火旺, 日主不能任其財, 必生火而助殺, 反爲日主之忌神. 卽或有水, 水仍生木, 則金氣愈虛. 金爲大腸肺, 肺傷而大腸不暢, 不能下生腎

---

80) 사체(事體) : 일의 큰 본체.
81) 비태(否泰) : 길흉.

水. 木洩水而生火, 必主腎肺兩傷之病.

가령 일주가 金이고 木이 재성일 경우에 局 중에 火가 왕하면 일주가 그 財를 감당할 수 없어서 틀림없이 火를 생하여 殺을 도울 것이니 도리어 일주의 忌神이 되며, 혹 水가 있어서 水가 마침내 木을 생한다면 金氣가 더욱 허하게 된다. 金은 대장과 페이니, 페가 손상되고 대장이 창달하지 못하면 아래로 腎水를 생할 수 없으며, 木이 火를 누설하여 火를 생하게 되므로 반드시 腎과 肺가 둘 다 상하는 병을 주장하는 것이다.

然亦有無此病者, 必財多破耗, 衣食不敷, 是其咎也. 然亦有無病而財源旺者, 其妻必陋惡, 子必不肖也, 斷斷必有一驗. 其中亦有妻賢子肖而無病, 且財源旺者, 歲運一路土金之妙也. 然亦有局中金水, 與木火停勻, 而得肺腎之病者. 或財多破耗, 或妻陋子劣者. 亦因歲運一路木火, 而金水受傷之故也. 宜仔細推詳, 不可執一而論也.

그러나 또한 이러한 병이 없는 자가 반드시 재물에 파모가 많고 衣食이 넉넉하지 못한 경우가 있으니 이것이 그 재앙이며, 또한 병이 없고 재원(財源)도 왕성한 자가 그 처

가 반드시 누추하고 악하며 자식이 반드시 불초한 경우도
있어서, 한결같이 반드시 한 가지 응험이 있는데, 그중에
또한 처가 현숙하고 자식이 어질며 병이 없고 또 재원이
왕성한 경우가 있는 것은 세운이 한길 土金의 자리로 행하
는 묘함 때문이며, 또한 局 중의 金水가 木火와 고르게 자
리 잡았는데도 폐와 腎의 病을 얻는 경우도 있으며, 혹은
재물에 파모가 많거나 혹은 처가 누추하고 자식이 못난 경
우도 있는 것은, 또한 세운이 한길 木火의 자리로 행하여
金水가 손상을 받기 때문이니, 마땅히 자세히 미루어 밝혀
야 하며 한 가지만을 고집하여 논해서는 안 된다.

己 辛 壬 壬

丑 酉 子 辰

戊 丁 丙 乙 甲 癸

午 巳 辰 卯 寅 丑

辛金生於仲冬, 金水傷官. 局中全無火氣, 金寒水冷,
土溼而凍, 初患冷嗽. 然傷官佩印, 格局純清, 讀書過目
成誦, 早年入泮. 甲寅乙卯, 洩水之氣, 家業大增. 至丙
辰運, 水火相剋而得疾. 丙寅年火金旺, 水愈激, 竟成弱

症而亡.

辛金이 중동에 생하니 金水상관이며, 局 중에 火氣가 전
혀 없으니 金은 寒하고 水는 냉하며, 土는 습하고 얼어서
초년에 냉으로 인한 기침병을 앓았다. 그러나 상관이 인수
를 차고 격국이 순수하고 맑으므로 글을 읽을 때 한번 보
면 외울 수 있어서 어린 시절에 국학에 들어갔으며, 甲寅
乙卯에 水의 기운을 설하니 가업이 크게 불어났으며, 丙辰
운에 이르러 水火가 상극하여 病을 얻었고, 丙寅년에 火와
金이 왕하여 水가 더욱 격동하니 마침내 허약증을 이루어
사망하였다.

壬 辛 丙 己

辰 酉 子 丑

庚 辛 壬 癸 甲 乙

午 未 申 酉 戌 亥

金水傷官, 丙火透露, 去其寒凝, 故無冷嗽之病. 癸酉
入學補廩, 而擧於鄕. 問曰, 金水傷官喜官星, 何以癸酉
金水之運而得功名? 余曰, 金水傷官喜火, 不過要其煖
局, 非取以爲用也. 取火爲用者, 十無一二. 取水爲用

者, 十有八九. 取火者必要木火齊來, 又要日元旺相. 此造日元雖旺, 局中少木, 虛火無根, 必以水爲用神也. 壬申運, 由教習得知縣. 辛未運丁丑年, 火土並旺, 合取壬水, 子水亦傷, 得疾而亡.

金水상관인데 丙火가 투출하여 그 차고 언 것을 제거하므로 냉수(冷嗽)의 病이 없으며, 癸酉운에 학교에 들어가 늠생에 임명되고 향시에서 천거되었다. "金水상관은 관성을 좋아하는데 어째서 癸酉金水운에 공명을 이루는가?" 묻기에 내가 대답했다. "金水상관이 火를 좋아하는 것은 그 온난한 局을 원하는 데 불과하고 그것을 취하여 용신으로 삼는 것이 아니니, 火를 취하여 용신으로 삼는 경우는 十 중에 一·二도 없고, 水를 취하여 용신으로 삼는 경우는 十 중에 八·九가 있으며, 火를 취하는 경우에는 반드시 木火가 함께 와야 하고 또 日元이 旺相해야 하는데, 이 사주는 日元은 비록 旺하나 局 중에 木이 적어서 허한 火가 뿌리가 없으므로 반드시 水를 용신으로 삼아야 하는 것이다." 壬申운에 교습(敎習)[82]을 거쳐 지현(知縣)이 되었고, 辛未운 丁丑년에는 火土가 함께 旺하고 壬水를 합하여 취하니 子水 역시 손상되므로 病을 얻어 사망하였다.

---

82) 특수한 관리가 될 사람을 가르쳐 자격을 주는 과정.

丙　庚　丙　甲

戌　子　子　戌

壬　辛　庚　己　戊　丁

午　巳　辰　卯　寅　丑

庚金生於子月, 丙火並透, 地支兩戌燥土, 乃丙之庫根.
又得甲木生丙, 過於熱也. 運至戊寅己卯, 而患痰火之症.
庚辰比肩幫身, 支逢溼土, 其病勿藥而愈, 加捐出仕. 辛
巳長生之地, 名利兩全. 其不用火者, 身衰之故也. 凡金
水傷官用火, 必要身旺逢財, 中和用水, 衰弱用土也.

　　庚金이 子月에 생하였는데 丙火가 나란히 투출하고 지
지 양쪽의 조토 戌은 곧 丙의 庫根이며, 또 甲木의 丙을
생함을 만나니 熱에 지나치다. 운이 戊寅·己卯에 이르자
痰으로 인한 火病을 앓았는데, 庚辰운에는 비견이 일주를
돕고 지지에 습토를 만나니 그 病이 약을 쓰지 않고도 나
아서 재물을 바치고 벼슬에 나갔으며, 辛巳운에는 장생의
자리이므로 名利가 모두 온전했는데, 火를 쓰지 않는 까닭
은 日主가 쇠약하기 때문이다. 대체로 金水상관은 火를 쓰
지만 반드시 신왕할 때는 財를 만나야 하고 중화를 이루었
을 때에는 水를 쓰며 쇠약할 때에는 土를 써야 한다.

丙　己　庚　己

寅　亥　午　巳

甲　乙　丙　丁　戊　己

子　丑　寅　卯　辰　巳

己土生于仲夏, 火土印綬. 己本濕土, 又坐下亥水, 丙火透而逢生, 年月又逢祿旺, 此之謂熱, 非燥也. 寅亥化木生火, 夏日可畏, 兼之運走東南木地, 風屬木, 故患風疾. 且巳亥體陰用陽也, 得午助, 心與小腸愈旺. 亥逢寅洩, 庚金不能下生, 腎氣愈虧, 又患遺泄之症, 幸善調養, 而病勢無增. 至乙丑, 運轉北方, 前病皆愈. 甲子癸亥水地, 老而益壯, 又納妾生子, 發財數萬.

己土가 중하에 생하니 火土인수이다. 己는 본래 습토인데 다시 또 亥水에 앉아있으며, 丙火가 투출하여 생을 만나고 年月에 다시 또 녹왕을 만났으니, 이것을 熱이라 하지 燥라고 하지 않는다. 寅과 亥가 木으로 化하여 火를 생하니 여름 해를 두려워할 만한데, 겸하여 운이 東南 木地로 달리니 風은 木에 속하므로 풍병을 앓았다. 또 巳와 亥는 본체는 陰이지만 작용은 陽인데 午의 도움을 만나니 심장과 소장이 더욱 왕해지며, 亥가 寅에게 누설당하고 庚金

이 아래로 생하지 못하여 腎氣가 더욱 휴손되니 다시 또 유설증을 앓았는데 다행히 조양(요양)을 잘하여 병세가 증가하지는 않았다. 乙丑운에 이르러 운이 北方으로 옮겨가니 앞의 병이 모두 나았으며, 甲子·癸亥운은 水地이므로 늙었어도 더욱 건강하였고 또 첩을 얻어 자식을 낳았고 재물 수만금을 일으켰다.

丁　戊　戊　辛

巳　戌　戌　未

壬　癸　甲　乙　丙　丁

辰　巳　午　未　申　酉

戊土生於戌月, 未戌皆帶火燥土, 時逢丁巳, 火土印綬. 戌本燥土, 又助其印, 時在季秋, 此之謂燥, 非熱也. 年干辛金, 丁火刧之, 辛屬肺, 燥土不能生金. 初患痰症, 肺家受傷之故也. 其不致大害者, 運走丙申丁酉, 西方金地. 至乙未甲午, 木火相生, 土愈燥, 竟得蛇皮瘋, 所謂皮痒也. 癸巳運水無根, 不能剋火及激其焰, 其疾卒以亡身. 此火土逼乾癸水, 腎家絶也.

戊土가 戌月에 생하였는데 未와 戌은 모두 火를 대동한

燥土이고 時에 丁巳를 만나니 火土인수이다. 戌은 본래 조토인데 다시 또 그 인수를 도우며, 때가 늦가을이니 이것을 燥라고 하지 熱이라고 하지 않는다. 年干의 辛金을 丁火가 위협하는데 辛은 폐에 속하며 燥土가 金을 생할 수 없어서 초년에 담증을 앓았으니 폐가 손상을 당했기 때문이며, 큰 피해에 이르지 않은 까닭은 운이 丙申·丁酉의 西方 金地로 달리기 때문이다. 乙未·甲午운에 이르러 木火가 상생하여 土가 더욱 건조해지니 마침내 사피풍[83]을 앓았으니 이른바 피양(皮痒)이다. 癸巳운에는 水가 무근이므로 火를 극할 수 없어 그 불꽃을 격화시키게 되자 그 질병으로 마침내 몸을 잃었으니, 이것은 火土가 癸水를 바싹 마르게 하여 腎氣가 끊어진 것이다.

$$乙\ 己\ 丁\ 己$$

$$丑\ 亥\ 丑\ 丑$$

$$辛\ 壬\ 癸\ 甲\ 乙\ 丙$$

$$未\ 申\ 酉\ 戌\ 亥\ 子$$

己土生于季冬, 支逢三丑, 日主本旺, 過於寒濕. 丁火無根, 不能去其寒濕之氣. 乙木凋枯, 置之不用, 書香難

---

83) 사피풍(蛇皮瘋) : 피부가 뱀처럼 되는 병.

就. 己土屬脾, 寒而且濕, 故幼多瘡毒. 癸酉壬申運, 財雖大旺, 兩脚寒濕瘡, 數十年不愈. 又中氣大虧, 亦乙木凋枯之意也.

己土가 계동에 생하고 지지에 세 개의 丑을 만나서 일주가 본래 왕하며 한습에 지나쳤는데, 丁火는 뿌리가 없으니 그 한습한 氣를 제거할 수 없고, 乙木은 시들어 말랐으니 버려두고 쓰지 못하므로 학문을 이루기 어려우며, 己土는 脾에 속하는데 寒하고 濕하므로 유년기에 창독[84]이 많았다. 癸酉·壬申운에는 재물은 비록 왕성했으나 다리에 한습으로 인한 창독이 생겨서 수십 년간 낫지 않았으며, 다시 또 중기[85]가 크게 휴손되었으니 역시 乙木이 시들어 말랐기 때문이다.

庚 甲 己 丙

午 戌 亥 戌

乙 甲 癸 壬 辛 庚

巳 辰 卯 寅 丑 子

甲木生於亥月, 印雖當令, 四柱土多剋水. 天干庚金無

---

84) 창독(瘡毒) : 부스럼.

85) 중기(中氣) : 비위의 기능.

根, 又與亥水遠隔. 戌中辛金鬱而受剋, 午丙引出戌中丁火. 亥水被戌土制定, 不能克火, 所謂鬱火金也. 庚爲大腸, 丙火剋之. 辛爲肺, 午火攻之. 壬爲膀胱, 戌土傷之, 謂火毒攻內. 甲辰運木又生火, 沖出戌中辛金, 被午剋之, 生肺癰而亡.

甲木이 亥월에 생하여 인성이 비록 당령했으나 사주에 土가 많아 水를 극하며, 天干의 庚金은 무근이고 또 亥水와 멀리 떨어져 있으며, 戌 중의 辛金은 답답하게 극을 당하고 午와 丙이 戌 중 丁火를 이끌어내니, 亥水는 戌土에게 제재를 당하여 火를 극할 수 없으니 이른바 火와 金을 답답하게 한 것이다. 庚은 대장인데 丙火가 그것을 극하고, 辛은 폐인데 午火가 그것을 공격하며, 壬은 방광인데 戌土가 그것을 손상하니, 이른바 火의 독이 안의 장기를 공격한 것이다. 甲辰운에 木이 다시 또 火를 생하고 戌 중 辛金을 충하여 이끌어내서 午에게 극을 당하게 하니 폐옹(폐종양)이 생겨서 사망하였다.

甲 甲 癸 庚

戌 午 未 寅

己 戊 丁 丙 乙 甲

丑 子 亥 戌 酉 申

木火傷官用印, 得庚金貼身, 生癸水之印, 純粹可觀,
讀書過目不忘. 惜庚癸兩字, 地支不載. 更嫌戌時會起火
局, 不但金水枯傷, 而且火能熱木, 命主元神洩盡. 幼成
弱症, 肺腎兩虧. 至丙戌運, 逼水剋金而死.

木火상관으로 인수를 쓰는데 庚金의 바짝 접근함을 만
나 인수인 癸水를 생하니 순수함이 볼만하므로 독서할 때
한번 보면 잊지 않았는데, 애석하게도 庚과 癸 두 자가 지
지에 실려 있지 않으며, 다시 또 꺼리는 것은 戌時가 회합
하여 火局을 이루는 것이니, 金水가 마르고 손상될 뿐 아
니라 또한 火가 木을 뜨겁게 할 수 있어서 命主元神이 모
두 누설된다. 어려서부터 허약증을 일으키고 肺와 腎이 모
두 휴손됐는데, 丙戌운에 水를 핍박하고 金을 극하니 요절
하였다.

<pre>
戊　庚　乙　癸
寅　戌　卯　酉
己　庚　辛　壬　癸　甲
酉　戌　亥　子　丑　寅
</pre>

　春木當權, 卯酉雖沖, 木旺金缺, 土亦受傷. 更嫌卯戌
寅戌拱合化殺, 本主脾虛肺傷疾, 然竟一生無病. 但酉弱
卯强, 妻雖不剋, 而中冓難言. 生二子, 皆不肖, 爲匪類.
故免其病, 財亦旺也.

　春木이 당권하니 卯酉가 비록 충하더라도 木이 旺하여
金이 결손되고 土 역시 손상된다. 다시 또 卯戌과 寅戌이
합하여 殺로 변하므로 본래 비허(脾虛)와 폐상(肺傷)의 질
병을 주장하게 됨을 꺼리는데 의외로 한평생 질병이 없었
고, 다만 酉가 약하고 卯가 강하여 처는 극해되지 않았으
나 중구[86]를 말로 다하기 어려웠으며, 두 아들을 낳았으나
모두 불초하여 도둑의 무리가 되었는데, 이 때문에 그 병
을 면하고 재물도 왕성한 것이다.

---

86) 중구(中冓) : 규방의 음란함.

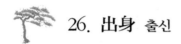

26. 出身 출신

巍巍科第邁等倫은 一個元機暗裏存이니라

높고 큰 과거에서 무리 중에 뛰어나는 것은 하나의 근원이 되는 기틀이 은밀히 존재하기 때문이다.

[原注] 凡看命에 看人之出身最難이니 如狀元出身에 格局淸奇迥異하여 若隱若露하며 奇而難決者는 必有元機니 須搜尋之니라

무릇 命을 보는 데는 사람의 출신을 보는 것이 가장 어려운 것이니, 가령 장원 출신인 경우에 격국이 맑고 기이하고 매우 특이하여 숨은 듯 드러나는 듯하며, 기특하여 결단하기 어려운 까닭은 틀림없이 근원이 되는 기틀이 있기 때문이니, 반드시 그것을 찾아야 한다.

【任注】命論人之出身最難, 故有元機存焉. 元機者, 不特格局清奇迥異, 用神眞假之分. 須究支中藏神司命, 包羅用神喜神, 使閑神忌神不能爭戰, 反有生拱之情. 又有格局本無出色處, 而名冠羣英者, 必先究其世德之美惡, 次論山川之靈秀. 所以鍾靈毓秀, 從世德而來者, 不論命也. 故世德心田居一, 山川居二, 命格居三. 然看命之要, 非殺印相生爲貴, 官印雙清爲美也. 如顯然殺印財官, 動人心目者, 必非佳造. 若用神輕微, 喜神暗伏, 秀氣深藏者, 初看並無好處, 越看越有精神, 其中必有元機, 宜仔細搜尋.

命에서 사람의 출신을 논하는 것이 가장 어려우니, 그러므로 거기에는 근원이 되는 기틀이 존재하는 것이다. 근원이 되는 기틀이란 격국의 맑고 기이하고 매우 특이함과 용신의 眞假의 구분뿐만 아니라, 반드시 지지 중에 암장된 神의 사명(司命)과 용신 희신을 포함하여 한신 기신으로 하여금 다투지 못하고 도리어 생부하여 손을 잡는 情이 있게 하는지 궁구해야 한다. 또 격국에는 본래 출중한 곳이 없으면서도 명성이 높고 무리에서 뛰어남이 있는 경우에는 반드시 먼저 세덕[87]의 좋고 나쁨을 궁구하고 그다음에

---

87) 세덕(世德) : 조상대대로 쌓아온 공덕.

산천의 영특하고 **빼어남**을 논하는 것이니, 이 때문에 영특함을 부여하고 뛰어난 인재를 기르는 것이 세덕으로부터 온 경우에는 命을 논하지 않는 것이다. 그러므로 세덕의 심전[88]이 첫번째이고, 山川이 두 번째이고, 命의 격국이 세 번째이다. 그렇다면 간명의 요점은 殺印相生만을 귀하게 여기고 官印雙淸만을 아름답게 여기는 것이 아니니, 가령 분명하게 드러난 殺印財官이 사람의 마음과 눈을 움직이게 하는 것은 반드시 아름다운 사주가 아니며, 만약 용신이 경미하고 희신이 암복하여 **빼어난** 氣가 깊이 저장된 경우에는 처음 보기에는 결코 좋은 곳이 없는 듯하나 볼수록 더욱 精과 神이 있어서 그 가운데에 반드시 근원이 되는 기틀이 있는 것이니 마땅히 자세히 찾아보아야 한다.

戊　己　壬　壬

辰　未　寅　辰

戊　丁　丙　乙　甲　癸

申　未　午　巳　辰　卯

己土生于孟春, 官當令, 天干覆以財星, 生官有情. 然春初己土濕而且寒, 年月壬水, 通根身庫. 喜其寅中丙火

---

88) 심전(心田) : 대대로 선악을 심어온 마음의 밭.

司令爲用, 伏而逢生, 所謂元機暗裏存也. 至丙運, 元神
發露, 戊辰年比助時干, 剋去壬水, 則丙火不受剋, 大魁
天下. 以俗論之, 官星不透, 財輕刦重, 謂平常命也.

　己土가 맹춘에 생하여 官이 당령했으며, 천간에 재성으
로 덮어서 官을 생하니 유정하다. 그러나 춘초에는 己土가
습하고도 寒하며, 年月의 壬水는 자신의 庫에 통근했는데,
기쁘게도 寅 중의 丙火가 시령을 맡아 용신이 되고 잠복해
있으면서 生을 만나니, 이른바 근원이 되는 기틀이 은밀히
존재한다는 것이다. 丙운에 이르러 원신이 드러나고 戊辰
년에 비겁이 時干을 도와서 壬水를 극거하므로 丙火가 극
을 당하지 않으니 천하에 큰 인물이 되었다. 세속의 방법
으로 이것을 논하면 관성이 투출하지 않고 財는 경미하고
비겁이 중하므로 보통의 命이라 할 것이다.

丙　甲　甲　壬

寅　戌　辰　戌

庚　己　戊　丁　丙　乙

戌　酉　申　未　午　巳

甲木生于季春, 木有餘氣, 又得比祿之助. 時干丙火獨

透, 通輝純粹. 年干壬水, 坐下燥土之制, 又逢比肩之洩, 展轉相生, 則丙火更得其勢. 至戊運, 戊之元神透出制壬, 兩冠羣英, 三元及第. 其仕路未能顯秩者, 運走西方金地, 洩土生水之故也.

甲木이 계춘에 생하니 木의 여기가 있고 또 비견과 녹의 도움을 만나며, 時干의 丙火는 혼자 투출하여 빛을 통함이 순수하며, 年干의 壬水는 좌하에 조토의 억제가 있고, 또 비견의 누설을 만나 돌아가면서 상생하니 丙火가 다시 그 세력을 얻는다. 戊운에 이르러 戊의 원신이 투출하여 壬을 억제하니 많은 영재들 중에서 두 번이나 수석을 차지하여 진사과에 삼원[89]으로 급제했는데, 그 벼슬길에 관직이 드러나지 않은 까닭은 운이 西方 金地로 달려서 土를 설하고 水를 생하기 때문이다.

庚 丁 丁 甲
戌 卯 丑 寅
癸 壬 辛 庚 己 戊
未 午 巳 辰 卯 寅

---

89) 삼원(三元) : 일등, 이등, 삼등을 말함.

丁火生于季冬, 局中印綬疊疊, 弱中變旺, 足以用財.
庚金虛露, 本無出色. 喜其丑內藏辛爲用, 亦是元機暗裏
存也. 丑乃日元之秀氣, 能引比肩來生. 又得卯戌合, 而
丑土不傷. 所以身居鼎右, 探花及第.

丁火가 계동에 생하였으나 局 중에 인수가 중첩하여 약
한 가운데 旺으로 변했으므로 財를 쓸 수 있다. 庚金은 허
하게 드러나서 본래 뛰어남이 없으나, 기쁘게도 丑에 내장
된 辛을 용신으로 삼으니, 역시 원기가 은밀히 존재하는
것이다. 丑은 곧 日元의 秀氣로 비견의 來生을 이끌어낼
수 있으며, 다시 또 卯戌합을 이루어 丑土가 손상되지 않
으니, 이 때문에 몸이 정우90)를 차지하여 탐화91)로 급제한
것이다.

辛　庚　壬　丁
巳　子　子　亥
丙　丁　戊　己　庚　辛
午　未　申　酉　戌　亥

---

90) 정우(鼎右) : 전시에서 가장 우수한 三人.
91) 탐화(探花) : 왕이 직접 주관하는 과거인 전시(본과거)에서 1등은 장원(壯元), 이등은 방안(榜眼),
　　삼등은 탐화(探花)라고 한다.

庚金生于仲冬, 傷官太旺, 過于洩氣, 用神在土, 不在
火也. 柱中之火, 不過取其煖局耳. 四柱無土, 取巳中藏
戊. 水旺剋火, 火能生土, 亦是元機暗裏存也. 至戊運丙
辰年, 火土相生, 巳中元神並發, 亦居鼎右.

庚金이 중동에 생하고 상관이 태왕하여 설기에 지나치
니 용신은 土에 있고 火에 있지 않다. 柱 중의 火는 원국
을 따뜻하게 함을 취하는 데 불과할 뿐이며, 사주에 土가
없으니 巳 중에 암장된 戊를 취하는데, 水가 왕하여 火를
극하지만 火는 土를 생할 수 있으니, 역시 근원이 되는 기
틀이 은밀히 존재하는 것이다. 戊운 丙辰년에 火土가 상생
하고 巳 중 元神이 함께 발로하니 역시 정우(鼎右)를 차지
하였다.

清得盡時黃榜客이니 雖存濁氣亦中式이라

청기가 극진함을 이룰 때에는 황방[92]에 이름이 오
를 것이니, 비록 탁기가 있더라도 과거에 급제한다.

[原注] 天下之命에 未有不淸而發科甲者라 淸得盡者는

---

92) 황방(黃榜) : 전시 급제자를 알리는 방문.

非必一一成象이니 雖五行盡出하여 而能安放得所라도 生化
有情하고 不混閑神忌客이라야 決發科甲하며 卽有一二濁氣
라도 而淸氣或成一個體段이면 亦可發達이니라

천하의 命 중에 청하지 않으면서 과거에 급제하는 경우는 있
지 않았다. 청기가 극진함을 이룬다는 것은 반드시 하나하나가
모두 象을 이루어야 하는 것이 아니니, 비록 오행이 모두 나타나
서 알맞게 놓여 자리를 얻을 수 있더라도 생화유정하고 한신·
기신·객신 등과 혼잡하지 않아야 반드시 과거에 급제하며, 혹
한두 개의 탁기가 있더라도 청기가 혹 하나의 체단(골격)을 이
루면 또한 발달할 수 있다.

【任注】淸得盡者, 非一行成象, 兩氣雙淸也. 雖五行
盡出, 而淸氣獨逢生旺, 或眞神得用, 或淸氣深藏者, 黃榜
標名也. 若淸氣當權, 閑神忌客, 不司令, 不深藏, 得歲運
制化者, 亦發科甲也. 淸氣當權, 雖有濁氣, 安放得所, 不
犯喜用者, 雖不能發甲, 亦發科也. 淸氣雖不當令, 得閑神
忌客不黨濁氣, 匡扶淸氣, 或歲運安頓者, 亦可中式也.

청기가 극진함을 이룬다는 것은 한 가지 길로 象을 이루
는 것이 아니라 양 氣가 모두 청한 것이니, 비록 오행이
모두 나타났더라도 청기가 홀로 생왕을 만나거나 혹은 진

신이 쓰임을 만나거나 청기가 깊이 암장된 경우에는 황방
(黃榜)에 이름을 기록한다. 만약 청기가 당권을 했을 때 한
신·기신·객신이 사령하지 않고 깊이 숨어있지도 않아서
歲運의 제화를 만난 경우에도 역시 과거에 급제하며, 청기
가 당권을 했을 때 비록 탁기가 알맞게 자리를 얻었더라도
희신과 용신을 범하지 않는 경우에는 비록 우등으로 급제
하지 못해도 과거에 급제하며, 청기가 비록 당령하지 못했
더라도 한신·기신·객신이 탁기와 무리를 이루지 않고
청기를 돕거나 혹 歲運에 안돈(안착)함을 이룬 경우에는
또한 과거에 합격할 수 있다.

丙　己　乙　戊
寅　卯　卯　辰
辛　庚　己　戊　丁　丙
酉　申　未　午　巳　辰

平傳爐造. 己土生于卯月, 殺旺提綱, 乙木元神透露.
支類東方, 時干丙火生旺. 局中不雜金水, 清得盡者也.
若一見金, 不但不能剋木, 而金自傷. 觸其旺神, 徒與不
和, 爲不盡也.

평 전려[93]의 사주이다. 己土가 卯月에 생하니 殺이 왕하여 제강을 맡고 乙木원신이 투로하며, 지지가 모두 東方이고 時干의 丙火가 생왕하며, 局 중에 金水가 섞이지 않았으니 청기가 극진함을 이룬 것이다. 만약 金을 한번 만나면 木을 극하지 못하여 金이 스스로 손상될 뿐 아니라 그 왕신을 건드려서 다만 그들과 불화하므로 극진하지 않게 된다.

甲　庚　己　癸

申　子　未　未

癸　甲　乙　丙　丁　戊

丑　寅　卯　辰　巳　午

庚金生於未月, 燥土本難生金. 喜其坐下子水, 年透元神, 謂三伏生寒, 潤土養金. 雖然土旺水衰, 妙在申時拱子, 有洩土生水扶身之美. 更妙火不顯露, 清得盡也. 初交戊午丁巳丙運, 生土逼水, 功名蹭蹬, 家業破耗. 辰運支全水局, 擧於鄕. 交乙卯制去己未之土, 登黃甲, 入詞林. 又掌文柄, 仕路顯赫.

庚金이 未월에 생하니 燥土는 본래 金을 생하기 어려운

---

93) 전려(傳臚) : 황제의 조서를 전달하는 관직.

것인데, 기쁘게도 좌하에 子水가 있고 年干에 그 원신이 투출했으니 이른바 三伏에 한기(寒氣)를 생하고 潤土가 金을 기르는 것이다. 그러나 土는 왕하고 水는 쇠한데 묘함이 申時가 子와 손을 잡아서 土를 설하고 水를 생하며 일주를 돕는 아름다움을 지닌데 있으며, 다시 묘하게도 火가 드러나지 않아서 청기가 극진함을 이루었다. 초년 戊午·丁巳·丙운에 土를 생하고 水를 핍박하니 공명에 차질이 있고 가업이 파모했으며, 辰운에는 지지가 水局을 갖추니 향시에 뽑혔고, 乙卯로 바뀌어 己未土를 억제하여 제거하니 황갑[94]에 올라 사림(한림원)에 들어갔으며, 또 문병[95]을 잡아 벼슬길이 뚜렷하게 빛났다.

$$丁\ 甲\ 癸\ 癸$$
$$卯\ 午\ 亥\ 未$$
$$丁\ 戊\ 己\ 庚\ 辛\ 壬$$
$$巳\ 午\ 未\ 申\ 酉\ 戌$$

甲木生于亥月, 癸水並透, 其勢泛濫. 冬木喜火, 最喜卯時, 不特丁火通根, 抑且日主臨旺. 又會木局, 洩水生

---

94) 황갑(黃甲) : 進仕 甲科.
95) 문병(文柄) : 문관의 권세.

火扶身. 更妙無金, 清得盡矣. 至己未運, 制其癸水, 丙
辰流年, 捷南宮, 入翰苑, 官居淸要.

甲木이 亥월에 생하고 癸水가 나란히 투출하니 그 세력
이 범람한다. 冬木은 火를 좋아하는데 가장 기쁜 것은 卯
時이니 丁火가 통근할 뿐 아니라 또한 일주가 旺에 임하
며, 다시 또 木局을 회합하여 水를 설하고 火를 생하며 일
주를 돕는데, 다시 묘하게도 金이 없어서 청기가 극진함을
이루었다. 己未운에 이르러 그 범람하는 癸水를 제지하니
丙辰유년에 남궁(예부)에 오르고 한림에 들어가니 관직이
중요한 지위를 차지했다.

<table>
<tr><td>乙</td><td>癸</td><td>己</td><td>壬</td></tr>
<tr><td>卯</td><td>卯</td><td>酉</td><td>辰</td></tr>
</table>

乙 甲 癸 壬 辛 庚
卯 寅 丑 子 亥 戌

癸卯日元, 食神太重, 不但日元洩氣, 而且制殺太過.
喜其秋水通源, 獨印得用. 更妙辰酉合而化金, 金氣愈
堅. 局中全無火氣, 淸得盡矣. 所以早登雲路, 名高翰
苑. 惜中運逢木, 仕路恐不能顯秩也.

癸卯일원에 식신이 너무 중첩하여 일원이 설기될 뿐 아니라 또 제살이 너무 지나치다. 기쁘게도 가을의 水가 근원에 통하니 하나의 印이 쓰임을 얻는데, 다시 또 묘하게도 辰酉가 합하여 金으로 化하니 金氣가 더욱 견고하며, 局 중에 火氣가 전혀 없으니 청기가 극진함을 이루었다. 이 때문에 일찍 높은 벼슬에 올라 한원에 명성이 높았는데, 애석하게도 중년운에 木을 만나니 벼슬길이 현저하지 못할까 염려된다.

```
丙  庚  甲  己
子  子  戌  亥
戊  己  庚  辛  壬  癸
辰  巳  午  未  申  酉
```

庚金生于戌月, 地支兩子一亥, 干透丙火, 剋洩交加. 喜其印旺月提, 雖嫌甲木生火剋土, 得甲己合而化土, 清得盡也. 至己巳流年, 印星有助, 沖去亥水甲木長生, 名題鴈塔.

庚金이 戌月에 생하였는데, 지지에 두 개의 子와 하나의 亥가 있고 천간에 丙火가 투출하니 剋과 洩이 뒤섞여 있다. 기쁘게도 印이 旺하여 월령을 차지하니 비록 甲木이 火를 생하고 土를 극함을 꺼리지만 甲己가 합하여 土로 化함을 이루므로 청기가 극진함을 이룬다. 己巳酉년에 인성에 도움이 있고 甲木의 장생인 亥水를 충거하니 이름이 안탑에 올랐다.

辛　庚　丙　己

巳　子　子　亥

庚　辛　壬　癸　甲　乙

午　未　申　酉　戌　亥

　庚金生於仲冬, 地支兩子一亥, 干透丙火, 剋洩並見. 喜其己土透露, 洩火生金, 五行無木, 清得盡也. 至己巳年, 印星得助, 名高翰苑. 所不足者, 印不當令, 又己土遙列而虛, 故降任知縣.

　庚金이 중동에 생하였는데 지지에 두 개의 子와 하나의 亥가 있고 천간에 丙火가 투출하니 剋과 洩이 함께 보인다. 기쁘게도 己土가 투로하여 火를 설하고 金을 생하며 오행에 木이 없으니 청기가 극진함을 이루었다. 己巳년에 인성이 도움을 만나 한원에 명성이 높았는데, 부족한 것은 인성이 시령을 만나지 못하고 또 己土가 멀리 떨어져 있어서 허하므로 지현으로 낮추어 임명되었다.

$$壬 \quad 丙 \quad 壬 \quad 丙$$
$$辰 \quad 子 \quad 辰 \quad 申$$
$$戊 \quad 丁 \quad 丙 \quad 乙 \quad 甲 \quad 癸$$
$$戌 \quad 酉 \quad 申 \quad 未 \quad 午 \quad 巳$$

丙火生于季春, 兩殺並透, 支會殺局. 喜其辰土當令制殺, 辰中木有餘氣而生身. 病在申金, 無此盡美, 所以天資過人. 丁卯年合殺, 而印星得地, 中鄕榜. 辛未年去其子水, 木火皆得餘氣, 春闈亦捷, 究竟申金爲嫌, 不得大用歸班. 更嫌運走西方, 以酒色爲事也.

丙火가 계춘에 생하였는데, 두 개의 殺이 함께 투출하고 지지에도 殺局을 이루었다. 기쁘게도 辰土가 당령하여 殺을 제압하고 辰 중 木의 여기가 일주를 생하였는데, 病이 申金에 있지만 이것이 없으면 아름다움을 다하므로 타고난 자질은 남보다 뛰어났다. 丁卯년에 殺을 합하고 인성이 자리를 얻으니 향방에 합격했으며, 辛未년에 그 子水를 제거하고 木火가 모두 여기를 얻으니 춘위(春闈)에도 급제했으나, 결국 申金이 혐기(嫌氣)가 되어 크게 쓰이지 못하고 반열에서 뒤떨어졌으며, 다시 또 꺼리는 것은 운이 西方으로 달려서 주색을 일삼은 것이다.

乙　壬　壬　戊

巳　子　戌　午

戊　丁　丙　乙　甲　癸

辰　卯　寅　丑　子　亥

壬水生于戌月, 水進氣, 而得坐下陽刃幫身. 年干之殺, 比肩攔之, 謂身殺兩停. 其病在午, 子水沖之. 又嫌在巳, 子水隔之, 使其不能生殺, 且戌中辛金暗藏爲用, 同胞雙生, 皆中進士.

壬水가 戌월에 생하여 水는 進氣이고 좌하 陽刃의 방신을 만났으며, 年干의 殺을 비견이 가로 막고 있으니 이른바 신살양정(身殺兩停)이다. 사주의 病이 午火에 있는데 子水가 그것을 沖하며, 또 혐오함이 巳에 있는데 子水가 그것을 막아서 殺을 생하지 못하게 하며, 또 戌 중에 辛金이 암장되어 쓰임을 이루니 쌍둥이로 태어나 모두 진사에 합격하였다.

戊 乙 辛 庚
寅 卯 巳 戌
丁 丙 乙 甲 癸 壬
亥 戌 酉 申 未 午

乙木生于巳月，傷官當令，足以制官伏殺. 坐下祿支扶身，寅時又藤蘿繫甲. 至庚辰年，支類東方，中鄉榜，不發甲. 只因四柱無印，戌土洩火生金之故也. 同胞雙生，其弟生卯時，雖亦得祿，不及寅中甲木有力，而藏之爲美. 故遲至己亥年，印星生拱，始中鄉榜也.

乙木이 巳月에 생하여 상관이 당령하니 官과 殺을 제복할 수 있으며, 좌하의 祿支가 일주를 돕고 寅時는 다시 또 등라계갑(藤蘿繫甲)이 되었다. 庚辰년에 이르러 지지의 부류가 東方이므로 향방에는 합격했으나 甲科에는 오르지 못했으니, 다만 사주에 印이 없고 戌土가 火를 누설하고 金을 생하는 까닭 때문이다. 쌍둥이로 태어났는데 그 아우는 卯時에 태어나 비록 또한 녹을 얻었지만 寅 중 甲木의 유력함에는 미치지 못하는데 암장된 것이 아름다우므로, 뒤늦게 己亥년에 이르러 인성이 生으로 손을 잡으니 비로소 향방에 합격하였다.

甲　戊　乙　癸

寅　午　卯　亥

己　庚　辛　壬　癸　甲

酉　戌　亥　子　丑　寅

　戊土生于仲春, 官殺並旺臨祿, 又財星得地生扶. 雖坐下午火印綬, 虛土不能納火, 格成棄命從殺, 官殺一類旣從, 不作混論. 至子運沖去午火, 庚子年金生水旺, 沖盡午火, 中鄕榜.

　戊土가 중춘에 생하였는데, 官과 殺이 함께 왕하고 녹에 임하며 다시 또 재성이 득지하여 生扶한다. 日主는 비록 좌하에 午火인수가 있으나 허한 土는 火를 받아들일 수 없으니 格은 기명종살(棄命從殺)을 이루며, 官과 殺이 한 가지 부류로 이미 따랐으니 혼잡으로 논하지 않는다. 子운에 이르러 午火를 충거하고 庚子년에 金이 생하여 水가 旺해지므로 午火를 충거하여 없애니 향방에 합격하였다.

```
癸 庚 壬 戊
未 寅 戌 子
戊 丁 丙 乙 甲 癸
辰 卯 寅 丑 子 亥
```

庚金生於戌月, 印星當令, 金亦有氣, 用神在水, 不在
火也. 至庚申流年, 壬水逢生, 又洩土氣, 北闈奏捷. 所嫌
者, 戊土元神透露, 不利春闈. 兼之中運木火, 財多破耗.

　庚金이 戌月에 생하여 인성이 당령하고 金이 또한 기세
가 있으니 용신은 水에 있으며 火에 있지 않다. 庚申유년
에 이르러 壬水가 生을 만나고 또 土氣를 설하니 북위(北
闈)에 합격했는데, 꺼리는 바는 戊土원신이 투로하여 춘위
(春闈)에 불리한 것이며, 겸하여 中운 木火에는 재물에 파
모가 많았다.


```
戊 辛 己 戊
子 亥 未 子
乙 甲 癸 壬 辛 庚
丑 子 亥 戌 酉 申
```

辛金生于季夏, 局中雖多燥土, 妙在坐下亥水. 年時逢

子潤土養金, 能邀其未拱木爲用. 至丁卯年, 全會木局,
有病得藥, 棘闈奏捷.

辛金이 계하에 생하고 局 중에 비록 燥土가 많으나 묘함
이 좌하 亥水에 있으며, 年과 時에 子를 만나 土를 윤택하게
하고 金을 기르니 그 未를 맞이하여 木으로 손을 잡는 것을
용신으로 삼는다. 丁卯년에 이르러 완전히 木局을 이루니 병
이 있을 때 약을 얻은 격이므로 과거에서 급제하였다.

秀才不是塵凡子로되 淸氣還嫌官不起라

수재는 평범한 사람이 아니지만, 청기가 있어도
관성이 일어나지 않는 것을 꺼린다.

[原注] 秀才之命은 與異路人貧人富人之命과 無甚大別이
나 然終有一種淸氣處하니 但官星不起라 故無爵祿이니라

수재의 命은 異路人이나 貧人, 富人의 命과 매우 크게 다른
것은 없으나 마침내 일종의 청기가 머무는 곳이 있는데 다만 관
성이 일어나지 않기 때문에 작록이 없는 것이다.

【任注】秀才之命, 與異路貧富人無甚分別, 細究之,
必有淸氣存焉. 官星不起者, 非官星不透之謂也. 如官星

太旺, 日主不能用其官. 如官星太弱, 官星不能剋日主.
如官旺用印見財者. 如官衰用財遇刦者. 如印多洩官星
之氣者. 如官多無印者. 如官透無根, 地支不載. 如官坐
傷位, 傷坐官位. 如忌官逢財, 喜官遇傷者, 皆謂之官星
不起也. 縱有淸氣, 不過一衿終身.

　수재의 命은 異路人이나 貧人, 富人과 심한 분별은 없으
나, 그것을 자세히 궁구해 보면 반드시 거기에는 청기가
존재한다. 관성불기(官星不起)란 관성이 투출하지 않음을
말하는 것이 아니니, 가령 관성이 태왕하여 日主가 그 관
성을 쓰지 못하거나, 또는 관성이 태약하여 관성이 일주를
극하지 못하거나, 또 관성이 왕하여 印을 쓸 때 財를 만나
는 경우와, 또 관성이 쇠하여 財를 쓸 때 비겁을 만나는
경우와, 印이 많아 관성의 氣를 설하는 경우와, 관성이 많
은데 印이 없는 경우와, 관성이 투출했으나 뿌리가 없어
지지가 실어주지 않는 경우와, 관성이 상관의 자리에 앉거
나 상관이 관성의 자리에 앉은 경우와, 관성을 꺼릴 때 財
를 만나거나 관성을 좋아할 때 상관을 만나는 경우 등은
모두 그것을 관성불기라 하는데, 비록 청기가 있더라도 一
衿으로 종신하는데 불과할 뿐이다.

有富而秀者, 身旺財旺, 與官星不通也, 或傷官顧財不顧
官也. 有貧而秀者, 身旺官輕, 財星受劫也, 或財官太旺,
印星不現, 或傷官用印, 見財不見官也. 有學問過人, 竟不
能得一衿, 老于儒童者, 此亦有清氣存焉.

부유하면서 수재인 경우가 있으니 身도 旺하고 財도 旺
한데 관성과 통하지 않거나 혹은 상관이 財를 돌보고 官을
돌보지 않기 때문이며, 가난하면서 수재인 경우가 있으니
身은 왕하고 官은 경한데 재성이 위협을 당하거나 혹은 財
와 官이 태왕한데 인성이 나타나지 않거나 혹은 상관격에
印을 쓰는데 財는 보이고 관이 보이지 않기 때문이며, 학
문이 남보다 뛰어난데도 마침내 一衿도 얻지 못하고 유동
(儒童, 유생)으로 늙는 경우가 있으니, 이러한 사주에도 청
기가 존재하는 것이다.

格局原可發秀, 只因運途不齊, 破其清氣, 以致終身不
能稍舒眉曲也. 亦有格局本可登科發甲者, 亦因運途不
齊, 屢困場屋, 終身一衿, 不能得路于青雲也. 有格局本
無出色, 竟能科甲連登. 此因一路運途合宜, 助其清氣官
星, 去其濁氣忌客之故也.

격국은 원래 빼어남을 드러낼 수 있으나 다만 운도가 가지런하지 못함으로 인하여 그 청기를 파하여 종신토록 눈썹의 굴곡을 조금도 펴지 못하기에 이르기도 하며, 또 격국은 본래 과거에 오르고 장원급제할만한 자인데도 다만 운도가 가지런하지 못함으로 인하여 장옥96)에서 여러 번 막히게 되어 一衿으로 몸을 마치고 청운에 길을 얻지 못하는 경우도 있다. 격국은 본래 뛰어난 기색이 없는데도 마침내 과거에 연달아 합격할 수 있는 경우가 있으니, 이것은 한 길의 운도가 합당하여 그 淸氣인 관성을 돕고 그 濁氣인 기신과 객신을 제거하는 까닭 때문이다.

戊　乙　壬　癸

寅　卯　戌　巳

丙　丁　戊　己　庚　辛

辰　巳　午　未　申　酉

乙卯日元, 生於季秋, 得寅時之助, 日主不弱, 足以用巳火之秀氣. 戊土火庫收之, 壬癸當頭剋之. 格局本無出色, 且辛金司令, 壬水進氣通源. 幸得時透戊土, 去濁留

---

96) 장옥(場屋) : 관리 채용 시험장.

清, 故文望若高山北斗, 品行似良玉精金. 中運逢火, 丙子年優貢. 惜子水得地, 難得登雲.

乙卯일원이 계추에 생하였으나 寅時의 도움을 얻어 일주가 약하지 않으므로 巳火의 秀氣를 쓸만한데, 火의 庫인 戊土가 그것을 거두고 壬癸가 당두(當頭)하여 그것을 극한다. 격국은 본래 뛰어난 기색이 없고 또 辛金이 사령하니 壬水는 進氣로 근원에 통하였는데, 다행히 時干에 戊土가 투출하여 탁기를 제거하고 청기를 남길 수 있으므로 학문의 명망이 고산북두(高山北斗)와 같고 품행이 양옥정금(良玉精金)과 같았다. 중년운 火를 만나니 丙子년에 국자감에서 관직에 임명되었는데, 애석하게도 子水가 자리를 얻으니 높은 지위에 오르지는 못했다.

乙 甲 庚 癸
亥 申 申 未

甲 乙 丙 丁 戊 己
寅 卯 辰 巳 午 未

甲申日元, 生於孟秋, 庚金兩坐祿旺. 喜亥時絕處逢生, 化殺有情, 癸水元神透出, 清可知矣. 但嫌殺勢太旺, 日主虛弱, 不能假殺爲權. 所以起而不起也, 廩貢終身.

甲申일원이 맹추에 생하고 庚金이 두 개의 녹왕 자리에 앉았는데, 기쁘게도 亥時에서 절처봉생(絶處逢生)하여 殺을 引化하여 유정하고 癸水원신이 투출하니 청함을 알 수 있다. 다만 꺼리는 것은 殺의 세력이 태왕하고 일주가 허약하여 殺을 빌려 권세로 삼지 못하므로, 이 때문에 일어나려 해도 일어나지 못한 것이니 늠공[97]으로 일생을 마쳤다.

己 丁 甲 壬

酉 巳 辰 午

庚 己 戊 丁 丙 乙

戌 酉 申 未 午 巳

丁火生于季春, 官星雖起, 坐下無根, 其氣歸木. 日主臨旺, 時財拱會有情, 却與官星不通. 且中年運走土金, 財星洋溢, 官星有損, 功名不過一衿, 家業數十萬. 若換酉年午時, 名利雙輝矣.

丁火가 계춘에 생하였는데 관성은 비록 일어났으나 좌하에 뿌리가 없으니 그 氣가 木으로 돌아간다. 일주가 旺

---

97) 늠공(廩貢) : 급식을 제공받는 생원.

에 임하고 時의 財가 巳와 회합하여 유정하나 관성과 통하지 않으며, 또 중년운이 土金으로 달려서 재성은 넘치고 관성은 손상이 있으므로 공명은 一衿에 불과했으나 가업은 수십 만금을 모았다. 만약 酉年 午時로 바뀌었다면 名利가 모두 빛날 것이다.

丁　丙　乙　癸

酉　午　卯　未

己　庚　辛　壬　癸　甲

酉　戌　亥　子　丑　寅

丙午日元, 生于卯月, 局中木火兩旺. 官坐傷位, 一點財星刦盡, 謂財刦官傷. 壬運雖得一衿, 貧乏不堪. 子運回沖, 又逢未破刦妻. 辛運丁火回刦, 剋子. 亥運會木生火而亡.

丙午일원이 卯月에 생하고 局 중에 木火가 모두 旺한데, 官이 상관위에 앉고 한 점 재성은 겁탈이 지극하니, 이른바 財는 겁탈되고 官은 손상된 것이다. 壬운에는 비록 一衿을 얻었으나 빈핍을 견디기 어려웠으며, 子운에는 回沖이 되고 또 未의 파를 만나 극처(剋妻)했으며, 辛운에는 丁

火가 돌이켜 위협하니 자식을 극해하였고, 亥운에는 木과 회합하여 火를 생하므로 사망하였다.

甲　壬　庚　戊

辰　申　申　申

丙　乙　甲　癸　壬　辛

寅　丑　子　亥　戌　酉

此造大象觀之, 殺生印, 印生身, 食神淸透, 連珠相生, 淸而純粹. 學問過人, 品行端方. 惜乎無火, 淸而少神, 用土則金多氣洩, 用木則金銳木凋. 兼之運走西北金水之地, 讀書六十年, 不克博一衿. 家貧出就外傳四十載, 受業者登科發甲. 自己不獲一衿, 莫非命也.

이 사주의 대체적인 현상을 살펴보면 殺이 印을 생하고 印이 身을 생하며, 식신이 맑게 투출하여 구슬을 꿴 듯 상생하니 맑고 순수하므로, 학문이 남보다 뛰어나고 품행이 단정하였다. 애석하게도 火가 없어서 청하면서도 神이 부족하니 土를 쓰는 경우에는 金이 많아서 氣가 누설되고 木을 쓰는 경우에는 金이 예리하여 木이 시들게 되는데, 겸하여 운이 西北金水의 자리로 달리니 60년간 글만 읽고

一衿도 얻지 못하였다. 집이 가난하여 밖으로 나가 40년간 사람을 가르쳤는데 수업 받은 자는 과거에 오르고 장원급제했으나, 자기 자신은 一衿도 얻지 못했으니 命 아닌 것이 없다.

戊 壬 癸 己

申 申 酉 亥

丁 戊 己 庚 辛 壬

卯 辰 巳 午 未 申

此造, 官殺並透無根, 金水太旺, 太不及前造之純粹也. 喜其運走南方火土, 精足神旺. 至未運, 早遊泮水. 午運科甲連登. 己巳戊辰, 仕路光亨. 與前造天淵之隔者, 非命也, 實運美也.

이 사주는 官과 殺이 함께 투출했으나 뿌리가 없고 金水가 太旺하니 앞 사주의 순수함에는 크게 미치지 못하는데, 기쁘게도 운이 南方 火土로 달리니 精이 넉넉하고 神이 旺하다. 未운에 이르러 일찍 반수에 노닐고, 午운에는 과거에 연달아 급제했으며, 己巳・戊辰운에는 벼슬이 빛나고 형통했으니, 앞의 사주와 천지만큼 현격한 까닭은 命이 아니라 진실로 운이 아름답기 때문이다.

異路功名莫說輕이니 日干得氣遇財星이니라

이로공명(異路功名)98)을 가볍게 말하지 말 것이니, 日干이 氣를 얻고 재성을 만났기 때문이다.

[原注] 刀筆得成名者는 與不成名者自異라 必是財星得個門戶하고 通得官星하여 中有一種淸皦之氣라 所以得出身이니 其老于刀筆而不能出身者는 終是財星與官不相通也니라

도필99)로 이름을 이룰 수 있는 자는 이름을 이루지 못하는 자와 본래 다르므로, 반드시 재성이 별개의 문호를 이루고 관성과 통할 수 있어서 局 중에 일종의 맑고 밝은 기운이 있기 때문에 높은 지위에 오를 수 있는 것인데, 도필에서 늙고 높은 지위에 오르지 못하는 까닭은 마침내 재성과 관성이 서로 통하지 않기 때문이다.

【任注】異路功名, 有刀筆成名者, 有捐納出身者. 雖有分別, 總不外日干有氣, 財官相通也. 或財星得用, 暗

---

98) 과거를 통하지 않고 다른 길을 통하여 공을 이루고 명예를 이루는 것.
99) 도필(刀筆) : 문서 작성하는 일.

成官局. 或官伏財鄕, 兩意情通. 或官衰逢財, 兩神和
協. 或印旺官衰, 財星破印. 或身旺無官, 食傷生財. 或
身衰官旺, 食神制官, 必有一種淸純之氣, 方可出身. 其
仕路之高卑, 須究格局之氣勢, 運途之損益, 可知矣.

다른 길에서 공명을 이루는 것은 도필로 이름을 이루는
경우가 있고 재물을 바치고 벼슬을 얻는 경우가 있는데,
비록 분별은 있으나 모두 일간의 有氣와 재관의 상통을 벗
어나지 않는다. 혹 재성이 쓰임을 이룰 때 암암리에 官局
을 이루거나, 혹은 官이 財향에 잠복되었을 때 두 뜻과 情
이 통하거나, 혹은 官이 쇠하고 財를 만날 때 양신이 화협
하거나, 혹은 印이 왕하고 官이 쇠할 때 재성이 印을 파괴
하거나, 혹은 身이 왕하고 官이 없을 때 식상이 財를 생하
거나, 혹은 身이 쇠하고 官이 왕할 때 식신이 官을 제압하
면, 반드시 일종의 청순한 氣가 있으므로 바야흐로 관직에
등용될 수 있는 것인데, 그 벼슬길의 높고 낮음은 반드시
격국의 기세와 운도의 손익을 궁구해야만 알 수 있다.

不能出身者, 日干太旺, 財輕無食傷. 喜官而官星不
通, 或無官也. 如日干太弱, 財星官星並旺者. 有財官雖
通, 傷官刦占者. 有財星得用, 暗成刦局者. 有喜印逢

財, 忌印逢官者, 皆不能出身也.

출신(出身)하지 못하는 경우는 일간이 태왕한데 財가 경하고 식상이 없거나, 官을 좋아하는데 관성이 통하지 않거나 혹 官이 없는 경우인데, 혹은 日干이 태약한데 재성과 관성이 함께 왕한 경우와 財官이 비록 통하더라도 상관이 위협하여 점령하는 경우와, 재성이 쓰임을 얻을 때 암암리에 비겁局을 이루는 경우와, 印을 좋아할 때 財를 만나거나 印을 꺼릴 때 官을 만나는 경우에는 모두 관직에 등용되지 못한다.

戊 甲 壬 己

辰 寅 申 巳

丙 丁 戊 己 庚 辛

寅 卯 辰 巳 午 未

甲木生于孟秋, 七殺當令, 巳火食神貪生己土, 忘剋申金. 兼之戊己並透, 破印生殺. 以致祖業難登, 書香不繼. 喜其秋水通源, 日坐祿旺, 明雖沖剋, 暗却相生. 由部書出身, 至丁卯丙寅運, 扶身制殺, 仕至觀察.

甲木이 맹추에 생하고 칠살이 당령하였는데, 巳火식신은

오로지 己土를 생하느라고 申金을 극하는 것을 잊고 있으며, 겸하여 戊와 己가 함께 투출하여 印을 파괴하고 殺을 생하니, 이 때문에 조업이 이루어지기 어렵고 학문이 계속되지 못하기에 이르렀다. 기쁘게도 가을의 水가 근원에 통하고 일주가 녹왕에 앉아서 겉으로는 충극하지만 속으로는 도리어 상생하니, 부서[100]를 거쳐 관직에 등용되어 丁卯·丙寅운에 일주를 생부하고 殺을 제압하니 벼슬이 관찰에 이르렀다.

丁 乙 丙 庚

丑 卯 戌 午

壬 辛 庚 己 戊 丁

辰 卯 寅 丑 子 亥

乙卯日元, 生于季秋, 丙丁並透通根, 五行無水, 庚金置之不論. 最喜財神歸庫, 木火通輝. 性孝友, 尤篤行誼. 由部書出身, 仕至州牧. 其不利于書香者, 庚金通根在丑也.

乙卯일원이 계추에 생하고 丙丁이 함께 투출하여 통근하고 오행에 水가 없으니 庚金은 그대로 두고 논하지 않아

---

100) 부서(部書) : 문서 담당 관직.

도 된다. 가장 기쁜 것은 財神이 庫에 귀의하여 木火가 빛을 통하는 것이니 성품이 효우(孝友)하고 행실과 의리가 매우 돈독했으며, 부서를 거쳐 등용되어 벼슬이 주목에 이르렀는데, 학문에 불리한 까닭은 庚金이 丑에 통근했기 때문이다.

癸 戊 庚 己

亥 申 午 丑

甲 乙 丙 丁 戊 己

子 丑 寅 卯 辰 巳

戊土生于午月, 印星秉令, 時逢癸亥, 正日元得氣遇財星也. 但金氣太旺, 又年支溼土, 晦火生金, 日元反弱. 則印綬暗傷, 書香難遂. 損納出身, 至丁卯丙寅運, 木從火勢, 生化不悖, 仕至黃堂. 喜其午火眞神得用, 爲人忠厚和平. 後運乙丑, 晦火生金, 不祿.

戊土가 午月에 생하여 인성이 시령을 잡고 時에 癸亥를 만나니, 진실로 일원이 득기(得氣)하고 재성을 만난 것이다. 다만 金氣가 太旺한데 다시 또 年支의 습토가 火를 어둡게 하고 金을 생하여 日元이 도리어 약해지니, 인수가 암암리에 손상되어 학문이 이루어지기 어렵다. 재산을 헌납하고 등용되어 丁卯·丙寅운에 木이 火의 세력을 따르고 化生하여 거스르지 않으니 벼슬이 황당에 이르렀다. 기쁘게도 午火 眞神이 쓰임을 이루어 사람됨이 충후화평하였는데, 후운 乙丑에는 火를 어둡게 하고 金을 생하므로 불록하였다.

<pre>
丙　戊　甲　壬
辰　戌　辰　子
庚　己　戊　丁　丙　乙
戌　酉　申　未　午　巳
</pre>

戊戌日元, 生于季春, 時逢火土, 日元得氣. 雖春時虛土, 而殺透通根, 兼之壬水得地, 貼身相生. 此謂身殺兩停, 非身强煞淺也. 天干壬水剋丙, 所以書香不利. 喜其初運南方, 損納出身, 仕名區, 宰大邑. 但財露生煞爲病, 恐將來運走西方, 水生火絕, 緣其人好奢少儉. 若不急流勇退, 難免不測風波.

戊戌일원이 계춘에 생하고 時에 火土를 만나니 日元이 득기하였다. 비록 봄철의 허한 土일지라도 殺이 투출하여 통근하고 겸하여 壬水가 자리를 얻어 바싹 붙어 상생하니, 이것을 신살양정(身殺兩停)이라 하며 신강살천(身强殺淺)이라 하지 않는다. 천간壬水가 丙을 극하니 이 때문에 학문은 불리하나, 기쁘게도 초운이 南方이므로 재산을 바치고 등용되어, 이름난 지역에 출사하여 대읍을 다스렸다. 다만 財가 노출하여 殺을 생하는 것을 病으로 여기니, 아마도 장래에 운이 西方으로 달려서 水가 生을 받고 火가 絕되면 그로 인하여 그 사람이 사치를 좋아하고 검소함이 적을 것이니, 만약 관직에서 결단성 있게 물러나지 않으면 예측하지 못할 풍파를 면하기 어려울 것이다.

庚　丙　甲　癸

寅　戌　寅　巳

戊　己　庚　辛　壬　癸

申　酉　戌　亥　子　丑

丙火生于孟春, 官透爲用, 淸而純粹. 惜乎金水遙隔, 無相生之意. 且木火並旺, 金水無根, 書香不繼, 遊幕捐納縣令. 究竟財官不通門戶, 丁丑年大運在戌, 火土當權, 得疾而亡.

丙火가 맹춘에 생하고 官이 투출하여 쓰임을 이루니 맑고 순수하다. 애석하게도 金과 水가 멀리 떨어져서 상생의 뜻이 없으며, 또 木火가 함께 왕하고 金水에 뿌리가 없으므로 학문을 계속하지 못하고 군막에서 노닐다가 현령에게 재물을 바치고 벼슬을 샀으나, 마침내 財官이 문호를 통하지 못하고 丁丑년은 대운이 戌에 있어서 火土가 당권(當權)하니 병을 얻어 사망하였다.

丁　辛　甲　壬

酉　酉　辰　辰

庚　己　戊　丁　丙　乙

戌　酉　申　未　午　巳

辛金生于季春, 支逢辰酉, 干透壬丁, 似乎佳美. 不知地支溼土逢金, 丁火虛脫無根. 甲木雖能生火, 地支辰酉化金, 亦自顧不暇. 捐納部屬, 不但財多破耗, 而且不能得缺. 雖壬水生甲, 遺業數十萬, 但運走土金, 未免家業退而子息艱也.

辛金이 계춘에 생하여 지지에 辰酉를 만나고 천간에 壬과 丁이 투출하니 아름다운 듯하나, 지지에는 溼土가 金을 만나고 丁火는 극도로 허약하고 근이 없으며, 甲木이 비록 火를 생할 수 있더라도 지지의 辰酉가 金으로 化하여 또한 자신도 돌아볼 겨를이 없음을 모르기 때문이다. 재물을 바치고 관직에 부속되려했으나 재물에 파모가 많을 뿐 아니라 또 빈자리를 얻을 수 없었으며, 비록 壬水가 甲을 생하여 유업이 수십 만금이었으나 다만 운이 土金으로 달리므로 가업이 퇴보하고 자식 두기가 어려움을 면치 못했다.

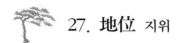

27. 地位 지위

臺閣勳勞百世傳은　天然淸氣發機權이라

　대각101)의 훈로102)가 백세에 전해지는 것은 천연
의 청기가 기틀과 권능을 드러내기 때문이다.

　[原注] 能知人之出身으로　至于地位之大小히　亦不易推하
니　若夫爲公爲卿은　淸中又有一種權勢出入矣니　不專在一端
而論이니라

　사람의 출신을 알 수 있는 것으로부터 지위의 大小에 이르기
까지 또한 추리하기가 쉽지 않은데, 공(公)이 되고 경(卿)이 되
는 사주는 청한 가운데 다시 또 일종의 권세가 출입함이 있으
니, 오로지 한 가지 단서에서만 논해서는 안 된다.

---

101) 대각(臺閣) : 중앙 관청.
102) 훈로(勳勞) : 공경의 공로.

【任注】臺閣宰輔, 以及封疆之任, 清氣發乎天然, 秀氣出乎純粹. 四柱之內, 皆與喜神有情, 格局之中並無可嫌之物. 所用者皆眞神, 所喜者皆眞氣, 此謂淸氣顯機權也. 度量寬宏能容物, 施爲純正不貪私. 有潤澤生民之德, 懷任重致遠之才也.

대각의 재상으로부터 지방장관의 관직에 임용되는 사주는 청기가 천연에서 발생하고 수기가 순수함에서 나오는 것이니, 사주 안에는 모두 희신과 더불어 유정하고 격국 중에는 아울러 꺼릴만한 물건이 없으며, 쓰는 것은 모두 진신이고 기뻐하는 것은 모두 진기이므로 이것을 청기가 기틀과 권능을 드러낸다고 하는 것이니, 도량이 넓고 커서 남을 용납할 수 있고, 행하는 바가 순수하고 공정하여 사사로움을 탐하지 않으며, 백성을 윤택하게 하는 덕이 있고 중책을 감당하여 원대함에 이르는 재능을 품고 있는 것이다.

戊 戊 庚 庚
午 辰 辰 申

此董中堂造, 天然淸氣在庚金也.

이것은 동 중당의 사주이니 천연의 청기가 庚金에 있다.

<pre>
甲 己 丙 甲
子 丑 寅 子
</pre>

此劉中堂造, 天然淸氣在丙火也.

이것은 유 중당의 사주로 천연의 청기가 丙火에 있다.

<pre>
乙 丙 壬 壬
未 子 寅 申
</pre>

此錢尙書造,[103] **天然淸氣在乙木也.**

이것은 전 상서의 사주이니 천연의 청기가 乙木에 있다.

<pre>
庚 庚 丁 己
辰 申 卯 亥
</pre>

此秦侍郞造, 天然淸氣在丁火也.

이것은 진 시랑의 사주이니 천연의 청기가 丁火에 있다.

兵權獬豸弁冠客은 刃煞神淸氣勢特이라

병권을 쥐고 해치변관[104]을 쓰는 사람은 양인과

---

103) 通神論 眞神章에서는 위 명조를 鐵制軍의 명조라 하였음.
104) 해치변관 : 법관의 모자.

칠살의 신이 청하고 기세가 특이하다.

[原注] 掌生殺之權은 其風紀氣勢가 必然超特하고 清中
精神自異하며 又或刃殺兩顯也니라

　생살의 권한을 주관하는 사주는 그 풍기와 기세가 반드시 뛰
어나고, 청한 가운데 精神이 저절로 특이하며 혹 양인과 칠살이
함께 드러나기도 한다.

【任注】掌生殺大權, 兵刑重任者, 其精神清氣, 自然
超特. 必以刃旺敵殺, 氣勢出入也. 局中殺旺無財, 印綬
用刃者. 或無印而有羊刃者, 此謂殺刃神清也. 氣勢轉者,
刃旺當權也, 必文官而掌生殺之任. 刃旺者, 如春之甲用
卯刃, 乙用寅刃. 夏之丙用午刃, 丁用巳刃. 秋之庚用酉
刃, 辛用申刃. 冬之壬用子刃, 癸用亥刃, 是也. 若刃旺
敵殺, 局中無食神印綬, 而有財官者, 氣勢雖特, 神氣不
清, 乃武將之命也. 如刃不當權, 雖能敵殺, 不但不能掌
兵權, 亦不能貴顯也. 其人疾惡太嚴, 如刃旺殺弱亦然,
必傲物而驕慢也.

　생살의 대권을 쥐고 병권과 형벌의 중책을 맡은 자는 그

정신과 청기가 자연히 뛰어나니, 반드시 양인의 旺함으로 칠살을 대적하여 기세가 출입해야 한다. 局 중에 살이 旺하고 재가 없고 인수가 있을 때 양인을 쓰는 경우와, 혹은 인수가 없고 양인이 있는 경우에는 이것을 살인(殺刃)의 神이 청하다고 하는 것이다. 기세가 특이하다는 것은 양인이 旺하여 권세를 담당한 것이니, 반드시 문관이 生殺의 중임을 맡는 것이다. 양인이 旺하다는 것은 가령 봄에 태어난 甲이 卯양인을 쓰거나 乙이 寅양인을 쓰며, 여름의 丙이 午양인을 쓰거나 丁이 巳양인을 쓰며, 가을의 庚이 酉양인을 쓰거나 辛이 申양인을 쓰며, 겨울의 壬이 子양인을 쓰거나 癸가 亥양인을 쓰는 것 등이 이것이다. 가령 양인이 왕하여 殺을 대적하더라도 局 중에 식신 인수가 없고, 재관이 있는 경우에는 기세가 비록 특이하더라도 神氣가 맑지 않으니 곧 무장(武將)의 命이다. 가령 양인이 권세를 담당하지 않으면 비록 殺을 대적할 수 있더라도 병권을 주관하지 못할 뿐 아니라 또한 현귀(顯貴)하지도 못하며, 그런 사람은 악을 미워하기를 너무 엄하게 하는데 양인이 왕하고 殺이 약한 경우에도 역시 그러하니 반드시 남을 업신여기고 교만하다.

丙 庚 己 壬
戌 午 酉 寅
乙 甲 癸 壬 辛 庚
卯 寅 丑 子 亥 戌

庚日丙時, 支逢生旺, 寅納壬水, 不能制殺, 全賴酉金
羊刃當權爲用. 隔住寅木, 使其不能會局, 此正刃殺神淸
氣勢特也, 早登科甲, 屢掌兵刑生殺之任, 仕至刑部尙書.

庚日 丙時인데 지지에 生旺을 만나고 寅이 壬水를 받아
들여서 殺을 제압할 수 없으니 완전히 酉金양인의 권세를
잡고 쓰임을 이루는 데 의지하며, 寅木을 막아 세워서 회
국을 못하게 하니 이것이 바로 양인과 칠살의 神이 청하고
기세가 특이한 것이다. 일찍 과거에 합격하여 여러 번 병
형생살(兵刑生殺)의 직무를 맡았으며 벼슬이 형부상서에
이르렀다.

壬 丙 壬 庚
辰 子 午 戌
戊 丁 丙 乙 甲 癸
子 亥 戌 酉 申 未

丙子日元, 月時兩透壬水, 日主三面受敵. 柱中無木洩水生火, 反有庚金生水洩土, 全賴午火旺刃當權爲用. 更喜戌之燥土, 制水會火. 鄕榜出身, 丙戌丁亥運, 仕至按察.

丙子일원이 月과 時 양쪽에 壬水가 투출하여 日主가 삼면으로 공격을 당하는데, 사주 중에 水를 설하고 火를 생할 木이 없고 도리어 水를 생하고 土를 설하는 庚金이 있으니 완전히 午火양인의 권세를 잡고 쓰임을 이루는 데 의지한다. 다시 기쁘게도 燥土 戌이 水를 제지하고 火를 회합하니, 향시를 통하여 출신(등용)하여 丙戌·丁亥운에 벼슬이 안찰에 이르렀다.

戊　壬　戊　乙

申　辰　子　卯

壬　癸　甲　乙　丙　丁

午　未　申　酉　戌　亥

壬辰日元, 天干兩煞通根辰支. 年干乙木凋枯, 能洩水而不能制土, 正剋洩交加. 最喜子水當權會局, 殺刃神淸. 至酉運生水剋木, 又能化殺, 科甲連登. 甲申癸運, 仕路光亨, 至按察. 未運羊刃受制, 不祿.

壬辰일원에 천간의 두 煞이 日支 辰에 통근하며, 年干의 乙木은 시들어 말라서 水를 설할 수는 있으나 土를 제압할 수는 없으니 바로 剋과 洩이 뒤섞여 있는데, 가장 기쁜 것은 子水가 권세를 잡고 局을 회합하여 殺과 刃의 神이 청한 것이다. 酉운에 이르러 水를 생하고 木을 극하며 다시 또 殺을 引化하니 과거에 연달아 합격하였고, 甲申·癸운에는 벼슬길이 빛나고 형통하여 안찰에 이르렀으며, 未운에는 양인이 제압당하니 사망하였다.

庚 甲 辛 丙
午 申 卯 辰

丁 丙 乙 甲 癸 壬
酉 申 未 午 巳 辰

甲申日元, 生于仲春, 官殺並透通根, 日時臨于死絕, 必用卯之羊刃. 喜其丙火合辛, 不但無混殺之嫌, 抑且卯木不受其制. 刃殺神淸, 且運走南方火地. 科甲出身, 仕梟憲.

甲申일원이 중춘에 생하였는데, 官과 殺이 함께 투출하여 통근하고 日과 時가 사절(死絕)지에 임하니 반드시 卯

양인을 써야 한다. 기쁘게도 丙火가 辛과 합하니 殺과 혼잡하는 꺼림이 없을 뿐 아니라 또한 卯木이 제압을 당하지 않으니, 刃과 殺의 神이 청하며 또 운이 南方 火地로 달리므로 과거를 통하여 출신하여 벼슬이 얼헌(안찰사)에 이르렀다.

分藩司牧財官和요 淸純格局神氣多라

지방의 관리로 나가 백성을 다스리는 命은 재관이 조화를 이루고, 격국이 청순하며 神과 氣가 많아야 한다.

[原注] 方面之官은 財官爲重이요 必淸奇純粹하고 格正局全하며 又有一段精神이니라

한 지방을 맡아 다스리는 관리는 재관을 중요하게 여기되, 반드시 청기하고 순수하며, 격이 바르고 국이 온전하며, 다시 또 일단(一段)의 정신(精神)이 있어야 한다.

【任注】方面之任以及州縣之官, 雖以財官爲重, 必須格局淸純. 更須日元生旺, 神貫氣足. 然後財官情協, 則精氣神三者足矣. 又加官旺有印, 官衰有財. 財旺無官,印旺有財. 左右相通, 上下不悖. 根通年月, 氣貫日時.
身殺兩停, 殺重逢印, 殺輕遇財者, 皆是也. 必有利民濟
物之心, 反此者, 非所宜也.

　한 지방을 다스리는 직무를 맡는 사람이나 주현의 관리
는 비록 재관을 중요하게 여기지만 반드시 격국이 청순해야
하며, 또 반드시 日元이 生旺하고 神이 관통하고 氣가 충족
해야 하니, 그러한 뒤에 재관의 情이 화합하면 精·氣·神
세 가지가 만족한 것이다. 또 官이 왕할 때 印이 있거나 官
이 쇠약할 때 財가 있으며, 財가 왕할 때 官이 없거나 印
이 왕할 때 財가 있으며, 좌우가 서로 통하고 상하가 어그
러지지 않으며, 根이 年月에 통하고 氣가 日時에 관통하며,
身과 殺이 알맞게 머물거나 殺이 중할 때 印을 만나거나
殺이 경할 때 財를 만나는 경우가 모두 이러한 것이니, 반
드시 백성을 이롭게 하고 남을 구제하려는 마음이 있으며,
이와 반대되는 것은 마땅한 바가 아니다.

壬　癸　乙　丁
子　酉　巳　丑
己　庚　辛　壬　癸　甲
亥　子　丑　寅　卯　辰

癸水生于巳月, 火土雖旺. 妙在支全金局, 財官印三者皆得生助. 更喜子時刦比幇身, 精神旺足, 尤喜中年運走北方. 異路出身, 仕至郡守, 名利兩全, 生七子皆出仕.

癸水가 巳월에 생하고 火土가 비록 왕하나, 묘함이 지지가 金局을 갖추고 財·官·印 세 가지가 모두 생조를 만나는데 있으며, 다시 또 기쁘게도 子時의 刦과 比가 일주를 도우니 精과 神이 왕하고 넉넉하며, 더욱 기쁜 것은 중년운이 北方으로 달리는 것이니, 다른 길을 통하여 관직에 나아가 벼슬이 군수에 이르고 名利가 모두 온전하며 일곱 아들을 낳았는데 모두 벼슬을 하였다.

乙　丁　戊　丙

巳　酉　戌　寅

甲　癸　壬　辛　庚　己

辰　卯　寅　丑　子　亥

丁火生于戌月, 局中木火重重, 傷官用財, 格局本佳. 部書出身, 仕至縣令. 惜柱中無水, 戌乃燥土, 不能生金晦火. 木生火旺, 巳酉無拱合之情, 所以妻妾生十子皆剋.

丁火가 戌월에 생하고 局 중에 木火가 중중하여 상관격

에 財를 쓰니 격국이 본래 아름답다. 부서를 거쳐 등용되어 벼슬이 현령에 이르렀는데, 애석하게도 사주 중에 水가 없고 戌은 조토로써 金을 생하거나 火를 어둡게 하지 못하며, 木이 火를 생하여 왕하게 하고 巳와 酉는 손을 잡고 합하는 정이 없으니, 이 때문에 처첩이 열 아들을 낳았으나 모두 극해하였다.

戊 辛 庚 丙
子 巳 寅 子
丙 乙 甲 癸 壬 辛
申 未 午 巳 辰 卯

辛金生于寅月, 財旺逢食, 官透遇財. 又逢刦印相扶, 中和純粹, 精神兩足. 初看似乎身弱, 細究之, 木嫩火虛, 印透通根, 日元足以用官. 中年南方火運, 異路出身, 仕至黃堂.

辛金이 寅月에 생하여 財가 왕한데 식신을 만나고 官이 투출하여 財를 만나며, 또 刦과 印의 서로 도움을 만나니 중화를 이루고 순수하며 精과 神이 모두 충족하였다. 처음에 보면 신약인 듯하나 자세히 궁구해 보면 木은 연약하고

火는 허한데 인수가 투출하여 통근했으니 日元이 官을 쓸 만하다. 중년의 南方火운에 다른 길을 통하여 관직에 나아가 벼슬이 황당(태수)에 이르렀다.

甲　戊　丙　丁

寅　寅　午　亥

庚　辛　壬　癸　甲　乙

子　丑　寅　卯　辰　巳

戊土生于午月, 局中偏官雖旺, 印星太重, 木從火勢. 火必焚木, 一點亥水, 不能生木剋火. 交癸運, 剋丁生甲, 北籍連登科甲, 出宰名區. 辛運合丙, 仕路順遂. 交丑運, 剋水告病致仕.

戊土가 午월에 생하고 局 중에 편관이 비록 왕하나 인성이 태중하여 木이 火의 세력을 따르므로, 火는 틀림없이 木을 태우게 되는데 일점 亥水는 木을 생하거나 火를 극할 수 없다. 癸운으로 바뀌어 丁을 극하고 甲을 생하여 北方에 의지하니 연달아 과거에 급제하여 이름난 고을에 관리로 나갔으며, 辛운에는 丙과 합하여 벼슬길이 순탄하였고, 丑운으로 바뀌어 水를 극하자 病을 고하고 관직에서 물러났다.

辛 甲 戊 己
未 子 辰 巳
壬 癸 甲 乙 丙 丁
戌 亥 子 丑 寅 卯

甲子日元, 生于季春, 木有餘氣, 坐下印綬, 官星清透,
且子辰拱印有情. 更妙運走東北水木之地, 功名登甲榜.
只嫌子未破印, 仕路未免有阻, 老于教職.

　甲子일원이 계춘에 생하니 木이 여기가 있고 좌하에 인
수가 있고 관성이 청하게 투출했으며, 또 子와 辰이 인수
로 손을 잡아 유정하다. 다시 또 묘하게도 운이 東北 水木
의 자리로 달리니 공명이 갑방(진사급제)에 올랐는데, 다만
꺼리는 것은 子와 未 사이에 인수를 파괴하는 것이니 벼슬
길에 막힘이 있음을 면치 못하여 교직에서 늙었다.

便是諸司幷首領은　也從淸濁分形影이니라

　곧 모든 관리와 수령은 또한 청탁에 따라 형영(形
影)을 분별해야 한다.

　[原注] 至貴者莫如天也니　得一以淸하며　而位乎上이라

故膺一命之榮은 莫不得淸氣라 所以雜職或佐貳首領等官이
豈無一段淸氣而與濁氣者自別이리오마는 然淸濁之形影難解
니 不專是財官印綬內有淸濁이라 凡格局氣象用神合神과 日
主化氣從氣神氣精氣에 以序收藏하여 發生意向과 節度性情
과 理勢源流의 主從之間皆有之하니 先于皮面에 尋其形影
이요 得其形而遂可以尋其精髓라야 乃論大小尊卑니라

　지극히 귀한 것은 하늘만 한 것이 없는데 한 가지 청기를 얻
어서 위에 자리 잡았으므로, 一命의 영화를 얻은 경우에는 청기
를 얻지 않음이 없는 것이다. 그러므로 잡직이나 좌이(보좌관)
수령 등의 관직이 어찌 일단의 청기가 탁기와 저절로 구별됨이
없겠는가마는 그러나 청탁의 형영은 알기가 어려운 것이니, 오
로지 재·관·인수 안에만 청탁이 있는 것이 아니라, 모든 격국
기상 용신 합신과 일주의 화기(化氣) 종기(從氣) 신기(神氣) 정
기(精氣)에 차례로 수장되어 발생하는 의향이나 알맞은 정도의
성정과 이치와 형세 원류 등의 주종 간에 모두 그것이 있으니,
먼저 표면에서 그 형체(形)와 그림자(影)를 찾고 그 형체를 얻
어서 마침내 그 정수를 찾을 수 있어야 비로소 관직의 대소와
신분의 존비를 논하는 것이다.

　【任注】命者, 天地陰陽五行之所鍾也. 淸者貴也, 濁
者賤也. 所以雜職佐貳等官, 亦膺一命之榮. 雖非格正局

清眞神得用, 而氣象格局之中, 沖合理氣之內, 必有一點清氣. 雖清氣濁氣之形影難辨, 總不外乎天清地濁之理. 天干象天, 地支象地. 地支上升于天干者, 輕清之氣也. 天干下降于地支者, 重濁之氣也. 天干之氣本清, 不忌濁也. 地支之氣本濁, 必要清也. 此命理之貴乎變通也. 天干濁, 地支清者貴. 地支濁, 天干清者賤也. 地支之氣上升者影也, 天干之氣下降者形也. 於升降形影, 沖合制化中, 分其清濁, 究其輕重, 論其尊卑, 可也.

命은 천지음양오행이 모인 것이니, 청한 것은 귀하고 탁한 것은 천하다. 이 때문에 잡직이나 좌이 등의 관리도 또한 一命의 영화를 얻는 것이니, 비록 격이 바르고 局이 청하여 진신이 쓰임을 이루지 않더라도, 기상이나 격국 가운데와 충합의 이기(理氣) 안에 반드시 일점의 청기가 있는 것인데, 비록 청기와 탁기의 형영이 분별하기 어려운 것일지라도 모두 천청지탁(天淸地濁)의 이치를 벗어나지 않는다. 천간은 하늘을 상징하고 지지는 땅을 상징하니, 지지에서 천간으로 상승하는 것은 가볍고 맑은 氣이고, 천간에서 지지로 하강하는 것은 무겁고 탁한 氣이다. 천간의 氣는 본래 청하므로 탁함을 꺼리지 않고, 지지의 氣는 본래 탁하므로 청함을 필요로 하므로, 이 때문에 命理에서 변통을 귀하게 여기는 것이니, 천간이 탁하고 지지가 청하면 귀하고, 지지가 탁하고 천간이 청하면 천한 것이다. 지지의 氣가 상승하는 것이 영(影)이고 천간의 기가 하강하는 것이 형(形)이니, 형영이 승강(升降)하고 충·합·제·화(沖·合·制·化)하는 가운데에서 그 청탁을 분별하고 그 경중을 궁구하여 그 존비를 논하는 것이 옳다.

丙 戊 壬 壬

辰 戌 寅 辰

戊 丁 丙 乙 甲 癸

申 未 午 巳 辰 卯

戊土生于寅月, 木旺土虛. 天干兩壬, 剋丙生寅. 此天干之氣濁, 財星壞印, 所以書香不繼. 喜寅能納水生火, 日主坐戌之燥土, 使壬水不致沖奔, 其淸處在寅也. 異路出身, 丙運升縣令.

戊土가 寅월에 생하여 木은 旺하고 土는 허하며, 천간의 두 壬이 丙을 극하고 寅을 생하니, 이에 천간의 氣가 탁하고 재성이 印을 파괴하므로 이 때문에 학문을 계속하지 못

한 것이다. 기쁘게도 寅이 水를 거두고 火를 생하며, 일주
가 戊의 건조한 土에 앉아서 壬水로 하여금 솟구치고 내달
리지 못하게 하니 그 청한 곳이 寅에 있다. 다른 길을 통
하여 관직에 나아가 丙운에 현령으로 승진하였다.

丁　甲　癸　壬

卯　寅　丑　午

己　戊　丁　丙　乙　甲

未　午　巳　辰　卯　寅

**甲木生于丑月, 水土寒凝, 本喜火以敵寒. 更妙日時寅
卯氣旺, 丁火吐秀, 其清在火也. 所嫌壬癸透干, 丁火必
傷, 難遂書香之志. 然地支無水, 干雖濁, 支從午火留
清. 異路出身, 至戊午運, 合癸制壬, 有病得藥, 升知縣.**

　甲木이 丑월에 생하여 水土가 추위에 얼었으므로 본래
火로써 한기를 대적하는 것이 좋은데, 다시 묘하게도 日時
에 寅卯의 氣가 왕하고 丁火가 수기를 토하니 그 청함이
火에 있다. 꺼리는 바는 壬癸가 천간에 투출하여 丁火가
반드시 손상되므로 학문에 뜻을 이루기 어려운 것인데, 그
러나 지지에 水가 없어서 천간이 비록 탁하더라도 지지는

午火를 따라 청함이 머문다. 다른 길을 통하여 관직에 나아가 戊午운에 이르러 癸와 합하고 壬을 제압하니 병이 있을 때 약을 얻은 것이므로 지현에 올랐다.

己　丙　乙　壬

丑　子　巳　辰

辛　庚　己　戊　丁　丙

亥　戌　酉　申　未　午

丙火生于巳月, 天地煞印留淸. 所嫌者丑時合去子水, 則壬水失勢, 化助傷官, 則日元洩氣. 一點乙木, 不能疏土. 異路出身, 雖獲盜有功, 而上意不合, 竟不能升.

丙火에 巳월에 생하고 천간과 지지의 煞과 印에 청기가 머문다. 꺼리는 바는 丑時가 子水를 합거하는 것이니 壬水가 세력을 잃고 변화되어 상관을 도우므로 日元이 설기되는데, 일점 乙木은 土를 다스리지 못한다. 이로(異路)를 통하여 관직에 나아가 비록 도둑을 잡아 공을 세웠으나 윗사람의 뜻에 부합되지 않아 마침내 승진하지 못했다.

丁　癸　丙　乙

巳　酉　戌　酉

庚　辛　壬　癸　甲　乙

辰　巳　午　未　申　酉

癸酉日元, 生于戌月, 地支官印相生, 清可知矣. 所嫌
者, 天干丙財得地. 兼之乙木助火剋金, 所以書香難遂.
喜秋金有氣, 異路出身. 至巳運逢財壞印, 丁艱回籍.

　癸酉일원이 戌月에 생하고 지지에 官印이 상생하니 청
함을 알 수 있다. 꺼리는 것은 천간의 丙財가 자리를 얻은
것이며, 겸하여 乙木이 火를 도와 金을 극하니 이 때문에
학문이 이루어지기 어려운 것이다. 기쁘게도 秋金이 유기
하여 이로(異路)를 통하여 관직에 나아갔는데, 巳운에 이르
러 財를 만나 인수를 파괴하니 부모의 상을 당하고 고향으
로 돌아갔다.

戊　戊　戊　甲

午　子　辰　申

甲　癸　壬　辛　庚　己

戌　酉　申　未　午　巳

戊子日元, 生于辰月午時, 天干三戊, 旺可知矣. 甲木退氣臨絕, 不但無用, 反爲混論. 其精氣在地支之申, 洩其精英. 惜春金不旺, 幸子水沖午, 潤土養金, 雖捐納佐貳, 仕途順遂.

戊子일원이 辰월 午시에 생하고 천간에 戊土가 셋이니 왕함을 알 수 있다. 甲木은 퇴기이며 절지에 임하므로 쓸 수 없을 뿐 아니라 도리어 혼잡으로 논하게 되니, 그 정기가 지지의 申에 있어서 그 순수하고 빼어남을 누설한다. 애석하게도 春金이 왕하지 않은데 다행히 子水가 午를 충하여 土를 적시고 金을 기르니 비록 재물을 바치고 좌이(보좌관)가 됐지만 벼슬길은 순조로웠다.


```
庚  壬  甲  癸
戊  子  子  巳
戊 己 庚 辛 壬 癸
午 未 申 酉 戌 亥
```

壬子日元, 生于仲冬, 天干又透庚癸, 其勢泛濫. 甲木無根, 不能納水. 巳火被衆水所剋, 亦難作用. 故屢次加捐, 耗財不能得缺. 雖時支戌, 砥定汪洋, 又有庚金之

洩. 兼之中運辛酉庚申, 洩土生水, 刦刃肆逞, 以致有志
難伸.

壬子일원이 중동에 생하고 천간에 다시 또 庚과 癸가 투출하여 그 세력이 범람하는데, 甲木은 뿌리가 없으니 水를 거둬들이지 못하고, 巳火는 많은 水에게 극제를 당하니 또한 用이 되기 어려우므로, 여러 차례 재물을 바치고 관직에 나가려 했으나 재물만 소모하고 빈자리를 얻지 못했다. 비록 時支의 戌이 왕양한 水氣를 막으려 해도 다시 또 庚金의 누설이 있으며, 겸하여 중년운이 辛酉・庚申이므로 土를 설하고 水를 생하여 비겁과 양인이 멋대로 기세를 부리니 뜻은 있으나 펴기 어려움에 이르렀다.

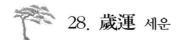

28. 歲運 세운

休囚係乎運[105]이요 尤係乎歲니 戰沖視其孰降이요
和好視其孰切이니라

휴수(휴구, 길흉)는 대운에 관계되며 특히 태세에
관계되니 싸우고 충돌하는 경우에는 어느 쪽이 항
복하는지 살펴보고 화합하고 좋아하는 경우에는 어
느 쪽이 더 절실한지 살펴보아야 한다.

[原注] 日主譬如吾身이요 局中之神은 譬之舟馬引從之人
이요 大運譬所 蒞之地라 故重地支하되 未嘗無天干이며 太
歲譬所遇之人이라 故重天干하되 未嘗無地支라 必先明一日
主하고 配合七字하여 權其輕重하며 看喜行何運이요 忌行

---

105) 休囚는 休咎의 오기임(原注 참조).

何運이라 如甲日以氣機看春하고 以人心看仁하며 以物理看
木이라 大率看氣機而餘在其中이니 遇庚辛申酉字面이면 如
春而行之於秋하여 斲伐其生生之機며 又看喜與不喜와 而行
運生甲伐甲之地하면 可斷其休咎也라 太歲一至면 休咎卽顯
하니 於是에 詳論戰沖和好之勢하고 而得勝負適從之機하면
則休咎了然在目이니라

　일주는 비유하자면 내 몸과 같고, 局 중의 神은 배와 말을 이
끌고 따르는 사람에 비유되며, 대운은 임하는 바의 자리에 비유
되므로 지지를 중하게 여기되 천간을 무시하는 것이 아니며, 태
세는 만나는 바의 사람에 비유되므로 천간을 중하게 여기되 지
지를 무시하는 것이 아니다. 반드시 먼저 하나의 일주를 밝히고
일곱 글자와 배합하여 그 경중을 분별하며, 어떤 운으로 행하는
것을 좋아하고 어떤 운으로 행하는 것을 꺼리는지 살펴보아야
한다. 가령 甲日일 경우에는 氣의 기틀(형세)로는 春으로 간주
하고 人心으로는 仁으로 간주하며 물건의 성질로는 木으로 간
주하므로, 대체로 기의 기틀을 보면 나머지는 그 가운데 있으
니, 庚申・辛酉 등의 글자를 만나면 봄의 기기(氣機)를 가을에
행하여 그 끊임없이 생성하는 기틀을 착벌당하는 것과 같으며,
또 좋아하고 좋아하지 않음과 행운이 甲을 생하는 자리인지 착
벌하는 자리인지를 보면 그 휴구(길흉)를 판단할 수 있다. 태세
는 한번 이르면 휴구가 곧바로 나타나니 이에 싸우고 충돌하거

나 화합하고 좋아하는 형세를 자세히 논하고, 이기고 지며 거역하고 따르는 기틀을 알면 휴구가 명확하게 눈앞에 있을 것이다.

【任注】富貴雖定乎格局, 窮通實係乎運途, 所謂命好不如運好也. 日主如我之身, 局中喜神用神, 是我所用之人, 運途乃我所臨之地. 故以地支爲重, 要天干不背, 相生相扶爲美. 故一運看十年, 切勿上下截看, 不可使蓋頭截脚. 如上下截看, 不論蓋頭截脚, 則吉凶不驗矣.

부귀는 비록 격국에서 정해지지만 궁통(곤궁과 영달)은 실제로 운도에 관계되는 것이니, 이른바 命 좋은 것이 運 좋은 것만 못하다는 것이다. 日主는 내 몸과 같고 局 중의 희신과 용신은 내가 쓰는 바의 사람이며, 운도는 곧 내가 임하는 바의 자리이므로, 지지를 중하게 여기되 반드시 천간이 등지지 않고 相生相扶해야만 아름다운 것이다. 그러므로 一運을 10년으로 간주하되 절대로 상하를 끊어서 보지 말며, 머리를 덮고 다리를 끊게 해서는 안 되니, 만약 상하를 끊어서 보거나 개두(蓋頭)와 절각(截脚)을 논하지 않으면 길흉이 증명되지 않는다.

如喜行木運, 必要甲寅乙卯, 次則甲辰乙亥壬寅癸卯.

喜行火運, 必要丙午丁未, 次則丙寅丁卯丙戌丁巳. 喜行土運, 必要戊午己未戊戌己巳, 次則戊辰己丑. 喜行金運, 必要庚申辛酉, 次則戊申己酉庚辰辛巳. 喜行水運, 必要壬子癸亥, 次則壬申癸酉辛亥庚子. 甯使天干生地支, 弗使地支生天干. 天干生地支而蔭厚, 地支生天干而氣洩.

가령 木운으로 행하는 것을 좋아하는 경우에는 반드시 甲寅·乙卯운으로 행해야 하고 다음은 甲辰·乙亥·壬寅·癸卯운이며, 火운으로 행하는 것을 좋아하는 경우에는 반드시 丙午·丁未운으로 행해야 하고 그다음은 丙寅·丁卯·丙戌·丁巳운이며, 土운으로 행하는 것을 좋아하는 경우에는 반드시 戊午·己未·戊戌·己巳운으로 행해야 하고 그다음은 戊辰·己丑운이며, 金운으로 행하는 것을 좋아하는 경우에는 반드시 庚申·辛酉운으로 행해야 하고 그다음은 戊申·己酉·庚辰·辛巳운이며, 水운으로 행하는 것을 좋아하는 경우에는 반드시 壬子·癸亥운으로 행해야 하고 그다음은 壬申·癸酉·辛亥·庚子운이다. 차라리 천간으로 하여금 지지를 생하게 할지언정 지지로 하여금 천간을 생하게 하지 말아야 하니, 천간이 지지를 생하면 음덕이 두텁고 지지가 천간을 생하면 氣가 누설된다.

何謂蓋頭? 如喜木運而遇庚寅辛卯, 喜火運而遇壬午癸巳, 喜土運而遇甲戌甲辰乙丑乙未, 喜金運而遇丙申丁酉, 喜水運而遇戊子己亥. 何謂截脚? 如喜木運而遇甲申乙酉乙丑乙巳, 喜火運而遇丙子丁丑丙申丁酉丁亥, 喜土運而遇戊寅己卯戊子己酉戊申, 喜金運而遇庚午辛亥庚寅辛卯庚子, 喜水運而遇壬寅癸卯壬午癸未壬戌癸巳, 是也.

무엇을 개두(蓋頭)라고 하는가? 가령 木운을 좋아하는 경우에 庚寅·辛卯를 만나거나, 火운을 좋아하는 경우에 壬午·癸巳를 만나거나, 土운을 좋아하는 경우에 甲戌·甲辰·乙丑·乙未를 만나거나, 金운을 좋아하는 경우에 丙申·丁酉를 만나거나, 水운을 좋아하는 경우에 戊子·己亥를 만나는 것이다. 무엇을 절각(截脚)이라 하는가? 가령 木운을 좋아하는 경우에 甲申·乙酉·乙丑·乙巳를 만나며, 火운을 좋아하는 경우에 丙子·丁丑·丙申·丁亥를 만나며, 土운을 좋아하는 경우에 戊寅·己卯·戊子·己酉·戊申을 만나며, 金운을 좋아하는 경우에 庚午·辛亥·庚寅·辛卯·庚子를 만나며, 水운을 좋아하는 경우에 壬寅·癸卯·壬午·癸未·壬戌·癸巳를 만나는 것 등이 그것이다.

蓋干頭喜支, 運以重支, 則吉凶減半. 截脚喜干, 支不

載干, 則十年皆否. 假如喜行木運, 而遇庚寅辛卯, 庚辛
本爲凶運, 而金絕寅卯, 謂之無根, 雖有十分之凶, 而減
其半. 如原局天干有丙丁透露, 得回制之能, 又減其半. 或
再遇太歲逢丙丁, 制其庚辛, 則無凶矣. 寅卯本爲吉運, 因
蓋頭有庚辛之剋, 雖有十分之吉, 亦減其半. 如原局地支
有申酉之沖, 不但無吉, 而反凶矣.

　개두(蓋頭)되어 지지를 좋아하는 경우에는 운에서는 지
지를 중하게 여기니 곧 길흉이 반으로 줄지만, 절각되어
천간을 좋아하는 경우에는 지지가 천간을 실어주지 못하
니 10년이 모두 막힌다. 가령 木운으로 행하는 것을 좋아
하는 경우에 庚寅·辛卯를 만나면 庚·辛은 본래 흉운이
지만 金은 寅卯에서 절(絕)이 되므로 그것을 무근이라 하
니 비록 十分의 흉함이 있더라도 그 절반을 감하게 되며,
만약 원국의 천간에 丙丁의 투로가 있어서 도리어 제압하
는 능력을 만나면 다시 또 그 절반을 감하게 되며, 혹 다
시 태세에서 丙丁을 만나 그 庚辛을 제압하면 흉함이 없어
진다. 寅卯는 본래 길운이지만 개두에 庚辛의 극이 있으면
비록 十分의 길함이 있더라도 그 절반을 감하게 되며, 만
약 원국의 지지에 申酉의 충이 있으면 길함이 없을 뿐 아
니라 도리어 흉하게 된다.

又如喜木運, 遇甲申乙酉, 木絕于申酉, 謂之不載, 故甲乙之運不吉. 如原局天干又透庚辛, 或太歲干頭遇庚辛, 必凶無疑, 所以十年皆凶. 如原局天干透壬癸, 或太歲干頭逢壬癸, 能洩金生木, 則和平無凶矣. 故運逢吉不見其吉, 運逢凶不見其凶者, 緣蓋頭截脚之故也.

또 가령 木운을 좋아하는 경우에 甲申·乙酉를 만나면 木은 申酉에서 絕이 되니 그것을 실어주지 못한다고 하는 것이므로 甲乙의 운은 불길한데, 만약 원국의 천간에 다시 또 庚辛이 투출하고 혹 태세의 간두에 庚辛을 만나면 반드시 흉하게 됨을 의심할 것이 없으니 이 때문에 10년이 모두 흉한 것이며, 만약 원국의 천간에 壬癸가 투출하거나 태세의 간두에 壬癸를 만나 金을 설하고 木을 생할 수 있다면 화평하여 흉함이 없는 것이다. 그러므로 운에서 길함을 만나도 그 길함이 나타나지 않고 운에서 흉함을 만나도 그 흉함이 나타나지 않는 것은 개두하고 절각하는 까닭 때문이다.

太歲管一年否泰, 如所遇之人, 故以天干爲重, 然地支不可不究. 雖有與神之生剋, 不可與日主運途之沖戰. 最凶者天剋地沖, 歲運沖剋, 日主旺相, 雖凶無礙, 日主休囚, 必罹凶咎. 日犯歲君, 日主旺相无咎, 日主休囚必凶. 歲君犯日, 亦同此論. 故太歲宜和, 不可與大運一端論也. 如運逢木吉, 歲逢木反凶者, 皆戰沖不和之故也. 依此而推, 則吉凶無不驗矣.

　태세는 일년의 비태(否泰)를 주관하니 만나는 바의 사람과 같으므로 천간을 중히 여기지만 지지도 궁구하지 않으면 안 되며, 비록 神과의 생극은 있더라도 일주나 운도와의 충전(沖戰)은 있어서는 안 된다. 가장 흉한 것은 일주나 운도와 천간이 극하고 지지가 충하여 태세와 대운이 충극을 하는 것인데, 일주가 왕상하면 비록 흉하더라도 장애가 없지만 일주가 휴수되면 반드시 흉을 만난다. 日이 세군(歲君)을 침범할 때 일주가 旺相하면 재앙이 없으나 일주가 휴수되면 반드시 흉하며, 세군이 日을 침범할 경우에도 이와 같이 논하니, 그러므로 태세는 화합을 아름답다 여기며 대운과 한가지로 논해서는 안 된다. 가령 운에서 木을 만나면 길한데도 태세에서 木을 만나면 도리어 흉한 것은 모두 전충(戰沖)과 불화(不和) 때문이니, 이러한 논리에 의하여 추리하면 길흉이 증명되지 않음이 없을 것이다.

```
丁 庚 丁 庚
丑 辰 亥 辰
癸 壬 辛 庚 己 戊
巳 辰 卯 寅 丑 子
```

庚辰日元, 生于亥月. 天干丁火並透, 辰亥皆藏甲乙, 足以用火. 初運戊子己丑, 晦火生金, 未遂所願. 庚運丙午年, 庚坐寅支截脚, 天干兩丁, 足可敵一庚. 又逢丙午年, 剋盡庚金, 是年進而中. 丁未又連捷, 榜下知縣. 寅運官資頗豐, 辛卯截脚, 局中丁火回剋, 仕至郡守. 壬辰水生庫根, 至壬申年, 兩丁皆傷, 不祿.

庚辰일원이 亥월에 생하였는데, 천간에 丁火가 나란히 투출하고 辰과 亥가 모두 甲乙을 암장했으므로 火를 쓸 수 있다. 초운 戊子·己丑에는 火를 어둡게 하고 金을 생하니 원하는 바를 이루지 못하였고, 庚운의 丙午년에는 庚이 寅 지지에 앉아 절각되지만 천간의 두 丁이 하나의 庚을 충분히 대적할 수 있으며, 또 丙午년을 만나 庚金을 완전히 극제하니 이 해에 나아가서 과거에 급제하고, 丁未년에 또 연달아 합격하여 지현에 임명되었으며, 寅운에는 官의 자재가 제법 풍부하였고 辛卯는 절각되고 局 中 丁火가 회극

하니 벼슬이 군수에 이르렀으며, 壬辰운은 水가 고근(庫根)
을 생하고 壬申년에 이르러 두 丁이 모두 손상되니 죽었다.

丁　庚　戊　乙

丑　辰　子　未

壬　癸　甲　乙　丙　丁

午　未　申　酉　戌　亥

　　庚辰日元, 生于子月, 未土穿破子水. 天干木火, 皆得
辰未之餘氣, 足以用木生火. 丙運入泮. 癸酉年行乙運,
癸合戊化火, 酉是丁火長生, 均以此年必中. 殊不知乙酉
截脚之木, 非木也, 實金也. 癸酉年水逢金生, 又在冬令,
焉能合戊化火? 必剋丁火無疑, 酉中純金, 乃火之死地,
陰火長生之說, 俗傳之謬也. 恐今八月又建辛酉, 局中木
火皆傷, 防生不測之災. 竟卒于省中.

　　庚辰일원이 子月에 생하였는데 未土가 子水를 천파(穿
破)하여, 천간의 木火는 모두 辰未의 여기를 얻었으므로
木을 써서 火를 생할 수 있으니, 丙운에 학교에 들어갔으
며, 癸酉년은 乙운으로 행하니 癸가 戊와 합하여 火로 化
하고 酉는 丁火의 장생이므로 모두 이 해에 반드시 급제할

것으로 여겼으나, 乙酉운은 절각된 木이니, 木이 아니라 실제로는 金임을 전혀 모르기 때문이다. 癸酉년은 水가 金의 생을 만나고 또 冬令에 있으니 어떻게 戊와 합하여 火로 化할 수 있겠는가? 반드시 丁火를 극하는 것은 의심의 여지가 없고 酉 중의 순수한 金은 火의 死地이니 酉가 陰火의 장생이란 말은 세속에서 전해지는 잘못된 설(說)이다. 아마도 지금 八月은 다시 또 월건이 辛酉이므로 局 중의 木火가 모두 손상되니 예측 못할 재앙의 발생을 막아야 할 것인데 결국 省中(궁중)에서 죽었다.

丁　丙　乙　戊

酉　寅　卯　子

辛　庚　己　戊　丁　丙

酉　申　未　午　巳　辰

丙寅日元, 生于卯月, 木火並旺, 土金皆傷, 水亦休囚. 幼運丙辰丁巳, 遺業消磨, 戊午己未, 燥土不能生金洩火, 經營虧空萬金, 逃出外方. 交庚申辛酉二十年, 竟獲居奇之利, 發財十餘萬.

丙寅일원이 卯月에 생하여 木火가 함께 왕하니 土金이

모두 손상되고 水 역시 휴수되었다. 유년운인 丙辰·丁巳에는 물려받은 사업이 없어졌고, 戊午·己未운에는 燥土가 金을 생하거나 火를 설하지 못하므로 사업 경영에 만금을 허비하고 외지로 도망했으며, 庚申·辛酉로 바뀐 이십 년은 마침내 거기[106]의 이익을 얻어 십여만 금을 모았다.

甲 丙 癸 丙

午 午 巳 申

己 戊 丁 丙 乙 甲

亥 戌 酉 申 未 午

丙午日元, 生于巳月午時, 羣比爭財, 逼乾癸水. 初運甲午, 刃刦猖狂, 父母早亡. 乙未助刃, 家業敗盡. 交丙申丁酉, 火蓋頭, 且局中巳午回剋金, 貧乏堪.[107] 交戊戌, 稍能立脚.

丙午일원이 巳월 午시에 생하여 군비가 재를 쟁탈하고 癸水를 핍박하여 마르게 한다. 초운 甲午에는 양인과 겁재가 창광하니 부모가 일찍 사망하고, 乙未운은 양인을 도우니 가업이 다 무너졌으며, 丙申·丁酉로 바뀌자 火가 머리

---

106) 거기(居奇) : 기이한 재화를 쌓아두고 값이 오를 때 파는 것.
107) 堪앞에 不이 누락됨.

를 덮고 또 局 중의 巳午가 金을 회극하니 가난을 견디기 어려웠고, 戊戌로 바뀌면서 조금씩 발판을 세울 수 있었다.

何爲戰고
무엇을 전(戰)이라 하는가?

[原注] 如丙運庚年은 謂之運伐歲니 日主喜庚엔 要丙降하니 得戊得丙者吉이요 日主喜丙엔 則歲不降運하니 得戊己以和爲妙라 如庚坐寅午하고 丙之力量大하면 則歲運[108]亦不得不降이니 降之亦保無禍라 庚運丙年은 謂之歲伐運이니 日主喜庚엔 得戊己以和丙者吉이요 日主喜丙엔 則運不降歲니 又不可用戊己洩丙助庚이라 若庚坐寅午하고 丙之力量大하면 則運自降歲니 亦保無患이니라

가령 丙대운의 庚년일 경우에는 그것을 대운이 세(歲)를 伐(공격)하는 것이라고 하는데, 일주가 庚을 좋아할 때에는 반드시 丙이 항복해야 하니 戊를 만나고 丙을 만나면 길하며, 일주가 丙을 좋아할 경우에는 歲가 대운을 항복시키지 못하니 戊己를 얻어서 화해하는 것을 묘하게 여긴다. 만약 庚이 寅午에 앉고 丙의 역량이 크다면 歲 또한 항복

---

108) 歲運이 아니라 歲가 되어야 하므로 運은 연문인 듯함.

하지 않으면 안 되는데, 항복하는 것이 또한 보존하여 재앙을 없게 하는 것이다. 庚대운 丙년일 경우에는 歲가 대운을 벌하는 것이라고 하는데, 일주가 庚을 좋아할 때에는 戊己를 만나서 丙과 화해하면 길하고, 일주가 丙을 좋아할 때에는 대운이 歲를 항복시키지 못하니, 戊己를 써서 丙을 설하고 庚을 도와서는 안 된다. 만약 庚이 寅午에 앉고 丙의 역량이 크다면 대운이 저절로 歲에 항복하게 될 것이니 또한 보존하여 재앙이 없을 것이다.

【任注】戰者剋也, 如丙運庚年, 謂之運剋歲. 日主喜庚, 要丙坐子辰, 庚坐申辰. 又局中得戊己洩丙, 得壬癸剋丙則吉. 如丙坐午寅, 局中又無水土制化, 必凶. 如庚運丙年, 謂之歲剋運. 日主喜庚則凶, 喜丙則吉, 喜庚者, 要庚坐申辰, 丙坐子辰, 又局中逢水土制化者吉, 反此必凶. 喜丙者, 依此而推.

전(戰)은 극(剋)하는 것이니, 가령 丙대운의 庚년일 경우에는 그것을 대운이 歲를 극하는 것이라 하는데, 일주가 庚을 좋아할 때에는 반드시 丙이 子辰에 앉고 庚이 申辰에 앉으며, 또 局 중에서 戊己가 丙을 누설함을 만나거나 壬癸가 丙을 극함을 만나면 길하며, 丙이 午寅에 앉고 局 중에 또 水土의 剋制와 引化가 없으면 반드시 흉하다. 가령 庚대운의 丙년일 경우에는 그것을 歲가 대운을 극하는 것이라 하는데, 일주가 庚을 좋아하면 흉하고 丙을 좋아하면 길하니, 庚을 좋아하는 경우에는 반드시 庚이 申辰에 앉고 丙이 子辰에 앉으며, 또 局 중에서 水土의 制化를 만나면 길하고 이와 반대되면 반드시 흉하다. 丙을 좋아하는 경우에도 이에 따라 추리한다.

庚 丙 甲 辛

寅 辰 午 卯

戊 己 庚 辛 壬 癸

子 丑 寅 卯 辰 巳

丙火生于午月, 旺刃當權. 支全寅卯辰, 土從木類, 庚辛兩不通根. 初交癸巳壬辰, 金逢生助, 家業饒裕, 其樂自如. 辛卯金截脚, 刑喪破耗, 家業十敗八九. 庚運丙寅年剋妻, 庚坐寅支截脚, 丙寅歲剋運. 又庚絶丙生, 局中無制化之神. 于甲午月, 木從火勢, 凶禍連綿, 得疾而亡.

　丙火가 午월에 생하고 旺刃이 당권했으며, 지지에 寅卯辰을 갖추어 土가 木의 무리를 따르니 庚辛은 둘 다 통근하지 못했다. 초운인 癸巳 · 壬辰은 金이 생조를 만나니 가업이 넉넉하여 그 즐거움이 자유로웠으나, 辛卯운에는 金이 절각되니 형상파모가 있어 가업이 십중팔구가 무너졌으며, 庚대운 丙寅년에는 처를 극해했으니 庚이 寅支에 앉아 절각되고 丙寅년은 歲가 대운을 극하며, 다시 또 庚은 絶이 되고 丙은 生이 되는데 局 중에 제화하는 神이 없기 때문이다. 甲午월에 木이 火의 세력을 따르니 흉화(凶禍)가 이어지고 질병을 얻어 사망하였다.

$$乙\ 乙\ 甲\ 辛$$

$$酉\ 卯\ 午\ 卯$$

$$戊\ 己\ 庚\ 辛\ 壬\ 癸$$

$$子\ 丑\ 寅\ 卯\ 辰\ 巳$$

乙木生于午月, 卯酉緊沖日祿. 月干甲木臨絶, 五行無水, 夏火當權洩氣, 傷官用刦, 所忌者金. 初運壬辰癸巳, 印透生扶, 平順之境. 辛卯運, 惟辛酉年沖去卯木, 刑喪剋破. 至庚運丙寅年, 所忌者金, 而丙火剋去之, 局中無土水洩制丙火, 又火逢生, 金坐絶, 入泮, 得舒眉曲也.

乙木이 午월에 생하였는데 卯酉가 일주의 녹을 바짝 붙

어 충하며, 月干 甲木은 절에 임하고 오행에 水가 없으니 夏火가 당권하여 설기하므로 상관격에 겁재를 써야 하는데 꺼리는 것은 金이다. 초운 壬辰·癸巳는 인성이 투출하여 생부하니 평순한 처지였고, 辛卯운은 辛酉년에 卯木을 충거하니 형상파모가 있었으며, 庚대운 丙寅년에는 꺼리는 것이 金인데 丙火가 그것을 극거하고 局 중에서 土水의 丙火를 설제함이 없으며, 다시 또 火는 생을 만나고 金은 절에 앉으니 반궁(國學)에 들어가 이마의 주름을 펼 수 있었다.

何爲沖고

무엇을 충(沖)이라 하는가?

[原注] 如子運午年은 謂之運沖歲니 日主喜子엔 則要助子요 又得年之干頭에 遇制午之神이니 或午之黨多요 干頭遇戊甲字者면 必凶이라 如午運子年은 謂之歲沖運이니 日主喜午에 而子之黨多요 干頭助子者면 必凶하고 日主喜子에 而午之黨少요 干頭助子者면 必吉하며 若午重子輕하면 則歲不降이라도 亦無咎니라

가령 子대운의 午년일 경우에는 그것을 대운이 歲를 충하는 것이라 하는데, 일주가 子를 좋아할 때에는 반드시 子를 도와야

하며 또 年의 간두(干頭)에 午를 제압하는 神을 만나야 하니, 혹 午의 무리가 많거나 간두에 戊나 甲을 만나면 반드시 흉하다. 가령 午대운의 子년일 경우에는 그것을 歲가 대운을 충하는 것이라 하는데, 일주가 午를 좋아할 때 子의 무리가 많고 간두에서 子를 도우면 반드시 흉하고, 일주가 子를 좋아할 때 午의 무리가 적고 간두에서 子를 도우면 반드시 길하며, 만약 午가 중하고 子가 가벼우면 歲가 항복하지 않아도 허물이 없다.

【任注】沖者破也, 如子運午年, 謂之運沖歲. 日主喜子, 要干頭逢庚壬, 午之干頭逢甲丙, 亦旡咎. 如子之干頭遇丙戊, 午之干頭遇庚壬, 亦有咎. 日主喜午, 子之干頭逢甲戊, 午之干頭遇甲丙, 則吉. 如子之干頭遇庚壬, 午之干頭遇甲丙, 則凶. 如午運子年, 謂之歲沖運. 日主喜午, 要午之干頭逢丙戊, 子之干頭遇甲丙, 則吉. 如午之干頭遇丙戊, 子之干頭遇庚壬, 必凶. 餘可類推.

충은 파괴하는 것이니, 가령 子대운의 午년일 경우에는 그것을 대운이 歲를 충하는 것이라 하는데, 일주가 子를 좋아할 때에는 반드시 간두에 庚이나 壬을 만나고 午의 간두에 甲이나 丙을 만나면 또한 허물이 없으며, 子의 간두에 丙이나 戊를 만나고 午의 간두에 庚이나 壬을 만나면 또한 허물이 있으며, 일주가 午를 좋아할 때에는 子의 간두에 甲이나 戊를 만나고 午의 간두에 甲이나 丙을 만나면 길하나, 子의 간두에 庚이나 壬을 만나고 午의 간두에 甲이나 丙을 만나면 흉하다. 가령 午대운의 子년일 경우에는 그것을 歲가 대운을 충하는 것이라 하는데, 일주가 午를 좋아할 때에는 반드시 午의 간두에 丙이나 戊를 만나야 하고 子의 간두에 甲이나 丙을 만나면 길하며, 午의 간두에 丙이나 戊를 만나고 子의 간두에 庚이나 壬을 만나면 반드시 흉한 것이니, 나머지도 유사한 것끼리 미루어 짐작할 수 있을 것이다.

何爲和오

무엇을 화(和)라고 하는가?

[原注] 如乙運庚年이요 庚運乙年則和니 日主喜金則吉하고 日主喜木則不吉하며 子運丑年이요 丑運子年이면 日主喜土則吉하고 喜水則不吉하니라

가령 乙대운의 庚년이거나 庚대운의 乙년이면 和가 되는데, 일주가 金을 좋아할 경우에는 길하고 일주가 木을 좋아할 경우에는 불길하며, 子대운의 丑년이거나 丑대운의 子년이면 일주가 土

를 좋아할 경우에는 길하고 水를 좋아할 경우에는 불길하다.

【任注】和者合也, 如乙運庚年, 庚運乙年, 合而能化,
喜金則吉. 合而不化, 反爲羈絆, 不顧日主之喜我, 則不
吉矣. 喜庚亦然, 所以喜庚者必要木金得地, 乙木無根,
則合化爲美矣. 若子丑之合, 不化亦是剋水, 喜水者必不
吉也.

和는 합하는 것이니, 가령 乙대운의 庚년이거나 庚대운
의 乙년이면 합하여 化할 수 있는데, 일주가 金을 좋아할
경우에는 길하며, 합해도 변화하지 않고 도리어 구속당하
게 되어 일주의 희신인 자신을 돌보지 않으면 불길하다.
일주가 庚을 좋아할 경우에도 그와 같으니, 이 때문에 庚
을 좋아하는 경우에는 반드시 木과 金이 자리를 만나고 乙
木이 근이 없어야만 合化가 아름답게 된다. 가령 子丑의
합에서 化하지 않으면 역시 水를 극하게 되니 일주가 水를
좋아하는 경우에는 반드시 불길하다.

何爲好오

무엇을 호(好)라 하는가?

[原注] 如庚運辛年과 辛運庚年과 申運酉年과 酉運申年
이면 則好니 日主喜陽이면 則庚與申爲好요 喜陰이면 則辛
與酉爲好니 凡此皆宜例推니라

가령 庚대운의 辛년이나 辛대운의 庚년이거나, 申대운의 酉
년이나 酉대운의 申년이면 好라 하는데, 일주가 陽을 좋아할 때
에는 庚과 申을 좋아하고 陰을 좋아할 때에는 辛과 酉를 좋아하
니, 대체로 이러한 것은 모두 마땅히 예에 따라 추리하면 된다.

【任注】好者, 類相同也. 如庚運申年, 辛運酉年, 是
爲眞好. 乃支之祿旺, 自我本氣歸垣, 如家室之可住. 如
庚運辛年, 辛運庚年, 乃天干之助, 如朋友之幫扶. 究竟
不甚關切, 必先要旺運通根, 自然依附爲好. 如運無根
氣, 其見勢衰而無依附之情, 非爲好也.

好는 부류끼리 서로 같은 것이니, 가령 庚대운의 申년이
거나 辛대운의 酉년인 경우에는 이것을 진호(眞好)라 하는
데, 곧 지지의 녹왕이므로 자신의 본기가 귀원[109]하는 것
이니 집안에 머물 수 있는 것과 같으며, 가령 庚대운의 辛
년이거나 辛대운의 庚년인 경우에는 곧 천간의 보조자로
붕우의 도움과 같으므로, 마침내 심하게 절실한 관계가 아

---

109) 귀원(歸垣) : 자기 집으로 돌아감.

니니 반드시 먼저 旺한 운이 통근해야만 저절로 의지하고
따라서 좋은 사이가 되며, 만약 대운이 근기가 없으면 그
만나는 세력이 쇠약하여 의부하는 정이 없으므로 좋은 사
이가 되지 않는다.

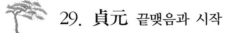

造化起於元하여 亦止於貞하며 再肇貞元之會하여 胚胎嗣續之機니라

조화는 元에서 시작하여 貞에서 멈추며, 다시 貞과 元이 회합을 시작하여 뒤를 잇는 기틀을 잉태하는 것이다.

[原注] 三元皆有貞元하니 如以八字看하면 以年爲元이요 月爲亨이요 日爲利요 時爲貞이니 年月吉者면 前半世吉하고 日時吉者면 後半世吉하며 以大運看하면 以初十五年爲元이요 次十五年爲亨이요 中十五年爲利이요 後十五年爲貞이니 元亨運吉者면 前半世吉하고 利貞運吉者면 後半世吉하니 皆貞元之道라 然有貞元之妙存焉하니 非特絕處逢生하고 北盡東來之意也라 至於人之壽終矣도 而旣終之後에 運

之所行이 果所喜者歟엔 則其家必興하며 果所忌者歟엔 則
其家必替하나니 蓋以父爲貞이요 子爲元也니 貞下起元之妙
가 生生不息之機라 予著此論은 非欲人知考之年이라 而示
天下萬世하여 實所以驗奕世之兆하여 而知數之不可逃也니
學者勗之어다

　三元에는 모두 貞과 元이 있으니, 가령 八字로 써 본다
면 年을 元으로 삼고 月을 亨으로 삼고 日을 利로 삼고 時
를 貞으로 삼으니, 年月이 길하면 앞의 반평생이 길하고
日時가 길하면 뒤의 반평생이 길하며, 대운으로서 본다면
처음 15년을 元으로 삼고 다음 15년을 亨으로 삼고 중간
15년을 利로 삼고 뒤의 15년을 貞으로 삼으니, 元亨의 운
이 길하면 앞의 반평생이 길하고 利貞의 운이 길하면 뒤의
반평생이 길한 것이니 모두 貞元의 道이다. 그러나 거기에
는 貞元의 묘함이 있으니, 절처에서 生을 만나고 北이 다
하면 東이 온다는 뜻뿐만 아니라, 사람의 수명이 끝남에
이르러서도 죽은 뒤에 운의 행하는 바가 만약 좋아하는 곳
일 때에는 그 집안은 반드시 일어나며, 만약 꺼리는 곳일
때에는 그 집안은 반드시 쇠퇴하는 것이니, 대체로 父를
貞으로 삼고 子를 元으로 삼는데 貞의 아래에 元을 일으키
는 묘함이 생생불식(生生不息)의 기틀인 것이다. 내가 이

러한 논리를 기록하는 것은 사람들이 亡父의 나이를 기억하게 하고자 함이 아니라, 천하만대에 보여서 실제로 이것으로 대를 잇는 조짐을 증명하여 운수의 도피할 수 없음을 알게 하려는 것이니, 학자들이 이것을 힘써야 할 것이다.

【任注】貞元之理, 河洛圖書之旨也. 河洛圖書之旨, 卽先後天卦位之易也. 先天之卦, 乾南坤北. 故西北多山, 崑崙爲山之祖, 東南多水, 大海爲水之歸. 是以水從山出, 山見水止. 夫九河瀉地, 極汪洋澎湃之勢, 溯其源, 皆星宿也. 夫五岳揷天, 極崇隆峻險之形, 窮其本, 皆崑崙也. 惟人有祖父亦然, 雖支分派衍, 莫不皆出于一脈.

貞元의 이치는 하도와 낙서의 뜻이다. 하도와 낙서의 뜻은 곧 先後天卦位의 변화인데, 선천의 괘는 乾은 남쪽이고 坤이 북쪽이므로, 서북에 산이 많아서 곤륜이 산의 조종(祖宗)이 되고 동남에 水가 많아서 대해가 水의 귀착지가 되는 것이니, 이 때문에 水는 산으로부터 나오고 산은 水를 만나면 멈추는 것이다. 저 구하(九河)가 땅에 쏟아져서 깊고 넓고 세차게 흐르는 기세를 다하는데 그 근원을 거슬러 올라가 보면 모두 성수(星宿)이며 저 오악(五岳)이 하늘을 찌르면서 높고 성하고 험준한 형상을 다하는데 그 근본을 찾아보면 모두 곤륜산이니, 사람에게 祖父가 있는 것도 역시 그와 같아서 비록 가지가 나뉘고 줄기가 퍼져나갔더라도 모두 한줄기에서 나오지 않음이 없는 것이다.

故一陰生于坤之初, 一陽生于乾之始. 所以離爲日體, 坎爲月體, 而貞元之理, 原于納甲. 納甲之象, 出于八卦. 故父乾而母坤, 震爲長男, 繼乾父之體, 因坤母之兆. 故太陰自每月廿八至初二, 盡魄純黑而爲坤象, 坤者, 猶貞之意也. 初三光明三分, 一陽初生, 震之象也, 震者, 元之兆也. 初八上絃, 光明六分, 兌之象也, 兌者, 猶亨之理也. 十八日, 月盈而虧缺三分, 巽之象也, 猶利之義也. 是以貞元之道, 循環之理, 盛極而衰, 否極而泰, 亦此意也.

그러므로 一陰은 坤의 처음에서 생기고 一陽은 乾의 맨 앞에서 생기니, 이 때문에 離는 日(해)의 체가 되고 坎은 月(달)의 체가 되며, 貞元의 이치는 납갑(納甲)에 근원하는데, 납갑의 상은 팔괘에서 나왔으므로 乾을 父로 하고 坤을 母로 하며 震을 장남으로 하여 乾父의 체를 계승하고 坤母의 조짐(현상)을 이어 받는 것이다. 그러므로 太陰은 매월 28일부터 초이틀까지는 백(魄, 달빛)을 다한 순 흑(그믐)으로 坤의 象을 이루니 坤은 貞의 의미와 같으며, 초사흘은 광명이 三分(10분의 3)으로 一陽이 처음 생기는 震의 象이니 震은 元의 조짐이며, 초8일은 상현으로 광명이 六分(10분의 6)이고 兌의 象이니 兌는 亨의 이치와 같으며, 18일은 달이 찼다가 三分(10분의 3)이 떨어져 나가는 巽의 象이니 利의 뜻과 같다. 이 때문에 貞元의 道는 순환의 이치이니 성함이 극에 이르면 쇠하고 막힘이 극에 이르면 열리는 것이 또한 이러한 뜻이다.

觀此章之旨, 不特人生在世, 運吉者昌, 運凶者敗. 至於壽終之後, 而行運仍在. 觀其運之吉凶, 而可知其子孫之興替. 故其人旣終之後, 而其家興旺者, 身後運必吉也. 其家衰敗者, 身後運必凶也. 此論雖造化有定, 而數之不可逃. 爲人子者不可不知考之年, 而善繼述之. 若考之身後運吉, 自可承先啓後. 如考之身後運凶, 亦可安分經營, 挽回造化. 若祖宗富貴, 自詩書中來, 子孫享富貴, 卽棄詩書者. 若祖宗家業, 自勤儉中來, 子孫享家業, 卽忘勤儉者. 是割扶桑之幹, 而接于文梓, 未有不槁者. 決渭河

之水, 而入于涇川, 鮮有不濁者, 何也? 其本源各自不相
附耳, 學者當深思之.

　이 장의 뜻을 살펴보면 사람이 세상에 살아 있는 동안에
운이 길하면 번창하고 운이 흉하면 패망하는 것뿐만 아니
라, 수명이 끝난 뒤에 이르러서도 행운이 여전히 존재하므
로, 그 운의 길흉을 보면 그 자손의 흥하고 쇠함을 알 수
있다. 그러므로 그 사람이 죽고 난 뒤에 그 집안이 흥왕하
면 죽은 뒤의 운이 반드시 길하며, 그 집안이 쇠패하면 죽
은 뒤의 운이 반드시 흉한 것이다. 이러한 논리는 비록 조
화에 정해짐이 있어 운수는 도피할 수 없을지라도 자식 된
자가 亡父의 나이를 기억하여 그 뜻을 잘 계승하지 않으면
안 되는 것이니, 만약 父의 사후의 운이 길하면 스스로 선
친이 시작한 뒷일을 잘 계승해야 하며, 혹 父의 사후의 운
이 흉하더라도 분수를 편안히 지키고 경영하여 조화를 바
로 잡아 회복해야 한다. 만약 祖宗의 부귀가 시서(詩書, 학
문)로부터 왔는데 자손이 부귀만을 누리고 곧 시서(학문)
를 버리거나, 만약 조종의 가업이 근검으로부터 왔는데 자
손이 가업만을 누리고 근검을 잊는다면, 그것은 남방에 사
는 뽕나무줄기를 잘라서 결이 고운 가래나무에 접목한 것
과 같아서 말라죽지 않는 경우가 없으며, 위수(渭水)나 하

수(河水)의 물을 터놓아 경천으로 들어가게 하면 혼탁해지지 않는 경우가 드문 것은 어째서인가? 그 본원이 제각기 서로 부합하지 않기 때문일 뿐이니, 학자들은 마땅히 이것을 깊이 생각해야 한다.

역자 후기

선학자들의 고전이론과 실제 술가들 자신이 증험한 내용들을 밝힌 많은 명리서의 대부분은 시대별로 일정한 간극이 존재한다. 그 가운데 상황이 다르다고 볼 수 있는 명리서가 있는데 바로 『적천수천미』가 대표적인 예이다.

『적천수천미』는 경도(京圖)가 찬술하고 유기(1311~1375)가 주석한 후에 임철초(1773~1848)의 증주로 이루어진 명리서로서, 각기 다른 시대(宋·明·淸)에 살았던 세 저자들의 공동 작업으로 완성된 매우 논리적이고 실용적인 이론체계를 담고 있다.

명리이론과 그 이론을 바탕으로 한 체계적 간명을 겸비한 『적천수천미』는 오랜 세월이 지난 오늘날까지 명리학의 불멸의 고전으로 남아 지금도 훌륭한 교재로 사용되고 있다. 더 강조하고 싶은 것은 『적천수천미』를 교과 교재로 적합하게 보는 이유는 이론논리와 그에 합당한 任注의 512명의 사주와 原注의 2명 사주를 포함한 대략 총 514명의 명조분석은 교육적으로 활용능력을 높여주는 최상의 역할을 할 수 있기 때문이다. 이러한 사실이 말해 주고 있는 것은 『적천수천미』가 고전이론과 현대명리사이에서 근원적 차원의 동질성을 유지하면서 발전하고 지속적으로 연구되고 있는 저서이기 때문이다. 그러므로 『적천수천미』의 명리학에서의 대표적 위상과 생명력은 앞으로도 변치 않을 것이라 본 역자는 확신한다.

『적천수천미』를 번역할 수 있어서 가슴 벅찼고, 반면에 번역이 진행될수록 실제 역자 본인 자신의 부족한 점이 너무 많다는 것을 가슴 깊이 느끼게 되었다. 앞으로, 출간된 『적천수천미』가 학자와 독자에게 많은 도움이 되었으면 하는 바람과 올바른 명리이론으로 발전하는 데 밑거름이 되었으면 하는 간곡하고 진실한 소망을 가져본다.

소나무 같은 고고한 성품으로 생생하게 이끌어주신 이동윤 스승님께 깊은 감사를 드린다. 서로를 격려하며 발걸음을 함께한 안명순 선생님, 서소옥 선생님께 뜨거운 마음으로 감사한다.

2014년 6월 정명원에서
브밈 김정혜

역자 후기

　『적천수천미』는 명리학 학습자나 전문가들이라면 반드시 필독해야 할 고서 중 하나라 할 수 있다. 때문에 서점에는 이미 다수의 번역서와 해설서가 출간되어 있는 실정이다. 그러나 원문의 충실한 번역에서 아쉬운 부분을 많이 만나게 된다. 명리학을 학습하는 사람에게는 무엇보다도 원서의 충실한 해석이 선행되어야 원서를 바르게 읽고 그 뜻을 왜곡하지 않고 바르게 이해할 수 있을 것이다.

　이러한 필요성에 역자 3인은『적천수천미』를 번역하기로 뜻을 모았고 원서에 충실한, 바른 번역으로 후학자들에게 조금이나마 도움이 되고자 하였다. 불필요한 설명이나 번역자의 자의적인 해석이 없는, 원서 그대로를 꾸밈없이 바르게 전달하는 책을 만들어보자 노력하였다.

　『적천수천미』를 읽다 보면 임철초의 논리 정연한 이론 전개와 적절한 사례 제시에 감탄하지 않을 수 없게 된다. 그의 첨예한 논리 비판과 해박하고 유려한 문장력을 보면 새삼스레 선인들의 위대함을 생각하게 된다.

특히 각 이론에 맞는 적절한 사주 사례를 제시하고 실제 그 사주의 주인공의 일생 사건을 꼼꼼히 기록하여, 이론과 실제를 한눈에 확인해볼 수 있게 구성한 점은, 현대의 이론서에서도 찾아보기 힘든 것으로 그 수고와 정성에 감탄하게 되는 부분이다.

언제나처럼 선인들의 서적을 통해서는 드넓은 지혜의 바다를 발견하게 되고, 학문을 향한 열정과 그 정성스러움에 고개 숙이게 된다. 고전을 통해 한 걸음씩 선인들의 지혜를 따르다 보면 언젠가는 이 우매함과 나태함에서 벗어나게 되리라 희망해 본다.

오랜 시간에 비해 자라는 것이 느리기만 한 제자인데도 늘 변함없는 모습으로 미소를 보여주시는 스승님, 이동윤 선생님께 한없는 존경과 감사의 마음을 드린다. 이 책을 함께 낸 김정혜 선생님, 안명순 선생님의 배려와 너그러움에 항상 감사할 따름이다.

2014년 6월 성주산 자락에서

樂淸 서소옥

역자 후기

　天地人의 道에 순응하면 吉하고 거역하면 凶함을 天道·地道·人道를 첫 장에 실어 "命을 보기를 道 닦는 마음으로 하라"는 장중함으로 후학들을 일깨우게 하는 『적천수천미』를 다시 또 번역하여 출판을 하게 되었다.

　명리학을 공부하는 학인들이 가장 쉽게 접할 수 있으면서도 한편으론 쉽게 간과하게 되는 책이 아마도 『적천수천미』가 아닐까 싶다.

　『적천수』의 내용에 임철초가 주를 단 이 책은 임철초가 70여 세를 넘기면서도 看命을 하면서 쌓아온 경험과 수집된 명조들을 각 章의 이론에 맞게 선택하여 배열하고 보충 설명을 한 점과 從格의 새로운 이론을 창시함으로써 그 진가를 높이 평가받고 있는 대표적인 고전서로 자리매김을 하고 있는 책이다.

　명조 풀이를 번역하다 보니까 기존의 이론에 부합되지 않아 역자 역시도 쉽게 이해가 되지 않는 부분들이 종종

눈에 띄었다. 아마도 이러한 점들이 명리학자들 간에 『적천수천미』의 이론이 옳고 그르다는 주장들을 하게 되었고 임철초를 전면 부인하는 계기가 되었으리라 보는데 이 또한 섣부른 판단이라 생각된다. 공부하는 학인들이 임철초가 주장하는 색다른 이론을 실전에 적용해 보고 응험함의 정도를 판단하는 것 역시 실력 향상에 많은 도움이 될 것이다.

역자 역시 명리공부를 한 지가 십 수년이 흘렀으나 교육의 현장과 간명 시에 부딪히는 부족함이 잘못된 번역서로 공부하고 고전서들을 부인하며 간과한 점이 아닐까 싶어서 『자평진전』과 『이허중명서』와 『적천수천미』를 번역하게 된 동기 부여가 된 것이다.

原書에서 아주 작고 미묘한 명리 이론들의 재발견이 그동안 공부한 사족들을 재정립하게 되며 실력 향상에 많은 보탬이 되고 있음에 더 겸허함을 배우며 깨닫게 된다.

역자 3인들은 정통명리에 준하여 교육의 현장과 실전 상담에 임하는 학인들이다. 그래서 『적천수천미』를 번역하면서 한 글자도 빼놓지 않고 번역을 하다 보니 중복되는 어휘들이 많고 또 의역을 지양하다 보니 축약된 부분의 설명이 부족하고 미비한 점도 많을 것이다. 이 점을 공부하시는 학인들께 많은 양해를 구하며 명리학의 발전에 함께 힘을 실었으면 좋겠다.

번역을 하는 동안 변함없으신 덕목으로 지도 편달해주시는 이동윤 스승님께 감사함을 올리며 앞으로도 계속하여 고전서 번역에 박차를 가하실 김정혜 선생님과 서소옥 선생님께도 고마움을 전한다.

2014년 6월 川泉연구실에서

寶湞 安明順

【육친론】

滴天髓闡微
적천수천미
下

초판인쇄 2014년 6월 11일
초판발행 2014년 6월 11일

지은이 임철초 증주
옮긴이 김정혜·서소옥·안명순
펴낸이 채종준
펴낸곳 한국학술정보㈜
주소 경기도 파주시 회동길 230(문발동)
전화 031) 908-3181(대표)
팩스 031) 908-3189
홈페이지 http://ebook.kstudy.com
전자우편 출판사업부 publish@kstudy.com
등록 제일산-115호(2000. 6. 19)

ISBN 978-89-268-6253-7 93150

어담 books 는 한국학술정보㈜의 지식실용서 브랜드입니다.